中国经济学名家文集（多卷本）系列

汪海波文集

第九卷

经济管理出版社

ECONOMY & MANAGEMENT PUBLISHING HOUSE

图书在版编目（CIP）数据

汪海波文集/汪海波著. —北京：经济管理出版社，2011.2
ISBN 978-7-5096-1291-0

Ⅰ. ①汪… Ⅱ. ①汪… Ⅲ. ①经济—文集 Ⅳ. ①F-53

中国版本图书馆 CIP 数据核字（2011）第 040496 号

出版发行：经济管理出版社
地　　址：北京市海淀区北蜂窝 8 号中雅大厦 11 层
邮　　编：100038
电　　话：(010) 51915602
印　　刷：三河文阁印刷厂
经　　销：新华书店
责任编辑：苏全义
责任印制：黄　铄
责任校对：超　凡

720mm×1000mm/16　　　350.75 印张　5406 千字
2011 年 6 月第 1 版　　　2011 年 6 月第 1 次印刷
定　　价：980.00 元（全十卷）
书　　号：ISBN 978-7-5096-1291-0

作者像

目　录

社会主义市场经济体制下的行业管理*

党的十一届三中全会以来，伴随我国市场取向改革的发展，适应社会主义市场经济要求的行业管理工作也取得了重要进展。但总的说来，这方面的成果还是初步的。而当前深化改革，扩大开发和加强社会主义现代化，全面建设小康社会的形势，又迫切要求大力推进这项工作。但要做好社会主义市场经济条件下的行业管理工作，在理论上、政策上和实践上还有许多问题有待进一步深入研究。下面仅就社会主义市场经济体制下行业管理问题，提出一些研究意见。

一、社会主义市场经济体制下行业管理的概念和特征及其实施的必要性和基本条件

（一）社会主义市场经济体制下行业管理的概念和主要特征

第一，行业管理的概念。为了准确地把握行业管理的概念，必须把传统的行业管理和现代的行业管理区分开来。传统的行业管理是指在古典的市场经济（没有国家宏观管理）条件下，从事某种生产活动的人们，为了保护同业者的利益，自发地按照商品的性质和用途成立"行会"和"同业公会"等行业组织，并由这种组织所开展的协调内部矛盾、抵制外部竞争方面的管理活动。现代行业管理是指在现代的市场经济（有国家

---

* 本研究报告由汪海波、邱靖基、刘立峰合写。原载《国家行政学院学报》2002 年第 2、4 期。

宏观经济管理）条件下，既要加强和充分发挥行业组织自律性的协调、服务功能，又要政府为防止市场机制的盲目危害，而发挥引导、推动和协调功能的管理活动。这是通过政府的行业管理机构和民间的行业自律协调服务组织，对全社会同类生产经营活动共同进行引导、协调、监督、服务的行业管理。

当代我国要实行的行业管理，也是现代行业管理。它是适应社会主义市场经济体制和社会主义基本经济制度需要的行业管理，是以精干的政府综合经济部门和众多的行业组织为管理主体、以经济政策和协调服务为主要管理内容、以间接管理为手段，涵盖全社会同类生产的行业管理。简言之，它是在社会主义市场经济下，通过"双主体"对全社会同类生产经营活动，进行规划引导、生产协调、全面服务、法制监督的管理方式。但要全面把握行业管理概念的内涵，还必须明确界定行业管理的主体、客体和职能。

1. 行业管理的主体。即由谁来进行行业管理，这是实施行业管理必须解决的首要问题。谁是行业管理的主体，在我国改革实践中出现了多种看法。

第一种看法认为，行业管理是指民间行业组织进行自律性民主协调的管理，其管理主体是行业组织，而不是公司等经济组织，也不是政府部门。这种看法实际是传统行业管理实践的反映，显然不适应现代行业管理的要求。

第二种看法认为，行业管理是政府管理经济的一种重要职能，所以行业管理主体无疑是政府部门。行业协会等行业组织只能作为政府行业管理部门的助手，而不能作为行业管理主体，因为他们没有管理手段，解决不了行业发展中的大事。持这种观点的人主要是由于对我国经济体制改革的方向认识不清所致。实际上在建立社会主义市场经济体制的条件下，行业管理应体现两种职能：一是国家（政府）管理行业的职能；二是行业组织民主管理行业的职能。这样，才能适应现代市场经济的要求，也才能反映社会主义经济实行民主集中制决策的优越性。对实行社会主义市场经济的我国来说，有必要也有条件使两种不同性质的行业管理组织机构，在坚持两者性质不变和划清决策性与非决策性职能的基础上，适当划分职能，分工合作，有机结合，形成"双主体"行业管理的结构。这样，能使两种组织机构的不同优势得到更好的发挥。

第三种看法认为，我国的行业管理要建立"三位一体"（即三主体）的新体制。这就是由一个精干的政府机关、一批社会团体和一群经济实体组成各具功能优势、相互支持配合的"三位一体"的大工业行业管理新体制。这种构想是由原化工部领导在行业管理研讨会上提出的。但实际上，原轻工部改成轻工总会和原纺织部改成纺织部会，都是按照这种模式进行的。实践证明，采取这种行业管理模式不符合政企分开、政资分开和政社分开的原则要求，不能与社会主义市场经济体制相适应，所以它是没有生命力的。

第四种看法认为，社会主义市场经济下的行业管理必须是现代的行业管理，其管理主体既要有能发挥引导、协调和推动行业发展功能的政府部门，又要有能充分发挥行业自律协调服务功能的行业组织。市场经济发达国家的政府虽然形式上没有明确的行业管理职能，但在实践中这些国家的政府在行业管理上都发挥了很大的作用，也是不可否认的行业管理主体之一。

2. 行业管理的客体。管理对象是什么，是同行业企业，还是全社会同类产品的生产。这也有两种看法：一种看法认为，行业管理的对象是同行业企业；另一种看法认为，行业管理的对象是全社会同类产品的生产。这两种观点实际上恰好反映了传统部门管理和现代行业管理的实质性区别。传统部门管理的主要特征，就是政府部门按照企业的行政隶属关系，管理同行为系统内的企业；而现代行业管理的主要特征，是对全社会同类产品生产进行规划、协调、监督、服务等管理。企业和产品是既有联系又有区别的。如果一个企业只生产一种单一产品，企业和产品是一样的；如果一个企业从事多种类型产品生产，那么该企业就要接受与产品相关的多个行业的管理了。这种行业管理的主要好处是有利于克服同类产品管理分散、生产建设盲目重复、资源利用严重浪费、效率效益十分低下等旧体制的弊端。

3. 行业管理的基本职能。在这方面也有两种看法：一种看法认为，行业管理就是要按照"管理"应有的全部内涵对全行业的经济活动进行计划、决策、组织、指挥、监督和调节等管理活动；另一种看法认为，行业管理不直接管理企业，而主要是运用经济和法律手段对企业进行间接管理，因此只需要对全社会各企业生产的同类产品进行规划、协调、监督，并为它们提供各种服务，而无需承担组织指挥等职能。这两种看法也是涉及部门管理和行业管理的重大区别，前者是部门直接管理企业的反映，后者是现代行业管理职能的体现。要做好行业管理工作，对行业管理职能是必须明确的；否则就会产生该管理的没有管好，不该管的管得太多的偏向，落得个成绩不大、效率低下的结果。

第二，行业管理的主要特征。

1. 行业管理是适应社会主义市场经济的要求而产生的，是以社会主义市场经济体制和作为市场主体的企业为基础的。

2. 行业管理由"双主体"组成，具有由政府行业管理优势和民间行业组织自律协调优势叠加而成的行业管理总体功能优势。这对于加强和改善行业管理，推进高效行业管理目标的实现，更好地适应社会主义市场经济发展要求，都具有十分重要的意义。

3. 行业管理是推进经济民主和集中决策有机结合的最佳途径。经济民主是经济管理体制改革的重要目的所在，"双主体"的行业管理是实现这种目标的有力保证。行业管理易于在企业经济民主的基础上，形成行业中经济民主；把行业组织作为行业管理的重要职能组织后，政府行业管理部门即可在行业经济民主的基础上，形成宏观经济民主，并由此制定民主、科学、先进的决策。这样，可有效地减少决策的主观性和政府与企业间的矛盾，促进行业经济快速健康地发展。

4. 行业管理具有科学而先进的管理方式。即政府行业管理部门和行业组织对行业企业的管理是：平等而不偏废，指导而不干预，协调而不强制，服务而不争利，监督而不卡压。这种优越的管理方式是由改革赋予行业管理的要求决定的，即在工业管理体制改革中，不仅行业组织要以服务的宗旨，来做好行业协调服务工作，而且政府行业管理部门也要变行政性管理为服务性管理，积极主动地为行业企业提供各种服务。这种管理方式的创新和管理行业的改变，不仅可以大大减少行业管理的困难和阻碍，有效地提高行业管理的效率和效益，而且可大大提高行业管理的公平性、公正性和权威性。

5. "双向服务"是行业管理行为的普遍原则。过去我们只讲行业组织要进行双向服务，即既为企业服务，也为政府服务。现在根据加快转变政府职能的要求，政府部门、特别是政府行业管理部门也要发挥双向服务的功能，即既为国家和社会的利益服务，也积极地为企业、尤其是中小企业服务。这不仅是我们实行社会主义市场经济国家的需要，市场经济发达国家的政府也是这样的，他们都在搞好国家经济调控的同时，积极主动地为企业、特别是中小企业服务，帮它们开拓国内外市场、解决资金和技术方面的困难，使它们在激烈的市场竞争中能够生存和发展，促进社会稳定。因此，我国在建立起行业管理新体制后，政府行业管理部门应该把为国家服务和为企业服务明确定为自身的一项管理职能，并从规制上加以规定，以便更好地适应社会主义市场经济的要求。

我国正在建立的适应社会主义市场经济要求的行业管理，是以传统的计划经济体制所形成的部门管理转变而来。因此，为了说明前者的特征，有必要把它同部门管理的区别列表说明如下：

	部门管理	行业管理
管理的经济体制基础	计划经济体制	市场经济体制
管理的企业制度基础	政企合一模式	政企分开模式
管理的主体	政府行政部门	政府行业管理部门和民间行业协会
管理的对象	本部门直属的企业	社会同类产品生产
管理的范围	隶属本部门、本地区的企业	全社会同类产品生产的统筹协调
管理的性质	直接管理	间接管理
管理的手段	行政手段下达指令	以经济政策、法律手段为主和必要的行政手段

（二）社会主义市场经济体制下实行行业管理的必要性

第一，实行行业管理，是社会主义市场经济和社会化大生产发展的客观要求。

1. 实行行业管理是社会主义市场经济发展的客观要求。伴随我国社会主义市场经济的发展，企业之间开展了各种形式的竞争。这种竞争局面的形成，为我国经济发展带来了新的生机和活力，推动我国经济很快出现了兴旺繁荣的新面貌。但是，市场经济和其他任何事物一样，有其利也有其弊。市场经济发展易于出现大起大落的不稳定状况。因此，市场经济国家往往要采取某些措施防患于未然。实行社会主义市场经济的我国更不能取消政府管理经济的职能。就工业生产来说，国家务必从宏观上加强政府行业管理部门的引导、调控职能，建立和不断完善工业行业管理体制和防止市场经济盲目发展的机制。只有建立起这种体制和机制，使行业管理真正成为宏观管理的一个重要层次，通过制定和实施行业规划，运用经济的、法律的和必要的行政手段，引导企业经济活动向符合社会经济总体发展目标的方面发展，才能确保社会主义市场经济不受盲目性的干扰和危害，而快速健康地发展。

2. 实行行业管理也是推进社会化大生产发展的必然要求。行业管理是社会分工和专业化协作发展的客观需要。随着科学技术的进步和社会生产力的不断发展，社会分工就越来越细，企业间的生产协作就越来越多，这些都对实行加强和改善行业管理的要求越来越迫切。因此，在深化改革中必须大力突破旧体制下部门分割和地区分割的界限，尽快建立起适应社会化大生产发展要求的行业管理新体制，特别是要坚持大力协同，形成推动我国工业快速健康发展的社会协作体系。这是我国工业管理面临的一项十分紧迫的任务。在现代社会大生产中，搞好行业管理是一个最重要的中间环节。它既要搞好行业内部的协调发展，又要搞好与行业外的协调关系，为宏观调控奠定良好的基础。实践证明，只有行业管理把行业企业在生产规模、技术发展、质量保证等方面的统一决策搞好了，保持企业生产稳定协调地发展，才能实现宏观经济的协调发展。因此，在建立和实施行业管理的新形势下，政府综合经济部门应把国民经济管理建立在行业协调发展的基础上，行业管理机构也应把行业管理建立在企业协调发展的基础上。只有这样，实现社会大生产协调发展才有坚实的基础。

专业化生产和社会化协作是确保社会大生产高质高效运行的重要基础，而搞好专业化生产和社会化协作则必须有强有力的行业管理。随着科技和社会大生产不断发展，生产专业化和协作社会化必然要相应发展，这就要求行业管理工作越做越细。在行业技术、生产、管理方面的专业性越来越强、技术经济特点越来越突出的新形势下，如果仍采用粗放的一般性行业管理，就势必难以适应生产专业化和协作社会化的要求。因此，行业管理必须针对行业技术经济快速发展的特点，不断地予以加强和改善。

随着社会大生产发展程度的提高，行业管理的任务会越来越重，作用会越来越大。在工业生产的复杂化、多样化程度日益提高的情况下，国家制定各种技术经济政策和运作信贷、税收等各种经济杠杆，都要以行业管理的要求为基础，国家采取的许多宏观经济管理措施也要通过行业管理来落实。所以，政府综合经济部门应该把加强和改善行业管理作为加强宏观经济管理的关键，使行业管理在加强和改善宏观经济管理中发挥更大的作用。

第二，实行行业管理，是克服部门管理体制弊端和建立充满生机活力的行业管理新体制的迫切需要。

1. 实行行业管理是克服部门管理旧体制弊病的重要途径。部门管理体制存在政企职责不分，同类产品生产分散管理、政出多门、重复建设、盲目发展，企业"大而全"、"小而全"、行业"大而散"等弊端。这些弊端迄今仍然严重影响工业的改革和发展。彻底克服这些弊端的重要途径就在于彻底变部门管理为行业管理。

在部门管理体制下，各工业部门都以管代营、直接指挥企业的生产经营活动，企业没有经营自主权，完全成了政府机构的附属物，从而失去了应有的生机和活力。实行行业管理，政府不直接管理企业，主要采取经济的和法律的手段，调控经济环境，规范经济秩序，实行政企分开，割断政府与企业的行政纽带，使企业全方位进入市场，成为市场竞争主体。同时，进行政府机构改革，转变政府职能，充分发挥行业协会作用。这样，就能实现政企分开。

在部门管理体制下，许多同类产品的生产企业被分割封闭在各行政部门的禁锢中，各部门为了自己的需要对企业实行各自为政的管理，很多应该统一的技术经济政策和管理措施，各部门也政出多门，割断了企业间的生产协作，严重束缚了工业生产的发展。实行行业管理，政府行业管理部门可以根据社会经济发展规划的要求，引导企业从自身的和行业的利益出发，统筹全行业的技术改造和产品发展，统一制定全行业的各种技术经济政策和产品质量标准，消除政出多门所造成的矛盾。这样，不仅可以促进同类产品生产经营的公平竞争，通过优胜劣汰，实现工业经济健康发展和经济效益不断提高，而且也可为政府统一运用经济政策，充分发挥财政、信贷、税收等经济杠杆的调控作用创造条件。

在部门管理体制下，尽管各工业部门都是按照大行业设立的，但是谁也不考虑全行业的利益，既不搞全行业的发展规划，也不搞涵盖全行业的管理，都是只顾本部门的利益，对本部门的直属企业（国有企业）进行直接管理。因而导致了各部门、各地区长期争投资、争项目、搞重复建设、盲目发展的局面。实行行业管理，就是要对管理目标、管理对象、管理内容、管理手段全面进行改革，从体制和机制上彻底铲除重复建设、盲目发展的制度。当然，这是一个难度很大的改革，彻底克服这种弊端，需要一个相当长的过程。

在部门管理体制下，企业由部门和地区分别管理，各部门、各地区都想自成体系，不想和其他部门与地区的企业搞专业化协作，因而都把企业搞成了"大而全"、"小而全"的形式。这样，生产同类产品的企业就分散到各部门、各地区，形成了行业"大而散"的局面。从而导致了工业行业两个严重积弊：①同类产品生产按部门、地区的局部需要，禁锢在各个行政部门中，造成了建设分散，规模狭小，技术落后，资源浪费，效益低下。②工业管理和各级政权机构相对应，不论企业多少，都要层层设置一套机构，造成了工业管理体系庞大、层次重叠、机构臃肿、人浮于事、效率低下。两个低下的必然结果就是使国家宝贵的资源不能发挥最大的效益。实行行业管理，企业可以从原来的行政部门禁锢中解放出来，使同类生产可以根据合理组织生产力的要求，按照高效率专业化协作的原则，实行经济联合，调整产业结构、产品结构和企业组织结构，形成规模经济，大大增强行业整体实力和竞争力，提高生产效率和经济效益。

2. 实行行业管理，是形成充满活力的新行业管理体制的重要途径。为适应发展社会主义市场经济的要求创立的行业管理体制，其最大好处是可以大大精干庞大的政府工业部门，转变政府管理职能，充分发挥行业协会在工业管理中的重要作用。这样，既可精机简政，又可大大提高工业行业管理的效率和效益。这种新体制，不仅能够正确引导、协调、推动工业行业快速健康发展，而且能使行业管理工作体现出社会主义经济制度的优越性，激发工业行业管理工作充满生机和活力。

（三）社会主义市场经济体制下实现行业管理的基本条件

在由计划经济体制向社会主义市场经济过渡的条件下，实现由部门管理到行业管理的转变，需要一系列的条件。其中主要包括经济和政治体制改革，法制建设和行业组织培育等方面。但基本条件是以下四点：

第一，要进一步转变政府职能，政企职责彻底分开。一方面，要根据建立现代企业制度、转换企业经营机制的要求，通过政府机构改革和职能调整，取消对企业的不适当的行政干预，使企业真正成为法人实体和市场竞争主体；另一方面，要建立健全以间接调控手段为主的政府行业管理职能，使政府真正能发挥引导、协调和推动行业发展的作用。

第二，要实现政府的社会经济管理职能与国有资产所有者职能分开。将政府有关部门监管企业国有资产的职能和行业管理职能分开，切实转变管理和运营国有资产与管理行业混同在一起的状况，为实现行业管理创造应有的环境。

第三，要转换经济调节机制，完善新的宏观调控体系。要通过对现有政府经济管理职能的分解、转移、合并，变直接管理为间接调控，建立和完善包括行业管理在内的宏观经济管理制度，同时努力扩大适应社会主义市场经济体制需要的新的管理职能，并切实做到相互配合、有效协调。

第四，要通过深化政府机构改革，实现政府职能转变，打破地方分割和部门分割的局面，为实现行业管理扫清阻碍。

二、市场经济发达国家的行业组织和政府的行业管理

就基本的社会经济制度来说，我国正在和将要建成的社会主义市场经济与资本主义市场经济是有根本区别的。但就作为社会生产资源配置方式的市场经济来说，二者又有共同点。而且，经济发达国家依据现代市场经济发展的需要在实行行业管理方面已经积累了丰富的经验。因此，在马克思主义指导下，从我国具体情况出发，借鉴西方经济发达国家在行业管理方面对我国有用的经验，无论是对于搞好我国政府的行业管理，或者是对于行业协会组织的健康发展，都会是有益的。

（一）市场经济发达国家的行业组织和政府行业管理的产生和发展过程

在奴隶社会和封建社会，伴随简单的商品经济的发展，行会组织也发展起来。其原因是为了保护本行业的经济利益，限制与外部的竞争，具有明显的排他性和封建性。

资本主义社会的商品经济是发达的商品经济，是涵盖全社会的商品经济。从社会生产资源配置方式这个角度来说，这种商品经济也可以称为市场经济。

从这种市场经济的产生和发展历史过程来看，已经经历了两个阶段。第一个阶段可以叫做古典的市场经济。其特征是反对国家对经济实行干预，主张对企业实行自由放任。就英国这样的资本主义经济发展比较早的国家来看，这个阶段的起点是18世纪下半期，其终点是20世纪的30年代。第二个阶段可以叫做现代的市场经济。在以市场作为配置社会生产资源的主要方式这个根本点上，现代的市场经济与古典的市场经济是相同的。但二者又有区别，现代的市场经济反对对企业实行自由放任，主张国家对经济的干预。就美国这样的现代市场经济发展比较早的国家来说，第二阶段是从20世纪30年代罗斯福总统实行"新政"开始的。但在第二次世界大战以前，只有美国少数几个国家实行现代市场经济。在这以后，经济发达国家普遍实行了现代市场经济。

与上述的市场经济发展两个阶段相联系，经济发达国家的行业组织的发展也经历了大体相近的过程。伴随古典的市场经济的发展，特别是在19世纪末和20世纪初，经济发达国家的行业组织大大发展起来。在此期间，美国、日本、德国先后产生了一些全国性的行业组织。如1864年美国成立了全国毛纺织厂主联合会，1882年日本纺纱业的第一个行业管理组织——大日本纺纱联合会成立，1895年在美国经济生活中起重要作用的全国制造商协会成立，1905年日本缫丝行业成立了蚕丝同业会，在德国承担同行业企业间价格协调等职能的行业组织——卡特尔也相继成立。

但一般说来，在这期间，除了在"一战"和"二战"中某些参战国实行的战时体制经济以外，并不存在国家对经济生活的干预。与此相联系，也不存在政府对行业和行业组织的管理。这是这个期间经济发达国家行业管理发展的一个重要特征。

但伴随现代市场经济在经济发达国家的发展以后，行业管理的发展也出现了富有重大特征的变化。

第一，行业组织得到了空前未有的发展。1929~1933 年，资本主义国家发生了历史上最严重的经济危机，资本主义国家实行了国家对经济的干预。在美国，罗斯福推行"新政"的重要内容之一，就是实行《全国产业复兴法》，强制卡特尔化，各行业制订《公平竞争法典》。为此，美国上上下下出现了建立行业组织的风潮，成立了如美国钢铁工业联合会等类型的一大批行业组织。第二次世界大战后，伴随现代市场经济的发展和生产社会化程度进一步提高，生产进一步国际化，国际间经济联系更为密切。为保护本国资本利益，客观上要求有一个组织能在本国资本对外投资、产品和技术出口等方面，协调行业内不同企业之间的矛盾，统一价格水平，以避免相互杀价和最新技术外流。同时，这一组织能在国外资本输入国内市场对本国行业构成威胁时，代表同行业企业共同利益向政府交涉，要求政府采取限制措施对本行业进行保护。因此，经济发达国家出现了新一轮行业组织发展高潮。这个时期行业组织发展的主要特点是：①发展快。现存的行业组织不断扩大，职能不断扩展，新的行业组织不断产生。②范围广。行业组织遍及各行各业，纵横交织，构成庞大的行业组织网络。③覆盖面大。参加行业协会的企业数均在全国同行业企业的 70%以上，其中日本为 90%以上，意大利为 80%以上，德国为90%以上。④产值高。各协会的会员企业所创产值在全国以至在世界同行业中的产值都占有相当大的比重。⑤形式多种多样。既有社团法人，也有非法人性质的组织；既有纯民间的，也有强制性的半官方组织；既有地区性的，也有国际性的。

第二，伴随经济发达国家对经济干预的加强，政府对行业和行业组织也逐步进行了管理。从总体上说来，只有到了现代市场经济阶段，经济发达国家才形成和发展了政府的行业管理。

（二）市场经济发达国家的行业组织

第一，市场经济发达国家行业组织的性质及其特征。一般说来，市场经济发达国家的行业组织的基本性质是同行业企业单位在自愿基础上组织起来的、为增进同行业共同利益的民间经济团体。这些为达到共同目标而自愿组织起来的团体，可以是法人，也可以是非法人，但基本上都是非营利性的组织。

与这个基本性质相联系，还派生了以下重要特征：

1. 行业组织工业的重点应是为会员单位服务。经济发达国家的行业组织多为民间性社团组织，经费的主要来源是向会员收取的会费。因此，为会员服务就成为行业组织的首要任务。一个行业组织在会员中的威信如何，取决于它为会员做了哪些卓有成就的工作。

2. 行业组织的工作方式注重民主、协商。经济发达国家的行业组织是自下而上组织起来的社团组织，由会员选举出来的领导机构十分注意民主和公正办事的原则，对行业内部许多问题往往要经过充分协商才作出决议。在许多场合，行业组织的领导机构可以在会员间提出建议，进行协调，但并不将意见强加于企业。两者之间更不存在"管"与"被管"的关系。

3. 经济发达国家行业组织的内部关系一般比较松散。行业组织本身不具有强制力，行业组织的章程也不约束会员企业独立自主地开展经营活动。

第二，市场经济发达国家行业组织的类型。市场经济发达国家行业组织是多样的，表现为两方面：①由于各发达国家的政治、经济、社会、文化等背景不同，行业组织的类型也各不相同。②在同一个国家内行业组织类型也表现出很大差异。

1. 日本行业组织的类型。日本是行业组织产生较早、发展较快、组织较为发达的国家。目前有行业协会和联合会以及各种形式的组合约5.5万个，分布在32个工业门类中，仅在通产省直接指导下的行业组织就有22600多个。这些行业组织形式和规模各不相同，主要有两类：工业会和组合。

工业会（社团法人），是由同行业的多数企业共同申请，由政府批准建立的行业。其会员分三类：第一类是正式会员（包括企业）；第二类是副会员（包括批发社和相关行业组织团体）；第三类是个人会员（专家、学者）。规模大的工业会组织设中央和地方两级机构，是上下级关系，但地方组织也可在一定范围内独立活动。工业会的最高领导机构是理事会，其成员由代表大会选举产生，通常以本行业的大企业为主。理事会下设一精干的办事机构，由若干名专职工作人员办理日常事务。工业会的活动经费主要来自会员缴纳的会费。会员有遵守本会章程和缴纳会费的义务，同时享有一定的权利。

组合（任意团体）。包括有企业组合、事业协同组合、协事组合和商工组合等。它与工业会的重要区别是，组合的成立不需政府批准。其规模一般较小，通常是以中小企业为成员组成的地区性组织。规模较大的组合，其成立要报本县知府备案。组合的成员在生产过程中的联系较工业会密切。组合产生的历史较长。其早期的主要任务是防止过度竞争。在 20 世纪 60 年代，日本进入高速发展时期后，组合又承担了调整产业结构、促进行业的经营现代化的职能。

此外，日本的行业组织还有特殊法人组织（这是根据日本政府制定的专门法律、为实现某种经济政策和某种发展目标而设立的）和多个很有影响的全国性经济团体，如经济团体联合会（经团联）、日本经营者团体联盟（日经联）和经济同友会等。它们不仅对日本的经济发展发挥着重要作用，甚至有一定的政治影响。

日本的行业组织，从地域上分，有全国性的行业组织和地区性的行业组织。全国性的行业组织分为综合性的行业组织（如各种工业联合会和工业联盟等）和专业性的行业组织（如各种行业协会）。有的行业只成立一个行业协会，有的行业则成立几个行业协会。地区性的行业组织，包括都、道、县、市等地方行业协会，其中有许多都参加全国性的行业组织，但也有不少只联系当地的同行业企业，开展技术交流，为企业提供咨询服务。

总之，日本的行业组织多，有完整的体系。

2. 德国行业组织的类型。德国的行业组织对"一战"时的卡特尔有一定的继承性，经过近百年的演进和发展，到目前已经最终形成了联系着几十万个企业、纵横交错的三层结构的完整组织体系。最上层是联邦工业联合会。它是全国 37 个联邦行业协会自愿组织起来的最高联合组织。联邦工业联合会的最高权力机构——代表大会，由 37 个联邦工业行业协会根据各自的就业人数按比例推选代表组成。代表大会选举工业联合会的主席、副主席和决策机构（理事会）。联邦工业联合会有强大的办事机构（总干事会），工作人员约 300 多人。设有一般经济竞争、基础建设和科研、财政和法律、对外经济、组织和行政管理等五个部门。各部门内设若干专业委员会。联邦工业联合会还在各州和国外一些地区设有派驻机构。中间层是 37 个联邦工业行业协会。每个行业协会又由若干个更为专业性的协会组成。如德国最大的一个工业协会——机械制造业协会，就是由建筑机械、纺织机械、机床、造纸和印刷机械等 30 个专业协会组成的。为了便于联系，这 37 个联邦行业协会还在州一级设立分会。第三层是 500 多个专业协会及州一级的地区性协会。德国通过以上三层结构的工业行业组织体系，几乎网罗了全国所有的工业企业，由此构成了完整的"自主协调"的工业行业管理体系。

德国工业联合会，它主要是为企业特别是广大中小企业服务。它有三大项职能：①行使政府赋予的工作职能：办好各类职工培训教育，国际性业务往来的资料鉴证，城市产业的规划。②定期召开工商企业代表会议，征集意见，代表企业对一些重大问题与政府部门交涉，影响政府的决策，达到更好地发展经济之目的。③免费为企业提供财税、法律、投资、国际贸易、城市规划、市场调查等全方位的信息咨询服务，帮助企业解决一些自己办不了的事情。

3. 法国行业组织的类型。法国的行业组织基本上有三种类型，即行业协会、工商会和从事法律、会计和信息等咨询服务的机构。其中行业协会和工商会是联系最广、影响最大、最为重要的行业组织。

（1）行业协会。依照法国有关法律规定，行业协会由一定数量的同行业企业组成。行业协会按范围分为行业商会、行业公会、行业委员会、行业联盟、行业联合会等。法国雇主委员会是全法最大的跨行业协会，由 83 个全国性行业联盟、联合会和 28 个地区性协会组成，代表全法 200 多万个企业的利益。

行业协会代表会员企业的利益，向政府反映意见、困难和建议；负责向会员企业提供该行业的国内与国际发展信息，及时帮助企业了解该行业的新技术和新工艺，促进企业技术进步；协会还设有研究和开发机构，提高本行业的技术水平和产品质量，并将研究成果及时免费提供给会员企业，推进企业的技术和产品创新；行业协会还负责帮助会员企业开拓业务，尤其是开拓国际市场；建立本行业质量监督和控制机构；监督和保证会员企业遵守国家法律及规定，进行行业自律。

　　有些行业协会还承担了部分政府职能。如从 1991 年开始，法国广告协会承担了以前一直由政府的视听作品高级委员会承担的检查视听广告的任务。

　　行业协会的经费来源主要有四个途径：会员缴纳的会费、政府的资助、其他组织或宗教团体的馈赠和协会创办的经营公司向其上交的部分税后利润。其中，会费是协会最基本的经费来源，一般按会员营业额或产品销售额的一定比例缴纳。

　　（2）法国工商会。法国现有工商会 183 个，拥有 2.6 万名直接工作人员，2000 名企业顾问和 3.1 万名教育工作者。分布在法国本土 22 个大区 96 个省和 5 个海外省。随着对外投资的增加，在国外的企业也组织了工商会，目前在国外已有 73 个分支机构。工商会的工作范围涉及工业和商业各个方面，直到参与领土整治工作。法国工商会目前管理着 121 个飞机场和 30 个会议中心。

　　对政府而言，工商会是代表商业和工业总体利益的公共机构。与行业协会相比，法国的工商会是地区性的和跨行业性的。一个企业应向当地工商会申请注册，自获得批准之日起，即自动成为工商会成员，并接受其指导和帮助。

　　巴黎工商会是全法最大的工商会组织，成立于 1803 年，是拿破仑亲自创办的，负责大巴黎的工作，有 28.3 万个会员企业，有四个分会和一个总部，总部设在巴黎。法国最大的企业有 1/3 是该工商会的会员，创造全法国民生产总值的 20% 以上。

　　工商会主要有四大功能：①企业利益的捍卫者与代言人。工商会代表企业与政府直接对话，组织和发布对企业界有用的经济和法律信息，将企业的现实需要转变成建议转达给政府，成为政府与企业界的桥梁。②咨询与建议。工商会在企业成立和发展的各阶段向企业提供各种咨询服务，如信息服务、出口和招工服务、审计咨询服务、参展服务等，负责提供各国市场信息，帮助和组织企业发展产品出口；通过设立的经济观察中心、产业研究中心等机构，向企业特别是中小企业提供科研成果。③培训。巴黎工商会有法国最高商业和管理专业学府，共有 33 个教学单位，在校生 1.3 万人，在校受训人员 4 万人。在管理学教学方面，有四所享有世界声誉的学院（商业深造中心、高等商学院等）；在高等科技教学方面和工艺技术教学方面，都有许多专业学院和技术培训中心，教育水平很高。教育机构经费除工商会拨款外，相当一部分靠学生缴纳的学费。目前工商会已成为仅次于教育部的第二大教育机构。④管理。巴黎工商会负责法国议会大厦和两个交易会中心的管理（不是产权所有者，只负责管理），还负责塞纳河港口、免税仓库的管理。它还管理着许多为中心企业服务的仓库。

巴黎工商会的资金来源有三部分：①国家从职业税中提取部分税金专门补贴工商会。这部分资金占工商会全部收入的47%左右。②会员缴纳的会费。③有偿服务的收入。这两部分约占全部收入的53%。

4. 美国行业组织的类型。美国行业组织种类繁多，尤其是行业协会非常普遍，广泛活动于经济和社会生活的各个领域，目前行业协会达到约20万个。美国的行业协会不仅数量众多，而且已有一批规模巨大、实力雄厚、业务遍及全球的大型行业机构。

美国行业协会主要有两大类。①各个行业都有自己的行业协会。如美国铁路协会、美国银行家协会、美国石油协会等。这种协会约有1800个，绝大多数在华盛顿设有各自的总部。②除了各种行业性、专业性的企业界团体外，还有几个全国性的、综合企业团体。就大企业组成的行业协会来说，主要有以下三个：

（1）美国商会。这是美国最大的和最著名的行业组织。建立于1912年。它由7万多个公司和个人、2500多个州和地方的区域性商会以及1000多个行业、专业协会组成。美国商会是一个60多人的董事会，有最后决策权，主要由一些重要企业的经理组成。董事会下设有30个常设委员会和特别委员会，负责提出有关问题的政策立场，商会每年得向60个问题表明自己的立场态度，并对其中一些重要的问题在美国国会以外进行活动。美国商会在华盛顿的总部设有4个管理部门，以及计划发展和执行、经济政策、公共事务和联邦发展、立法行动、通讯等5个部，共有工作人员400多名。此外，美国商会还在6个大城市设有区域性办事处。

（2）全国制造商协会。该组织成立于1895年。最初是一些小公司为促进美国贸易，特别是国际贸易采取联合行动而组织起来的。1993年该协会重新改组后转变成为主要代表大企业的组织。"二战"后的初期，其会员曾达到2.2万名，此后保持在1.2万名左右。其总部1973年由纽约迁至华盛顿，有 200 多名工作人员。

（3）企业界圆桌会议。这是一个新兴的企业集团，成立于 1972 年。其成立的目的即是加强企业界，特别是大企业对政府的影响。企业界圆桌会议由约 200 个全美最大的公司组成，并且规定只能由这些巨型公司的主要行政负责人参加。其中包括美国铝公司、美国电话电报公司、通用汽车公司、国际商用电器公司、美国钢铁公司、花旗银行、杜邦公司等。每个成员每年缴纳会费从 2500 万美元到 4000 万美元不等。它的总部设在纽约，在华盛顿设有办事处。企业界圆桌会议主要通过其会员即大公司的董事长或董事会主席直接对国会议员和行政官员施加影响。由于这些人物有着很高的社会地位、声望，议员和行政官员往往不敢怠慢，都要认真听取他们的意见，因而这种活动往往很起作用。企业界圆桌会议一直在一些重要的问题上采取行动，较少涉入具体、狭小利益问题。

上述三个企业界团体主要代表大企业的利益。同时，小型企业也有自己的全国性、综合性的团体。其中影响较大的有全国独立企业联盟，有 53 万多小企业主会员；有 5 万多会员的全国小企业协会等。

5. 意大利行业组织的类型。目前，意大利设有全国工业总联合会、中小工业联合会、农业协会、外贸协会等综合程度较高的行业组织。这类协会下辖众多的划分较细的专业性协会。全国工业联合会重点为大中企业服务。而中小工业联合会的会员以中小企业为主，覆盖面较大，每一行业参加协会的企业通常占本行业企业总数的 70%~80%，产品产量占本行业的 70% 以上。

6. 加拿大行业组织的类型。目前加拿大已有各类行业协会 3 万多个，分为四类：①工商贸行业协会，约占协会总数的 40%，如机械与设备制造业协会、制造及出口商协会等。②职业协会，约占协会总数的 30%，如律师协会、医生协会等。③不同人员为共同利益而组成的协会，约占协会总数的 10%，如消费者协会、房主协会等。④其他协会，约占协会总数的 20%，如文化、体育、艺术、健康等协会。从就业方面看，在 7 万多个协会和教会就业的人数占加拿大就业人员总数的 1/5，即每 5 个就业人员中就有 1 人在协会或教会就业。在协会和教会就业的人数超过制造业和零售业就业人数之和，是金融业就业人数的 3 倍。这表明协会和教会在加拿大的影响非常之大。

加拿大的协会是由会员根据共同的利益的需要自愿组织起来的非营利性机构，法人和自然人可以自愿加入协会。成立协会要经过四个阶段：①酝酿阶段，由 1~2 人牵头提出设想，吸收有共同要求的人参加，成立一个小组进行酝酿。②举行预备会议，就成立协会有关问题在小组中展开讨论，为成立协会做好起草章程等准备工作。③召开正式会议，宣告协会成立，通过协会章程，选出协会领导。④开展工作，做预算，定人员，搞培训，并游说政府和国会议员等。

行业协会的经费来源，主要有三个方面：①会费，占总经费的 50%~90%。②专业活动收入，如培训、发行刊物和出版物等。③社会捐款，这部分既不固定，比例也较小。此外，还有一些协会由政府部门提供经费，主要是一些承担政府不宜做的事，所以，拨此经费，专款专用，如慈善协会等。

行业协会在各省设立办事处，其目的是对省政府施加影响，并将协会的任务和服务落实到各省。

第三，市场经济发达国家行业组织的职能。在现代市场经济条件下，市场经济发达国家行业组织的职能比以往大大向前发展了。尽管各个国家行业组织的职能存在差别，但也有共同点。总体上说，有以下八项：

1. 信息交流。市场经济发达国家都是十分重视信息的社会，为会员提供全国准确有用的信息是行业组织的一项重要职能。比如，美国有 54.5% 的行业协会从事资料采集出版工作。各行业组织大都有相当健全的信息渠道：它突破了分割封闭的局限，拥有本行业会员企业生产、技术方面的信息；它在同国际行业组织的信息交流和互换中，扩大了有关国外同行业的信息来源；行业组织都设有专门收集情报信息的部门；行业组织一般都设有专门研究政府、政策、法令的部门，具有了解政府有关方针、政策与财政、税收及信贷方面信息的条件。行业协会提供的信息包括市场经济信息、技术信息、社会和政治情报信息等，其中以市场经济信息为主，内含产销、价格、利率与股票行情等。

2. 多向协调。包括三方面的协调：

（1）企业与政府之间的协调。行业协会作为企业利益的代表，向政府反映企业的愿望和要求，形成一种群体的压力，引起政府和社会各界的重视。同时，行业协会与政府通力合作，使政府的政策、法令、计划能在基层企业中得以贯彻执行。

（2）企业与公众、雇主与员工之间的协调。公众与企业都不可能直接面对，因而往往造成某些互不了解而产生的矛盾。行业协会作为企业与公众的桥梁，可开展公共关系活动，组织参观展览，出版报纸刊物，向公众宣传行业企业情况，并举办公益事业，扩大企业和行业的知名度，搞好与公众的关系，使行业、企业获得广泛的公众支持。美国全国制造商协会在协调公共关系方面做得非常出色。该会在章程中明确公告于众："任何个人、公司或团体，只要在美从事制造业，申请得到理事会批准，就可以成为协会会员。"并根据自身联系面广的特点，把工作瞄准在公共关系方面，利用广播、电影、通信和杂志等多种手段向广大公众特别是社会中间阶层宣传，大大促进了公众对行业、企业的支持，以及产品的销售。在协调雇主与员工关系方面，美国有一半以上的协会进行了工人工资、工作条件和工作时间的调查，就劳资问题向会员提供建议，为协调好这种关系，发挥了特殊作用。

（3）行业内部的关系协调。包括本行业组织内部企业之间横向关系的协调，达成认识和行为的一致；行业组织系统内不同层次间就长远目标达成共识，形成内部统一、一个口径对外的纵向协调。

3. 疏通政企关系。行业组织代表成员企业利益，提出对政府制定政策、法令的愿望和要求，沟通政府主管部门与企业的关系，这是各国行业组织的重要职能。行业组织既可通过会议和调查表等方式，了解企业的意见和要求，经过协商后，把共同性的意见和要求向政府反映，也可通过动员各种舆论工具宣传自己的观点，向政府施加影响，使政府重视维护企业的利益。同时，政府也需要通过行业组织听取企业意见，宣传的政府意图，使政策、法令的实施有广泛的企业基础。

4. 制订行业规划。根据政府制定的国民经济中长期发展计划，研究制订本行业的发展规划和技术经济政策，为成员企业制定发展规划提供参考依据。其内容包括：行业发展趋势，生产规划和国内外市场需求变化的预测，本行业专业化协作、联合、改组的方案，新产品、新技术和设备开发的投资方向，以及有关环境保护、职工福利、加强有效竞争的方案等。行业组织根据国民经济计划要求配合政府对本行业的企业结构、生产方向进行调整；企业则根据行业规划，结合自己掌握的国内外实际情况，制定相应的中长期规划和年度、半年、月度计划。在这方面日本的工作做得较好，成效很显著。例如，20世纪50年代，日本通产省为促进汽车行业发展，制定了汽车零件行业的生产合理化计划。几个汽车零件行业协会会长和汽车工业会的常务理事与通产省重工局的官员组成了汽车零件委员会，负责实施合理化计划，促进企业的改组联合和生产的进一步集中。他们制定了一系列标准，动用经济手段和行政手段，并辅之以动员、劝导，进行了大量工作。经过十年努力，汽车零件工业在生产集中和降低价格方面终于取得了显著效果。在20世纪70年代初，日本电子行业的发展也是电子工业会与通产省配合，按照以生产大型电子计算机为目标，制定了大规模共同事业计划，对各厂商分配任务，发动参与计划的6家公司开展竞赛。政府把工业技术部门掌握的有利竞争的重要技术秘密，交给了3家最大的公司并委以重任。在政府和行业组织的指导下，日本电子工业迅速发展起来了，很快居于世界领先地位。这表明，统筹规划、合理配置生产力是行业组织的一项重要职能。但这项职能只有在政府主管部门的指导和支持下才能得以顺利实现。

5. 提供咨询服务。为成员企业提供咨询服务也是各国行业组织普遍厉行的一项重要职能。因为行业协会联系了大批各方面的专家特别是拥有精通本行业事务的专职工作人员，利用他们的知识和经验为会员企业提供咨询服务，确实是有效解决企业改革和发展中许多重要问题的好办法。咨询的内容和范围是广泛的。包括国内外经济发展动向的分析；国内外政策、法律、法令的遵守和运用；企业发展战略和目标的制订；企业存在各种重大问题的检查诊断和改进方案的设计；经贸业务和技术及经营管理知识的介绍；劳资关系的处理；技术引进、设备更新、发展新产品、改善经营管理、选择企业领导人和高级管理人员等方面的咨询。

6. 开展培训。帮助企业培训各种专职工作人员，提高企业员工素质也是行业组织义不容辞的重要职能。行业组织为企业培训员工的做法有三种：①根据本行业的特点和具体工种、岗位所必备的知识制定编写或选择适用教材，作为本行业员工的必读课程和考核晋升的依据。②创办职工学校。③对职工培训进行检查、考核和监督。虽然近年来有许多国家都由社会创办了一些职工学校来承担企业员工培训任务，但行业协会在这方面的作用仍不能忽视。

7.组织企业举办展览会、博览会和出口推销活动。为提高企业的生产技术、产品质量和市场竞争力，行业组织需要组织专门人才着力解决企业生产中带有普遍性的问题。如节能问题、改变固定资产折旧率问题、联合同外商谈判问题、联合进行广告宣传、共同进行向立法和行政管理机构申诉等。

8.组织本行业企业同国外同行业企业进行技术交流与合作。其目的在于促进企业生产经营水平和技术水平的提高。

把上述各国行业组织八项集体职能归纳起来，就是以下三大职能：即服务、协调和联系。其中服务职能是行业组织的基本职能，协调职能是行业组织的核心职能，联系职能（也可称为纽带职能）是行业组织的重要职能。然而，不仅各国行业组织职能有差别，即使同一国家的各行业组织职能也有不同，而且不同层次的行业组织的职能又各有侧重。以原联邦德国为例，第一层的联邦工业联合会，主要侧重联系职能，代表所属行业的利益，集中反映成员对政府政策、法令的意见和建议。第二层的联邦工业行业协会，侧重于协调职能，主要围绕各自行业发展中的问题，开展协商和服务工作。第三层的专业性协会，侧重于服务职能，主要任务是研究本专业的有关经济政策和生产技术问题，向会员企业提供技术情报和咨询服务。层次越高，与政府的关系越密切。

（三）市场经济发达国家政府的行业管理

第一，市场经济发达国家政府行业管理的本质及其特征。

1.市场经济发达国家政府行业管理的本质。在古典的市场经济条件下，对企业实行自由放任，反对政府对经济的干预。那时西方国家不存在政府的经济管理职能，其中包括不存在政府的行业管理职能。那时各国虽有行业组织的行业管理，但其职能不在于协调行业经济的发展，而在于保护同行业的利益，并就行业与社会的矛盾同政府谈判，要求政府制定有利于本行业的政策和法规。在古典的市场经济条件下，西方国家经济的发展就是靠市场机制自发调节的。但是，西方国家经济发展的实践证明：市场经济内部蕴藏着引发周期的愈来愈严重的危机的机制，要使经济平稳协调地发展，不能光靠市场机制来调节，还要建立政府的宏观经济管理。就行业管理来说，尽管行业组织具有协调本行业经济发展的良好功能，但由于它存在着只顾本行业利益的局限性，所以也不能只有行业组织的行业管理而无政府部门的行业管理。因此，西方各国就由古典的自由放任的市场经济逐步过渡到现代的有国家干预的市场经济。同时，各国也逐渐形成了政府管理行业的职能以及政府管理行业和行业组织自律管理并存的管理体制。所以，从本质上说，这种职能和体制就是以市场为基础的，并与政府的宏观经济管理相结合的机制的反映。

2. 市场经济发达国家政府行业管理的特征。与这个本质联系，市场经济发达国家政府的行业管理具有以下两个重要特征：

（1）政府管理行业不按行业设置专门的管理机构，而由带有综合性的经济部门行使行业管理的职能。从现在的情况看，美、英、法、德、日等国都是这样安排的。如美国把管理工业生产与经营各行各业的商业活动交由商务部负责。英国把贸易和工业部作为工业管理部门。法国也只设工业和贸易部，负责制订政府关于工业发展的政策，通过信贷指导工业企业的发展方向。德国的工业则由经济部管理，工业行业发展的政策由经济部负责制订。日本政府是把通商产业省作为工业管理部门。这些国家对工业行业管理职能部门设置共有三类：即英、法、日是实行工贸结合，统一管理；德国的工业行业管理是由政府综合经济部门负责；美国则由商务部负责。

（2）政府管理行业不包揽行业管理的全部职能，只集中力量搞好决策性职能的履行，而把非决策的大量行业管理事务交由行业协会和其他民间组织承担。具体说来，包括以下四点：

1）政府使行业协会真正成为协调行业经济发展的最佳组织，在行业管理中发挥出更大更好的协调和服务作用。因此，各国政府都很重视加强和行业协会的联系，帮助他们加强组织建设，更好地发挥共同有的民主协调和自律管理的功能优势。使行业协会不仅能进一步做好行业自律管理、协调和服务工作，而且能担当起某些政府管理行业的职能。政府在方针政策上给予行业协会指导，对需要行业协会承担的任务，通过相互磋商，形成一致意见，帮助协会去完成。这样，既减轻了政府负担，政府又可更好地了解行业、企业的要求，制定可行的方针政策和解释政府意图，沟通和密切相互联系与交往，加强行业管理，促进行业协调发展。

2）政府大力扶植各种研究咨询机构的发展，促其有效地为行业、企业服务。美、日、法、德等国都设立了大量的此类组织。在各国众多的研究咨询机构中，有政府的、半官半民的和民间的三类。其主要职能，除研究咨询、参与政府决策、起草和制定战略性计划和具体政策措施外，很重要的一项职能就是协调和调整政府与各行业、企业等社会经济团体的关系。如法国在计划总署下设多个现代委员会，由政府官员、企业主的代表、工会代表、农业经营者、经济学家、律师、工程技术专家及社会活动家 3000 余人参加。各界人士在这些委员会经过讨论协商，提出各种政策建议，政府以此为制订计划和决策的依据，调整中央、地方和企业之间的关系。在日本为达成政府与行业之间意见一致，一些在国民经济中占有重要地位的行业和政府有关部门建立了各种正式和非正式的协议机构——行业审议会。把行业的各种问题和最后的政策提案都拿到审议会来讨论，取得一致意见后，再以审议会名义发表，经国会批准，即成为政府对该行业的基本指导方针。政府通过这种机构进行行业管理，行业企业也通过它反映自己的意见和要求，形成确定有序的政府与行业的沟通方式。

3）在政府机关下设置公共事业团体。确认其特殊法人地位，赋予其部分政府管理职能，以求建立富有活力的管理体制。政府作为决策机关，主要进行法律规范、政策指导和预算协调。大量的组织管理和监督等职能由依法成立的公共事业团体承担。这些事业团体既是研究开发组织和咨询服务组织，又是相应的管理机构。由这些公共事业团体行使部分政府管理职能，有利于精简政府机构，下放管理权力，实现宏观决策权与微观管理权分开，既加强政府机关对各个行业的宏观指导，又推动有关方针政策和法律法令的贯彻实施。如日本从 20 世纪 60 年代以来，相继设置了一系列承担和执行政府管理职能的事业团，并在法律上确认它们为特殊法人。它不同于一般私法人，其资金和经费 70%~95%由国家拨款，其目的、任务和业务范围与组织机构由法律规定，依法行使一定的政府管理职能，接受主管首长监督。事业团又不同于作为公法人的政府机关，它不适用国家行政组织法对国家机关在编制、预算和活动范围等方面的规定，不但在执行管理职能方面有一定的灵活性和自主权，而且可以开展其他业务，取得经营收入。事业团的领导为"役员"，由内阁总理大臣或主管省、厅长官任命，享受相应的文官待遇，遵守官厅纪律，一般职员不属于国家公务员。日本机械振兴协会就是这种性质的组织。它是由全国机械行业的各行业协会参加的，并受通产省资助和指导的半官方的财团法人。该协会下设事务局、技术研究所、经济研究所。其主要任务是：对机械行业的发展动向和对策等长远的共性问题进行调查研究，提出研究报告，供政府部门制订政策和企业决策参考；设置一些先进水平的试验研究设施和特殊加工设施，为机械企业特别是中小企业服务；经常开展技术交流、学术讨论活动；提供情报信息等。

4）充分发挥民间企业的自主活力。实行市场经济的西方国家是以私有制为基础的，其政府要在此基础上实行行业管理，就往往会与企业活动的方向造成矛盾。因此，政府在行业管理中务须寻求与企业合作，共同解决好政策性问题，使企业既能根据自己的决断进行自主活动，又符合政府行业管理要求的发展方向。为此，日本把政府、企业和相关社团组织起来，共同研究制定能充分发挥民间企业自主活力的行业管理政策。

第二，市场经济发达国家政府行业管理的职能及其作用。当代市场经济发达国家政府不直接经营企业，但有管理经济的职能。政府的经济管理职能主要是对经济进行引导、服务、协调、控制。政府看重是抓经济法规、经济政策、经济发展战略和中长期经济规划的制定与实施，引导经济稳定发展。就行业管理来说，行业协会是有效协调经济发展的最佳组织，要充分重视和支持他们发挥协调经济发展的功能优势。所以，政府通过立法，规定行为界限。质量要求和发展目标，运用指导、协调、资助、奖惩等方式，即可让社会各行各业在法律规定的范围内自行发展。这样，市场经济发达国家政府在行业管理中的职能，主要是引导、扶持、服务、促进和监督。这是政府管理经济职能在行业管理中体现。

这种职能是通过以下五方面作用具体表现出来的：

1. 政府通过制定行业规划、政策、法规对各行业的发展进行引导。

（1）通过行业规划，提出行业经济发展的目标、重点、趋势及保证其实现的措施，引导行业、企业的经营活动，保证国家宏观发展目标的实现。尽管市场经济发达国家政府制定的行业规划是以私有制为基础的，但它是运用市场机制、按照市场需求变化趋势制定的。因此仍能对行业、企业的发展起到一定的引导和约束作用。如日本从 1955 年开始制定和实施正式的经济计划以来，一直坚持这种办法，特别是制定了 1961~1970 年的"国民收入倍增计划"，使日本基本上实现了国民经济的现代化，一跃成为世界一流的先进工业国之一。

（2）通过制定经济法规，规范经济活动的合法范围，使行业、企业在合法的范围内充分发挥自身的能动性。如日本在战后，为促进机械、电子行业的发展，制定了《机械工业振兴临时措施法》和《电子工业振兴临时措施法》；为扶植中小企业的发展，制定了《中小企业法》等类法律，对行业、企业的设备投资、产品产量、价格等实行政府干预。据日本公正交易委员会调查，仅1979年日本政府就制定了175项法律来规范企业和行业的行为。美、英、德、法等国政府也都重视法规对引导行业发展的作用，他们都制定了一系列法规来引导和规范行业企业之间和行业之间的经济行为。

（3）通过制定和运用产业政策对行业的发展和企业的经营活动进行指导。通过政府的年度经济报告、经济咨文等，明确经济发展的取向，引导行业、企业向符合社会经济要求的方向发展。

2. 政府通过财政金融政策扶持国家规划中重点发展的行业、企业和大批中小企业。财政政策包括：①由财政直接向公共设施投资，为行业的发展创造条件。②通过公营银行，有重点地发放财政性贷款，直接扶持国家规划中重点发展的行业、企业，并给予中小企业低利贷款，以促其加速发展。③运用税收政策，鼓励或限制某些投资，对需要扶植的重点行业、企业和大量中小企业，给予税收上优待，对要限制其发展的行业、企业，则加重征税。④通过财政补贴或折旧率的调整来激励或抑制某些行业、企业发展。金融政策主要是指各国的中央银行采取的政策。一般采取的做法主要是通过中央银行，控制贷款额度、存放款利率、再贴现率、法定存款准备金等经济手段进行的。

以美国在这方面的财政金融政策为例，政府长期以来就重点扶持高科技产业的发展。战后20年间，美国联邦政府的科研拨款平均每年增长15%。仅1984年，政府通过拨款、军事订货和委托课题给予高科技产业发展的科研经费就高达5000亿美元。为扶持中小企业的发展，美国中小企业管理局通过直接贷款和政府担保贷款资助方式，向小企业提供资助，担保贷款的担保金额可达贷款额的90%。如1982年小企业管理局给近45万个企业提供了342亿多美元贷款，其中绝大部分是担保贷款。为了保护一些重要传统工业，美国政府采取加速折旧，加快设备更新，并提供资金保证及市场保护等措施。在赋税上，对发展新兴工业提供优惠。如1981年的经济税法规定，给在额外研究开发中投资的公司减税 25%。另外，还降低资本收益税，1969年美国资本收益税是 49%，1978年降到28%，1981年再降到 20%。

日、英、法、德等国也都采取了和美国类似的做法，对于需要重点发展的行业，进行重点扶持以促其加速发展，并通过制定法律，保障中小企业的地位，提供财政资助，无息贷款和减免税收，以扶持中小企业的发展。

3. 政府为行业、企业的发展提供各种服务。主要包括：①经济信息服务。政府经济部门通过经济白皮书等形式，发表对经济趋势的预测，并收集消费者对商品的意见和要求，向行业、企业提出改进生产的建议。②培训服务。政府主要是帮助各行业、企业培养各个层次的技术人才和管理人才。③科研成果服务。政府利用国立和私立大学以及研究机构等方面的科研力量，研究国家急需解决的经济技术问题，并把研究成果提供给行业和企业。④设施服务。政府拨出巨额资金兴办那些投资多、利润少、周期长、风险大的公用基础设施，为行业、企业的发展创造有利条件。⑤贷款服务。政府帮助一些行业、企业解决急需发展而资金不足的矛盾服务，对政府指定的一些急需发展行业、企业和经地方经济主管部门领导批准的地方产业中需要振兴的行业，当企业需要合并和共同出资时，经政府主管部门领导同意，可得到所需资金 65%的银行贷款。这种贷款和一般商业银行贷款相比，其利率都低得多，年限也要长得多。

日本政府在为行业、企业发展提供服务方面的做法是很好的。日本政府在财政投资方面优先为支柱产业建设公共基础设施。如 1954~1982年，日本政府推行了 8 个"道路整备计划"，计划投资 72 万多亿日元，每次执行中都是大大超过计划投资额。这对于日本汽车工业的发展具有决定性的作用。在提供信息服务方面，日本政府做得也是很出色的。日本的政府机关、科技情报中心、贸易振兴会和中小企业情报中心等，都将原始情报和调查资料整理成为企业容易理解、便于运用的情报，用日报、旬报和其他有效形式提供给企业。情报机关还提供各行业的人才情报和技术情报。政府建立的企业诊断机构也向行业企业进行改行转业的个别指导，提供有关行业的情况和转产时应注意的问题。全面系统的情报和有针对性的指导，为行业、企业决策提供了可靠的信息，避免了行业、企业发展的盲目性。在税收方面，日本政府明确规定，凡执行政府规划的行业协会成员企业的机械设备等可以加速折旧，协会的研究试验用资产可以按照特别规定减税，企业合并可以减少登记税，免征土地所得税。

4. 促进行业企业各项结构合理化和现代化的实现。市场经济发达国家的政府都有调控经济发展的职能和手段。他们可以利用这种宏观调控职能和手段，促进行业企业在产业结构、产品结构、技术结构和组织结构等方面存在的问题的解决，特别是中小企业与大企业之间发展不协调矛盾的解决。他们可以通过产业政策、"反垄断法"和扶持中小企业政策的制定和实施，推动行业企业产业结构、产品结构、技术结构和组织结构的合理调整和优化升级，实现各项结构由低层次向高层次转换的目标。各国政府都十分重视在竞争和联合中推进中小企业的调整与改组，把一个个分散的、规模细小、力量单薄、效益低下的企业自下而上地组织成为各种同行业的组合，扩大生产经营规模，改善中小企业的经济地位。为了抑制垄断，促进有效竞争，各国政府都制定了《反垄断法》。政府还利用贷款、税收等经济杠杆的作用，促进产业结构合理调整，实现行业组织管理现代化。如日本非商业性银行都设有特殊贷款，其中包括促进行业现代化贷款和行业转换、结构改善贷款。总之，各国政府都很注意处理好形成规模经济和推动有效竞争的关系，这对促进各种结构调整和行业现代化实现起了重要作用。

5. 政府对行业、企业的监督和控制。市场经济发达的美、英、法等国家，政府对行业、企业的管理是依据行业性质与功能的不同，而采取不同方式进行的。对一般性行业、企业多采取行政性指导的方式进行。如日本政府对企业的管理，就采取召开各种会议讲解政策意图，谋求取得共识，并在编制计划中围绕有不同意见的矛盾，进行广泛的接触和游说，缩小分歧，取得谅解。政府对一般行业企业需要进行监督控制的，主要是对生产的许可和认可，对产品技术质量和价格的监督控制，对环境保护和劳动条件的监督控制等。

对某些特殊行业企业，政府就采取行政手段进行严格的监督控制。如美国对仪器药品的监督控制就非常严格。他们不惜重金建立健全强有力的仪器药品监管机构（FDA）。机构中设有法事、法令条例事务、卫生事务、政策协调、管理、计划评定等专业办公室。主要管理目标是：确保全国食品安全和精美；确保全国药品安全和有效。FDA 的主要职责是：产品上市前的检查、批准和发证；对生产机构的现场检查，深入调查研究产品质量是否符合要求，并进行市场监督；检查各项法规执行情况，对违法者进行纠正和惩罚；颁布各项法规和实施细则；对生物药品研究进行监督控制。美国药品管理的特点是：投入很大的财力和人力健全药政管理机构，承担全国药品的质量监督工作；以一整套药事法规为基础健全有强大活力的药政管理体制；高级科技人才在执法过程中起关键作用；药政机构执法严明，不徇私情，按章办事；执法机构享有崇高威望和信誉，他们与广大人民和社会各界均保持密切联系。由于 FDA 工作认真，功夫过硬，成效卓著，因此，它不仅被认为是保护美国广大消费者的政府机构，而且在全世界享有崇高威望和信誉。

（四）市场经济发达国家行业管理的几种模式

为了讲清这个问题，首先要做几点说明：

第一，这里所说的市场经济发达国家行业管理，是在完整的意义上讲的，它既包括政府对行业和行业组织的管理，也包括行业组织对作为行业组织成员的企业的管理。

第二，市场经济发达国家的行业管理是现代市场经济条件下国家宏观经济管理的一个组成部分。因此，对这些国家行业管理模式的分析，是不能脱离他们整个经济管理体制的特征的。比如，日本是后起的资本主义国家，企业在要求国家保护方面具有更强的要求；而且日本在"一战"和"二战"期间都实行战时经济体制。美国虽然也是后起的资本主义国家，但在"一战"和"二战"期间都没实行过战时经济体制。由于这些原因以及其他因素的作用日本政府的宏观调控能力是较强的，而美国是较弱的。

第三，区分市场经济发达国家行业管理模式的标准，是可以从不同角度提出的。这里是从政府对行业组织管理的力度强弱和行业组织紧松程度来区分的。

从上述各点出发，并依据前面已经做过的详细分析，似乎可以将日本和德国的行业管理称做是相对的强力型、紧密型的管理模式，将美国的行业管理称做是相对的弱力型、松散型的管理模式，将法国看做是处于上述二者之间的中间状态的管理模式，即不强不弱型、不紧不松型的管理模式。

尽管各国在行业管理模式上各有特点，但正如前面所分析过的，他们在行业管理的性质和职能等方面仍有共同点。

（五）市场经济发达国家行业管理的重要经验

市场经济发达国家在长期的行业管理（包括政府对行业和行业组织的管理，以及行业组织对其成员企业的管理）实践中，积累了丰富的、值得重视的经验。依据前面的分析，可以把这些经验概括为以下几点：

第一，随着古典市场经济向现代市场经济的过渡，经济发达国家在坚持以市场机制作为配置社会生产资源主要方式的同时，也重视加强了政府对宏观经济的管理。与此相联系，也重视加强了对行业和行业组织的管理。

第二，在当代经济发达国家虽然重视对行业和行业组织的管理，但并不是按行业设置专门的部门来进行，而是由综合的经济部门来承担这项职能，以真正有效地实现行业管理。

第三，当代经济发达国家政府对行业组织的管理，一般并不采取直接的行政命令手段，主要是通过制定法律、法规和政策对行业组织进行引导、扶持和保护，并规范和监督行业组织的行为。

第四，政府行业管理部门和行业协会的大力协调。二者共同根据国民经济中长期发展规划，研究制定本行业的发展规划和技术经济政策，并由政府主管部门的官员和行业协会的会长组成实施行业规划委员会，制定系列标准，通过经济、行政手段和动员工作，促进行业规划的实现。

第五，经济发达国家的行业组织，除了在特定情况下承担政府授予的某些行政管理职能以外，一般都把自己的工作重点集中在为本行业组织成员企业服务这项基本职能方面，而不是把自己的注意力分散到分享政府的行政管理权力上。这是经济发达国家行业组织在组织较为松散情况下又能深得成员企业拥护的根本原因，也是它拥有强大生产力的关键所在。

第六，经济发达国家的行业组织对成员企业进行工作的基本方法是民主协商。这是团结成员企业顺利推进工作的有效方法。

第七，有些经济发达国家在那些重要行业领域中还建立了行业组织网络体系。即建成以行业协会为基本层次，行业联合会或工会等行业组织共同构成的行业民主管理组织网络体系。各类行业组织在工作内容、吸收会员的范围以及与政府的联系密切程度等问题上，各有侧重。这对于加强行业组织在行业管理中的作用也是很有益的。

三、我国行业管理的历史沿革和现状

（一）我国行业管理的历史沿革

第一，新中国成立前的行业管理。我国工商业行业组织的形成和发展已有悠久的历史。作为行业组织原始形态的"行会"，早在春秋战国时代就已经出现了。唐宋元明清时代不断有所发展。由于工商业的发展，为维护同业者的利益，涌现出了许多由同业者参加的"行帮"组织。这些行会组织都带有浓厚的封建性和狭隘性，他们成立行业组织的目的，是为了协调内部矛盾，抵制和排斥外来的竞争，维护自身的利益。

到了半殖民地半封建的旧中国，由于工商业进一步发展，工商业就按生产经营商品的性质和用途，分别组织起仍然带有封建性的各种"同业公会"。在旧中国，特别是 20 世纪 30 年代以后，伴随官僚垄断资本主义的最终形成，国民党政府经济部还在一定程度和一定范围内实行了行业管理。当然，这种管理主要是为官僚买办垄断资本服务的。

第二，新中国成立后部门管理的形成和调整。1949 年 10 月新中国建立以后，高度集中的计划经济体制雏形也随之确立。

1956 年生产资料私有制的社会主义改造基本完成以后，计划经济体制也就完全形成。

在这种计划经济体制下，社会主义国有企业成为政府的附属物，社会主义集体企业实际上也成为国家准附属物，而非公有制企业所剩无几。于是，旧中国留下的由企业组成的行会组织也随之消失，新的行会组织也不可能产生。

在这种计划经济体制下，经济和企业的管理权限主要集中在中央政府。中央政府是通过它所属的各个中央部门来行使这个权限的。还有部分管理权限划给地方政府。地方政府也是通过它所属的部门行使这个管理权限的。尽管中央政府各个部门也企图实行行业管理，但由于部门之间以及中央和地方之间在管理权限上和利益上的矛盾，必然形成部门分割和地区分割的状态，致使行业管理根本不可能实现，剩下的就只有部门管理。

新中国成立后单一的部门管理的格局就是这样形成的。实际情况也正是这样的。在 20 世纪 50 年代初，当我国进入实现社会主义工业化时期，为适应工业生产建设发展的要求，中央政府设立了多个工业部。随着工业生产建设的快速发展，国家又于 60 年代初增设了一大批工业部。但实行的也都是部门管理。

计划经济体制在我国国民经济恢复时期（1949.10~1952）和"一五"时期（1953~1957）起了主要的积极作用。但包括部门管理在内的计划经济体制很快就暴露出它不适合社会生产力发展的要求。于是，我国在 1958 年和 1970 年先后两次进行了经济体制改革。但实际上这些都是行政性分权，是对经济和企业的管理权限在中央政府和地方政府之间的调整。因而，它不可能根本改变包括部门管理在内的计划经济体制。

这里还要着重提到：为了改变用行政办法管理经济的弊病，也为了改变部门管理体制妨碍行业管理的缺陷，在 20 世纪 60 年代上半期，我国中央政府和部分省市还试办了若干个托拉斯，并取得了一定的成效。但在计划经济体制不进行根本改变的情况下，这种托拉斯是不可能发展的。后来，由于"文化大革命"的破坏，托拉斯试点也就不了了之了。

这个历史经验证明：在计划经济体制下，最多只能对部门管理体制作某些调整，而不可能对其进行根本改革；只能存在部门管理，而不可能有行业管理。只有进行市场取向的改革（以建立社会主义市场经济为目标的改革），才可能根本改变部门管理，实行行业管理。

第三，改革后逐步实现由部门管理到行业管理的转变。1978 年 12 月底召开了党的十一届三中全会。以这次全会为标志，我国逐步走上了市场取向改革的道路。与此同时，我国工业管理体制的改革也走上了这条道路。

这次工业管理体制改革的总目标是变部门管理为行业管理。建立这种行业管理新体制，就是要对全国各部门、各地区同类产品生产，实行统筹、协调、监督和服务的行业管理。

这次改革的历程包括政府管理部门的改革和行业协会的发展两方面。

如前所述，市场经济发达国家的行业管理包括民间行业组织对成员企业管理和政府对行业组织管理两个方面。因此，我国要实现由部门管理到行业管理的转变，也必须在这两方面进行。

1. 政府工业管理部门的改革历程。这个历程是与政府机构的四次改革相关的。

（1）1982 年，根据党中央决定把机构改革作为体制改革的第一步的要求，国务院开展了第一次机构改革。经过改革，国务院机构从 100 个减少到 61 个，其中经济管理部门由 66 个减少到 37 个，同时跨部门、跨地区组建了石化、船舶、有色和汽车四个全国性总公司。但由于这次改革对市场取向改革和转变政府职能缺乏应有认识，工业管理体制总体格局未能进行大的调整。所以改革后不久，机构重叠、人浮于事、效率低下的现象重新抬头，政府机构也再次从精简走向膨胀。

（2）1988 年 4 月，七届人大一次会议根据党的十三大作出的改革政府工作机构的决定，通过了国务院机构改革实施方案。这次改革以经济管理部门为重点，合并裁减专业管理和综合部门内部的专业机构，加强经济决策咨询和调节、监督、审计、信息部门。通过改革，共撤销了 12 个部委，新组建 9 个部委；撤销了国务院各部内的产业司局，强化了综合机构；削弱了大部分专业经济部门的投资、物资分配权力，组建了物资部和专业投资公司；成立了国有资产管理局。此次改革，强调了政府职能转变的重要性，下放和取消了一些直接管理企业的权限，弱化了行政束缚，改善了政府宏观调控职能，推动政企分开和国有企业自主经营向前发展。但这次改革也未实现预期目的。其原因：①市场机制不完善，使政府在很大程度上依然行使各类生产要素分配的职能，企业仍然没有摆脱作为政府附属物的地位。②改革步伐放慢，导致直接管理的习惯势力反弹。③地方政府机构改革没有与国务院机构改革同步进行，职能转变的总体思路中途受阻。

（3）1993 年，鉴于政府职能转变依然十分滞后等状况，党中央决定对工业管理体制进行又一次重大改革，突出加强调控和监督部门，强化社会管理职能部门，减少具体审批事务和对企业的直接管理，做到宏观管好，微观放开。将专业经济部门的改革分成三类：一类是改为经济实体，不承担政府行政管理职能；二类是改为行业总会，作为国务院的直属事业单位，代行政府行业管理职能；三类是保留或新设的行政机构，并对这些机构的人员和编制都作了大幅度的压缩，其主要职能也要转到规划、协调、监督、服务方面。这次改革也推动了市场取向改革的发展。

（4）1998年国务院撤销了一批工业部，改组为8个国家工业管理局，归口国家经贸委主管。同时各部门分解200多项职能转移到地方政府、企业和社会中介组织。2000年9月，又撤销8个国家局（不含内贸局），成立8个综合性部门协会，归国家经贸委直管，并授权其代管259个全国性行业协会及其他协会。至此，政府对工业的部门管理，从组织形式上已经初步消失，工业行业管理的组织体系基本形成。这是我国工业管理体制改革的一个重大进展。当然，新的行业管理体制要真正形成，其路程还很长。

2. 工业行业协会形成和发展的历程。1979年改革以前，我国只有部门管理，没有政府的行业管理，更没有行业协会。政府的行业管理和行业协会都是伴随着管理体制改革和政府职能转变而产生和发展的。行业协会的形成和发展大体可分成以下两个阶段。

第一阶段是从1979年到整个80年代，为我国工业行业协会形成和发展的起步阶段。党的十一届三中全会后，国务院针对我国长期以来只有部门管理，没有行业管理的状况，提出了"按行业组织、按行业管理、按行业规划"的原则，并相继批准成立了中国包装技术协会、中国食品工业协会、中国饲料工业协会等跨部门跨地区的行业协会。尽管除中国电子音响协会外，其余协会都带有浓厚的行政色彩，但它毕竟标志着我国工业行业管理已经迈出了新步伐，开始进入了新阶段。同时，国家计划委员会、国家经济委员会、国家统计局、国家标准局，于1985年联合制定实施了《国民经济行业分类和代码》这份关于工业行业概念及其科学划分的重要法规，并于1993年将此行业分类作了调整，最后定为共计16个门类、92个大类、367个中类。它为实行行业管理和行业协会的组建、发展创造了重要条件。随着改革的发展，1984年国务院确定机械工业部和电子工业部进行工业管理体制改革试点，要求试行"企业放下去，行业抓起来"，并力求政府实现三个转变，即由直接管理转为间接管理；由微观管理转变为宏观管理；由部门管理转变为行业管理。当时，虽然由于部门分割严重存在，使这种试点难以实施跨部门的行业管理，但试点促进了中国汽车工业协会等一批工业行业协会的诞生，并逐步承担起了跨部门的行业管理职能。1986 年，国务院又撤销省市二级行政性公司，并由一批地区性行业协会取代了它们。1988 年，中央国家机关机构改革，撤并了一些部委的专业司局，产生了一批全国性行业协会，并将一些行业管理职能交给了行业协会。这段时期，全国性的行业协会发展到了近百家。

　　第二阶段是 20 世纪 90 年代。这是我国工业行业协会的发展阶段。随着社会主义市场经济体制改革目标的确定，对加强行业管理、发挥行业协会作用提出了新的更高的要求。1992 年 9 月，党的十四大明确提出了建立社会主义市场经济体制的目标。1993 年，党的十四届三中全会又提出：要"发挥行业协会、商会等组织的作用。中介组织要依法通过资格认定，依据市场规则，建立自律性运行机制，承担相应的法律和经济责任，并接受政府有关部门的管理和监督"。同时提出工业管理体制要进行相应的改革，专业经济部门分为三类（详见前述）。还突出强调政府要加强宏观调控和监督，强化社会经济管理职能；坚持政企分开，把属于企业经营自主权范围内的事交给企业，把应由市场解决的问题交给市场，充分发挥行业协会、商会等中介组织的作用。在上述指导思想的指引下，这段期间行业协会组织有了很大的发展，又建立了 100 多家全国性行业协会。但要真正规范行业协会组织，任务仍很艰巨。

（二）我国行业管理的现状

　　第一，行业管理体制的改革已经取得了重要进展。改革以来，随着社会主义市场经济体制的逐步建立，按行业组织、按行业管理、按行业规划的原则，以及变部门管理为行业管理的改革目标，越来越被人们所理解和掌握；转变政府职能，精简政府机构，加强行业管理，充分发挥行业协会等社会中介组织作用的改革要求，越来越受到人们的重视和实行。这样，经过 20 多年改革，我国不仅已经初步探索出在社会主义市场经济条件下实现行业管理的模式和道路，而且传统的部门管理体制已被基本打破，新的行业管理体制的基本框架已经初步形成，并在推动我国社会主义现代化建设中发挥了重要作用。

　　1. 初步探索出一条适合我国社会主义初级阶段基本经济制度（即以社会主义公有制为主体的多种所有制并存）和社会主义市场经济需要的

新的行业管理体制模式。这种体制模式的主要特征似可做如下的概括：

（1）"三分开"，是指政企分开、政资分开和政社分开。政社分开是政府职能与作为社会中介组织的行业协会的职能分开。

（2）"双主体、二为主和两结合"。"双主体"，是指以精干的政府综合经济部门为主体行使政府的行业管理职能，以众多的行业组织对成员企业实行管理。"二为主"，是指政府综合经济部门实行行业管理要以间接手段为主，行业组织对成员企业实行管理要以服务为主。"两结合"，是指要把政府的行业管理与行业组织的管理紧密地结合起来。

（3）"三跨"，是指包括政府和行业组织的行业管理，都要实行跨部门、跨地区、跨所有制的涵盖社会同类生产的行业管理。

（4）"一格局"。承担宏观经济调控职能的政府综合经济部门—作为中介组织的行业组织—作为市场主体的众多企业。

2. 初步探索出体现我国国情的行业组织的模式。主要包括：

（1）行业组织的性质。行业协会是中介服务组织，是自律性和自主性组织，是非营利性组织，是独立的经济类的社团法人。行业协会是政府与企业之间以及市场与企业之间的中介服务组织。其宗旨是为行业、企业和政府服务。在政府部门与行业协会之间以及协会与成员企业之间都没有行政隶属关系。协会是同行业企业的联合组织，会员企业通过协会建立平等、协商、合作的关系。行业协会进行行业管理不是运用行政手段，也没有行政手段，而是组织企业制订并执行行规行约，规范行业行为，进行行业自律性管理。行业协会虽然是中介服务组织，但这种服务不以盈利为目的。协会通过行业管理，既维护了行业利益，也协助政府实施宏观管理，从而成为经济类社团法人。

（2）行业组织的体制定位。在社会主义市场经济条件下，工业管理体制基本格局是：政府负责经济宏观调控的国家经贸委；政企分开后成为市场主体众多企业；居于政府与企业之间的中介组织是行业协会。

（3）行业协会的主要职能。行业协会作为企业与市场、企业与政府的社会中介组织，承担着自律性行业管理职能，为企业、行业和政府服务。据有关部门的总结，行业协会的主要职能，可以概括为以下两方面：

1）行业协会本身具有的基本职能。即是自律性行业管理职能。具体说来就是：①制定行规行约，行业标准，组织评估与认证，协调同行业企业之间的经营行为。②对本行业产品和服务质量，竞争手段，经营作风进行监督，维护行业信誉，处理违规行为。③进行行业内部价格协调，制止低价倾销及价格垄断行为。④调查研究本行业国内外发展情况，分析行业经济形势，提出行业发展和技术进步规划或预测。⑤收集、分析、发布行业信息。⑥组织科技成果鉴定和推广应用。⑦开展国内外经济技术交流与合作。⑧发展行业社会公益事业。⑨协调会员企业关系，维护其合法权益。⑩企业需要的其他服务职能，如咨询、培训、举办展览等。

2）政府委托的服务职能。具体内容是：①受委托协助政府制定行业规划、发展战略、产业政策、法律法规。②对国家投入的技术改造、技术引进、开发项目等，进行前期评估论证工作。③向企业传达政府宏观调控目标和政策措施，并组织实施。④组织制订、修订工业产品国家标准，并贯彻实施。⑤办理企业生产、经营许可证和相关的资质审查工作。⑥进行行业统计。⑦办理行业智力引进。⑧受理对外贸易反倾销、反补贴应诉和本行业产业损害调查工作。⑨参与相关产品的市场建设。⑩政府需要委托的其他职能。

（4）建立、发展和完善行业组织的原则。主要包括：

1）实行政社分开原则。政府要让协会依法自主运作，不能用行政命令直接干预协会的正常活动。这是一方面。另一方面除了政府委托的工作以外，协会也不要去分享政府的行政管理权限，以克服当前还相当严重存在的行政化倾向。理论分析和历史经验反复证明：实行政企分开，是建立适合社会主义市场经济要求的行业组织的最基本前提，也是它得以顺利健康发展的最基本保证。

2）实行自治、自律、自养原则。这是由协会作为中介服务组织这一根本性质决定的。

3）实行改革同步原则。行业协会的发展要与企业改革和政府改革同步。否则，行业协会很难得到发展。行业协会是企业（作为市场主体）和政府（实行的间接手段为主的宏观调控）的中介服务组织。这样，如果企业改革、政府改革和行业组织发展不能大体上同步的话，那么，三者之间就会发生相互牵制的作用。

4）渐进原则。像我国整个经济、政治体制改革一样，行业协会的建立和发展也要遵循渐进的原则。

上述 1、2 点的成就表明：反映社会主义市场经济要求的新的、包括政府和行业组织在内部理论上的行业管理模式已经初步确立。

3. 初步构造了反映社会主义市场经济要求的政府行业管理的基本框架。经过四次政府机构重大改革，撤销了众多的工业部，将它们改组为没有政府行政管理权的总公司、集团公司或工业行业协会、工业联合会，将政府管理行业的职能都交给国家经贸委统一管理。因而从组织形式上打破了传统的工业部门管理体制，使部门管理失去了赖以存在和发挥作用的制度基础，并为建立适应社会主义市场经济体制要求的新的政府行业管理提供了一个初步框架。

4. 初步建立了体现社会主义市场经济要求的新的行业组织的基本框架。据有关部门统计，截至目前，在民政部登记注册的全国性社会团体已有 1850 个左右，其中工业经济领域的审计署为 362 个。

在工业经济领域的 362 个协会中，综合性协会 15 个（由国家经贸委直管），工业行业协会 206 个（经贸委系统 147 个，信息产业、国防工业、交通、农业等系统 59 个），商业流通协会 67 个（由经贸委委托商业联合会和物资协会代管），其他类协会 74 个（经贸委系统 42 个，其他领域 32 个），主要是质量技术监督局在各工业部门设立的质量管理协会，财政部的会计学会，审计署的审计学会，中宣部的思想政治工作研究会，还有各部门的企业管理协会、勘察设计协会、安全卫生协会等。

工业经济领域 362 个协会共有专职人员 3427 人。其中：综合性协会 1123 个（其中 8 个综合性部门协会 605 人），工业行业协会 1481 人，商业流通协会约 620 人，其他类协会约 203 人。206 个工业行业协会共吸收了近 40 万个企业会员，一些成立比较早、工作较活跃、经济有实力的协会工作人员多达几十人。比如，中国机床工具工业协会 50 人，中国饲料工业协会 34 人，中国汽车工业协会 23 人。也有的协会人员很少，最少的只有 1~2 人。大多数行业协会的专职工作人员不到 10 人。这 206 个工业行业协会的专职工作人员不到 10 人，兼职人员 780 多人（包括返聘的离退休的政府官员和兼职的本行业的专家学者）。

以上 3、4 点的成功表明：包括政府和行业组织在内的新的体现社会主义市场经济要求的行业管理的基本框架已经初步确立。

5. 新的行业管理组织基本框架的初步确立，有力地促进了我国生产建设的发展。现以工业行业协会在这方面的作用为例说明如下：

1）做好政府部门重大决策的咨询参谋。如中国矿业协会组织对十多个省市矿企业调研，召开专家研讨会，向全国人大常委会、国务院报送了《关于我国矿业发展面临的主要问题及对搞活国营大中型矿业企业的政策建议》、《关于振兴我国矿业的若干政策建议的报告》等，已成为国家制定政策，促进我国矿业发展的重要依据。

2）协助政府推进工业行业结构调整。如中国石油设备工业协会调查了本行业技术装备重复引进，国内制造企业任务不足，濒临破产等情况，提出了引进技术装备国产化的建议报告，已成为政府制定加速设备国产化战略决策的可靠依据。

3）推动技术创新和技术改造。如中国印刷及设备器材工业协会为改变我国印刷技术水平低、能力不足、质量不高、周期过长的落后局面，配合国家经贸委印刷技术装备协调小组，组织制定了印刷技术装备发展规划和专项的技术改造计划，被国家列为重点技术改造项目，加速了印刷行业的技术改造，大大提高了印刷企业的技术装备水平。

4）为企业提供信息服务、技术经济咨询服务。如中国石材工业协会组织制定各种石材标准，促进石材国际质量认证，与20多个国家和地区石材行业组织建立联系，组织石材企业赴国外考察，举办中国国际石材展，把中国石材推向国际市场，使石材工业和贸易取得快速发展，成为建材工业一大新兴产业。

5）为企业举办各种技术、经济、管理培训教育。如中国饲料工业协会针对企业工人文化水平不高、多数未经专业培训的情况，建立培训中心和职业技能鉴定指导站，制定了工人技术等级标准，编写技术培训教材和考核规范，科学系统地开展职工技术培训和技能鉴定工作，从而促进了职工素质的提高。

6）为企业开拓国外市场。如中国机床工具工业协会，从1989年以来，每两年举办一届中国国际机床展览会，反映世界制造技术日新月异的变化，被称为"不出国的出国考察，不花钱的技术引进"。被国际展览联盟吸收为成员，并誉为世界四大名展之一。中国国际制冷展，也被国际展览联盟吸收为成员，并誉为世界三大名展之一。

第二，当前企业管理体制改革中存在的主要问题。尽管当前我国在行业管理体制的改革和建设方面取得了重要进展。但实现由部门管理到行业管理的过程并没有完成，还存在诸多问题。

1. 政府职能转变不到位。政企不分、政资不分和政社不分的问题仍然存在。

（1）政企不分。政府既管宏观又管微观，通过直接控制微观来实现宏观控制的政企不分行为，还大量存在。有些部门和地方，从计划管理、项目安排和科技成果运用等，至今还沿用传统的直接控制措施。这不仅拖延了政府职能转变，还直接束缚着企业参与市场竞争的意识和能力。有些全国性和地区性的行业总公司、集团公司，既管所属企业的生产经营，又兼有代行政府管理归口企业的审查批准任务。这不仅使被管企业有意见，就连这些公司自己也感到职能不顺。有些不直接管企业的综合经济部门，在改革中也希望通过搞些临时性调节措施管到企业，把"管"作为自身工作的出发点和自身存在的"理由"。这些都证明，政企分开问题远远没有从思想观念和政府行为上得到解决。

（2）政资不分问题也多有表现。如作为承担国家管理社会经济职能的政府部门，不仅要负责全行业发展、协调的指导工作，而且还要代表国家对行业中大型国有企业资产的保值增值进行管理。这实际上是把政府的一般经济管理职能与仅对国有企业行使的资产管理特殊职能混淆在一起了。这样，就难以分清哪些是行业管理行为，哪些是所有者的资产监管行为，哪些是政企不分行为，从而给企业转换经营机制带来了许多矛盾。

（3）目前政社不分的情况依然存在，而且比较突出。按现行规定，每个协会都必须有一个政府主管部门，所有工业行业协会都由各有关政府部门直接管理。由此就出现了一种新的不合理的局面：企业正在与政府脱钩，协会又必须与政府挂钩，政府部门从管企业改为管社团。按规定政府主管部门要管行业协会的多方面的事，使行业协会失去了自主性。

这种政企不分、政资不分、政社不分的局面不从根本上改变，适应社会主义市场经济要求的政府行业管理不可能到位，行业协会也不可能真正成为自主性、自律性的中介组织，传统的部门管理就不可能真正转变到行业管理。

2. 政府的行业管理并未真正到位，工作并不真正有效。致使政府对该管的许多重大事情没有管住和管好。比如，目前我国工业结构不合理的问题，已成为经济发展中最突出的矛盾，特别需要政府综合经济部门下大力量把它作为有效实施工业行业管理当务之急的大事来抓住抓好，使轻型加工工业由于部门、地区分割，自成体系，自我配套，大量搞重复建设，造成加工生产能力大大过剩的现象，尽快得到有力地抑制和调整，而使不满足经济发展需要的基础工业和装备工业加大发展力度，尽快地适应国民经济协调发展的需要，同时，还要大力调整我国东中西部工业结构相似率过高的偏向。否则，就不能改变当前国家宝贵资源的严重浪费，不能发挥最大效益，不能满足国民经济建设和人民生活的需要。但从现在的情况看，不仅对历史上和改革中造成的严重结构矛盾调整缓慢，而且还有进一步加大结构不合理的发展趋势。这不能不引起各级政府综合经济部门的注意。形成政府行业管理并未真正到位，又是与政企职责分开没有到位相联系的。因为正是这一点造成了政府不能集中力量抓好行业管理。

3. 政府的行业管理体系比较混乱。这主要表现在两个方面：①行业管理机构设置不规范。②职能交叉重叠过多。从行业管理机构设置来说，据有关部门对部分省、自治区、直辖市纺织管理机构的状况调查，在全系统中保留政府机构设置的占29%，有25%是事业单位，其它均为总公司、集团公司等经济实体。这种状况已使现有的行业管理难以进行。另外，由于中央和地方政府机构改革不同轨、不同步，也造成了中央和地方在行业管理工作上一些矛盾和混乱。如国家建材局反映，许多省建材局撤销了，整个行业管理悬空，很多情况和数据收集不上来。而有些地方政府则反映，由于中央政府机构改革步子较快，在管理体制上"上下不对口"、关系不顺的矛盾越来越多。

职能交叉重叠问题，过去主要表现在专业部门与综合部门职责不清、关系不顺上。专业部门说综合部门管理过细，有从企业收权的趋势，并把专业部门当作"漏斗"，使之责任大而无决策权。综合部门宏观搞不好，而对微观却很关注。综合部门则说职能交叉重叠，主要是专业部门自身管得过多，行业管理作用发挥不好。现在绝大多数专业部门均已撤销，将政府管理行业的职能交给综合部门了。所以这方面的矛盾必将大大减少。但是，综合经济部门之间也有职能交叉重叠的矛盾，如果不能合理地加以调整和解决，也必然会影响行业管理的有效进行。比如，把固定资产投资划分为基建和技改，由计委和经贸委分头把关。这也是一种职能交叉重叠，如果不作合理调整，也会影响行业管理工作。

4. 行业管理法制不健全。我国工业行业协会的发展已历时 20 多年了，但至今尚无一个实体性的法律法规。当前已发布的国务院《社团登记管理条例》只是程序性法规。国家经贸委《关于加快培育发展工商领域协会的若干意见》，也不具有行业协会组建的法律效力，而且它对工业行业协会性质、地位、职能的表述笼统，概念不确切，难以实际操作。

5. 对行业管理的一些基本问题（包括行业管理的主体和客体以及行业协会的性质和作用等）的认识尚不完全一致。由于这点，特别是由于行业管理法制不健全，致使目前行业协会层次不清，与有关方面的关系不顺；基本业务不明确，工作无法可依；协会社会地位低下，办事困难，严重制约了协会工作的开展。

6. 行业协会行政化色彩较浓。这又是与政社不分，政府转变职能不到位，协会受政府部门干预制约较多紧密相关的。不少行业协会是前些年政府机构改革中在撤并专业机构时组建起来的，政府部门作为"指导"或"挂靠"单位管得过多，有的协会实际上成为政府机构的附属物，主要承担政府部门交办事项。政府部门往往用旧观念、旧方式去"管理"这些协会。相当一批行业协会的领导成员还是由政府官员或离退休领导干部出任的。这些就使得行业协会"行政化"色彩浓厚。如国家工业局撤销后，其基本职能本应分别转给企业和行业协会，政府宏观调控部门主要行使制定和执行政策法规等行政职能。但由于观念转变滞后，对转变职能不积极，使协会工作难以到位，不能发挥中介组织应有的功能。

7. 行业协会结构不合理，层次偏多，专业分工偏细，部门分割，重复交叉。由于对行业协会的设置与分布没有明确的标准和要求，目前有按行业划分的协会，有按部门划分的协会，有按企业所有制划分的协会，有按工艺技术或生产流程划分的协会，还有一批学会、研究会等学术性组织，造成协会过杂过乱。就全国性工业协会、联合会而言：

（1）层次偏多。原国家经委在 20 世纪 80 年代组建的中国工业经济协会、中国企业协会（现为工经联和企联）；2000 年组建的 8 个综合性部门协会（联合会）；147 个工业行业协会，三者之间职能交叉。目前，经贸委将协会分为直管和代管两类，但实际工作中仍有矛盾，层次多，关系不顺。

（2）重复设置。如住宅装饰、卫生陶瓷、矿泉水等行业，都有两三个分属不同部门管理的行业协会。机械部门有各类机械工业行业协会，其他工业部门也有自己的机械协会。建设部门有建设协会，一些经济部门也有自己的建设协会。外贸和内贸协会分设，职能人为分割，工作交叉扯皮，妨碍统一市场的建立。

（3）行业分工过细，协会服务面过窄。如清洁卫生用品行业设有牙膏、化妆品、洗涤用品协会；食品行业设有罐头、乳制品、烧烤食品、发酵、食品添加剂协会。此外，还有所谓挂靠主管单位不一的问题。有的协会挂靠政府部门，有的挂靠相关的专业公司，有的挂靠在大企业或研究所等。

8. 各个行业协会内部机构设置不合理，工作人员年龄偏大、知识老化、观念陈旧。工业行业协会是我国从计划经济到市场经济转轨过程中发展起来的，相当一部分协会是由原政府部门转化而来的。于是协会内部机构大都比照行政部门一个办公室和5~8个部门设置；领导班子是原部长、局长，各部门主任是原司局长、处长；206家工业行业协会的专职人员70%~80%是原来政府的公务员。这样大多数协会都存在人员年龄结构偏大、知识结构老化、思想观念和工作方式陈旧的问题。面对加快现代化建设和加入世界贸易组织的历史关头，协会人员结构很不适应，缺乏熟悉生产经营、营销贸易、信息技术和法律等方面人才，难以开拓协会工作的新局面。

9. 行业协会工作经费困难、工作人员待遇没得到应有的提高。这已成为行业协会生存和发展的一大难题。

（1）行业协会是非营利性组织，其经费不像国家公务员有稳定的来源。这使协会功能受到很大制约，许多协会工作只能维持，活动无法开展，人才流失严重。按照《民政部、财政部关于社会团体收取会费的通知》，会费标准是300元到2000元。这对于行业协会的正常开支需要来说是杯水车薪。而且据调查统计，行业协会会费的收缴率只占30%~40%。这样大多数协会都难以维持。于是不少协会不得不集中过多的人力和物力，过多的时间和精力，去搞有偿服务和创收。这就违背了协会宗旨是服务的精神，偏离了协会的性质。还有不少协会，为了求得经费上的支持，依托某个大企业、大集团、大单位。毫无疑问，这很有损于协会作为中介服务组织所应具有的公正性，不利于协会的健康发展。

（2）协会工作人员待遇，有的是原单位带过来的，有的还未脱离原单位，但大多数人员和后来进入协会的工作人员，工资、福利、医疗、养老等问题如何解决都不明确，也没稳定可靠的来源。这就容易使得工作人员难以安心工作，难以稳定人才，更难以吸引人才。

10. 许多行业协会工作成效不大，甚至名存实亡。据有关部门调查，现有 206 个全国性工业行业协会，工作有特色、有成效的仅约占 1/5；工作按部就班，每年开一两次会，做一些工作，成效不大的约占 3/5；组织不健全，只有一两个人值班，既无活动，也无收入，名存实亡的约占 1/5。形成这种状况的原因，固然有在改革进程中难以完全避免的行业协会发展过多过滥的问题，但与上述的各种问题也是有关的。

四、当前我国深化行业管理体制改革和加强行业管理工作值得注意的三个基本问题

当前我国深化行业管理体制改革和加强行业管理工作，还是一种很复杂的工作，涉及的方面很多。但值得注意的根本问题就是进一步建立思想体制和法制三方面基础。

第一，要进一步探索和明确我国行业管理体制模式（如前文提到的"三分开"，"双主体、二为主和两结合"，"三跨"以及"一格局"）和行业组织模式（如前文提到的行业组织的性质，体制定位，主要职能及必须遵循的主要原则），以期在目标模式这个根本问题上，在承担政府行业管理职能的综合经济部门，行业协会和企业三方面统一认识，为深化行业管理体制改革和加强行业管理工作打下更坚实的思想基础。

第二，要进一步实行政企职责分开，为实行适应社会主义市场经济要求的新的行业管理奠定牢固的体制基础。改革以来，我国在建立新的行业管理体制方面取得的成就是同政企分开的进展紧密相关的。当前我国在这方面存在的问题也是同政企分开不到位直接联系在一起的。所以，要深化行业管理体制的改革和加强行业管理工作，必须着力在这个基本问题上狠下功夫，以便建立体制基础，从根本上改变当前还普遍存在的

政府对行业协会行政干预过多和行业协会行政化色彩太浓的状况。

第三，要制定必要的法规和法律并依法实行行业管理，为实现从部门管理到行业管理建立法制基础。我国是社会主义法制国家，依法治国和依法行政是题中应有之义。在行业管理方面也应如此。特别是在当前缺乏必要的法规和法律已经成为进一步推行新的行业管理控制"瓶颈"制约的时候，这一点显得尤为重要。因此，依据我国国情和改革经验的总结，并吸收经济发达国家的有益经验，把已有的某些行业管理条文上升到法规和法律，以规范政府和行业协会在行业管理方面的行为，在当前是极为必要的。

1. 依法规范政府的行业管理所为。主要包括：①适应现代市场经济的要求，依法承担并切实厉行宏观经济调控的职能，其中包括行业管理的职能。②对作为自律性、自主性的行业协会的管理，也只能依法主要实行以间接管理，不直接干预行业协会的活动，并把行业协会所必须拥有的人事权、机构设置权和财权等归还给行业协会。③即使在实现了新的行业管理的条件下，行业协会的管理主要是由政府综合经济承担的，但在许多问题上仍然不可避免要涉及其他政府部门。因此，必须依法规范和协调综合经济部门和其他部门在管理行业协会问题上的关系。

2. 依法规范行业协会的行业管理行为。主要包括：①依法接受政府有关部门对行业协会的管理。②作为社会中介组织的行业协会，要依法实行为企业、为政府服务的职能，但除了政府委托的任务以外，不承担行政职能。③作为自律性、自主性的行业协会，要依法自主决定机构设置，干部任免，人员编制和财务等方面问题，在人事和财务等方面要坚决切实切断同政府行政部门的关系，不能依靠原来的政府行政部门。④在行业协会与成员企业之间以及行业协会之间也必须依法行事。

3. 在行业管理方面依法规范协会成员企业的行为。主要包括：①行业协会要依法做好为成员企业服务的工作。②成员企业也要履行对协会的义务。其中包括向协会缴纳会费，这是协会的主要经费来源。

上述思想基础、体制基础和法制基础的建立，是从最终实现适合社会主义市场经济要求的新的行业管理体制这个目标来说的。显然，它的完全实现还须有一个创造各种条件的过程，也有一个对现有的某些不合理的甚至混乱状况进行整顿的过程。但作为长期的目标，必须坚决依此前进。

对我国当前通货紧缩形势的一点看法 *

通缩像通胀一样，是任何市场经济包括社会主义市场经济，在一定条件下必然存在的经济状况。但在当前我国经济转型的过程中，通缩却有特殊的原因和表现特征：①地方保护主义和过多的低水平重复建设尚未得到制止。②国企改革尚未到位，市场退出机制尚未真正形成，这两点使得供大于求的矛盾难以解决。③由于市场无序、恶性竞争比较严重，导致价格不正常下降。④改革以来，劳动生产率提升较快，单位产品价值下降，也导致价格下降。⑤近几年破除垄断，导致电信等垄断价格下降。⑥由于加强价格监管，导致医疗收费等某些服务价格下降。⑦近几年越来越多的农民进城务工，使得劳动成本下降。⑧加入世界贸易组织后，国际价格低迷，引发国内某些产品价格下降。

对上述④~⑧项的正常价格下降根本不需治理，反应进一步推进；对①~③项价格下降，则需从深化改革上下功夫，而不是在促进需求上做文章。只有那些确因需求不足而导致的价格下降，才要加大拉动需求的力度。而且从我国内需、外需的整体来看，既有供给过剩问题，也有供给不足问题，因此还要加大结构调整的力度。

---

* 原载《经济日报》2002 年 7 月 18 日。

与世界多极化同时存在的还有一股一极化的逆流 *

应该肯定，1991 年苏联解体以后，国际形势就由原来存在的美苏两个超级大国争霸的冷战局面走向世界多极化。这一点进一步使得和平与发展成为世界的主流。但同时要着重指出：在世界多极化这个主流存在的同时，还存在一股一极化的逆流，即美国顽固推行的霸权主义。① 因为只有正确地认识这股逆流，并有效地同它进行斗争，才能维护好世界和平。必须清醒看到：苏联解体并没有也不可能在世界范围内从根本上消除霸权主义的制度根源。而且，世界多极化只是一种主流发展趋势。它像任何主流一样，必然存在作为其阻碍因素的逆流，而且不排除这一逆流在某些时限内和某些问题上占上风。20 世纪 90 年代先后发生的海湾战争和科索沃战争就是一极化在军事上的突出表现。这两次战争是由多种因素引起的，而且战争的一方是以北大西洋公约军事集团面貌出现的。但在实际上，主要是由当前正在发展的并且是最强大的一极美国发动的。但美国推行的霸权主义并不只是限于军事上，还表现在政治上和经济上；也并不只是针对发展中国家，同时还针对转型国家、新兴工业化国家乃至其他经济发达国家。

这种一极化主要是由"两个不平衡"引起的。①社会主义国家的力

---

* 这是作者 2002 年夏天写的一篇短文。

① 现在国内外在这方面有两种观点值得注意：一是只讲多极化，不讲一极化。这种观点从主要方面说是对的，但不全面。二是把美国推行的霸权主义称为单边主义。这种观点有模糊矛盾的缺陷。但是，世界多极化在曲折中发展的观点，是完全正确的。

量与资本主义国家的力量发展不平衡。一方面，1991年苏联解体使社会主义力量遭到了前所未有的极大削弱；另一方面，资本主义力量（主要是美国）有了很大的增强。②经济发达国家内部各国力量发展不平衡。20世纪90年代以来美国经济有了迅速的发展，这是一方面；另一方面，欧盟经济低增长，特别是日本在90年代初经济泡沫破裂以后，经济一蹶不振，长期处于低迷状态。但在商品经济条件下，不仅在市场竞争方面凭实力，在政治、军事上也是凭实力的。

　　值得注意的是：①这两个不平衡发展还会持续一段时间。因为美国经济和科技在世界上的领先地位一时还难以改变。诚然，"九一一"恐怖袭击事件对美国是一个打击。但直接经济损失仅为3000亿美元。对一个拥有10万亿美元国内生产总值的富国来说，这不致影响大局。美国2001年三季度虽然出现了经济负增长，但今年第一季度很快复苏。最近先后发生的安然公司、世通公司和施乐公司（这些公司在美国大公司中都位居前列）在财务会计上的丑闻，会对美国产生一定的负面影响。但也不会动摇它的根基。②如果说，美国在20世纪50年代的朝鲜战争和60年代的越南战争失败以后，其霸权主义的嚣张气焰有所收敛。但20世纪90年代的海湾战争和科索沃战争以及2002年的阿富汗战争，从总体上说，它都是得手的。因而其气焰更为嚣张。③现在国际社会正在出现某种"绥靖主义"思潮，对美国推行的霸权主义缺乏有力的斗争。在客观上也助长了其气焰。因此，对美国推行的霸权主义，我们必须保持高度警惕，并做出相应准备；否则，就可能吃大亏。

　　但同时也要看到：美国推行的霸权主义，不可能从根本上改变世界多极化趋势，也不可能从根本上改变世界和平与发展是世界的主流。因而，我国仍然能够争取到实现社会主义现代化建设第三步战略目标所必需的国际和平环境。

试析通货紧缩的特征 *
——兼及通缩率和通胀率公式的修正

通货紧缩是与通货膨胀相对应的概念。前者是指由社会总需求增速下降、慢于总供给增速所引起的有效需求（即有购买力需求）不足（即供过于求）而导致物价全面持续下降。后者是指由有效需求过旺（即求过于供）导致物价的全面、持续上升。

但这只是一种抽象的理论概括。在实际经济生活中是不存在这种纯粹形态的通缩和通胀。因为物价的升降总是由许多复杂因素引起的。就2002年物价下降来说，值得着重提出的有以下几点：

1. 价值下降。由于价值是决定价格的根本因素，所以分析从这里开始。一般说来，随着社会劳动生产率的提高，生产产品的社会必要劳动时间趋于下降，因而产品价值量也会下降。从中国改革以来，由于体制创新、结构优化、技术进步和管理加强的共同作用，不仅经济快速增长，社会劳动生产率也有显著提高。就2001~2002年的具体情况来看，按每个就业人口提供的国内生产总值计算，分别为128887万元和1.38864万元，分别比上年提高了6.6%和7.7%。[1]这当然不是说，这些国内生产总值都是由劳动要素提供的，而是由劳动、资本和全要素生产率共同作用的结果。但这个数据确实表明：这两年社会劳动生产率有很大的提高。这

* 原载《经济学动态》2004年第2期。

[1] 资料来源：《中国统计年鉴》（2002），第51、117页；《经济日报》2003年3月1日第4版。

是这两年物价下降的一个重要因素。[①]

2. 劳动成本下降。据估算，目前全国进城务工的农民工高达 1 亿人左右，大约相当于城镇就业人员的 40%，在作为支柱产业的建筑业工人中约占 80%。但他们的工资一般仅及城镇工人的 1/2 甚至 1/3。如果考虑到福利方面的不同待遇，那差距就更大了。这种劳动成本低下的状况，也是价格下降的一个重要因素。

3. 供过于求。总的来说，供求关系的变化，使得价格围绕价值上下波动，并与价值趋于一致。但在供大于求的情况下，价格低于价值。从最重要方面来说，2002 年价格下降正是属于这种情况。仅从这方面来说，是一种典型的通缩。

人们分析这种通缩原因时，总是或多或少的过于强调投资率（或积累率）高，消费率高，从而导致最终消费需求不足，而似乎只要降低积累率，提高消费率，就可以解决通缩问题了。

从直接的、根本的意义上，这种观点是对的。因为一般说来，消费总是需求最主要的组织部分，而且它是最终需求，是决定投资需求的。就我国当前的实际情况来说，积累率确实长期过高。在 20 世纪 50 年代下半期，人们曾经认为积累率 25% 左右是合适的，80 年代末和 90 年代初人们认为投资率 30% 左右是合适的。但在实际上，1997 年投资率达到 33.5%。其后几年，随着以增长国债投资为最重要内容的扩张性财政政策的实行，投资率继续上升，到 2002 年已超过 42%。在国际上，20 世纪 90 年代以来，世界平均消费率约在 80% 左右，而我国在 1990~2002 年期间平均消费率在 60% 以下。[②] 所以，无论是纵向比，或是横向比，我国消费率确实过低。

但是，如果由此忽视我国实际存在的投资需求不足，就值得商榷了。

---

① 这里要说明两点：一是改革以来，我国社会劳动生产率一直有很大提高，但人们往往只强调这期间经济增长率的提高（这当然也是必要的），但却多少有些忽视社会劳动生产率的提高。这就好像人们只强调美国在上世纪 90 年代初开始的持续 100 多个月经济高速增长，但都忽视了作为这种增长基础的社会劳动生产率的提高。二是改革以来，由社会劳动生产率提高导致产品价值下降，一直是存在的。但在物价上升的年代，人们不容易想到和看到这一点。但到了物价下降但经济增速仍然很高的年代，就促使人们考虑这一点。也比较容易看到这一点。在这方面也有类似对美国经济的看法。在"9·11"事件后，美国经济进一步衰退的时候，但仍有很大活力。这种情况促使人们注意到美国经济即使陷入衰退时，劳动生产率仍然提高很快。这是其经济活力的重要源泉。

② 《经济日报》2003 年 4 月 28 日第 5~6 版。

这里首先涉及到一个深层次而又为人们忽视的经济理论问题。按照马克思主义的观点，由购买力需要不足而引起的生产相对过剩的经济危机，其根本原因是资本主义的基本矛盾（即生产社会性与私人资本主义占有之间的矛盾）。由此派生的两个直接原因是：生产无限增长的趋势与人民消费购买力相对狭小之间的矛盾，以及企业生产的组织性与社会生产无政府状态的之间的矛盾。如果说，前一个直接矛盾发展的结果，主要消费需求不足，而后一个直接矛盾发展的结果，就绝不是引起消费需要不足，同时还会引起投资需要不足。还要看到：在技术进步和资本有机构成提高条件下实现扩大再生产，尽管不会改变消费需求在社会总需求中占主体地位的状态，但投资需求的比重是会上升的。如果仅从这方面来说，投资需要不足的情况更为严重。从一般意义上，上述两个派生矛盾的作用，对社会主义条件下的市场经济也是适用的。

就我国的实际情况来看，消费需求不足的矛盾暴露很突出。1997 年以来，我国消费品供过于求的状况逐年加重。到 2002 年下半年，在 600 种主要商品中供求平衡的商品占到 16%，供过于求的商品高达 84%，没有供不应求的商品。[①]但投资需求不足的矛盾也很尖锐。据有关单位统计，1997 年 900 多种工业产品中（其中相当大的部分是投资品），有半数以上生产能力利用率在 60% 以下。此后几年这种情况并无根本好转，甚至有所加剧。还有，1998~2000 年，共发国债投资 6600 亿元，连同配套投资 3 万亿元，大约每年拉动经济增长率 1 至 2 个百分点。这说明以发行国债投资为重点的扩张性财政政策在促进这几年经济增长中起了十分重要的作用。但同时也表明我国投资需要不足的情况是严重的，从而为发行国债投资提供了巨大的发展空间。

所以，无论是消费需求或者投资需求均存在不足的状况，由此拉动物价下降。这是一种真正意义上的通缩状态。

4. 竞争的不足和过度。一般说来，竞争的总趋势是使供求关系趋于平衡，从而使价格接近价值。并且通过价值下降引起价格下降。但在中国当前除了这些以外，还有许多特殊因素促使价格下降。一是竞争还未充分展开。这是由于国有企业改革还没真正到位，还没有形成退出机制。

---

① 《经济日报》2003 年 2 月 20 日第 2 版。

还由于发展非国有经济存在不少限制（如市场准入和融资等），不能依靠市场竞争的力量迫使诸如生产已经过剩而又经营亏损的国有企业退出市场。这种状况，使得许多产品供过于求的状况迟迟难以改变。二是过度竞争。其在生产领域的突出表现是过多的重点建设。必要的重复建设，是竞争得以展开的必要条件，是市场经济发展的常态。但中国当前的问题是重复建设过多。这有两方面因素：一方面是旧体制内含的行政性因素。诸如政企还未真正分开，地方保护主义，各级行政官员追求政绩。另一方面是市场经济内含的盲目性。这种盲目性在各种所有制经济中都是存在的。但由于改革深化，国有经济在国民经济中的比重逐步缩小，非国有经济比重逐步加大。所以，后者在过多的重点建设方面的作用也在加大。而且，中国现阶段已处于产业结构急剧变化的时期，而某些急需发展的行业往往是高利润的行业（如当前的汽车和住宅业）。而在市场竞争无序的情况下，政府和国有企业和非国有企业都争着上。① 于是某些行业很快出现过多的重复建设。过度竞争在流通领域的表现，就是在市场竞争无序和监管不力的情况下，大打超常的价格战。价格战是与市场经济发展相伴随的正常现象。但把价格降到成本甚至成本以下的价格战则是不正常的。同时出现的还有假冒伪劣产品盛行，而这些产品价格要低得多。上述各点都是导致价格下降的重要因素。这里需要指出，人们在谈到过度竞争时，往往只提流通方面，忽视甚至不提生产方面。这是不全面的。

　　5. 垄断行业的改革。一般说来，垄断包括自然垄断、经济垄断和行政垄断。而且，由于垄断利润高于平均利润，垄断价格高于生产价格。因此，充分发挥市场经济在优化资源配置方面的作用，必须破除垄断，由此可以导致价格的下降。中国当前在这方面的特点是：由于传统计划经济体制的影响，不仅存在自然垄断和经济垄断，特别是行政垄断，而第一、二种垄断总是与第三种垄断相结合的。但是，随着中国国有企业改革的发展，必然深入到垄断行业。而且，国际经验表明：随着专业化分工的发展和科学水平的提高，人们越来越清楚地看到：几乎所有的自

---

① 房地产业在 2003 年上半年已经出现了某些过热现象。但在这方面不仅有国有企业的参与，也有非国有企业的参与。比如，北京市近年来民营企业投资的 70%以上都是投资了这个领域。

然垄断行业都可以区分为两个部分：既有自然垄断性业务（生产环节），又有非垄断性业务（生产环节）。比如，在电力行业中，只有高压输电和低压配电属于自然垄断性行业，而电力设备供应、电力生产和供应则是非自然垄断性业务。这种认识的发展，也促进了我国垄断行业改革的深化，由此导致相关行业价格下降。近几年来，这种情况在电力、铁路、民航和通讯等方面，已经表现得越来越明显。

6. 价格监管。国家的宏观经济管理，是现代市场经济不可分割的重要组成部分。价格监管是其中的一个重要内容。改革以来，特别是近几年来，政府在价格监管工作方面的力度大大加强，促进了价格的下降。这一点在改变药价虚高方面表现得尤为明显。当然，这项工作也仅仅是有了一个良好的开端。

7. 加入世界贸易组织。从本质上说，经济全球化是生产资源在世界范围内的优化配置。其根本倾向是价格下降。我国在 2001 年 12 月 11 日入世。2002 年是"入世"后的第一年。"入世"意味着我国经济在更大范围、更深程度上融入世界经济，在各方面都会发生深刻的影响。就价格来说，由于关税的下降，与放宽进口限制相联系的大量商品（特别是廉价商品）的进口，加剧了国内市场的竞争，从而成为 2002 年价格下降的一个因素。

总结起来说，2002 年通缩具有以下几个特点：①通缩程度不深，属于轻型的。②就 2002 年从年初到年末各月相比较，以及 2002 年与 2003 年相比较而言，通缩程度是下降的，属于缓解型的。③就导致物价下降的原因来看，是由多种因素引起的。而就导致纯粹形态通缩来说，只有上述第 2 点（即消费和投资需求不足），其余点均不是。因而，严格说来，2002 年物价下降，其中一部分属于纯粹的通缩，一部分则不是。所以 2002 年的通缩是混合型的。④就 2002 年物价下降的作用来说，上述第 1、5、6、7 点都是中国改革开放和现代化建设的巨大成果，因而是有益的。第 4 点是有害的。但终极说来，也不是由物价下降造成的，而是由于改革不到位造成的。只有第 3 点对经济发展是有害的。诸如由价格下降导致资本利润、投资能力和投资信心下降。但事物都有两重性，即使在这点上也有积极作用的一面。诸如促进企业改进技术和管理，降低成本。所以总起来说，2002 年这种混合型通缩的作用是二重性的。但其积极作用是主要的。从这点说属于有益型的。这一点已由前述的 2002 年经济增速的提升和经济效益的改善（如社会劳动生产率的提高）充分证明了。这样说，当然不否定 2002 年政府继续采用的、旨在制止通缩的积极财政政策和稳健货币政策的作用，恰恰以这一点为前提的。因为如果不继续采取这些刺激需求的政策，通缩的程度及其后果都会严重得多。

这样，就可以说明人们心中常存的一个疑问：为什么 2002 年经济增速上升了，但物价反而下降了。然而只要全面把握了上述 2002 年通缩的四个特点，这个问题也就清楚了。问题的关键在于：导致这年物价下降大部分因素（如上述的第 1、5、6、7 点），既是提高经济增速的因素，也是促进物价下降的因素。

这里还要澄清两个决然相反的观点：一是笼统地把 2002 年的通缩看作是经济不稳定的因素。这是一种流行的观点。实际上，如前所述，只有那部分纯粹的通缩才是经济不稳定的因素，而作为混合型通缩主要不是经济不稳定的因素，而且还是促进经济发展的因素。二是把 2002 年的物价下降笼统地称为"有效降价"。[①] 这种观点从主要方面来说是正确的。但也有不全面的地方，忽视了 2002 年物价下降确实包含了一部分典型的通缩，以及由此带来的消极作用。

但这样也给理论研究提出了一个重要课题。人们习惯于把通缩等同于物价下降，自觉不自觉地信守这个恒等式：通货紧缩率=物价下降率（以下简称公式①）。但依据上述分析，只有在纯粹的通紧形态下，这个公式才能成立。而在混合型的通紧情况下，物价下降率应该首先减去由上述的第 1、2、4、5、6、7 个因素导致的物价下降率，才等于纯粹的通缩率。这样，公式①需做如下修正：通货紧缩率 = 物价下降率 - 由各种非需求不足因素引起的物价下降率（以下简称公式②）。

依据上述大体类似的道理，通货膨胀率=物价上涨率的流行公式（以下简称公式③），也有值得斟酌的地方。这个公式也只是在纯粹的通膨形态下才能成立。但在实际上，通膨也往往是混合型的。仅就问题的基本层面说，价格是价值是货币表现。所以，在实行金属货币制度的条件下，商品价值的上升和货币价值的下降都会引起物价的上涨。但这都不是典

---

① 见《经济研究》2003 年第 7 期，第 5~7 页。

型的通货膨胀。在当前实行纸币制度的条件下，由货币价值下降导致物价上升的因素不存在了。但由于商品价值上升而引起物价上升的因素还是存在的。这一点在农业和矿业中表现得较为明显。农业大面积受到严重自然和重要矿产资源的衰竭，都会引起这些产业社会劳动生产率的下降，从而导致价值上升，并进一步造成价格上升，从而在不同程度上影响物价指数的上升。由成本推动的价格上升，也是属于这个情况。基于此，公式③需做出修正：通货膨胀率＝物价上涨率－由各种非需求过旺因素引起的物价上涨率（公式④）。

上述分析，无论在理论上和实践上都是必要的。因为这是正确地估计通紧或通膨形势和恰当地掌握宏观经济调控力度的重要前提。特别是在通紧方面，我国工业化和现代化以及深化经济改革的进程中，由于社会劳动生产率的迅速提高而导致价值下降从而价格下降，以及由深化改革直接导致价格下降的情况是经常存在的，而且在物价下降中占有很大的比重。这样，上述分析对于比较科学地估计通缩形势，以及采取相应宏观经济政策，就是尤为重要的。

当然，结合各个年度的具体情况，如何将上述公式进一步具体地量化，还是一个难度很大的研究课题。

关于编制五年计划的若干经验教训 *

　　本文主要是从宏观性、战略性、政策性的角度，探讨制定五年计划的经验教训。至于五年计划编制中的具体问题和执行问题以及长远规划和年度计划，只是在必要的限度内才涉及到。限于篇幅，拟用提纲式的简练语言对这些内容进行表述。

　　新中国成立后，除了建国初的经济恢复时期和 20 世纪 60 年代初的经济调整时期以外，共制定了十个五年计划。

　　"一五"计划（1953~1957）是实现国家过渡时期总任务的第一个五年计划。

　　历史表明："一五"计划提出的任务、方针和指标都是正确的。其主要经验是：①党中央为编制"一五"计划提出了具有根本指导意义的正确方针。1952 年 12 月党中央在有关编制"一五"计划的指示中提出：必须以发展重工业为大规模建设的重点，但又决不能忽视轻工业、农业和地方工业以及文教事业的发展；必须充分发挥国有企业的潜力，反对保守主义；必须以科学态度从事计划工作，使计划反映客观经济法制；必须吸收群众特别是先进人物参加讨论；必须首长负责，亲自动手。1953 年 6 月党中央提出的过渡时期总路线，更为编制"一五"计划提供了基本依据。②注重调查研究，工作扎实细致，是"一五"计划编制工作的一大特色。比如，苏联援建项目是"一五"计划的最重要内容，对这些项目部进行了认真调查（包括实地考察），并认真听取、研究和采纳了苏

＊原载《中国改革报》2005 年 8 月 1 日。

联的顾问和计委的意见。又如，"一五"计划从 1951 年开始编制到 1954 年基本完成，共编了五次，前三次是中财委编的，第四次国家计委编的，第五次由以求真务实作风著称的陈云副总理主持编制的。最后由 1955 年召开的全国人大一届二次会议讨论通过。所以，"一五"计划编制工作符合法定程序。③指标注意遵守按比例发展的经济法则，兼顾各种经济关系；并遵守建设规模与国力相适应的原则，以及与之相联系的财政收支、银行信贷和物资供需三大平衡。④计划体制较为灵活，对公有经济实行直接计划，对非公有经济实行间接计划。⑤这期间还形成了国民经济五年计划与十五年远景计划纲要和逐年的年度计划相结合的计划体系。这样，"一五"计划虽然由于客观原因正是公布时间晚了两年，但由年度计划在很大程度上弥补了这方面的缺陷。

当然，主要由于缺乏经验，"一五"计划编制也存在不少教训。诸如，在投资总规模方面偏大，形成紧张的平衡。在投资分配方面，重工业偏多，农业和轻工业偏少；制造业偏多，煤电运等基础产业偏少；内地偏多，沿海偏少；军用偏多，民用偏少。在贯彻勤俭建国和自力更生方针方面，利用原有生产能力不够，新建和改建的企业规模偏大，标准偏高；非生产性建设和城市建设规划也存在偏多和标准偏高的问题。在计划体制方面，中央集权偏多，地方权限偏小，但总体看，"一五"计划是一个好计划。在"一五"计划执行过程中，在生产建设方面，发生了 1953 年的"小冒"和 1956 年的"大冒"；在改造方面，1955 年下半年以后，搞得过快。但这些问题的发生，宁可说违反了计划的规定。

"二五"（1958~1962）、"三五"（1966~1970）、"四五"（1971~1975）和"五五"（1976~1980）计划，是计划经济体制完全确立并进一步强化时期实行的四个五年计划。

前三个五年计划的共同特点是：只有一个纲要式的文件，并没有形成完整的计划，更没有提交全国人大讨论通过。所以从完整的和法律的意义上说，三者均不能构成国家的五年计划。

但是，由周恩来主持制定的、并由党的八大讨论通过的发展国民经济的"二五"计划的建议，是一个好文件。就"二五"计划的内容特别是指导思想来说，同"三五"、"四五"计划有根本区别，前者是正确路线的产物，后者是"左"的路线的产物。但十分可惜，由于"左"的指导思想在党内占了支配地位，从 1958 年一开始，就把这个好建议完全抛开，而代之以在"左"的社会主义建设总建设指引下编制的逐年的年度计划，搞了三年"大跃进"，到 1961 年，中国经济已陷入深重危机。接着进行的五年调整（1961~1965），才使得经济得到了恢复和发展。

"三五"计划和"四五"计划虽有区别，但从他们的根本指导思想都是"左"的路线来说有共同点。主要包括：以阶级斗争为纲和社会主义建设总路线，特别是以毛泽东基于对国际严峻形势过于严重估计而提出的备战思想。这两个计划的突出特点就是强调必须立足于战争，从准备大打，早打出发，把国防建设放在第一位，加快三线建设。这些都给我国经济造成了极严重损失！

至于"五五"时期，由于"文化大革命"更趋严重的破坏，连个独立的纲要式五年计划都没有。只是在 1975 年编制了一个包括"五五"和"六五"时期在内的 1976~1985 年发展国民经济十年规划纲要草案。这个草案直到 1978 年才提交五届人大一次会议讨论通过。这个纲要也是在"左"的社会主义建设总路线指引下制定的。按照这个纲要的规定，到 1980 年，要建成独立的比较完整的工业体系和国民经济体系；在农业方面，要基本实现农业机械化。显然，这是一个急于求成而又根本不可能实现的计划。

总结从"二五"到"五五"这四个时期的计划编制工作，其主要教训在于：①盲目推行强速战略，以致造成经济多次大起大落。②长期片面推行优先发展重工业的战略，使得经济中的基本比例关系（主要是农轻重关系以及积累和消费的关系）多年严重失衡。③长期实行粗放经济增长方式，忽视向集约型经济增长方式转变，以致科技进步和产业升级缓慢，经济效益低下。④缺乏稳定而又科学的经济地区布局战略。从"一五"前期的重点建设内地，跳到 1958 年"大跃进"中工业布局遍地开花，1964 年以后又集中力量大搞三线建设。⑤盲目推行自给自足的封闭战略，企业搞"大而全"和"小而全"，地区搞独立的经济体系，对外在很大程度上搞闭关锁国。⑥严重忽视科学、教育和知识分子的作用。⑦根本缺乏社会发展的观念，只是单纯的经济发展计划，致使就业、人民生活和社会保障等社会问题积累成山。⑧根本缺乏可持续发展的观念，以致人口增长失去控制，环境受到严重破坏。⑨在财政方面，除了总规模过大和过多向重工业倾斜等问题以外，国防战略费和对外援助费也都超过了国力。⑩缺乏完整、稳定、科学的五年计划，加剧了发展的盲目性。⑪计划体制僵化，几十年一贯制。其间有两次改进，但均系行政性分权，没有触及计划体制的根本弊病，均归失败。⑫法制不健全。没有制定有关编制五年计划的法律，这方面的约束力很弱。⑬终极说来，与高度集中的计划经济体制相联系的高度集权的政治体制，是滋生封建式的个人专断的制度根源。在一定条件下，他会使党规和国法破坏殆尽，使得包括五年计划编制在内的一切工作都会受"左"的路线支配。在这种大局下，即使周恩来、李富春、李先念、余秋里和谷牧等领导人先后在极困难条件下做了艰苦努力，也无济于事。这就是上述四个五年计划编制工作的最基本教训。还可设想：如果没有纲要式的五年计划和年度计划，中国经济就会陷入极混乱的状态，也许等不到 1976 年"文化大革命"结束，经济早就崩溃了。

"六五"计划至"十五"计划是我国由计划经济向社会主义市场经济转变时期相继实行的五个计划。

实践证明：这五个五年计划的实现，促进了社会主义现代化三步走战略目标的逐步实现和社会主义市场经济逐步建立，是逐步趋于完善的五个计划。

其主要经验是：依据市场取向改革的要求，以及计划编制工作经验的总结，并借鉴经济发达国家的有益经验：经过探索后初步形成了适应社会主义市场经济的五年计划编制工作体系。①在编制程序方面，首先由中共中央提出关于国民经济和社会发展的五年计划建议，再由国务院制定五年计划，最后由全国人民代表大会审议通过。在这个过程中，逐步提高了包括各类市场主体在内的社会公众的参与度。这可以看作是体现了党的领导、人民当家做主和依法治国的、适合中国国情的、卓有成效的计划编制工作程序。②在计划范围方面，根本改变了改革前单纯经济发展的计划，实行了发展改革并举、经济和社会发展兼蓄、物质文明精神文明和政治文明同时推进的转变。③在计划调控的对象上，逐步改变了改革前宏观和微观都管的做法，主要限定在经济增长、物价、就业和国际收支等宏观领域。④在计划管理的性质上，由改革前的指令计划目标逐步向具有指导性的预期目标转变。⑤在计划管理手段上，逐步改变了改革前主要依靠行政手段的做法，逐步实现主要依靠经济手段和法制手段。在经济手段方面，注重发挥经济战略和经济政策的作用。比如，在上述五年计划中先后提出的可持续发展战略和科教兴国战略以及积极的财政政策和稳健的货币政策在不同范围和不同时限上发挥了重要作用。⑥计划在处理速度问题上，强调把经济效益放在首位，强调结构调整和经济增长方式转变的重要性。⑦在编制计划的同时，就注意建立保证计划实施的机制创新、宏观经济指标的监测预警以及各种储备基金。⑧建立和完善了五年计划与长期远景规划和年度计划之间的有机的稳定的联系。以上各点都是逐步形成的，有些方面还没有完全到位。

但由于多种原因，这五个五年编制工作也存在诸多教训。比如，在资金投入方面，总的说来，对农业和煤电油运等基础产业以及科教、社保和环保等方面的投入力度不够。在处理投资和消费关系方面，投资率显得偏高。在调整经济增长速度方面，1993年将"八五"计划的年经济增长率6%提高到8%~9%，尽管有道理，并仍处于我们经济增长的合理区间（约为7%~9.5%），但在1992年经济已经明显过热，而地方政府对计划指标层层加码还难以改变的情况下，这种做法无疑对这一轮经济过热起了火上加油的作用。在确定改革目标方面，1991年"九五"计划中，关于社会主义有计划商品经济的、计划经济与市场调节相结合的经济体制的提法，相对1987年党的十三大报告中关于新的经济运行机制的提法，即总体上来说应当是"国家调节市场，市场引导企业"的机制，是一种明显的倒退。由于在计划科学性和保障计划实施机制方面存在缺陷，以致有的改革计划未能实现，而发展计划却常常被远远超过。当然，这中间还有其他多种因素的作用。但相对前四个五年计划来说，这五个五年计划编制工作是大大前进的。

关于建设节约型社会的一点思考 *

就我国当前情况来看，要建设节约型社会，除了要建设节约型的经济体制、经济增长方式、循环经济、流通组织和社会发展方式以及节约资源型社会和环境友好型社会以外，建设节约型产业结构也是一个非常重要的方面。这种结构的主要特征就是在技术不断进步的基础上实现产业部门之间的协调发展。从宏观层面看，这种结构不仅可以避免部门之间的相互掣肘，实现良性互动，而且可以避免经济增长的大起大落，实现经济的平稳、持续快速增长，因而是最大的节约。

就 2003 年下半年以来发生的经济局部过热来说，仅从产业结构视角考察，主要是由于重化工业发展过快、农业和第三产业发展滞后引起的。当前在治理这次局部过热方面已经取得阶段性成果，但问题并没有根本解决。进一步推进这项工作的一个重要方面，就是加快产业结构调整。具体说来，就是在加快发展农业的同时，适度优先发展第三产业。这里拟就优化发展第三产业问题做些具体分析。

适度优先发展第三产业，即适当地以比工业增速更高的速度发展第三产业。我国第三产业发展滞后由来已久，当前已发展到很离奇的地步。在 1952~1978 年建立和实行计划经济体制时期，第三产业增加值占国内生产总值的比重，由 28.6% 下降到 23.7%。改革以来，到 1994 年这一比重上升到 34.3%，其后十年虽有波动，但总的趋势是下降的，到 2004 年下降到 3 1.8%。这并不符合工业化和现代化的规律。国际经验表明：在

---

* 本文以《产业结构调整是最大的节约》为题发表于《经济日报》2008 年 8 月 14 日第 1 版。

工业化和现代化的过程中，首先是第一产业比重下降，第二产业比重上升；接着不仅第一产业比重下降，第二产业比重也下降，只有第三产业比重上升。诚然，我国第三产业比重低，有统计低的因素，但即使考虑到这一点，其比重也是过低的。从实现经济的持续平稳快速的视角考察，从整体上说来，发展第三产业需要的投资比较少，在经济增速上升阶段，对缓和可能出现的投资膨胀是有益的。但它的就业容量大，扩大需求的作用大，在经济下降阶段，对缓解可能出现的内需不足也大有好处。发展以服务业（包括为生产服务和为生活服务两部分）为特征的第三产业是发展整个国民经济和提高人民物质精神生活的重要条件。发展现代服务业，也是实现社会主义现代化建设的重要组成部分。发展服务业对缓解环境、生态和资源的压力也有重要作用，对实现可持续发展是有利的。总之，优先发展第三产业会有多方面的好处。

但是，提出适度优先发展第三产业，不仅是以我国第三产业发展严重滞后为依据，而且是以第一产业特别是第二产业已有强大发展作为物质基础的。在这方面，第三产业与第一产业是不同的。对第一产业来说，提出加速发展是可能实现的，但如果提出优先发展，则是不现实的。而发展第三产业则不同，从总体上说来，它不像发展农业那样，会受到土地这种自然条件的限制，也不像发展工业那样，会受到资金、人才和资源的限制；而且生产门类极为众多，社会需求极为巨大，发展空间极为广阔，而我国极为丰富的劳动力资源，以及国有企业、集体企业的改革深化和非公有经济的迅速发展，又在这方面提供了极为有利的条件。据此可以认为，适度优先发展第三产业，是能够做到的。实际上，我国经济发展历史也在一定程度上证明了这一点。尽管由于体制、战略和理论等方面因素的制约，我国第三产业没有得到应有的发展，但在 1952~2004 年的 53 年中，仍有 13 年第三产业增加值的增速超过了工业（其中连续两年超过的有三次，连续四年超过的有一次），有六年接近工业（即增速比工业约低一个百分点）。这样，共有 19 年，约占 53 年的 2/5。这一历史经验证明：优先发展第三产业不仅是必要的，而且是可能的。何况当前优先发展第三产业还有更多的有利条件。

提出这一点，也是借鉴了 20 世纪 80 年代上半期优先发展轻工业的经验。"一五"时期我国依据国内外形势提出和实行了优先发展重工业的方针，对于建立社会主义工业化初步基础起了决定性作用。但后来在很长的时期内在"左"的思想指导下，片面推行这一方针，造成了轻重工业比例关系的严重失调。改革以后，就采取了加快发展轻工业的措施。1980年国务院决定对轻纺工业实行六个优先的原则，即原材料、燃料、电力供应优先；挖潜、革新、改造的措施优先；基本建设优先；银行贷款优先；外汇和引进技术优先；交通运输优先。这实际上就是推行优先发展轻工业的方针。这样，到80年代中期，轻重工业比例关系就协调了。这一历史经验又启示我们在一定条件下，优先发展第三产业也是可行的。

社会主义现代化建设"三步走"战略目标的形成、实施及其发展 *

一、社会主义现代化建设"三步走"战略目标的形成

中国在 1956 年初就基本上完成了对生产资料私有制社会主义改造。在这种形势下，1956 年 9 月召开的党的八大就把实现社会主义工业化作为党的主要任务提出来了。这次会议指出：我们国内的主要矛盾，已经是人民对于经济文化迅速发展的需要同当前经济文化不能满足人民需要的状况之间的矛盾。党和全国人民的当前的主要任务，就是要集中力量来解决这个矛盾，把中国尽快地从落后的农业国变为先进的工业国。[①] 现代化是动态的、历史的概念。所以，可以把这里提出的工业化任务看做是提出现代化任务的开端。

但是，1958 年开始的连续三年的"大跃进"是一个严重的、全局性的"左"的错误，使得这个任务的实现受到了严重的挫折。经过 1961~1965 年五年经济调整，中国经济得到了比较迅速的恢复。

在 1964 年召开的全国三届人大会议上，周恩来代表党中央第一次明确提出了分两步实现社会主义现代化的目标。周恩来指出，从第三个五

---

* 本文写于 2003 年，原载《论中国经济社会的持续快速全面发展》（2001~2020），经济管理出版社 2006 年版。

① 《中国共产党第八次全国代表大会文件汇编》，人民出版社 1956 年版，第 79 页。

年计划开始，中国国民经济的发展，可以按两步来设想：第一步，用十五年时间，即在 1980 年以前，建成一个独立的比较完整的工业体系和国民经济体系；第二步，在本世纪内，全面实现农业、工业、国防和科学技术的现代化，使中国国民经济走在世界的前列。[①]

但在 1966 年开始的长达 10 年的"文化大革命"，使得中国的社会主义现代化建设事业，遭到了比"大跃进"更为严重的破坏。

1976 年粉碎"四人帮"以后，经过批判林彪、江青两个反革命集团，实现拨乱反正。1978 年 12 月召开的党的十一届三中全会，重新确立了马克思主义的实事求是的思想路线，果断停止了使用"以阶级斗争为纲"的口号，恢复了党的八大关于社会主要矛盾和主要任务的提法，开始形成了一个中心（社会主义经济建设），两个基本点（坚持四项基本原则和坚持改革开放）的党在中国社会主义初级阶段的基本路线。

在这种形势下，作为中国党的第二代领导集体核心并以具有务实品格著称的邓小平，清醒地看到要按照原来预定的在 20 世纪实现社会主义现代化建设目标，已经不可能了。于是，他在党的十一届三中全会闭幕不久，从 1979 年开始就多次明确提出分阶段地实现社会主义现代化的目标。中国现代化建设分"三步走"的战略目标，就是根据邓小平提出的战略思想，经过党的十二大、十三大逐步形成的。党的十二大确定的奋斗目标是，从 1981 年到 20 世纪末的 20 年，力争使全国工农业的年总产量翻两番。在此基础上，党的十三大形成了"三步走"的战略目标：第一步，实现国民生产总值比 1980 年翻一番，解决人民温饱问题；第二步，到 20 世纪末，使国民生产总值再增长一倍，人民生活达到小康水平；第三步，到 21 世纪中叶，人均国民生产总值达到中等发达国家水平，人民生活比较富裕，基本实现现代化。鉴于 1995 年就实现了经济总量翻两番的任务，党中央和国务院又在"九五"（1996~2000 年）计划中把这个任务提高为到 2000 年实现人均国内生产总值翻两番。

至此，可以认为，中国社会主义现代化建设三步走的战略目标已经最终形成。当然，其中的第三步战略目标在以后还有进一步的发展。这一点，留待下面进行分析。

---

①周恩来：《政府工作报告》，人民出版社 1975 年版，第 6 页。

二、社会主义现代化建设第一、二步走战略目标的实现及其基本经验

中国社会主义现代化建设，经过 1981~2000 年的发展，已经顺利实现了第一、二步战略目标。到 2000 年，中国无论是国内生产总值或者是人均国内生产总值，都超额实现了翻两番的任务，人民生活从总体上已经达到了小康水平。

按当年价格计算，1981~2000 年，国内生产总值和人均国内生产总值分别由 4517.8 亿元增长到 89442.2 亿元，由 460 元增加到 7084 元。按可比价格计算，二者分别增长 5.29 倍和 3.95 倍；二者年均分别增长 9.6% 和 8.3%。[①]

从总体上达到小康水平，就其最基本的方面来说，可以用三个标准来衡量。

第一，邓小平提出的标准。建设小康社会，最早是 1979 年由邓小平提出的，是他对中国社会主义现代化建设目标的一个简单通俗的描述。在 20 世纪 80 年代初，中国大约还有 2.5 亿人（约占当时全国总人口的四分之一）没有解决温饱问题。邓小平从这个实际出发，提出了一个低标准的小康社会。按照他的说法，所谓小康，就是人均国民生产总值达到八百美元。[②] 按照 2000 年现价和汇率计算，这年中国人均国内生产总值达到 854 美元。

第二，联合国粮农组织提出衡量人民生活水平的标准。按照这个标准，恩格尔系数（即食品支出占家庭消费支出的比重）60% 以上为贫困，50%~59% 为温饱，40%~50% 为小康，20%~40% 为富裕，20% 以下为最富裕。中国城镇和乡村居民恩格尔系数 1980 年分别为 56.9% 和 61.8%；2000 年分别为 39.8% 和 49.1%。[③]

第三，国家统计局等部门提出的小康社会的基本标准。1991 年国家

---

① 资料来源：《中国统计年鉴》（2002），第 51、93 页。
②《邓小平文选》第 3 卷，人民出版社 1994 年版，第 77 页。
③《经济日报》2002 年 12 月 23 日第 10 版。

统计局与计划、财政、卫生、教育等 12 个部门的研究人员组成了课题组，按照党中央、国务院提出的小康社会的内涵确定了 16 个基本监测指标和小康临界值。这个小康基本标准是：①人均国内生产总值 2500 元；②城镇人均可支配收入 2400 元；③农民人均纯收入 1200 元；④城镇住房人均使用面积 12 平方米；⑤农村钢木结构住房人均使用面积 15 平方米；⑥人均蛋白质日摄入量 75 克；⑦城市每人拥有辅路面积 8 平方米；⑧农村通公路行政村比重 85%；⑨恩格尔系数 50%；⑩成人识字率 85%；⑪人均预期寿命 70 岁；⑫婴儿死亡率 3.1‰；⑬教育娱乐支出比重 11%；⑭电视机普及率 100%；⑮森林覆盖率 15%；⑯农村初级卫生保健基本合格县比重 100%。用综合评分方法对这 16 个指标进行测算，2000 年全国小康实现程度为 96%。到 2000 年，尚有三个指标没有达到小康标准，即农民人均纯收入为 1066 元，实现 85%；人均蛋白质日摄入量为 73 克，实现 90%；农村初级卫生保健基本合格县比重实现 80%。这是就全国来说的。分地区来看，东部已经超过，中部实现 78%，西部实现 56%。[①]

依据上述三项标准，都可以认为，到 2000 年，中国已经从总体上达到小康水平。这里所说"总体上"包括以下三个重要含义：①低水平。根据世界银行 1999 年的分类，人均国民生产总值 769 美元以下为低收入国家，769~3030 美元为中下收入国家，3031~9360 美元为中上收入国家，9361 美元以上为高收入国家。[②] 所以，2000 年中国达到 854 美元，也还是处于中下收入国家的水平。②不平衡。其突出表现是：2000 年除了城市有数以千万计的贫民以外，农村还有约 3000 万人口未脱贫。③不全面。偏重经济生活，在精神文明和政治文明两方面还有更大差距。

但就中国来说，这个小康社会却是全党和全国人民经过艰苦奋斗得来的伟大成就！是实现了由温饱到小康的历史性跨越！是中华民族复兴征途上一个具有伟大历史意义的里程碑！

在实现社会主义现代化建设第一、二步战略目标过程中，中国还在这方面积累了丰富的经验。2002 年 11 月召开的党的十六大全面地、着重地总结了全党和全国人民在 1989~2001 年期间建设中国特色社会主义的

①《经济日报》2000 年 12 月 4 日第 6 版，2002 年 11 月 22 日第 10 版、12 月 18 日第 9 版。这 16 项指标中的价值指标，是按照 1990 年价格计算的。

②《经济日报》2002 年 12 月 23 日第 10 版。

基本经验。显然，其中也凝结了中国实现由温饱到小康的基本经验。按照党的十六大的总结，这些基本经验是：①坚持以邓小平理论为指导，不断推进理论创新。②坚持以经济建设为中心，用发展的办法解决前进中的问题。③坚持改革开放，不断完善社会主义市场经济体制。④坚持四项基本原则，发展社会主义民主政治。⑤坚持物质文明和精神文明两手抓，实行依法治国和以德治国相结合。⑥坚持稳定压倒一切的方针，正确处理改革发展稳定的关系。⑦坚持党对军队的绝对领导，走中国特色的精兵之路。⑧坚持团结一切可以团结的力量，不断增强中华民族的凝聚力。⑨坚持独立自主的和平外交政策，维护世界和平与促进共同发展。⑩坚持加强和改善党的领导，全面推进党的建设新的伟大工程。以上十条，是党领导人民建设中国特色社会主义必须坚持的基本经验。这些经验，联系党成立以来的历史经验，归结起来就是，我们党必须始终代表中国先进生产力的发展要求，代表中国先进文化的前进方向，代表中国最广大人民的根本利益。这是坚持和发展社会主义的必然要求，是我们党艰辛探索和伟大实践的必然结论。①

这些基本经验对实现社会主义现代化建设第三步战略目标具有极其重要的指导意义。

三、社会主义现代化建设第三步战略目标的发展

1997 年，中国社会主义现代化建设第一、二步战略目标即将完全实现。这样，实现社会主义现代化第三步战略目标的任务，就摆到了全国人民的面前。但原定的实现第三步战略目标的时间是 50 年，时间跨度太大，需要将其分成若干阶段，以利于这个战略目标的实现。

正是在这种背景下，1997 年召开的党的十五大提出：展望下世纪，我们的目标是，第一个十年实现国民生产总值比 2000 年翻一番，使人民的小康生活更加宽裕，形成比较完善的社会主义市场经济体制；再经过十年的努力，到建党一百年时，使国民经济更加发展，各项制度更加完

---

① 《中国共产党第十六次全国代表大会文件汇编》，人民出版社 2002 年版（下同），第 7~10 页。

善；到世纪中叶建国一百年时，基本实现现代化，建成富强民主文明的社会主义国家。[①]

2002 年召开的党的十六大依据实践经验的发展又进一步提出：综观全局，21 世纪头 20 年，对中国来说，是一个必须紧紧抓住并且可以大有作为的重要战略机遇期。根据党的十五大提出的到 2021 年、建党一百年和新中国成立一百年的发展目标，我们要在本世纪头 20 年，集中力量，全面建设惠及十几亿人口的更高水平的小康社会，使经济更加发展、民主更加健全、科教更加进步、文化更加繁荣、社会更加和谐、人民生活更加殷实。这是实现现代化建设第三步战略目标必经的承上启下的发展阶段，也是完善社会主义市场经济体制和扩大对外开放的关键阶段。经过这个阶段的建设，再继续奋斗几十年，到本世纪中叶基本实现现代化，把中国建成富强民主文明的社会主义国家。[②]

可见，经过党的十五大和十六大，社会主义现代化建设第三步战略目标就具体化了。第一，2001~2020 年全面建设小康社会；第二，2021~2050 年基本实现现代化。当然，伴随社会主义现代化建设实践的发展及其经验的积累，2021~2050 年这个 30 年还会进一步分成若干阶段。

[①]《中国共产党第十五次全国代表大会文件汇编》，人民出版社 1997 年版，第 4 页。
[②]《中国共产党第十六次全国代表大会文件汇编》，第 18 页。

论全面建设小康社会 *

一、全面建设小康社会的奋斗目标

由中国社会主义初级阶段社会生产力状况所决定的主要矛盾，是人民日益增长的物质文化需要同落后的社会生产力之间的矛盾。而 2000 年实现的社会主义现代化建设第一步、第二步战略目标，尽管是一个伟大的历史性成就，但它并没有（也不可能）从根本上改变中国社会经济的落后面貌。中国的现实状况仍然是：社会生产力和科技、教育还比较落后，实现工业化和现代化还有很长的路要走；城乡二元经济结构还没有改变，地区差距扩大的趋势尚未扭转，贫困人口还为数不少；人口总量继续增加，老龄人口比重上升，就业和社会保障压力增大；生态环境、自然资源和经济社会发展的矛盾日益突出；我们仍然面临发达国家在经济科技等方面占优势的压力；经济体制和其他方面的管理体制还不完善；民主法制建设和思想道德建设等方面还存在一些不容忽视的问题。也正是这一点决定了已经达到的小康还是低水平的、不全面的、发展很不平衡的小康。因而，人民日益增长的物质文化需要同落后的社会生产之间的矛盾仍然是中国社会的主要矛盾。所以，巩固和提高已经达到的小康水平，还需要中国人民进行长期的艰苦奋斗。

---

* 原载《论中国经济社会的持续快速全面发展（2001~2020）》，经济管理出版社 2006 年版。

据此，党的十六大提出的全面建设小康社会的目标是：

——在优化结构和提高效益的基础上，国内生产总值到 2020 年力争比 2000 年翻两番，综合国力和国际竞争力明显增强。基本实现工业化，建成完善的社会主义市场经济体制和更具活力、更加开放的经济体系。城镇人口的比重较大幅度提高，工农差别、城乡差别和地区差别扩大的趋势逐步扭转。社会保障体系比较健全，社会就业比较充分，家庭财产普遍增加，人民过上更加富足的生活。

——社会主义民主更加完善，社会主义法制更加完备，依法治国基本方略得到全面落实，人民的政治、经济和文化权益得到切实尊重和保障。基层民主更加健全，社会秩序良好，人民安居乐业。

——全民族的思想道德素质、科学文化素质和健康素质明显提高，形成比较完善的现代国民教育体系、科技和文化创新体系、全民健身和医疗卫生体系。人民享有接受良好教育的机会，基本普及高中阶段教育，消除文盲。形成全民学习、终身学习的学习型社会，促进人的全面发展。

——可持续发展能力不断增强，生态环境得到改善，资源利用效率显著提高，促进人与自然的和谐，推动整个社会走上生产发展、生活富裕、生态良好的文明发展道路。[①]

鉴于政治文明和精神文明等方面的奋斗目标，目前还难以量化，这里只是依据有关单位的测算，主要将物质文明奋斗目标一些最重要方面用指标量化如下：

1. 国内生产总值。按 2000 年价格和汇率计算，国内生产总值到 2020 年比 2000 年翻两番，就要达到 35.8 万亿元人民币，折成美元就是 4.33 万亿元，占世界第三位，仅次于美国和日本。中国经济占全球经济的比重，将由目前的 3.4% 提升到 7.6%。

2. 人均国内生产总值。从中国可能实现的经济增长率以及人口增长率等因素预测来看，要从人均 854 美元达到中上等收入国家的进入门槛 3031 美元，大约需要经过 20 年的努力奋斗。从 2001~2010 年，中国经济总量翻一番，人口增长率年平均 0.7%，2010 年人均国内生产总值接近 1600 美元；2011~2020 年国内生产总值再翻一番，人口增长率下降为

---

①《中国共产党第十六次全国代表大会文件汇编》，第 19 页。

0.5%，2020 年人均国内生产总值约为 3050 美元，刚刚达到上中等收入国家的下限水平。

3. 工业化率。2000 年，中国第一、二、三产业占国内生产总值的比重分别为 16.4%、50.2% 和 33.4%，占全国就业人口总数的比重分别为 50%、22.5% 和 27.5%。就前一个指标看，中国已经实现了工业化。但就后一个指标看，又没有完成工业化，故处于工业化中期阶段。但是，到 2020 年，第一、二、三产业占国内生产总值的比重分别达到 5%、55% 和 45%，占全国就业人口总数的比重分别达到 20% 以下、40% 和 40% 以上。这表明中国到这时基本上完成了工业化的任务。

4. 城镇化率。2000 年，中国为 36.2%。近 10 年城镇化率年均提高约 1 个百分点。今后 20 年，中国将加快城镇化进程，城镇化率每年还会提高 1 个百分点，到 2020 年将达到 56%。从国际经验看，工业化中期阶段是城镇化水平提高最快的时期。日本在 1947~1975 年的工业化加速时期，城镇化水平由 28% 提高到 75%，28 年提高了 47 个百分点，平均每年提高 1.67 个百分点。韩国 1960~1981 年城镇化水平从 28% 提高到 56%，21 年提高了 28 个百分点，年均提高 1.33 个百分点。中国今后 20 年城镇化率每年提高 1 个百分点是完全可能的。

5. 城镇居民人均可支配收入。中国 2000 年为 6280 元。过去 20 年中国城镇居民人均可支配收入年均增长 5.9%。今后 20 年，中国经济将继续快速发展，城镇居民收入水平基本可以保持过去 20 年的增长势头。预计到 2010 年，城镇居民人均可支配收入将达到 12000 元，2020 年达到 18000 元。

6. 农村居民家庭人均可支配收入。中国 2000 年为 2253 元。过去 20 年中国农村居民人均纯收入年均增长 6.4%。前些年，增速放慢，但近年来，中国出台了一系列促进农民增收的政策，农民收入已经开始出现恢复性增长。今后 20 年，随着农村改革的深化和农业现代化水平的提高，农民收入将较快增长，按年均增长 6% 计算，2010 年农村居民家庭人均纯收入 4000 元，2020 年为 7300 元。

7. 中等收入阶层的比重。2002 年中国中等收入者所占的比重约为 18%。据预测，本世纪头 20 年，这个比重每年提高一个百分点左右。这样，到 2020 年大约可以达到 38%。这样形成小康社会的现代社会结构，有利于中国在经济全面起飞阶段保持社会稳定。

8. 恩格尔系数。中国城镇和乡村的恩格尔系数，1980 年分别为 56.9% 和 61.8%；2000 年分别为 39.8% 和 49.1%。20 年来，这一系数城乡分别下降 17.1 个和 12.7 个百分点。但中国的恩格尔系数呈加快下降态势。按一年下降 1 个百分点计算，到 2010 年城乡的恩格尔系数分别为 30% 和 40%。此后，下降速度将趋缓慢，预计 2020 年分别为 25% 和 35%。

9. 城镇人均住房建筑面积。中国 2000 年为 19 平方米。近 10 年年均增加 0.5 平方米，且呈现加快提高的趋势。今后一个时期，中国城镇居民消费结构正处于向满足"住"和"行"需求为主的转变时期，城镇人均住房建筑面积会继续快速提高。按一年增加 0.5 个百分点计算，2010 年大约为 25 平方米，2020 年将超过 30 平方米。

另外，据 2000 年全国人口普查统计，中国城乡人均住房只有 0.78 间，其中城市 0.75 间，镇和乡村为 0.79 间；城乡住房成套率约 67%，其中城市 71%，镇 62%。人均住房建筑面积 8 平方米以下的家庭仍占 9.1%，约 3091 万户，其中城市和镇约 1520 万户，涉及城镇人口近 5000 万。家庭洗澡等卫生设施较差，使用燃气、电等清洁能源燃料的家庭仅占 27.5%。据此，建设部提出的全面建设小康社会的住房标准是：到 2020 年基本做到"户均一套房、人均一间房、功能配套、设备齐全"。

10. 交通。依据交通部规划，到 2010 年全国公路总里程要达到 210 万~230 万公里，高速公路总里程达到 5 万公里，二级以上公路里程达到 40 万~45 万公里，全国 95% 的行政村都通客运班车。到 2020 年，全国公里总里程要达到 260 万~300 万公里，高速公路总里程达到 7 万公里以上，二级以上公路总里程达到 60 万~65 万公里，全国所有行政村都通客运班车。

11. 教育发展程度。2000 年中国文盲率、成人识字率和大学入学率分别为 9.08%、85% 和 11%。据预测，到 2020 年三者可以分别达到 0%、95% 以上和 30%。

12. 居民家庭计算机普及率。2000 年中国城镇居民计算机普及率为 9.7%，考虑城乡人口分布、城乡家庭户均人口数等因素，全国为 4.2% 左右。1997~2000 年城镇居民计算机普及率提高了 7 个百分点，呈加速提高的趋势，加上城镇化进程加快，预计到 2020 年可以实现计算机普及率

20%的目标。

13. 城镇居民最低生活保障覆盖面。2000 年中国约为 30%。中国已经把完善社会保障制度作为建设社会主义市场经济体制的重要支柱，社会保障制度将逐步完善。预计在较短时间内这一覆盖面将达到 100%。

14. 人口预期寿命。2000 年中国人均预期寿命为 71.4 岁。随着中国经济发展，人民物质和文化生活提高，以及医疗卫生条件的改善，预计 2020 年可以提高到 75 岁左右。[①]

二、全面建设小康社会的艰巨性和可行性

按照党的十六大提出的全面建设小康社会的奋斗目标，在优化结构和提高效益的基础上，国内生产总值到 2020 年力争比 2000 年翻两番。据有关部门按 2000 年价格计算，到 2020 年，国内生产总值将达到 35 万亿元。中国经济总量在世界排名将由 2000 年的第 6 位上升到第 3 位，仅次于美国和日本。仅从这个基本点（当然，这个基本点并不是全面建设小康社会的全部内容）来说，全面建设小康社会就是一个极其宏伟的任务。但同时又是一个极其艰巨的任务。因为实现这一任务就意味着中国要在 1979~2000 年国内生产总值年均增长 9.5% 的基础上，在 2001~2020 年仍将保持 7.18% 的年均增长率。在 42 年的时间内实现这样持续高增长，在世界各国经济的发展史上几乎绝无仅有。

然而，在中国现阶段的情况下，这又是可行的任务。就当前中国的状况来看，明确这种可行性，具有十分重要的意义。

这里首先需要分析中国现阶段潜在的经济增长率。[②]历史经验和现实情况表明：中国这种潜在的经济增长率约为 9%。关于历史经验，我已在有关论著中做过分析。[③]这里仅就现实情况做些说明。①一方面有大量的

---

① 资料来源：《中国统计年鉴》（2002），第 51~52、93、118、320、612 页；《经济日报》2002 年 11 月 22 日第 10 版、12 月 23 日第 10 版，2003 年 1 月 5 日第 2 版、2 月 19 日第 2 版。其中价值量指标是按 2000 年价格计算的。

② 所谓潜在经济增长率，是指一个国家在一定的经济发展阶段内，即在既定的技术和资源条件下，在实现充分就业和不引发加速通货膨胀的情况下，可能达到的可持续的最高经济增长率。

③ 详见拙著：《发展的效益型与改革的市场型》，经济管理出版社 1993 年版，第 112~123 页。

闲置劳动力；另一方面又有大量的闲置生产设备和货币资本，不能结合成为现实有效的生产能力。②一方面全国城乡有数以亿计的显性和隐性失业人口；另一方面又有数以几千万计的待开发的就业领域，特别是其中的社区服务业和家政服务业。③一方面人才（特别是高级人才）很缺乏；另一方面又有大量人才流向国外。据估算，当前中国人才资源只占全部劳动力资源的 5.7%，高级人才仅为人才总额的 5.6%。改革以后的 20 多年来，中国出国留学人员约为 45 万多人（其中公派的约占总额的一半），迄今回国的不到 1/3。尽管近几年情况有所好转，但并未根本改观。④一方面许多工业行业生产能力利用率很低（约为 50%）；另一方面过多的低水平的重复建设并未从根本上得到遏制。据有关部门测算，地区结构相似率，东部和中部为 93.5%，中部和西部为 97.1%。① ⑤一方面资金匮乏很严重；另一方面，浪费损失也很严重。据测算，中国近几年市场交易无效成本占国内生产总值比重至少为 10%~20%，直接经济损失年均 5000 亿元，假冒伪劣行为造成的损失至少为 2000 亿元，而由三角债和现款交易增加的财务费用约有 2000 亿元。② 至于由"寻租"活动而造成的损失就更大。⑥一方面，银行存贷款差额达到了巨大规模，2001 年为 3 万多亿元，约为国内生产总值的 3/10；另一方面，企业（特别是中小企业和非国有企业）贷款又很困难。⑦一方面内需不足成为近五年来（1998~2002 年）制约中国经济发展的关键因素；另一方面，在促进内需增长方面具有重要作用的住宅和汽车等产业又因为体制和政策等方面的限制而没有得到应有的发展。⑧一方面有不少城市大量商品房闲置；另一方面又有许多缺房户和无房户。⑨一方面，总体上说，消费品生产过剩情况越来越严重；另一方面又迟迟不能有效地形成市场退出机制。据国家经贸委公布的信息，2002 年上半年国内 466 种工业品供求基本平衡的只有 51 种，占排队工业品的 10.9%，与 2001 年下半年相比减少了 5.1 个百分点；供过于求的 415 种，占排队工业品的 89.1%，没有供不应求的商品。③ ⑩一方面，多年来许多重要工业产量已经位居世界前列（这是好事）；另一方面又有过多的大量进口。比如，2001 年中国生产钢材 15745.4 万吨，

---

① 《中国企业发展报告》（2002），企业管理出版社 2002 年版，第 78 页。
② 《经济日报》2002 年 6 月 24 日第 5 版。
③ 《经济日报》2002 年 4 月 24 日第 12 版。

进口钢材也达到 1721 万吨。① ⑪一方面，中国经济发展越来越严重地受到自然资源和环境的制约；另一方面，自然资源的浪费损失却很严重，环境恶化的趋势并没有得到根本扭转。比如，经济发达国家钢产量的 45%、铜产量的 35%、纸产量的 35% 是由废旧材料生产的。而中国每年却有约500 万吨废钢铁、20 万吨废有色金属、1400 万吨废纸沦为真正的垃圾。每年丢弃的各类电池 2 亿多只。但每回收利用一吨再生资源，相当于减少 4 吨垃圾处理量，每回收利用一吨废钢铁，可以节省开采各种矿石 20吨，节约 1.2 吨炼钢标准煤。中国矿产资源总回收率仅为 30%~50%，比世界水平低 10 个到 20 个百分点。每年综合利用的固定可回收再生资源中，一半以上没有得到回收利用，总价值达 500 多亿元。② 又如，20 世纪90 年代中国沙尘暴已增加到 23 次，每年造成直接经济损失在 540 亿元以上。中国目前沙漠面积已达到 3400 万平方公里，并在逐年增加。

以上说的主要是显性经济。如果再考虑到隐性经济，潜力就更大了。据有关学者预测，当前中国隐性经济规模大约相当于国内生产总值的15%~20%。③

产生上述各种问题的原因是多方面，但主要是市场取向改革未到位以及某些政策（包括改革、发展和稳定的某些方面）的不完善或甚至失误造成的。解决这些问题是需要时间的，有的甚至需要很长的时间。但如果处理得更适当一些，时间是可以缩短的。因此，这种种矛盾说明：中国经济增长潜力是很大的，把潜在的经济增长率定为 9% 并不算高。

现在的问题是：有无条件比较充分地发挥这些潜力，以实现经济的持续快速增长。回答是肯定的。

1. 经济全球化条件下，深化改革和扩大开放的效应。改革开放 20 多年来，中国已经初步建成了社会主义市场经济体制的基本框架，形成了

---

①　国家统计局：《中国经济景气月报》2002 年第 4 期，第 16、40 页。

②《经济日报》2002 年 6 月 13 日第 1 版。

③　隐性经济是指那些处在政府管理监督之外或者背着政府进行的各种经济活动，它们不在国家的正式统计之内，是不合法的。中国的隐性经济由"灰色经济"和"黑色经济"两部分组成。其中"灰色经济"占了大头。"灰色经济"主要指没有纳税的收入，一部分是在国家监控之外的非法经营，另一部分是在职职工的非工资性收入。分配领域内的偷、漏税情况十分普遍。粗粗估算，50% 的国有企业、80% 的乡镇企业、60% 的合资企业、95% 的个体户都存在偷、漏税的现象。其中最突出的是高收入者的纳税问题，这些人的收入中 50.2% 来自工资性收入，其余一半几乎无法控制。"黑色经济"是指贪污受贿、侵吞国有财产、走私贩毒、卖淫嫖娼、黑社会、制假卖假、洗钱等（《北京青年报》2003 年 1 月 28 日）。

全方位、宽领域、多层次的对外开放的格局，并成为这期间经济持续快速发展的最根本动力。但这是否可以成为"中国改革开放在释放生产能力方面已经走到尽头"的观点的论据呢？不能。这种说法既不符合国际经验，也不符合中国实际。

就国际经验来说，如果以市场经济发展较早的英国算起（英国在 17 世纪下半期完成了资产阶级革命，在 18 世纪下半期实现了产业革命），作为社会生产资源主要分配方式的市场经济已经经历了二三百年的时间。而且，在可以预见的将来，还看不到这种市场经济制度在释放生产力方面已经走到了尽头。为什么中国市场取向改革才进行了 20 多年，就达到了这一步呢？

就中国当前实际状况来看，更不能这样说。实际上，中国的改革开放在释放生产力方面还有着巨大的潜力。这主要表现在以下几个方面：

（1）国有经济的改革。新中国成立以后直到现在以至将来，国有经济都必须在国内经济中占据主导地位，并发挥相应的作用。这是必须肯定的。但当前国有经济在发展生产力方面的作用远没有得到充分的发挥。一个显著的事实是：改革以来，国有经济大约占了社会资本的 2/3，但对经济增长的贡献只占 1/3。近几年来，国有经济效益有所改善，但并没从根本上改善其经济效益较低的状况。当前深化国有经济改革的主要内容有：①国有经济的战略性调整，包括在各种所有制、各个产业部门和大中小企业之间的调整。②国有企业的战略性调整，包括在大中小企业之间发展专业化分工与协作，改变"大而全"、"小而全"的状况；同时扩大经济规模，提高规模经济和产业集中度，并要坚决破除垄断。③改革国有资产管理经营体制，既要政企分开，使企业真正成为市场主体，又确保国有资产出资人真正到位，实现国有资产保值增值。④国有大企业的公司制改革要真正到位，主要是在实现股权多元化和建立法人治理结构方面要真正落实。在这方面，还有一个十分重要但还没有引起人们普遍注意的问题，即以人力资本理论为基础，进一步丰富和规范公司治理结构的内容，并从根本上解决作为企业人力资本主要载体的科技工程人员和经营管理人员的股权占有和收入分配问题，以形成有效的激励与约束相结合的机制。⑤国有小企业的改革要真正做到放开搞活，并切实加以扶持。这可以极大地解放国有企业生产力和提高其竞争力，牢固地维系国有经济的主导地位；否则，就是根本不可能的。必须清醒地看到：按照马克思主义历史唯物主义的基本观点，只有适合社会生产力发展要求的生产关系，才是先进的、有生命力的、不可抗拒的生产关系；否则就不是。历史经验表明：任何一种不适合生产力发展要求的生产关系，单靠非经济因素是不可能长久维持的。

（2）在坚持社会主义国有经济占主导地位的前提下，进一步发展非公有制经济。应该看到：改革以来，中国在发展非公有制经济方面已经取得了巨大成就。1978 年非公有制经济（只包括个体经济）在国内生产总值中仅占 1%。目前非公有制经济（包括个体、私营和"三资"企业。"三资"企业中有一部分是混合所有制经济，其中有公有成分）约占 1/3；如果不包括"三资"企业，约占 1/4。但现实情况表明：非公有制经济在实现经济持续快速发展，增加就业（这一点在当前和今后一个长时期内显得特别重要），扩大出口以及增加国家税收等方面具有无可替代的重要作用。当然，相对说来，非公有制经济的劳资纠纷和偷税漏税等方面情况更为严重。但这些消极方面与它们的积极作用相比，明显是居于第二位的。而且，一般说来，私营企业都有一个提高经营管理水平和加强技术改造问题。特殊说来，对那些规模较大的私营企业来说，还有一个把家族企业改造成为现代企业问题。但我们并不能因噎废食，而在发展非公有制经济问题上发生犹豫和动摇。至于担心因发展非公有制经济而导致社会主义公有制主体地位和国有经济主导地位的丧失，就当前情况来说，那无异于杞人忧天。按照党的十五大的精神，"公有制的主体地位主要体现在：公有制资产在社会总资产中占优势；国有经济控制国民经济命脉，对经济发展起主导作用。""国有经济起主导作用，主要体现在控制力上。"① 而中国当前情况只是非公有制经济在国内生产总值中占 1/3 左右，而且在"三资"企业中还有部分的公有制成分，谈不上优势，更是远远谈不上在社会总资产中占优势。当前国有经济在社会总资产中仍占绝对优势。就以在国民经济中占主要地位的工业来说，2000 年国有和国有控股工业资产占国有及非国有规模以上的工业总资产的比重为 66.6%。其中，在有关国民经济命脉的工业中占的比重更高。比如，煤炭、石油

---

① 《中国共产党第十五次全国代表大会文件汇编》，人民出版社 1997 年版，第 21 页。

和天然气、黑色金属矿、有色金属矿和非金属矿开采业分别占 92.7%、98.7%、78.1%、74.2%和 93.8%；石油加工、炼焦业以及黑色和有色金属冶炼延压加工业分别占 90.9%、86.4%和 71.8%；电力蒸汽热水、煤气和自来水的生产供应业分别占 89.1%、82.9%和 90.3%。如果再算上资源性资产和无形资产，占的比重更要大得多。比如，当前仅国有的土地资产就达到 25 万亿元，约为 2001 年国内生产总值的 2.5 倍。这还是静态的算法，如果再考虑到由级差地租规律的作用而必然导致的地价上升，其数量就更大了。当然，发展非公有制经济与国有经济主导地位的丧失之间并没有不可逾越的鸿沟。但在发展市场经济条件下，关键是要保持控制力和竞争力。如果缺乏控制力和竞争力，即使原来比重再大，在市场竞争中也会逐步缩小以及丧失主导地位；反之，如果有控制力和竞争力，即使比重适当小一些，仍可保持控制力。这里的根本问题是：想问题要摆脱教条主义的思维方法，从既定的某些原理出发，而不是把根本着眼点放在发展社会生产力的要求上。在这方面要牢记马克思主义的基本原理。1858~1859 年,马克思在为他创立的历史唯物主义作经典表述时明确指出：“无论哪一种社会形态，在他们所能容纳的全部生产力发挥出来以前，是决不会灭亡的。”① 就中国情况来说，非公有制所能容纳的生产力在一个很长的历史时期内还会不断地发挥出来。

（3）整顿和规范市场，真正建立起统一开放的、平等有序的、竞争充分展开的，包括产品和要素市场在内的市场体系。当前中国市场交易秩序极为混乱，假冒伪劣产品盛行，信用关系破坏殆尽。由此造成的经济损失每年高达数千亿元。根本改变这种状况，也可以大大解放生产力，大量增加社会财富。但解决这个问题的根本着眼点要放在规范各种经济类型的市场主体的行为上。因为按照马克思主义的观点，市场是各种交换关系的总和。如果不从这方面下手，就不能根本解决问题。当然，其他有关的整顿和规范市场秩序的措施也是必要的。

（4）抓住已经“入世”的有利契机，进一步扩大开放。这是中国市场取向改革的对外延伸，它可以更充分地利用“两种市场”和“两种资源”，在更大范围内有效地配置资源。中国 2002 年进出口总量大幅增长，

---

① 《马克思恩格斯选集》第 2 卷，人民出版社 1972 年版，第 83 页。

以及经济增长率达到 8%，就是"入世"后第一年扩大开放的良好效应。不仅如此，它还可以形成一种倒逼机制，推动国内改革的深化。因为世贸组织的原则就是市场经济的原则，它必然会同中国尚未得到改造的计划经济体制发生碰撞，从而推动改革的发展。还要看到：在中国深化改革遇到很大阻力的情况下，"入世"在这方面的独特作用是不可低估的。改革以来，中国已经形成了三种社会群体：一是党中央领导下广大人民群众，改革反映了他们的根本利益，他们是决定改革成败的中坚力量。二是坚决维护并企图恢复计划经济体制的社会力量。这一部分人本来人数不多，伴随改革深化，人越来越少，他们不可能成为左右改革趋势的力量。三是企图维持改革现状的社会力量。他们既不同于第一类，也不同于第二类，企图维持改革现状，以维护他们的既得利益，并进一步掠夺社会财富。对他们来说，改革时间拖得越长，他们得到的私利就越多。那些以权谋私、利用商品市场交易秩序混乱、信用关系破坏以及股市和海关监管不严而获大利的人，就是这部分社会力量的主体。这部分人中有的还有权力，敛财手段很隐蔽，甚至披上合理的外衣，中国渐进式改革还不可能很快全部到位，他们的活动空间还很大，时间还很长，力量还在膨胀。这部分人对深化改革的威胁最大，很值得注意。这种分析既符合马克思主义经济学，也符合西方经济学。恩格斯早就说过，生产关系首先是经济利益关系。作为西方经济学出发点的经济人，都追求自身经济利益最大化。所以，我们不能脱离经济利益关系来分析社会群体。如果这样，就绝不是唯物主义，而只能是唯心主义。这里还需进一步指出：要利用"入世"推动中国经济发展，一方面必须敢于走出去，充分运用世贸组织赋予成员国的权力，并保护好这种权力；另一方面，又要在世贸组织的框架内，在有限的过渡期内，保护好自己的优质产业和弱势产业，并着力提高它们的竞争力。

（5）政府职能的进一步转变，公共管理制度的建立，行政管理制度、行政机构和政府人事制度的改革，以及政务公开，也会推动经济的增长。

2. 知识经济时代科技进步效应。在这个时代，科技进步已经成为推动经济发达国家增长的主要力量，科技进步在经济增长率的贡献已经达到 60%~80%。不仅如此，它还成为改变经济周期形态（即延长经济高涨阶段和缩短经济下降和复苏阶段）、实现经济持续增长的最重要因素。以美国为例，在 20 世纪 90 年代实现了近十年的经济持续高增长，并伴有劳动生产率的持续提高以及低通货膨胀率和低失业率，财政收支方面也由 3000 亿美元赤字变为 2000 亿美元盈余，以致被有的西方经济学者誉为"新经济"。其原因是多方面的。比如，美国把国家的宏观调控和市场经济在配置社会生产资源的基础作用结合得较为恰当，既较好地发挥了这两方面的积极作用，又较好地限制了这两方面的消极作用。美国不仅是引进货币资本最多的国家，而且是引进人力资本最多的国家。据统计，当前美国聚积了世界 1/2 的研究生，1/3 的本科生，1/4 的科技人才。美国在高科技方面居于世界领先地位，显然，是一个主要原因。而科技进步也正成为中国经济发展越来越重要的推动力量。据统计，1998~2000 年，中国高新技术工业产值由 1.31 万亿元增长到 1.91 万亿元，年均增长 20.75%；高科技工业产品出口占工业制成品出口比重由 12.4% 提高到 14.9%。到 2000 年，高科技产业增加值占国内生产总值的 4%。[①] 如果再联系到其他方面，科技进步在中国经济增长中的作用就更大了。比如，据测算，多年来，由袁隆平发明的杂交水稻在中国水稻的增产中占了 1/3 到 1/2。还要着重指出：科技进步在中国经济发展中的作用正在迅速增长。

3. 中国当前工业化的阶段效应。这里首先需要说明中国当前工业化所处的阶段。国际上划分工业化阶段，一般用人均国内生产总值、产值结构、就业结构和城市化水平四个指标来衡量。综合这四个指标来看，可以认为中国工业化已处于中期阶段。但由于当前已处于知识经济开始到来和经济全球化的时代，中国知识经济已经有了一定的发展，并正在迅猛增长。因而中国工业化虽然处于中期阶段，但已经与知识经济化有了一定程度的结合。

这个工业化的阶段特征为中国今后经济的持续快速发展提供了三个极其重要的契机。

（1）实现跨越式发展。也就是说，经济发达国家工业化在经历了初期阶段、中期阶段和完成阶段之后，再进入知识经济化时代；而中国在工业化中期阶段就开始了与知识经济相结合的过程，在实现工业化的中期阶段和完成阶段的同时就可以在很大程度上甚至基本上实现知识经济化。

---

① 《经济日报》2001 年 8 月 23 日第 1 版。

如果撇开跨越式发展的具体内容不说，跨越式发展历来是经济发展后进国家赶上和超过先进国家的捷径。对中国来说也是如此。这种跨越式发展在生产技术上主要表现为两个方面：①由高新技术运用而直接形成的高新技术产业。比如，信息产业。②用高新技术改造传统产业。比如，现在世界上有的高级轿车的高科技含量已经占到其总值的 70%。这样，作为传统产业的汽车业也就可以逐步演变为高新技术产业。上述两方面都会成为加速经济发展强有力的杠杆。但需着重指出：在中国工业化尚未完成以前的一个长时期内，传统产业还是高新技术运用的主要载体。

（2）加速产业结构的优化和升级。在中国当前工业化阶段上，人均国内生产总值已经达到一定水平。这样，消费结构变化很快，由此带动产业结构变化也很快。以此为契机，带动经济高速增长。据测算，城市居民消费从千元级到万元级、十万元级消费，即从电视机、电冰箱和洗衣机的消费到电脑、轿车和住房的消费，需要 7~10 年积累期。当前中国城市居民消费正处于这样的积累期。由此必然带动作为支柱产业的住宅和汽车业以及作为高新技术产业的信息业的发展。伴随经济发展和人民生活提高，还会有许多其他产业特别是新的产业的迅速发展。如休闲产业、银发产业、绿色产业、物流产业（特别是现代第三方物流产业）和环保产业等。"九五"期间，仅政府的环保投资就达到 3600 亿元，"十五"期间增长到 7000 亿元。在中国工业化现阶段，产业结构之所以变化快，除了人民生活水平达到一定高度以外，还由于中国经济总量已经达到相当大的规模，积累了巨额的物资资本、货币资本和人力资本。这是产业结构优化升级的极重要的物质基础。比如，2001 年中国的经济总量和商品贸易总量已居世界第六位。许多重要工农业产品多年位居世界前列。其中，粮食综合生产能力已达 5 亿吨。到 2002 年 6 月，居民储蓄存款超过 8 万亿元人民币；外汇储备已经超过 2420 亿美元，多年居世界第 2 位。

（3）制造业将进一步成为促进经济增长的十分重要的产业部门。中国工业现阶段的一个重要特点就是拥有比较强大的制造业，它在发展中国经济方面的重要作用是：①强大的制造业本身，特别是其中的建筑和汽车等支柱产业已经成为中国当前的强有力推进经济增长的因素，还有许多行业将成为中国经济增长新亮点。比如，轨道交通目前在经济增长中异军突起，将成为中国经济增长的新亮点。国外研究机构预计，未来 10

年内，全球轨道交通 3/4 的投资将集中在中国。而且，其产业带动性很大。北京城市地铁的大规模扩建、京沪高速铁路的建设，还有 13 个城市提出修建城市地铁，这些都是中国成为全球轨道交通建设第一国的主要因素。而这些是以轨道交通制造业的发展为基础的。②强大的制造业是中国实现产业结构优化和升级的物质技术基础。③在经济全球化条件下，中国强大的制造业以其本身具有的优势（如在制造能力、技术和价格等方面均具有比较优势），在许多国家（特别是发展中国家）拥有广泛的市场，并至少在某种程度和范围内（比如首先在东亚地区）成为（或即将成为）制造业中心。这样，中国大陆的制造业就有可能成为东亚区域经济一体化的杠杆。在 2001 年 11 月金边会议上东盟和中国领导人签署了东盟十国与中国的 10+1 框架协议，建立中国和东盟十国的贸易自由区，预计未来世界将形成北美、欧盟、东亚三大经济板块。可以预计，中国强大的制造业在建立东亚这一经济板块中将发挥重要的作用。

4. 积累了适应现代市场经济发展要求的、全过程的、多方面的宏观调控经验。这里首先需要明确两个理论观点：一是与古典的市场经济不同，现代的市场经济反对对企业实行自由放任政策，主张实行国家对经济干预。当然，现代市场经济与古典市场经济都主张以市场作为配置社会生产资源的主要方式。国际经验表明：有国家干预的现代市场经济，对于熨平经济周期波动、保持经济持续快速发展具有极重要的意义。二是在过去的一个长时期内中国学术界普遍认为，经济周期只是资本主义经济的特有现象。实际上，中国的历史经验表明：不仅计划经济体制下发生过多次经济周期波动，市场取向改革以来也多次发生过这种状况。这样，在一定阶段上和一定条件下，经济热胀（即经济增速过快，通货膨胀）或经济冷缩（即经济增速下滑过大甚至负增长，通货紧缩），就是难以避免的。因此，健全的宏观调控就成为经济持续快速发展的一个基本条件。

而中国正是在这方面积累了全过程的、多方面的经验。这里所说的全过程包括以下三个阶段：①1992~1997 年积累了经济"软着陆"的经验。这期间经济增长率由 14.2% 缓慢地下降到 8.8%，处于中国现阶段经济增长合理区间的上限（即 9%）以内。②1998~1999 年又积累了制止经济增速过度下滑的经验。这两年经济增长率分别下降到 7.8% 和 7.1%，仍然处于中国现阶段经济增长合理区间下限（即7%）以上。③2000~2002年积累了经济缓慢回升的经验。这三年经济增长率分别为8%、7.3%和8%，均高于1999年。而且2001年经济增速小幅下降，在很大程度上是由于美国、日本、欧盟三大经济实体增速下降以及随之而来的东南亚地区经济下滑和世界贸易额大幅下挫造成的。2001年世界商品贸易和服务贸易分别下降了4%和1%，分别只有6.16万亿美元和1.44万亿美元。①

这里所说的多方面就是在上述的每一个阶段都积累了比较全面系统的经验。比如，在第一阶段形成了这样比较完整的宏观调控政策体系：宏观调控政策各项目标之间的协调；控制总需求各项政策措施之间的协调；优化结构增加供给各项政策措施之间的协调；物价调控各项措施之间的协调。在第二、三阶段又形成了以下较为完整的政策体系：经济发展的目标与扩大内需的经济发展战略的相配合；扩大内需战略与调整投资计划相配合；积极的财政政策与稳健的货币相配合；扩大投资需求与扩大消费需求相配合；扩大内需与加强外贸工作力度相配合；扩大需求与增加供给、调整结构相配合。②

当然，上述经验还只是初步的，需要发展与完善。但在中国历史上是空前未有的，在国际上也不多见。它是知识形态上的一笔巨额的、宝贵的资本，是中国今后经济持续快速发展的重要保证。

5. 大国的正面效应。中国作为一个发展中大国的某些优势，也是实现经济持续快速发展的一个重要因素。这种大国地位虽然会给中国经济发展带来诸多困难，同时在加速经济发展方面也具有许多优势。①国内市场容量大，而且伴随经济高速增长，这种容量会迅速扩大。这给经济发展会带来多方面的利好因素。一是为实行内需为主和扩大内需为主的方针提供了客观条件；二是许多其他国家在吸引外资方面所不具有的、诱人的优越条件；三是在发展对外经济贸易方面的回旋余地大，大大增强了抵御国际经济风险（包括金融风险）的能力。②劳动力多，成本低，可以在某些领域内形成一定的国际竞争比较优势。③储蓄率高，人口多，储蓄总量大。④物资、人力和货币资本绝对量大，可以集中力量发展某

---

① 《经济日报》2002年5月3日第1版。

② 详见拙文：《"九五"时期经济运行轨迹的特征及其意义和经验》，载《博士论坛》2001年第3期，第70~86页。

些重要的高科技产业。

这里需要进一步指出：中国作为发展中大国在经济上的含义已经发生了很大程度的变化。它虽然还没有从根本上摆脱发展中国家的地位，但其发展远非是改革前所能比拟的。2002年，中国经济总量和外贸总额已分别跃居世界第六位和第五位，成为吸收对外直接投资最多的国家，外汇储备多年稳居世界第二位。由此在某种程度上形成了中国古人所说的"越富越富"的良性循环效应。就近几年的情况来看，其突出表现是：在2000~2002年间，先后相继取得了"申奥"、"入世"和"申博"的成功。这些成功反过来又成为促进中国经济发展的重要因素。据有关单位预测，"入世"可以提高中国经济增长率0.5个百分点，与奥运有关的经济可以提高经济增速0.2个百分点，与世博有关的经济可以拉动经济增长0.3个百分点。诚然，取得这些成功的因素包括另一方面的内容。比如，中国一贯奉行独立自主的和平外交政策，在国际上赢得了越来越多的国家的认同和赞赏，国际地位和威望有了空前未有的提高。不可否认的事实是：中国经济的大发展为这些成功奠定了重要的经济基础。

6. 中国仍然可以赢得一个较长时期的稳定的社会政治局面。诚然，当前存在诸多影响稳定的因素。如就业压力增大；农民收入增加缓慢，甚至部分农民收入水平下降；部分行政官员和国有企业领导人的贪污腐败；以及收入差别扩大等。中国能否实现稳定，是当前人们关注的一个极重要问题，也是中国能否实现经济持续快速发展的一个基本前提。这些问题的根本解决，需要创造一系列条件，并要经历很长的过程。但只要措施得当，是可以把它控制在社会能够承受的限度，以维护社会的稳定。其主要措施是：

（1）依据较为可靠的计算，21世纪初，中国经济增长率是能够达到7%以上的。在这种条件下，拿出三个百分点用于改善人民生活是可以做到的。这就可以使全国大多数人民的生活水平有适当提高，从而使他们稳定下来。

（2）在发展资本密集型和技术密集型的产业的同时，要把发展劳动密集产业放在重要位置上，就是在前两种产业的某些生产环节上也要在不影响经济效益的条件下尽可能采用劳动密集型的操作方式。要大力发展小企业、小城镇、第三产业（特别是其中就业空间还十分巨大的社区服务业和家庭服务业）和非公有制经济。通过这些措施就可能逐步缓解就业压力，并把失业率控制在社会能够承受而不影响稳定大局的限度内。同时，要通过开征社会保障税和出卖那些国有经济应该退出领域的国有资产等办法，切实加快建立覆盖全社会的、多层次的、初步的社会保障体系，构筑社会安全网。

（3）现在提高农产品价格的空间已经不大。发展乡镇企业在吸纳农业剩余劳动力方面的作用也比过去大大下降了，近几年来甚至出现了部分劳动力由乡镇企业向农业倒流的现象。因此，当前改变农民人均收入增幅缓慢（其中部分农民甚至收入水平下降）的状况，需要在加快费改税、减轻农民负担的同时，坚决推行工业反哺农业的政策，充分利用世贸组织的绿箱和黄箱政策，加大财政和政策性金融对农业的支持，还要着力调整农业的产品结构和农村的产业结构，加快发展小城镇，大力发展农业产业化经营。农业产业化经营是以市场为导向，以家庭承包经营为基础，依靠各类企业和组织的带动，将生产、加工和销售紧密结合起来，实行一体化经营。这样，就可以逐步缓解以至根本改变农民收入增幅下降（特别是部分农民收入水平下降）的状况，使占全国2/3人口的农村这个大头稳定下来。

（4）进一步实现政企分开，在国有企业中切实建立法人治理结构和实行有效的制约与激励相结合的制度，进一步改革行政管理制度（包括改革审批制度），在政府投资中实行法人责任制度、招标制度和监理制度，实行政府采购的公开招标制度，在干部录用和使用中实行公开的考试制度和竞争上岗制度，健全立法制度和实行公正的司法制度（包括依法行政），等等，都是从制度上切断贪污腐败根源的办法。大力提高各类人员的包括政治和业务在内的素质，也是根治贪污腐败的一个重要方面。强调从建立、完善制度上和提高人员素质上切断腐败根源，并不是说当前依法惩治贪污腐败分子不重要。恰恰相反，在当前贪污腐败之风越演越烈和惩治不力的情况下，加强对贪污腐败分子的惩治，显得尤为重要。这是当前抑制贪污腐败之风的一个极重要手段。这里还要提到：当前抑制贪污腐败之风还出现了新的有利条件。一是中国已经加入世界贸易组织。这个组织的规则是按照市场经济的原则制定的。马克思说过："商品是天生的平等派。"① 因此，世界贸易组织原则是同与贪污腐败相联系的不平等的竞争根本抵触的。从这种意义上说，"入世"会从许多方面形成对贪污腐败的冲击。而且其冲击力的强度，是独有的，是其他方面所不能代替的。二是网络技术迅速、普遍地发展，为揭露和抑制贪污腐败提供了最先进的技术手段，使得贪污腐败分子很难藏身。总之，贪污腐败这个危及当前中国社会政治稳定的最严重问题，是可以逐渐逐步得到遏制的。

7. 就当前的国际形势看，中国仍然可以赢得一个相当长的国际和平环境。这无疑是中国实现经济持续快速发展所必需的国际环境。必须肯定，1991 年苏联解体以后，就由原来存在的美苏两个超级大国争霸的冷局面走向世界多极化。这一点进一步使得和平与发展成为世界的主流。同时要着重指出：在世界多极化这个主流存在的同时，还存在一股一级化的逆说，即美国顽固推行的霸权主义。② 因为只有正确地认识这股逆流，并有效地同它进行斗争，才能有效地维护世界和平。必须清醒看到：苏联解体并没有也不可能在世界范围内从根本上消除霸权主义的制度根源。而且，世界多极化只是一种主流发展趋势。它像任何主流一样，必然存在作为其阻滞因素的逆流，而且不排除这一逆流在某些时限内和某些问题上占上风。20 世纪 90 年代先后发生的海湾战争和科索沃战争就是一级化在军事上的突出表现。这两次战争是由多种因素引起的，而且战争的一方是以北大西洋公约军事集团面貌出现的。但在实际上，主要是由当前正在发展并且是最强大的一极美国发动的。但美国推行的霸权主义并不只是限于军事上，还表现在政治上和经济上；也并不只是针对发展中国家，同时还针对转型国家、新兴工业化国家乃至其他的经济发达国家。

这种一极化主要是由"两个不平衡"引起的。一是社会主义国家的力量与资本主义国家的力量发展不平衡。一方面，1991 年苏联解体使社会主义力量遭到了前所未有的极大削弱；另一方面，资本主义力量（主要是美国）有了很大的增强。二是经济发达国家内部各国力量发展不平衡。20 世纪 90 年代美国经济有了迅速的发展，这是一方面；另一方面欧

---

① 《马克思恩格斯全集》第 23 卷，人民出版社 1972 年版，第 102 页。
② 现在海内外学术界存在这方面有两种观点值得注意：一是只讲多极化，不讲一极化。这种观点从主要方说是对的，但不全面。二是把美国推行霸权主义称作单边主义。这种观点有模糊矛盾的缺陷。但应肯定，"世界多极化在曲折中发展"的提法是科学的。

盟经济低增长，特别是日本，在90年代初经济泡沫破裂以后，经济一蹶不振，长期处于低迷状态。但在商品经济条件下，不仅在市场竞争方面凭实力，在政治、军事上也是凭实力的。

值得注意的是：这两个不平衡发展还会持续一段时间。因为美国经济和科技在世界上的领先地位一时还难以改变。诚然，"9·11"恐怖袭击事件对美国是一个打击。但直接经济损失仅为3000亿美元。对一个拥有10万亿美元国内生产总值的富国来说，这不至于影响大局。最近先后发生的安然公司、世通公司和施乐公司（这些公司在美国大公司中都位居前列）在财务会计上的丑闻，会对美国发生一定负面影响。但也不会动摇它的根基。这是其一。其二，如果说，美国在20世纪50年代的朝鲜战争和60年代的越南战争失败以后，其霸权主义的嚣张气焰有所收敛。但20世纪90年代的海湾战争和科索沃战争以及2002年的阿富汗战争，从整体上说，它都是得手的。因而其气焰更为嚣张。其三，现在国际社会正在出现某种"绥靖主义"思潮，对美国推行的霸权主义缺乏有力的斗争，在客观上也助长了其气焰。这里需要指出：从2002年下半年以来，这种"绥靖主义"思潮开始有所转变，出现了可喜的变化。但是，对美国推行的霸权主义，我们仍须保持高度警惕，并作出相应准备；否则，就可能吃大亏。

但同时也要看到：美国推行的霸权主义，不可能从根本上改变世界多极化趋势，也不可能从根本上改变和平与发展是世界的主流。因而中国仍然能够争取到一个长时期的国际和平环境。

8. 2002年9月召开的党的十六大，为实现全面建设小康社会的奋斗目标做了充分、全面的理论上、政治上、组织上和政策上的准备，提供了根本保证。正像胡锦涛同志所总结的，"十六大是我们党在新世纪新阶段召开的十分重要的代表大会，对于党和国家事业的发展具有重大而深远的意义。江泽民同志在大会上所作的报告，坚持以马克思列宁主义、毛泽东思想和邓小平理论为指导，站在时代和历史的高度，全面分析了新世纪我们党和国家面临的新形势新任务，科学总结了改革开放以来特别是十三届四中全会以来党带领人民建设中国特色社会主义的基本经验，进一步阐明了贯彻'三个代表'重要思想的根本要求，明确提出了党在新世纪头二十年的奋斗目标和推进各方面工作的方针政策，深刻回答了关系党和国家长远发展的一系列重大问题，对建设中国特色社会主义经济、政治、文化和党的建设等各项工作作出了全面部署。这是一个求真务实、与时俱进、开拓创新的报告，一个反映全党意志、体现人民心愿的报告，是一篇马克思主义的纲领性文献。十六大报告主题鲜明、内涵丰富、思想深刻、论述精辟，体现了解放思想和实事求是的统一，理论创新与实践创新的统一，总结过去与规划未来的统一，立足国情与面向世界的统一，必将有力地指导和激励全党和全国人民更加满怀信心地把中国特色社会主义事业全面推向前进。"[1]

此外，还要提到大家不大注意，而对中国经济持续快速发展又有重要作用的因素。即是计划经济体制的某些负面效应（如重视第一、二产业，忽视第三产业；重视生产，忽视流通；以及重视积累，忽视消费），在发展社会主义市场经济条件下，在客观上又为拓展产业和扩大就业提供了广阔的空间。这一点对认识中国有可能在长达 40 多年的时间实现经济持续快速增长，是很有益的。当然，长期实行的计划经济体制，曾经给中国经济发展造成了严重损失，现在也还是不小的障碍。

总之，中国有许多有利条件发挥潜力，实现经济的持续快速发展，即在 2001~2020 年实现年均增长 7.18% 的速度。对此，必须树立坚定的信心。当然，中国经济发展也存在许多困难（其中有些是严重的）和风险（其中有的是巨大的）。但历史经验表明：人类社会的巨大变革和发展都是在大风大浪中前进的。当然，必须高度重视这些困难和风险，认真加以解决。否则，也不利于实现经济的持续快速发展。

三、全面建设小康社会的战略

党的十六大不仅提出了全面建设小康社会的奋斗目标，而且提出了实现这一奋斗目标的一系列战略。就经济方面说，值得重视的有以下八项战略：一是走新型工业化道路，二是产业结构优化升级，三是全面繁荣农村经济，四是实施西部大开发，五是实施可持续发展，六是实施科

---

① 胡锦涛：《一篇马克思主义的纲领性文献》，载《十六大报告辅导读本》，人民出版社 2002 年版，第 53、59 页。

教兴国，七是深化改革和扩大开放，八是促进就业，并不断改善人民生活。这些战略各自具有相对独立的意义，但又是相互紧密联系的。大体上说来，可以把第一项战略看做是总体性、主导性的战略，第二、三、四、五项战略是第一项战略在产业结构、城乡结构、地区结构以及经济与人门、资源、环保等方面的具体化，第六、七项战略是实现第一项战略两个根本性动力，第八项战略是实现第一项战略的根本出发点和落脚点。鉴于第四、五、六、七项战略在本书其他章节已有论述，我们在下面仅分析第一、二、三、八项战略。

（一）走新型工业化道路

1. 工业化道路提法的历史发展及新型工业化道路概念的特征。

就社会主义国家党和国家领导人曾经用过的工业化道路的概念来说，主要有以下三种：

（1）斯大林（时任苏共中央总书记和苏联部长会议主席）是依据列宁的思想，在确定重点和优先发展重工业的前提下，从解决发展重工业所需要的资金来源的视角来论述工业化道路的。他提出："重工业需要大量的资金。"英国、德国、美国的重工业"或者靠巨额借款，或者靠掠夺其他国家，或者靠同时采用这两种办法建成的"。但"这些道路对于我们国家来说是走不通的。""厉行节约，积累为供给中国工业化所必需的资金——这就是我们要建立重工业所必须走的道路"。[①]

（2）毛泽东（时任中共中央主席和中华人民共和国主席）是从处理工业化中的重、轻、农关系的视角来论述工业化道路的。他说过："工业化道路的问题，主要是指重工业、轻工业和农业的发展问题。中国的经济建设是以重工业为中心，这一点必须肯定。但是同时必须充分注意发展

---

① 斯大林：《列宁主义问题》，人民出版社 1973 年版，第 448~449 页。

农业和轻工业。"①

（3）江泽民（时任中共中央主席和中华人民共和国主席）依据当代国际经济环境和中国现阶段的特点，从发挥工业化和现代化相互作用，以及提高科技、经济、资源、环境和人力资源使用等方面的效益的视角，来论述工业化道路的。他写道："坚持以信息化带动工业化，以工业化促进信息化，走出一条科技含量高、经济效益好、资源消耗低、环境污染少、人力资源优势得到充分发挥的新型工业化路子。"②

上述三种工业化道路的提法虽各有差异，但也有共同点。主要是：①三种提法都是就工业化的一定历史阶段而言的，并没有包括工业化的全过程。如果认为它们各自包括了工业化全过程，那就不妥。②三种提法都是从工业物质生产这个范围论述的，不包括基本经济制度、经济体制和整个国民经济，因而突出地反映了工业化道路的特征。如果超出这个范围，把基本经济制度、经济体制和整个国民经济都纳入工业化道路，也是值得斟酌的。③

———————————

① 《毛泽东选集》第5卷，人民出版社1977年版，第404页。在论述了斯大林和毛泽东有关提法以后，这里需要提出一个重要问题来讨论。近来有人发表文章认为，"我国选择传统工业化道路，无疑受到早期发展经济学理念的影响。"（《经济日报》2003年2月19日第11版）我认为，这是一种过于离谱的观点。第一，如前所述，斯大林关于优先发展重工业的理论，是直接来自于列宁的有关思想。列宁关于苏联工业化必须优先发展重工业的根据主要有两个：一是他于1893年写的《论所谓市场问题》中提出的在机械化生产条件下"生产资料增长最快这个规律"（《列宁全集》第1卷，第88页）。二是基于十月革命后唯一的社会主义国家处于敌对的资本主义世界包围的严峻国际形势的分析。第二，中国在20世纪50年代初实行优先发展重工业的方针，又是直接来自斯大林的思想以及他领导下苏联工业化的实践。诚然，1953年斯大林逝世以后，苏联社会主义建设中一系列问题（其中包括工业化道路问题）都暴露出来。在这种背景下，毛泽东曾提出以苏为鉴。针对苏联工业化过程中忽视轻工业和农业的倾向，并依据中国在这方面的经验教训，在中国工业化道路方面明确提出："我国的经济建设是以重工业为中心，这一点必须肯定。但是同时必须充分注意发展农业和轻工业。"当然，实际上，在1958年开始的"大跃进"中，毛泽东把优先发展重工业方针推到了极端，变本加厉地向前推进了。第三，发展经济学虽然产生较早，但它的发展是在"二战"后帝国主义殖民体系瓦解、20世纪50年代到60年代出现了一大批发展中国家以后。这样看来，中国选择传统工业化道路，怎么可能同早期发展经济学有联系呢。诚然，该文作者也认为："也许当时我国的领导人并不十分了解五六十年代的发展经济学著作。"但在中国实行高度集中的政治、经济体制下，领导人并不十分了解发展经济学，又怎么可能影响中国选择传统工业化道路呢？但问题的关键并不在于这一点。而是在于中国在1952年结束新民主主义社会、进行社会主义革命以后，无论在体制模式或发展模式（包括工业化道路）上，虽然有结合中国情况进行创造的一面，但主要是沿袭了苏联的做法。所以，不论中国领导人是否十分了解发展经济学，中国工业化道路的选择，都不可能受到发展经济学的影响。

② 《中国共产党第十六次全国代表大会文件汇编》，人民出版社2002年版（下同），第21页。

③ 在这方面，最近有一篇文章把工业化道路设置得太宽。他们提出了我国传统工业化道路的六大特点：（1）在所有制结构上，实行单一的公有制。（2）在资源配置方式上，实行的是高度集中的计划经济。（3）在发展战略上，优先发展重工业。（4）在发展方式上，追求高速度和粗放式发展。（5）在工农和城乡关系上，工业依靠工农产品"剪刀差"积累资金。（6）在国际关系上，因特殊的历史背景，而片面强调自力更生（《经济日报》2003年2月19日第11版）。仅就这些论述本身来说符合实情，也是学术探索中的一种常态。但是，问题在于它越出了工业物质生产的范围，涉及所有制和经济体制，还涉及到整个国民经济，这在实际上就湮没了我国传统工业化道路的特点。

但是，新型工业化道路概念具有以下重要特点：

第一，要求发挥工业化和信息化的良性互动作用。即"坚持以信息化带动工业化，以工业化促进信息化。"由于时代的局限，这个提法对较早的在 18 世纪下半期就开始实现工业化的英国是不可有的，对 20 世纪 20 年代下半期苏联以及 50 年代上半期中国实现社会主义工业化时也是不可能有的。这是一个根本性特点，它在很大程度上决定了以下特点。

第二，要求实现科技含量高。这首先包括以信息化为主要代表的现代高科技含量高。但如果把科技含量高仅仅理解为这一点是不全面的。就中国现阶段的具体情况来看，这一点固然是最重要的，居于主导地位。但就发展社会生产力来说，还是要求实现先进适用技术含量高。

第三，要求实现经济效益好。苏联和中国在实现社会主义工业化时都实行过优先发展重工业的方针。相对经济发达国家开始工业化时优先发展轻工业，其经济效益是比较差的。但在当时条件下，不实现优先发展重工业方针，就会导致社会主义制度的灭亡。可以想象：如果苏联不实行这个方针，不在"二战"爆发以前，把钢的产量发展到 4000 多万吨，就不可能在"二战"期间粉碎希特勒德国的军事机器，从而捍卫住苏维埃政权。中国 1958 年以后，片面强调经济增长速度（主要是重工业的增长速度），忽视甚至否定经济效益，在这方面造成了严重的不良后果。但 1978 年改革开放以来，中国工业生产建设的经济效益在逐步改善。今后这种趋势还会发展下去。但需明确：在中国正在建立的现代的社会主义市场经济条件下，所谓经济效益好，不仅包括宏观方面的工业生产资源配置效益好，而且包括微观方面的工业企业要素营运效益好，并实现二者的最佳结合。

第四，要求实现资源消耗低。无论是对较早开始工业化的英国来说，或者对苏联以及改革以前乃至改革以后的中国来说，由于各种相同的原因或不同的原因，都发生过资源消耗高的问题。而在中国现阶段，有可能而且必须逐步做到资源消耗低。

第五，要求实现环境污染少。经济发达国家的工业化，一般都先走过一段环境污染严重的路子，然后随着各种条件的形成，污染逐步趋于减少。苏联和中国改革前后的工业化，走的也是污染严重的路子。但中国现阶段，有可能而且必须走环境污染少的路子。

第六，要求人力资源优势得到充分发挥。就社会主义国家工业化已有的经验来看，无论是苏联的工业化，或中国改革以前的工业化，由于当时严峻的国际形势及其他原因，都实行过优先发展重工业的方针。这在一定时期和某种限度内是必要的，并取得了具有十分重要意义的成就！但在中国 1958 年以后，把优先发展重工业推到一个极端，不仅长期推行，而且使得重工业的发展速度远远超过了农业和轻工业所能承受的限度，以致多次造成了国民经济的严重失衡。这样，苏联特别是中国优先发展具有资金密集型特点的重工业，使得他们拥有的丰富的劳动力资源优势并没有得到充分的发挥。因而在今后工业化过程中，需要正确处理资金密集型、技术密集型、劳动密集型产业的关系，以充分发挥中国劳动力资源丰富的优势。这仅仅是发挥中国人力资源优势的一个方面，当然是最主要方面。还有另一个重要方面，似乎还未引起足够的重视。相对经济发达国家来说，中国人才资源在全部人力资源中的比重是比较小的。但由于人力资源总量大，人才的绝对量并不小。特别是在 1999 年高等学校扩大招生以后，再加上成人高等教育的迅速发展，人才数量大大增长。因此，充分发挥这部分人力资源优势，也是一个越来越值得重视的重要方面。

2. 新型工业化道路的客观依据。

第一，依据对国内外工业化经验的总结。其突出表现有：一是国内外工业化经验表明：跨越式发展，是工业后进国家赶上工业先进国家的重要捷径。跨越式发展包括多重含义，最重要的是生产技术上和增长速度上的超常规的发展。就世界经济史看，英国曾经是工业先进国家，德国、日本和美国都是后进国家。但他们利用后来发生的技术革命，发挥后发优势，都赶上和超过了英国。"二战"后在帝国主义殖民体系瓦解的基础上建立了一批新兴工业化国家，他们也是依靠跨越式的发展，大大缩小了同经济发达国家的差距。中国在"一五"时期（1953~1957 年）依靠苏联在经济技术上的援助，利用后发优势，建立了社会主义工业化的初步基础，把许多工业生产部门的技术水平迅速提高到 20 世纪 40 年代末的水平，显著缩小了同经济发达国家的差距。1978 年开始的经济改革以来，中国经济又获得了持续的高速增长，又一次缩小了这种差距。党的十六大关于新型工业化道路中所包含的以信息化带动工业化，就是依据历史经验和新的时代条件提出的跨越式发展战略，它的实现必将进一步缩小同经济发达国家的差距。二是鉴于苏联特别是中国工业化过程中曾经程度不同地发生的片面强调速度、忽视经济效益所造成的严重后果，在新型工业化道路中强调了经济效益好的要求。三是依据资本主义国家工业化和社会主义国家工业化过程中都曾发生过的资源消耗大和环境污染重的教训，在新型工业道路中还强调了资源消耗少和环境污染小的要求。

第二，立足于对中国现阶段国情的分析。就为实现新型工业化道路提供有利条件来说，主要有：深化改革和扩大开放效应；知识科技进步效应；中国当前正处于工业化的中期阶段，但已经在一定程度上并在越来越大的程度上实现了同知识经济化的结合；中国作为一个发展中大国的正面效应；中国在1992~2002年期间积累了适应现代市场经济要求的、全过程的、多方面的宏观调控经验。这些问题在前面已经做过详细分析。从分析中可以清楚看到：这些情况不仅是促进中国在长时期内实现经济持续快速增长的有利因素，而且是推动中国走新型工业化道路的有利条件。

但这仅仅是中国现阶段国情的一个方面，还有另一个方面。主要是：经济和科技等方面市场化改革还有很长的路要走；中国经济总量虽然很大，但人均水平并不高；在生产技术和科学技术的许多方面同经济发达国家还有很大的差距；总体上经济效益水平并不高；许多基本生产资源严重不足；生态环境破坏严重；劳动力供求关系将长期处于失衡状态，就业形势严重等。这些情况又表明：中国走新型工业化道路不仅具有异常的紧迫性，而且是十分艰难的。

第三，着眼于当代国际环境的分析。从20世纪下半期以来，国际形势发展呈现出以下四大特点：一是经济全球化有了空前未有的大发展；二是知识经济时代已经开始到来，这一点，在经济发达国家已经表现得很明显；三是经济的可持续发展已经开始世界经济发展的潮流；四是1991年苏联解体以后，世界走向多极化，并已成为一种主流，但同时存在一极化的逆流（即美国推行的霸权主义）。显然，这种国际形势既为中国走新型工业化道路提供了良好的机遇，但同时也提出了严峻的挑战。

可见，中国走新型工业化道路，既是基于对国内外历史经验的总结，又是基于对国内外形势的分析，因而有充分的科学根据。

但要走新型工业化道路，需要在长时期做出多方面的努力。其中，最重要的是要实现产业结构优化升级，全面繁荣农村经济，实施西部大开发，推行科教兴国和可持续发展，以及深化改革和扩大开放。这些问题将在下面分析。

（二）产业结构的优化升级

一般说来，工业化就是以手工工具作为物质技术基础的农业社会逐步转变为以机械生产作为物质技术基础的工业社会的过程。因而，从本质上说来，它是在科学技术不断进步的条件下，产业结构不断优化升级，并由此带动工业和国民经济不断增长的过程。因而，产业结构优化升级，在工业化过程中具有极重要的作用。

但在工业化不同阶段和各种具体条件下，产业结构优化升级的具体内容是有差别的。因此，必须依据当前中国工业化所处的阶段特点及国内外有关条件（包括有利条件和不利条件两方面）的科学分析来确定其具体内容。在这方面党的十六大作出了如下战略部署，即"形成以高新技术产业为先导、基础产业和制造业为支撑、服务业全面发展的产业格局"。[1]

1. 优先发展以信息产业为代表的、具有先导性高新技术产业。

在当代科学技术已经成为第一生产力，优先发展高新技术产业，对于实现工业化和现代化以及全面建设小康社会的奋斗目标，都具有极重要的意义。

在这方面，优先发展信息产业尤为重要。当今世界，信息化是一个在农业、工业、服务业和科学技术等社会生产和社会生活各个方面应用现代信息技术，加速现代化的过程。信息技术在国民经济各个领域的普遍应用，极大地提高了劳动生产率，降低了资源消耗，减少了环境污染，已经成为社会生产力和人类文明进步的新的强大动力。信息技术及其产业正在成为世界经济竞争的制高点。而且信息化为加速推进工业化提供了极有利的条件。因此，大力推进信息化，以信息化带动工业化，是中国发挥后发优势，实现生产力跨越式发展、加速工业化和现代化的十分重要的契机。当然，信息化是工业化发展到一定阶段的产物。信息基础设施的建设，信息技术的研究和开发，信息产业的发展，都是以工业化为基础的。工业化为信息化提供物质基础，对信息化发展提出了应用需

---

[1]《中国共产党第十六次全国代表大会文件汇编》，第21页。

求。因此，离开了信息化的工业化，不是当代工业化，先工业化后信息化的道路，在当代并不可取。但是，离开了工业化的信息化，将缺乏必要的物质基础，片面发展信息化的道路也行不通。只有坚持以信息化带动工业化，以工业化促进信息化，使信息化与工业化逐步融为一体，才能真正加快工业化、现代化的进程。

为此，要加速发展微电子和软件产业，提高计算机及网络的普及应用程度，加强信息资源的开发和利用。政府行政管理、社会公共服务、企业生产经营，都要运用数字化、网络化技术，加快信息化步伐；积极促进金融和财税领域信息化，发展电子商务；加强现代信息基础设施建设；重点推进超大规模集成电路、高性能计算机、大型系统软件、超高速网络系统等核心技术的产业化。要坚持面向国内市场需求，推进体制创新，努力实现信息产业的跨越式发展。当然，在大力推进信息化的同时，还要积极推动生物、航空、航天、新材料、新能源等高新技术产业的发展。中国近年来一些高新技术产业迅速发展。据统计，2001 年中国高新技术产业产值接近 18000 亿元，高新技术产品出口占工业制成品出口额的比重达 17.5%。但是，与发达国家相比，中国高新技术产业发展差距还很大，主要表现为规模小，产品质量不高，技术创新能力不足，核心技术不多等。今后必须突出重点，奋起直追，迎头赶上，努力实现高新技术产业的跨越式发展，尽快使它们成为国民经济的先导产业。

2. 积极发展作为国民经济支柱产业的基础产业和制造业。

必须清醒地看到，包括基础产业和制造业在内的传统产业，在中国当前已有相当基础，在整个国民经济中比重很大，今后相当长的时期内仍然是经济发展的主体力量。因此，运用高新技术和先进适用技术改造传统产业，增加科技含量，促进产品更新换代，提高产品质量和经济效益，是加快工业化和现代化的一项十分重要的内容。诚然，近几年，中国运用高新技术和先进适用技术，改造和提升传统产业的工作力度加大，取得了显著进展。一批重点企业的技术创新能力大大提高，市场竞争力明显增强。但从总体上看，中国传统产业摊子过大，产业集中度不高，工艺技术装备落后，资源利用率低，低水平生产能力过剩与高附加值产品短缺并存等问题仍很严重，改造和提升传统产业的任务十分艰巨。

在这方面，继续加强基础产业建设是一个很重要的内容。进入 20 世纪 90 年代以来，中国明显加大了基础产业和基础设施建设的投资，多年来一直是经济发展"瓶颈"的基础产业，实现了历史性突破。能源、原材料基本上可以满足经济发展的需要，水利设施、交通运输状况大为改善。但今后中国工业化、现代化建设对基础产业的需求还十分巨大，随着经济总体规模的不断扩大和城乡建设水平的不断提高，基础设施建设还必须继续加强。对于这一点应当有足够的估计。为此，要进一步加强水利、能源、原材料、交通、通信、环保等基础工业和基础设施建设，重点建设和改造一批关系全局的重大项目，使基础设施建设与国民经济持续发展相适应，增强发展后劲。

在这方面，继续发展和提升制造业，也是一个十分重要的内容。中国目前仍处在工业化中期阶段，在一个相当长的时期内，传统产业中的制造业，仍然在国民经济中占有重要地位，并有广阔的发展前景。据统计，目前制造业直接创造国内生产总值的 1/3，占整个工业的 4/5，为国家财政提供 1/3 以上的财政收入，占出口总额的 90%，就业人员达 8000 多万。还要看到，制造业特别是装备制造业，是国民经济持续发展和工业化、现代化建设的基础。显然，国民经济各行业生产技术水平和能力的高低，在很大程度上取决于制造业提供的技术装备的性能和水平。而且，不用先进的技术设备武装、改造各个产业，提升它们生产技术水平，要实现国家的工业化和现代化，是不可能的。诚然，改革开放以来，通过技术引进、技术改造和自主创新，中国技术装备的设计和制造能力有了明显增强。但与发达国家比，中国装备制造业总体水平较低，质量及可靠性较差，在许多领域还缺乏提供先进和成套技术装备的能力。据统计，近几年来中国全社会固定资产投资中，设备投资的 2/3 依赖进口，其中光纤制造设备的 100%，集成电路芯片制造设备的 85%，石油化工装备的 80%，轿车工业设备、数控机床、纺织机械、胶印设备的 70%，被进口产品挤占。因此，振兴中国装备制造业，要以数控机床、重要基础件为重点，增强重大装备的开发能力，推进机电一体化，提高装备工业智能化水平；要依托重点技术改造和重大工程项目，为各行各业提供先进的成套的技术装备；要加快老工业基地的调整和改造。

3. 加快发展作为现代经济重要组成部分的服务业。

大力发展服务业特别是现代服务业，是加快工业化、现代化的重要内容。它对于促进国民经济协调发展，提高经济效益，扩大劳动就业和内需，加快城镇化进程，改善人民生活，都有着重大的作用。

改革以来，中国服务业得到较快发展。但与经济发展阶段和人均收入应达到的水平相比，仍有相当大的差距。当前，服务业存在的主要问题：一是总量不足，比重过低。2001 年，中国服务业在国内生产总值中的比重和从业人员占全部就业人口的比重分别只有 33.6% 和 27.7%，[①] 不仅大大低于发达国家，也明显低于发展中国家的平均水平，今后有着很大的发展空间。二是内部结构落后，传统服务业比重过高，现代服务业发展明显滞后和不足。三是服务领域狭小，服务水平不高。多数服务领域不适应发展市场经济的要求，服务品种少，手段落后。因此，必须加快发展服务业，大幅提高第三产业在国民经济中的比重，特别要加快发展金融、保险、物流、旅游、咨询等现代服务业，加快发展教育、文化、卫生、保健和体育事业。同时，要继续发展交通运输、仓储、批发和零售贸易、餐饮、修理、美容美发等传统服务业，特别是要适应社会需求变化，积极发展家政服务、托老托幼、生活护理、社区保安、保洁保绿等社区服务业。

为了实现上述的产业格局，并仅从产业结构这个视角考察，当前中国必须从国情出发，扬长避短，趋利避害，正确处理以下三个关系。

第一，正确处理发展高新技术产业和发展传统产业的关系。如前所述，中国当前处于工业化的中期阶段，但又在一定程度上并在越来越大的程度上实现现代化的结合。因此，一方面要优先发展具有先导性的高新技术产业；另一方面又要积极发展作为支柱的传统产业。同时，还要切实做好二者的结合。一方面，传统产业的改造一定要充分运用高新技术，提高发展的起点；另一方面，高新技术产业要为传统产业改造提供有力的技术支持，在促进传统产业的提升和发展中，开辟自身发展的广阔空间。

第二，正确处理发展资金技术密集型产业和发展劳动密集型产业的关系。一般说来，重工业的资金技术密集程度较高；农业、轻工业、建筑业和第三产业中的商业、生活服务业等属于劳动密集型产业。工业化

---

① 《中国统计年鉴》（2002），第 52、118 页。

和现代化必须加快发展资金技术密集型产业。但由于中国尚处在工业化中期阶段，经济发展很不平衡，经济结构呈现多层次性，劳动密集型产业还有很大需求、发展潜力和前景。人力资源丰富，既形成了巨大的就业压力，也是中国的一个突出优势。中国拥有素质较高、数量巨大的人力资源，劳动力成本较低，是在国际经济竞争中的独特优势，应充分发挥人力资源的作用。从这一国情出发，在工业化进程中必须把发展资金技术密集型产业和劳动密集型产业恰当地结合起来。既要大力发展资金技术密集型产业，又要继续发展劳动密集型产业，在促进产业结构不断优化升级的同时，充分发挥中国劳动力资源丰富的优势，缓解就业压力。同时，各产业都要根据比较成本原则，在保证产品技术质量水平的前提下，如果用劳动代替技术和资本，成本更低，就不要盲目追求技术和资金密集，而是可以多使用劳动力。当然，在生产关键部位和工序要采用先进设备和技术，但在一般工序则可以采取人工操作。

第三，正确处理发展虚拟经济和发展实体经济的关系。虚拟经济是与实体经济相对应的概念，是虚拟资本的经济活动，是市场经济中信用制度发展的产物，包括股票、债券和金融衍生产品等。实体经济是指提供物质产品和服务的经济活动，包括农业、工业、交通运输、商贸物流、建筑业、服务业等。实体经济是虚拟经济的基础。因而虚拟经济相对独立于实体经济之外，又不能完全脱离实体经济。虚拟经济的发展，总体上对国民经济发展有积极作用。但发展不当，也会产生消极影响。虚拟经济过度膨胀，就会形成泡沫经济，甚至会出现金融危机和经济危机。日本20世纪80年代末，由于虚拟经济过度膨胀而导致房地产和股市泡沫破裂，至今经济陷入困境。1997年亚洲一些国家发生金融危机在很大程度上也是经济泡沫破裂所致。这些经验表明：虚拟经济发展应以实体经济发展为基础，并为实体经济发展服务。虚拟经济必须稳步适度发展，不可过度膨胀。因此，中国在加快工业化、现代化进程中，必须妥善处理发展虚拟经济与发展实体经济的关系，既要重视发展虚拟经济，但必须扎实发展实体经济。既要充分发挥虚拟经济对国民经济的积极促进作用，又要防止和化解其消极影响，趋利避害，保障国家经济安全和持续快速发展。

（三）全面繁荣农村经济

在中国现阶段，就全面建设小康社会来说，全面繁荣农村经济，具有极端的重要性。因为实现这一伟大的历史任务，重点和难点都在农村。一是中国处于社会主义初级阶段，农村尤其不发达。2001年，全国62%的人口和50%的就业人口集中在农村，农业增加值占国内生产总值的15%。[①] 显然，在这种情况下，农村能否如期完成建设小康社会的各项任务，对全国来说举足轻重。这是从总体的方面说的。二是在2001~2020年实现经济总量翻两番，是全面建设小康社会的极重要任务。要实现这个任务，需要国民经济的持续快速增长，年均增长率要达到7.2%。这也有赖于农业的发展。在这方面，还要着重指出，扩大内需的方针是促进整个国民经济持续快速健康发展的关键。但农民收入增长缓慢，是扩大内需的最大难题，从这方面来说，发展农村经济也是十分重要的。三是从不断提高人民生活，使全国人民都达到全面小康水平来说，发展农村经济也显得特别重要。因为当前中国城市与农村发展差距在拉大，农民人均纯收入增长远远落后于城市居民人均可支配收入的增长，农村文化、科技、教育、卫生、体育等现代文明远远落后于城市。特别是目前农村还有3000万左右的贫困人口，约6000万人刚刚越过温饱线，收入还很不稳定。这样，不断提高农民的收入水平进而提高他们的生活水平十分重要。

就中国当前情况来说，全面繁荣农村经济需要采取以下四项战略性措施。

1. 积极推进城镇化。要繁荣农村经济，推进工业化和现代化，就必须推进城镇化。这是世界许多国家的一条重要经验。中国教训说明：城镇化滞后，农村剩余劳动力多是中国经济实现持续快速发展面临的最大结构性问题。根据国际经验，发达国家在人均国内生产总值达到3000美元以后才出现买方市场，而中国人均不到800美元时就出现了工农业产品低水平过剩。其重要原因就是农民收入低，巨大的农村市场没有活跃起来。当前中国农村人口占全国人口60%以上，而金融资产不到30%，社会购买力不到40%。农民收入上不去的根本原因是城市化严重滞后于工业化。改革以来，中国城镇化步伐逐步加快，到2000年城镇化率已经

①《中国统计年鉴》（2002），第51、93、119页。

上升到 36%，但仍然滞后于工业化进程。目前中国的城镇化率，与同等经济发展水平国家相比要低约 10 个百分点，与同等工业化水平国家要低约 20 个百分点。大量的农村剩余劳动力滞留在有限的土地上，农村人均二亩耕地，户均七八亩耕地，即使上地回报率很高，收入总量也难以有较大增长。因此，加快推进城镇化，加快农村劳动力向城镇转移，增加农民就业机会，增加农村人均资源占有量，是促进国民经济持续快速发展的战略措施。而且，随着农业生产力水平的提高和工业化进程的加快，推进城镇化条件已成熟，要不失时机地实施城镇化战略，不断提高城镇化水平。

但是，中国人口基数太大，地域辽阔，民族众多，不同地区的经济发展水平差异很大，各地区城市化水平不可能一样，不能走世界上某些国家只发展大城市的路子。中国城镇化只能而且必须实行大中小城市和小城镇并举的方针，形成分工合理、各具特色的城市体系。要注重发展小城镇，但同时要积极发展中小城市，完善区域性中心城市功能，发挥大城市的辐射带动作用，走出一条符合中国国情、大中小城市和小城镇协调发展的城镇化道路。

需要指出：在大力发展乡镇企业的同时，积极推进小城镇建设，对于推进中国城镇化具有重要作用，因而是一项重要战略。为此，一是要消除不利于城镇化发展的体制和政策障碍。推进户籍制度改革，加快城镇住房、就业、医疗、教育和社会保障制度改革，为进城农民提供必要的就业和生活环境。二是发展小城镇要以现有的县城和有条件的建制镇为基础，科学规划。在城镇数量布局、规模把握、功能定位上，需要规划，不能遍地开花，盲目铺摊子，搞低水平重复建设。要把小城镇建设的重点放到县城和部分基础条件好、发展潜力大的建镇制，使之尽快完善功能，集聚人口，并发挥农村地域性经济、文化中心的作用。三是发展小城镇的基础在于繁荣小城镇经济。为此，要以农产品加工业和农村服务业为重点，在小城镇形成符合当地特点的支柱产业。并把引导乡镇企业合理集聚、完善农村市场体系和社会化服务等与小城镇建设结合起来。四是要形成促进小城镇健康发展的机制。为此，要在政府引导下主要通过发挥市场机制作用，引导社会资金投入小城镇开发。要在保护耕地和保障农民合法权益的前提下，妥善解决城镇建设用地。还要改革小城镇管理体制，形成符合小城镇经济社会特点的行政管理体制。

这里还要着重提到：要充分认识农民工的重要性。现在跨地区打工的农民约有 1.2 亿人。可见，农民工进城务工经商是转移农村富余劳动力、推进城镇化的必经过程；是扩大农民就业和增加农民收入的重要渠道；是"入世"后发挥劳动力成本低的优势，增强工农业产品国际竞争力的重要因素；是发展城市第三产业、提高城市居民生活质量的重要条件；是现阶段工业反哺农业、城市文明辐射农村的一个现实途径。因此，要从国民经济和社会发展全局的高度看待农民工。

为此，要按照"政策引导、有序流动、加强管理、改善服务"的方针，做好农民工的各方面工作。主要是：给农民工"减负"，减少各种收费，降低农民工进城打工的成本；搞好"服务"，包括建立劳务市场，提供就业信息，加强就业指导与培训，提供法律援助、劳动安全、子女教育等方面，为农民进城打工创造好的环境；给农民工"留退路"，不要急于收回承包地，农民工失去了工作还可以回乡种田，无后顾之忧。这既有利于降低农民进城务工的成本，也有利于社会稳定。

2. 大力推进农业和农村经济结构的战略性调整。

因为这是实现农民收入持续稳定增加的基本途径，是现阶段全面繁荣农村经济的一个极重要方面。当前农民收入增长缓慢的一个根本原因是农业和农村经济结构不能适应建设小康社会的要求。必须适应新的形势，对农业和农村经济结构进行战略性调整，由满足温饱需求向满足建设小康社会的要求转变，注重农产品优质和多样；由主要追求产量转到在保持总量平衡的基础上，更加突出质量和效益；由自求平衡转向适应国内外市场，更加注重提高竞争能力。通过调整，逐步建立适应全面建设小康社会要求的农业和农村经济结构，为农民收入增长开辟新的来源。而且，适应"入世"的新形势，也必须对农业和农村经济结构进行全面升级。为此，要通过区域布局调整，发挥各地的比较优势，加快形成优势产区和产业带；通过产品结构调整，全面提高农产品质量安全水平，加快实现农产品由产量型向质量型、专用型和高附加值型发展；通过农村产业结构调整，加快发展农产品加工业，大幅度提高农产品附加值；通过调整农村就业结构，加快农村劳动力转移。

改革以来，特别是 20 世纪 90 年代下半期以来，中国在推进农业和农村经济推进结构调整中取得了明显成效。其主要表现：一是农产品品种结构发生了积极变化，优质专用农产品快速发展。目前优质专用小麦已经占中国小麦面积的 31%，"双低"油菜占 62%，优质水稻占 60%。二是农业生产结构发生了积极变化，高效经济作物、畜牧业、水产业成为新的增长点。当前，经济作物占总播种面积超过 30%，畜牧业在农业总产值中的比重达到 30%，渔业比重达到 12%。三是农业生产布局发生了积极变化，主要农产品逐步向优势产区集中。东部沿海地区外向型农业有了长足发展；中部地区发挥粮食生产优势，逐步成为畜产品生产和加工基地；西部地区特色农业和退耕还林还草成为农民收入新的增长点；一批优势农产品的种植带和养殖区开始形成。四是农村产业结构发生了积极变化。积极发展农村第二、三产业，组织劳务输出，形成了多元化的农民就业和增收渠道。

但是，农业结构调整还只是有了一个好的开端，成效还是初步的。农业结构不合理的状况还没有根本改变，需要进行长期努力。主要措施有：一是调整农产品结构，提高农产品质量安全水平。大力发展适销对路的优质专用农产品生产，加快农作物和畜禽良种更新换代，提高农产品的分级、包装、储藏、保鲜和加工水平，控制农业生产的外源污染和农业自身污染。二是调整种养业结构，加快发展畜牧业和渔业，特别是要发展优质安全的畜禽产品和奶类生产，把畜牧业发展成为一个大的支柱产业。三是调整农业布局结构，促进优势农产品区域化布局。选择在国际市场有竞争能力或国内市场前景广阔、生产基础好的农产品，在优势区域相对集中布局，加快发展。四是调整农村就业结构，大力发展农产品加工业，推动劳动力向第二、三产业转移，向小城镇转移。

为了迅速有效地推进农业结构调整，要把推进农业产业化经营作为带动结构调整的重大措施，重点培育一批规模大、起点高、带动能力强的农产品加工贸易企业，形成一批在国际市场具有竞争力的龙头企业和名牌产品。还必须面向市场，依靠科技，尊重农民的生产经营自主权。特别是要高度重视提高粮食综合生产能力以保证农业结构调整持续健康发展。确保主要农产品供求基本平衡，是进行农业结构调整的前提。中国是人口大国，随着人口增加和生活水平提高，农产品包括粮食的需求还会逐步增加。而农业基础设施还较薄弱，还未摆脱靠天吃饭的局面，对此要有清醒认识。因此，必须注意提高粮食的综合生产能力，使农产品供给能力与不断增长的经济社会发展需求相适应。

3. 全面深化农村各项经济改革。这是现阶段全面繁荣农村经济的根本动力。主要包括：

第一，在长期稳定土地家庭承包经营制度的基础上，推动农村经营体制创新。长期稳定土地家庭承包经营既是农业生产的特殊规律决定的，也是生产关系一定要适应生产力发展要求的规律决定的。这对于坚持农村市场取向改革，发展农业生产力，保持农村社会稳定，具有特别重大的意义。

在稳定家庭承包经营的基础上，有条件的地方可以按照依法、自愿、有偿的原则，进行土地承包经营权流转，逐步发展规模经营。这是城镇化、农村工业化和农业现代化必然趋势。但由于承包地承担着双重功能，既是农民的生产资料，也是农民的社会保障，因而土地流转，不能急于求成，并要特别尊重农民意愿，维护农民利益，因势利导。

把家庭承包经营和农业产业化经营结合起来，是农村基本经营制度切实可行而又富有成效的创新。发展农业产业化经营，通过公司+农户（包括龙头企业+农户，专业合作组织+农户，行业协会+农户等形式），实现千家万户与大市场的对接。龙头企业一头接连市场，一头接连农户，通过订单组织生产。公司主要发展加工、销售，提供种苗、技术、饲料等服务，带动农民搞区域化种植和规模化养殖。由此形成小农户、大基地的生产经营格局，实现区域化布局，规模化生产，标准化管理，社会化服务，产生新的规模经济，提高农业的现代化水平。实践证明，实行产业化经营是在家庭经营的基础上，促进农业走向规模化、市场化、现代化的一条现实而有效的途径。

第二，深化粮食流通体制改革。改革20多年来，中国农产品流通的改革取得了重大进展，大部分农产品已经放开市场、放开价格。当前最重要的任务是深化粮食流通体制改革。这是进一步建立农产品市场体系的关键环节。深化粮食流通改革指导思想是：要市场化，要保护农民利益，要保证粮食安全，要减轻财政负担。根本出路还是放开搞活。在粮食主销区实行粮食购销市场化改革的基础上，粮食主产区也要在国家宏观调控下，实现粮食流通市场化。同时，要对粮食主产区农民实行重点保护，调整粮食补贴的范围和方式，把过去补在流通环节的费用，补在生产环节，补给粮食生产者。为此，必须加快国有粮食购销企业改革，不能再吃国家大锅饭；必须加强政府宏观调控，建立有效的吞吐调节机制，灵活运用进出口和国家储备等手段，稳定市场和价格；必须打破地方封锁，用市场经济的办法搞好粮食产销区的衔接。

第三，改革农村金融体制。当前农民、乡镇企业、农业产业化龙头企业贷款难和农村资金外流比较突出。这既有资金供应的原因，也有信用制度不完善的原因。解决问题的根本出路在于加快农村金融改革。改革要着眼于两个目标：加强和改善金融服务；防范和化解金融风险。据此，今后要在三方面推进农村金融改革：①构造符合社会主义市场经济体制要求、能够支持农村经济发展的农村金融体系，即商业金融、政策金融和合作金融共同发挥作用的农村金融体系。②加快农村信用社改革，重点是明确产权关系，完善法人治理结构，强化自我约束机制。农村信用社要坚持为"三农"服务的方向，发挥支持农业和农村经济发展的金融主力军作用。同时，国家要给农村信用社以必要的政策支持。③改善农村金融服务政策。通过贴息、减税等形式，鼓励金融机构向农村贷款。

第四，推进农村税费改革。农村税费改革是新中国成立50年来农村继实行土地改革、家庭承包经营制度之后的又一项重大改革。这项改革要按照减轻农民负担和转变政府职能、建立公共财政的要求，对现行农业和农村领域的税费制度进行改革。其基本思路是"正税清费"，取消乡统筹、农村教育集资等专门面向农民征收的行政事业性收费和政府性基金、集资；取消统一规定的农村劳动积累工和义务工；调整农业税和农业特产税政策；改革村提留征收使用办法，实行一事一议。农村税费改革以后，农民只负担农业税及其附加。农民照章纳税，政府依法收税。

2000年，这项改革率先在安徽试点，取得了积极效果。这项改革从分配上理顺和规范国家、集体、农民三者利益关系，将农村的分配制度进一步纳入法制轨道，是减轻农民负担的治本之策，也带动了农村机构改革，对农村上层建筑产生了深远影响。在总结安徽试点经验的基础上，2002年试点已经扩大到20个省市。各地情况表明：这项改革大大调动了农民的积极性，促进了农村的发展和稳定。

进一步推进农村税费改革，要坚持三项原则：合理确定农民的税赋水平，从根本上治理对农民的各种不合理收费，切实减轻农民负担；从制度上规范国家、集体和农民之间的分配方式，将农村分配关系纳入法制化管理轨道；在减轻和规范的基础上使农村税赋水平在一个较长的时期内保持不变。

要推进农村税费改革，还要进行各项配套改革。主要有：①改革农村义务教育管理体制，国家保障农村义务教育经费投入。②要推进乡镇机构改革，转变职能，精简机构，压缩财政供养人员。③要健全公共财政，调整财政支出结构，合理确定县乡政府事权和财权，凡是不应该由农民出钱的事都要减下来。

4.加大政府对农业的支持和保护力度。这一点，在当前既有特殊重要性，也有众多有利条件。

一般说来，农业是国民经济的基础。同时，农业又是一个弱质产业。农业是自然再生产和经济再生产过程的统一，面临着自然和市场双重风险。当前，中国人多地少，人多水少，农业人均资源占有水平低；农户经营规模小，组织化程度低；农业的物质技术基础还较薄弱，抗御自然灾害的能力低。再加上自然环境相对恶劣，而且还有恶化的趋势，农业发展先天不足。因此，必须加强对农业的支持和保护，保证农业持续稳定发展。而且，中国正处在加快工业化和城镇化的历史时期，农业在国民经济中占的份额逐步下降。但是，农业的基础地位并没有改变。为了避免出现工农业发展失调，也必须加强对农业的保护和支持。还有，中国正处在深化市场取向的改革时期，市场在资源配置中日益起着基础性作用。但市场在配置资源时本身是有局限性的，农业处在效益比较低的情况下，市场不能自动调节社会资源加强农业，必须由政府进行必要的干预。尤其是加入世界贸易组织以后，面对日趋激烈的国际竞争和发达国家实力雄厚的农业补贴，为了增强农业竞争力，更需要加强农业的支持和保护。

还要看到：中国已经建立了完备的国民经济体系，2002年第二、三产业已经占到国内生产总值的85%以上，农业降到了15%以下，经济总量将超过10万亿元，财政收入超过1800亿元。过去靠农业支持国家的工业化，现在到了工业反哺农业的阶段了。随着国家财力增加、政府职能转变和公共财政体制的建立，政府更有条件增加对农业、农村和农民的投入，对农业实行保护政策。

加大对农业的支持保护的方向是依据世界贸易组织规则，"用好绿箱政策，用足黄箱政策"。主要有：一是增加农村基础设施投入。包括农田水利基础设施建设、生态环境建设和农村公共设施建设。二是加大农业公共服务投入。包括建立和完善科技推广服务体系、信息服务体系、植物病虫害防止和动物检疫防疫体系。三是增加对农民的直接补贴。包括生产环节和运输环节的补贴等。四是加大扶贫开发力度。为此，要多渠道增加扶贫资金和扩大以工代赈的规模，动员全社会力量参与扶贫。坚持开发式扶贫的方针，改善贫困地区的生产生活条件和生态环境。要依据条件逐步探索建立农村养老、医疗保险和最低生活保障制度。五是加大对农村教育投入，切实做到义务教育由财政负担。这对减轻农民负担，培养农村人才，发展农村经济，实现农村小康具有重大意义。

（四）扩大就业，并不断改善人民生活

一般说来，在市场经济条件下，在工业化和现代化的过程中，都会形成产业后备军，即庞大的失业队伍。传统理论认为，这只是资本主义社会的特有规律。但这并不符合实际情况。实际上，即使在中国计划经济体制下，在城市，特别是在农村，也存在众多的失业群，不过只是表现潜在的形态。但在中国实现经济体制转轨、发展模式转轨和工业化、现代化过程中，失业问题表现得十分突出。这主要是由下列因素引起的。

第一，中国现在人口总量特大，劳动力总量特多。根据有关资料，2000年中国15~64岁人口为8.5亿，2010年将达到9.7亿，2020年将达到9.97亿。预计"十五"期间全国新生劳动力供给将达到4650万，城镇现有职工下岗和失业人员1400万，农村剩余劳动力1.5亿以上。

第二，由于结构调整，第一产业释放出大批剩余劳动力，上亿农村劳动力将进入城镇；一些工业特别是传统工业生产能力过剩，部分资源枯竭的矿山需要关闭，将引起大批工人转岗失业。

第三，企业管理体制和劳动用工制度改革，原来就存在的大量冗员需要分流。加入世贸组织，一些行业受到冲击，将加剧结构性失业现象。

第四，由于中国工业化和现代化的迅速推进，资本有机构成提高很快，必然形成大量的相对人口过剩。

第五，由于技术更新和新型产业迅速兴起，部分低素质劳动者不适应需要而失业或难以就业。

第六，在保持 20 多年的高速发展之后，经济总量扩大，从 20 世纪 90 年代后期开始，经济增长有所减缓，对劳动力的吸纳量相应减少。

第七，在发展非公有制经济、中小企业和服务业，以及劳动用工业制度、职业培训和创业政策，乃至职工就业观念等方面，也都有不少问题，从而加剧了失业问题的严重性。

但在现代市场经济条件下，失业率从来就是宏观调控的重要指标。在中国现阶段，失业问题是一个关系社会稳定，从而关系改革和发展的全局性问题。因而扩大就业成为一项长期的、重要的经济发展战略。

在中国现阶段，扩大就业的主要措施是：

第一，继续保持经济的持续快速增长。这是扩大就业的一个根本性措施。一般说来，在就业弹性系数不变的条件下，就业总量的增长与经济总量增长是成正比的。实际上，1997 年亚洲金融危机以来，政府坚持扩大内需方针，实行积极的财政政策和稳健的货币政策，1998~2002 年 5 年发行 6600 亿元建设国债，带动 3 万亿元的社会资金，用于公共工程和基础设施建设，刺激消费需求，促进经济发展。据有关统计，仅国债投资每年带动经济增长 1.5~2 个百分点，由此创造 500 万个就业机会。因此，要努力保持经济较快增长。

第二，稳步地、有效地推进经济结构调整。这是中国当前扩大就业的一项最具潜力的措施。主要是：既要发展资金密集型和技术密集型产业，又要发展劳动密集型产业；既要发展第一、二产业，又要大力发展社区服务、餐饮、商贸、旅游等第三产业；既要加强农业基础，又要改造提高乡镇企业，稳步推进城镇化。

第三，积极地、有效地推进各项经济改革。这也是当前中国扩大就业极具潜力的措施。主要有：一是大力发展各种所有制（主要是非公有制）的中小企业。中国当前各类中小企业超过 800 万家，占注册企业总数的 99%，提供大约 75% 的城镇就业机会，是吸纳就业的主渠道。因此，要切实对提供新就业岗位和吸纳下岗职工再就业的中小企业给予政策支持，放宽市场准入，简化创业审批，扩大融资渠道，减轻税费负担。社会有关方面也应积极为企业提供投资融资、贷款担保、技术支持、人员培训、对外合作、法律咨询等服务，促进中小企业发展。与此同时，从领导到职工都要转变就业观念，推行灵活多样的就业形式，支持下岗失业人员自谋职业、自主创业和组织起来再就业。这实际上也是通过发展多种所有制（主要是非公有制）扩大就业的一种形式。二是积极发展对外经济贸易关系。包括扩大出口、引进外资和劳务输出等，以直接和间接拉动就业的增长。三是切实有效推进国有经济战略性调整和国有企业战略性改组以及国有大中型企业的公司化改革，以根本改变国有经济效益低下状况，提高占有社会资本大部分的国有经济增值能力和积累能力，由此提高经济增长率和扩大就业率。而这一点似乎还没有引起人们的注意。但在实际上，中国当前的许多困难（包括就业困难）在很大程度上都是同国有经济比重过大和改革长期不到位有关的。

第四，大力加强职业培训。要大力开展劳动培训，提高劳动者就业能力和职业转换能力，促进劳动者就业、再就业并稳定就业。为此，一是组织下岗失业人员再就业培训，将工作重点由基本生活保障转为就业保障，对有创业愿望和具备条件的人员进行创办企业培训。二是加强企业职工培训，发挥行业协会和企业的作用，对职工开展新技术培训，提高就业能力和创新能力。三是面向初高中毕业生普遍开展职业培训，提高他们的就业和创业能力。四是广泛利用现代通讯技术，面向西部地区和广大农村开展远程再就业培训、劳动预备制培训和职业资格培训。五是加强劳动力市场建设，把职业培训、就业指导与社会需求结合起来。

第五，着力扶持劳动就业弱势群体。目前城镇就业困难群体，主要集中在老工业基地、资源枯竭矿区，以及年龄较大的下岗职工和病残职工。政府要采取政策措施，扶持这些有劳动能力的困难群众实现就业和再就业。

在中国现阶段，不断改善人民生活，也是构成全面建设小康社会战略体系的重要组成部分。一般说来，在社会在生产过程中，生产对消费是起决定作用的，但消费也反作用于生产，促进或阻碍生产的发展。在中国社会主义市场经济条件下，提高人民的消费水平和质量，不仅是生产的根本目的，而且因为消费需求在包括消费、投资和出口的三大需求中占了大部分，又是起决定作用的最终需求，因而具有特殊重要的意义。就中国当前具体情况来看，改革以来，中国人民生活总体上达到小康水平，这是一个历史性的伟大成就。但是，这还是低水平的、不全面的、发展很不平衡的小康。因此，在经济发展的基础上，不断改善人民生活，仍然是一个十分重要的经济发展战略。

为了实施这项战略，当前需要采取的重要措施有以下五项：

第一，在发展经济的同时，适当降低积累率（或投资率），提高消费率，以提高人民的收入水平，从而提高人民的消费水平。需要着重指出，中国当前提高消费率不仅存在巨大的空间，而且对促进经济发展也具有重要的意义。改革前的20世纪50年代，人们认为中国适度积累率应为25%左右。改革以后，人们认为适度积累率应为30%左右。但实际上许多年份都超过了30%，2002年投资率高达42%，预计2003年将达到45%，显然过高。与此相对应，消费率过低。这不仅同中国历史水平比是这样，就是向国际水平比也是如此。20世纪90年代以来，世界平均消费率约80%左右，而中国1990~2001年期间平均消费率不足60%。[①] 长期消费率偏低，降低了作为最终需求的消费需求对经济增长的拉动作用，并会造成已有的生产能力闲置，企业经济效益下降和失业率上升等一系列问题。

第二，改善消费结构。这主要包括两个方面：一是推动产品消费结构的升级。应该看到，中国人民生活在总体上达到小康水平以后，产品消费结构正在发展显著变化，消费热点开始向住房、轿车、高档家电等方面发展。但目前城乡消费环境和政策都存在不少问题需要解决。为此，要继续推进城镇住房制度改革，全面落实住房货币化分配政策，全面开放住房市场，降低住房成本和售价，开发建设更多更好的廉价商品房，满足广大居民的住房需求。还要顺应汽车特别是轿车消费高潮已经加速到来的形势，鼓励汽车进入城乡居民家庭，消除各种政策障碍，加强道路、停车场等基础设施建设。当然，同时还要加快发展公共交通系统，方便居民出行。要积极扩大个人消费信贷，完善信用体系，促进居民在住房、汽车和其他高档消费品的消费。二是以全面提高全民族思想道德素质、科学文化素质和体能健康素质为目标，扩大居民在教育、旅游、信息、家政服务、文化娱乐和医疗等方面的服务消费。在这方面，要着力改善农村医疗卫生状况，优化配置这方面的资源。

第三，提高生活质量。当然，提高消费水平和改善消费结构，是提

---

① 《经济日报》2003年4月28日第6版。

高生活质量的条件和内容。但在中国各种污染还未得到根本扭转的情况下，仅有这些是不够的。还要采取经济、法律和行政手段，大力发展绿色产品、改善生态环境和降低环境污染。这也是当前改善生活质量不容忽视的重要方面。

第四，推进社会保障体系建设。一般说来，这是改善人民生活的不可分割的内容。但在中国经济转轨时期，发展包括失业、医疗、养老和社会救济在内的社会保障体系，对于保障和改善人民生活，显得尤为重要。

第五，进一步开展扶贫、助老和救残事业，是改善这类社会群体生活的极重要措施。这一点，在中国现阶段也特别值得重视。因为，目前中国农村仍有近3000万贫困人口，城镇有上千万贫困居民；65岁以上老年人达到9000多万，占人口总数7.1%，已经进入老龄社会；全国有6000多万残疾人。因此，继续加强扶贫工作并积极发展为老龄人、残疾人服务的各项事业，仍然是改善人民生活方面的一项重要工作。

新一轮经济周期运行特征的形成与重要战略机遇期的到来 *
——兼论经济周期的历史发展

用历史的、实证的和比较的方法，考察新一轮经济周期运行的特征，对于认识重要战略机遇期的到来，以及采取相应的对策，都是有益的。

一、经济周期的历史发展

（一）古代社会自然经济条件下经济周期

从某种共同意义上说，即使在古代社会自然经济占主要地位条件下，也周期地发生过经济危机。当然，相对后续社会来说，这时的周期性经济危机是有其固有特点的。其根本的和主要的起因在于：这些社会基本经济制度中蕴涵着统治阶级扩大和强化剥削的机制，导致社会生产的严重破坏，甚至简单再生产都难以进行。其结果必然造成以生产绝对不足为特征的经济危机。这又往往引发社会政治危机，导致同一社会制度下的朝代更迭以致社会制度的根本变革。但无论是朝代更迭或社会基本经济制度的根本变革，尽管在长短不同的时期内可以促进生产的复苏和发展。但由于上述机制的存在及其作用的加强，又会引起下一次经济危机的发生。由于这时社会生产力不发达，农业在社会生产中占主要地位，

* 本文部分内容载于《光明日报》2005 年 11 月 1 日和《经济学动态》2005 年第 10 期，全文载于《论中国经济社会持续快速全面发展（2001~2020)》，经济管理出版社 2006 年版。

因而周期性的经济危机就局限于农业领域。

在这些社会（特别是封建社会）政治上也存在周期律。它同上述经济上周期律是互为因果的，但后者起决定作用。当然，其终极根源还是这些社会的基本经济制度不适合社会生产力发展的要求。

（二）资本主义市场经济条件下经济周期

资本主义市场经济经历了两个阶段：古典的、自由放任的市场经济和现代的、有国家干预的市场经济。与此相适应，其经济周期也已经历了各具特点的两个阶段。

第一阶段：古典的市场经济条件下经济周期。

在古典的市场经济条件下，周期性经济危机仍然存在，并发生了质的变化。历史经验表明：在以机械化生产作为物质技术基础的、发达的商品经济条件下，作为社会生产资源配置方式的市场经济比计划经济具有巨大优越性。但私人企业主的生产目的旨在追求利润的最大化。这种经济的内在机制必然造成两方面的结果：一方面社会生产无限扩张的趋势；另一方面，主要由劳动者消费构成的、作为最终需求的社会购买力，走向相对狭小。同时，作为各个独立的市场主体总是具有一定盲目性。这样，就会引起周期性的、以相对生产过剩为主要特征的经济危机。

在古典的市场经济条件下，从总的走势看，经济危机是趋于加剧的。其主要表现是：①经济周期趋于缩短。1836 年，作为市场经济发展最早的英国发生了第一次经济危机。1847~1848 年发生了第一次世界经济危机。其后在 1857 年、1866 年、1873 年、1882 年、1890 年、1900 年和 1907 年又相继发生过经济危机。大约每 8~12 年发生一次危机。但在两次世界大战之间就发生过 3 次经济危机，即 1920~1921 年、1931~1933 年和 1937~1938 年各一次，平均每 6 年发生一次。②周期过程中高涨阶段的消失。即在危机、萧条和复苏之后，不出现高涨阶段，又步入下一次危机。比如，到 1937 年，世界资本主义工业仅恢复到 1929 年的 95%~96%，但在美、英、法等国又发生了危机。而德、意、日等法西斯国家仅仅因为把经济推向军事化轨道，才避免了这次危机。③危机波及经济生活的各个领域。在大机器工业占主要地位以后，近代的农业、建筑业、运输业、商业和金融业等均作为独立的产业有大发展。这样，每次相对生产过剩的经济危机都会袭击这些产业；而这些产业发生的危机，也会加剧工业和整个经济的危机。④与上述各种情况相联系，特别是与生产过剩趋于严重的情况相联系，危机对社会生产力的破坏趋于严重。比如，在市场经济最发展的美国，其加工工业的产值在 1907~1908 年危机时下降16.4%，在 1920~1921 年危机时下降 23%，而在 1929~1933 年危机时下降47.1%。⑤资本主义经济危机的发展，在很大范围内先后导致了颠覆资本主义制度的政治危机。历史表明：正是经济危机的尖锐化，再加上帝国主义制度固有的其他矛盾（主要是帝国主义国家之间的矛盾以及帝国主义与殖民地的矛盾）的发展，导致部分国家发生严重政治危机，以致"一战"后有社会主义苏联以及"二战"后有欧亚多个社会主义国家的出现。

第二阶段：现代市场经济条件下经济周期。

古典的、自由放任的市场经济向现代的、有国家干预的市场经济的发展，正是在上述历史背景下发生的。这种情况表明：像社会基本经济制度的根本变革一样，由古典市场经济体制到现代市场经济体制的转变，从根本上说，也是由社会生产力发展要求决定的。

1933 年美国总统罗斯福入主白宫以后推行的"新政"，是向现代市场经济转变在实践上的主要标志，1936 年凯恩斯发表的《就业利息和货币通论》是其理论上的主要标志。但在"二战"以前，推行现代市场经济的国家还只限于美国等少数几个国家。在"二战"以后，在 20 世纪 40 年末到50 年代初，主要市场经济国家在完成了经济恢复以后，先后都实现了这种转变。尽管其形态各异，但就实现国家干预经济来说，是共同的。

"二战"以后，现代市场经济在主要资本主义国家的普遍发展，并不是偶尔的现象。除了前述的历史背景以外，还有多方面的原因。"二战"后，旨在实现充分就业和经济稳定发展的凯恩斯主义在西方国家的普遍采用，是促进现代的有国家干预的市场经济形成的最重要因素。除此以外，以下因素也起了重要作用：①"二战"前和战后初期，社会主义国家实行计划管理和福利政策的影响。②社会民主主义的影响。这一点，在"二战"后由社会民主党执政的那些国家表现得尤为明显。③"二战"期间实行战时经济体制的影响。诚然，战时经济体制与有国家干预的市场经济是有原则区别的，而且，在战后都消失了。但这种体制也为实行有国家干预的市场经济提供了某些有利条件。这一点，在日本表现得很明显。④"二战"后，资本集中程度的进一步提高，也为实行有国家干预的市场经济提供了有利的客观条件。⑤"二战"后，垄断组织的进一步发展，妨碍经济效率的提高。⑥"二战"后，资本主义国家贫富差别的扩大，影响到社会的稳定。⑦"二战"后，治理环境污染问题也更为尖锐起来。⑧"二战"后，保护消费者权益问题也显得更加重要。⑨世界经济一体化和区域经济集团的发展，使得各国企业之间的竞争在许多情况下演变成国与国之间的竞争。⑩随着知识经济时代的到来，抢占高新技术制高点，往往成为增强国际竞争力和维护国家经济、政治安全的关键。上述5~10项在客观上也迫切要求国家加强对经济的干预。

我们在下面以美国为例，考察20世纪50年代以后的经济发达国家的经济周期的发展。

如果把经济周期中增速下降到0%~1%的年份看做是衰退阶段的低谷年，把负增长最多的年份看做是阶段危机的低谷年，那么，美国在1950~2004年发生的经济衰退或经济危机的情况如下：①经济增速从1951年的10.8%下降到1954年的-1.3%。这是一次经济危机,波峰年和波谷年的增速落差为11.5个百分点。②从1955年的8.8%下降到1958年的0%。这是一次衰退，其落差为8.8个百分点。③从1959年的6.3%下降到1961年的0%。这又是一次衰退，其落差为6.3个百分点。④从1962年7.2%经过曲折变化下降到1970年的0%。这又是一次衰退，其落差为7.2个百分点。⑤从1971年的3%和1972年的5.8%下降到1975年的-1%。这是一次危机，其落差为6.8个百分点。⑥从1976年的4.8%经过曲折变化下降到1982年的-3.2%。这是一次危机，其落差为8个百分点。⑦从1983年3.2%和1984年6.3%下降到1991年的-1%，其落差为7.3个百分点。这又是一次危机。⑧从1992年的2.8%上升到1998年的4.3%，再下降到2001年0.5%。这是一次衰退，其落差为3.2个百分点。⑨2002~2004年经济均为正增长，这三年依次分别为2.2%、3.1%和4.4%。但这个经济周期还没有完成。详见表1。

"二战"以后，主要市场经济国家发生的经济衰退或经济危机，并不都是同步的，差别较大。但这并不妨碍我们从总的发展趋势上，并从共同意义上，就上述美国情况概括出"二战"以后主要市场经济国家经济周期发生的重大变化。①尽管衰退或危机仍较频繁，但已由两次世界大

表1　主要市场经济国家国内生产总值增长率

（比上年增长）　　　　　　　　　单位：%

年份	美国	日本	德国	英国	法国
1950	—	—	—	—	—
1951	10.8	—	10.3	3.5	5.4
1952	1.9	—	9.3	−1.7	0.0
1953	5.5	5.2	8.6	6.9	5.1
1954	−1.3	10.0	7.9	3.2	4.9
1955	8.8	9.0	12.2	6.2	6.9
1956	0.0	4.1	6.5	1.5	4.3
1957	1.6	12.0	2.0	1.4	6.2
1958	0.0	3.6	6.0	0.0	1.9
1959	6.3	10.3	7.5	4.3	3.8
1960	2.9	12.5	8.8	5.4	5.5
1961	0.0	16.6	4.8	1.3	7.0
1962	7.2	7.1	4.6	2.5	6.5
1963	4.1	8.8	2.9	2.5	4.6
1964	5.2	14.2	7.1	6.0	7.3
1965	3.7	3.5	5.3	2.2	2.7
1966	7.1	10.3	3.7	2.2	6.6
1967	2.2	12.5	0.0	2.1	5.0
1968	6.5	12.5	6.1	3.2	4.7
1969	2.0	11.1	8.0	2.1	7.9
1970	0.0	11.1	6.3	2.0	5.2
1971	3.0	7.0	3.0	2.0	5.0
1972	5.8	9.3	2.9	2.9	5.7
1973	5.1	7.8	4.8	7.4	5.4
1974	−0.7	−0.8	0.1	−1.7	3.1
1975	−1.0	2.7	−1.3	−0.7	−0.3
1976	4.8	4.2	5.5	2.8	4.2
1977	4.5	4.5	2.6	2.4	3.2
1978	4.8	4.9	3.4	3.5	3.3
1979	2.5	5.6	4.0	2.8	3.2
1980	−0.4	3.5	1.0	−2.2	1.6
1981	3.7	2.2	−1.3	1.2	0.6
1982	−3.2	−2.2	1.7	2.5	0.2
1983	3.2	3.6	3.7	0.7	1.0
1984	6.3	6.7	2.3	1.3	2.7
1985	4.8	3.1	3.8	1.9	2.6

续表

年份	美国	日本	德国	英国	法国
1986	3.3	2.8	4.3	2.5	2.9
1987	4.3	3.1	4.8	2.3	3.1
1988	4.9	3.9	5.0	4.5	4.1
1989	2.4	2.7	2.2	4.3	2.9
1990	−0.2	1.2	0.4	2.5	2.1
1991	−1.0	3.8	−11.2	−2.4	0.2
1992	2.8	1.0	−1.20	−0.1	0.3
1993	2.5	0.3	2.33	1.7	−1.7
1994	3.7	0.6	2.9	3.7	2.5
1995	2.4	1.4	1.9	2.3	2.1
1996	3.6	5.0	0.8	2.6	1.1
1997	4.2	1.6	1.5	3.5	2.0
1998	4.3	−2.5	2.2	2.2	3.4
1999	4.1	0.7	1.8	2.1	3.0
2000	3.7	2.8	2.9	3.8	4.1
2001	0.5	0.4	0.8	2.1	2.1
2002	2.2	−0.3	0.2	1.7	1.2
2003	3.1	2.7	−0.1	2.3	0.2
2004	4.4	2.6	—	—	—

资料来源:《国外经济统计资料（1949~1976)》，中国财政经济出版社;《国际统计年鉴》(1995~1998)，《中国统计年鉴》(1998~2004)，中国统计出版社;《经济日报》2005 年 4 月 13 日第 7 版。

战期间平均 6 年发生一次，延长到平均大约 7 年一次。②更重要的是：如果说 1937~1938 年那次危机竟然没有出现高涨阶段，那么"二战"以后美国发生的 4 次衰退中，已经看不到危机阶段。③如果可以把经济周期中的波峰年和波谷年在经济增速方面的落差超过 10 个百分点的称为强波周期，把 5~10 个百分点的称做中波周期，5 个百分点以下的称做轻波周期，那么，1950 年以后美国发生的 8 次衰退和危机中，只有第 1 次可以称作强波周期，后续的 6 次为中波周期，最后 1 次为轻波周期。还要提到：1992~2004 年，美国经济已经实现了持续 13 年的正增长。这就根本改变了"二战"以前（特别是两次世界大战期间）呈现出的强波周期的状况。这同时意味着经济周期对经济增长的负面影响已经大大减轻了。

决定上述经济周期变化的根本因素，是有国家干预的、现代市场经济的形成。当然，也还有其他多种因素。举其要者有：①"二战"以后，经济全球化获得了空前未见的大发展，各种国际经济组织（特别是关贸总协定和世界贸易组织）纷纷建立和蓬勃发展。②掌握了世界生产和贸易大部分的跨国公司的大发展，由此带来的生产集中度的提高，内部计划性的加强以及经营战略的变化。③中间阶层在社会各阶层中比重的上升。④公共财政的建立、发展及其国内生产总值中的比重增加。⑤社会福利政策的实施。⑥经济信息化的发展。⑦宏观经济学以及经济预测科学的发展和技术手段的现代化。⑧在政治民主化的条件下，选民意见（如要求低失业和低通胀，反对衰退等）和政治家编好（如追求政绩、争取连任等）在这方面也起着越来越大的作用。以上各项因素虽然没有从根本上消除产生危机的机制，但却在越来越大的程度上缓解了生产和消费的矛盾以及生产上的盲目性。

在现代市场经济条件下，虽然在经济周期方面发生了积极变化，但只是问题的一方面。另一方面就是强化了各种经济风险。这一点特别突出表现在金融方面。在现代经济条件下，随着金融的深化，特别是金融衍生工具的发展，金融不仅作为独立的产业获得了进一步的发展，而且上升到社会经济体系中的中枢地位；同时，各种金融风险也异乎寻常地加大了。这样，随着金融风险的积累，再加上其他因素的作用，就会引发金融危机，并对其他领域的危机发生重大影响，甚至能起决定性的作用。

但是，随着古典市场经济向现代市场经济的过渡，作为市场经济条件下危机基本形态的相对生产过剩的经济危机是大大缓解了。而且可以设想，随着各种条件的变化，尽管经济的周期发展在市场经济条件下是不可避免的，但作为周期的一个阶段的危机是可以消除的。美国从1992~2004年长达13年的实践已经开始证明了这一点。

这些情况表明：在基本经济制度已不适应社会生产力发展的条件下，根本变革它，可以大大促进生产的发展；作为社会生产资源配置方式的经济体制的大变革，也可以在发展生产方面发生重大的促进作用。对后一方面的巨大作用，仍需进一步做充分的估计。

上述历史可以给人们以重要启示：①经济危机在经济、政治和社会等方面都会造成很大的破坏，必须认真对待。②现代市场经济体制在缓解经济危机方面具有巨大的作用，必须充分重视这种体制的作用。

（三）新中国建立后经济周期的历史演变

以经济增长波峰年为标志，新中国成立以后已经经历了八个经济周期。

第一周期。"一五计划"时期开始时，计划经济体制虽然没有完全建立起来，但在国民经济中已占了主导地位。而这种经济体制内含着投资膨胀的机制。同时政府推行强速战略，盲目追求经济增长速度；还长期片面推行非均衡战略，重点发展重工业。于是，作为经济增速第一推动力的投资急剧膨胀，因而1953年经济增速达到了15.6%，成为新中国成立以后第一个经济周期的波峰年。但是，主要由投资带动的经济增速的急剧上升，必然遇到投资品以及作为基础产业的农业产品的供给的强烈制约，在客观上迫使经济增速急促下降。而且，这时政府也主动运用行政命令手段对投资进行了调整。于是，1954年经济增速下降到4.2%。这次周期波动幅度达到11.4个百分点，是一次强波周期。

第二周期。1956年，计划经济体制的阵地得到了进一步扩大。由于毛泽东"左"的思想的开始发展，从1955年下半年起先后发动了对社会主义改造和建设速度方面的所谓"右倾"思想的批判。于是1956年经济增速又猛增到15%，成为第二周期的波峰年。但由于周恩来和陈云等领导人的努力，1957年及时进行了调整，使得这年增速下降到了5.1%，才没有酿成1958年"大跃进"那样的大灾难。这次周期经济增速波动幅度达到了9.9个百分点，又是一个近乎强波周期。

第三周期。1958年，我国计划经济体制得到进一步强化。特别是由于毛泽东在经济建设方面急于求成、片面追求经济增长速度的"左"的路线占了上风。于是，1958年经济增长跃进到21.3%，成为第三周期的波峰年。于是，在1959年上半年进行了一定程度的调整。但由于毛泽东"左"的阶级斗争理论的发展，1959年夏季庐山会议后，在全国范围内掀起了批判"右倾机会主义"运动，把"大跃进"延伸到1960年。致使1961年经济负增长27.3%。与1958年增速相比，落差达到48.6百分点。这样，不仅成为新中国成立后第一个超强波周期，而且第一次形成了由危机阶段构成的经济周期。但这是一次由经济因素和政治因素作用叠加而形成的周期。

第四周期。由于传统体制和战略的作用，1970年经济增速又迅速上升为19.4%，是第四个波峰年。其后，由于"文化大革命"的破坏，1976

年竟然负增长 1.6%，落差为 21 个百分点，成为第二个超强波周期和第二次经济危机。但这是一次政治性的经济周期。

第五周期。也是由于传统体制和战略的作用，1978 年经济增速又上升到 17.7%，成为第五个波峰年，史称"洋跃进"。到 1981 年，经济增速下降到 5.2%，落差为 12.5 个百分点，也是一次强波周期。

第六周期。由于传统体制和战略的作用，以及转轨时期的特殊矛盾（如新旧体制并存引发的问题），1984 年经济增速又上升到 15.2%，成为第六个波峰年。接着进行调整，当时国务院主要领导人曾经提出实行"软着陆"，但由于传统体制和战略的强大作用，也由于错误地估计了 1986 年的经济形势（即误认为 1986 年已经实现了"软着陆"），于是 1987 年又一次陷于经济过热。但这个周期的波峰年与波谷年的落差为 6.4 个百分点，是中国经济第一次进入中波周期。

第七周期。1987 年是第 7 个波峰年，经济增速达到 11.6%。接着进行调整，由于力度过大，形成了"硬着陆"，致使 1990 年经济增速下降为 3.8%，接近衰退。这个周期的落差为 7.8 个百分点，也是中波周期。

第八周期。1992 年经济增速上升到 14.2%，是第 8 个波峰年。由于宏观调控得当，到 1997 年，增速下降到 8.8%，接近我国现阶段经济增速合理区间的上限，[①] 实现了"软着陆"。其落差为 5.4 个百分点，更是一个中波周期，并接近轻波周期。

总结以上 8 个周期的发展，可以看出它们之间的基本共同点，也可以看出其中的某些特殊性。①就其发生的原因看，前五个周期都是由于计划经济体制占主导地位及其完全形成和强化，以及强速战略和非均衡战略形成的。对后三个周期而言，上述各项因素的作用虽有不同程度的削弱，但还顽强地发生作用。同时转轨经济时期的特有矛盾也起了重要作用。②就其表现形态看，主要由投资急剧膨胀推动经济强速增长，因

---

①按照现代经济学的有关理论，潜在经济增长率，是指一个国家在一定的经济发展阶段内，即在既定的技术和资源条件下，在实现充分就业和不引发加速通货膨胀的情况下，可能达到的可持续的最高经济增长率。但在我国，潜在失业人口数以亿计，要实现充分就业，需要经过很长的历史时期，因而不能完全套用这个定义。但其中提到的"可能达到的、可持续的最高经济增长率"的说法，是可取的。而且可以采取简便而又较为可靠的办法，做到这一点。这就是长时间的年均增长率。我国改革开放以后的 1979~2004 年的年均增长率为 9.4%。这可以看做是潜在增长率。但它有一个合理的增长区间，其下限可以定为 7%，上限可以定为 9.5%，合理的增长区间为 7%~9.5%。

而必然引起投资品以及农产品的供给严重不足。但在物价方面，由于计划经济体制下是抑制型物价，因而通胀并不明显。但在进入转轨时期以后，产品价格逐步放开，因而在波峰阶段通胀也明显和尖锐起来。③就其运动形态看，由于经济调控主要依靠行政手段，而且每次经济增速上升的势头很猛，因而与大起相随，就是大落。④与高度集中的计划经济体制相联系，是高度集权的政治体制。这样，政治因素对经济增长的作用就很强烈，以致在某些周期竟然能发生以经济总量水平下降为特征的危机，成为政治性的周期。⑤与计划经济占主导地位、完全形成和强化，以及进入改革阶段后逐步弱化这样三个时期相适应，在波动幅度方面，也经历了由强波周期到超强波周期再到强波周期、中波周期的演变。

二、 新一轮经济周期运行特征的形成与重要战略机遇期的到来

如果我们以作为低谷年的 1999 年（这年经济增长 7.1%）为起点考察新一轮经济周期的运行，就可以看到以下重要特点。

第一，就周期的构成阶段看，不仅不会出现由经济因素和政治因素相结合而形成 1961 年那种危机阶段（这年经济增长-27.3%），也不会出现由政治因素形成的 1976 年那样的危机阶段（这年经济增长-1.6%），而且也不会出现 1990 年那样的近乎衰退的阶段（这年经济增长 3.8%），仅仅由经济增长在合理的区间（7%~9.5%）运行的上升和下降两个阶段构成。

第二，在经济上升阶段，不仅在上升时间上是新中国成立以后各个周期的最多年份，更是在合理增长区间上限线内运行的最多年份（年增长 8%~9.5%）。在以前 8 个周期，上升阶段的上升年份（包括波峰年份）最多为 3 年，最少为 1 年；在合理增长区间的上升年份更少，最多为 1 年，最少为 0 年。而在新一轮周期，这两个数字均为 4 年。这是到 2004 年为止的数字。但依据目前的情况看，在合理增长区间上限线内运行的年份至少还可以延续到 2010 年。

第三，在这个周期的下降阶段，也将在经济增长合理区间下限线内运行（年增长 7%~8%）。

第四，就经济增速波峰年份和波谷年份的波动幅度看，不仅不会是

已往周期多次发生的超强波周期（波幅在 20 个百分点以上）、强波周期（波幅在 10 个百分点以上），也不会是中波周期（波幅在 5~10 个百分点），而是首次出现的轻波周期（波幅在 5 个百分点以内）。

将上述四个特点概括起来可以清楚看出：当前宏观经济形势的总体特点真正是经济快速、平稳、持续发展。这在新中国成立以后是第一次。

决定上述特点的有以下重要因素：

第一，经济全球化条件下改革开放效应。改革开放 20 多年来，我国已经初步建成了社会主义市场经济体制的基本框架，形成了全方位、宽领域、多层次的对外开放的总体格局，并成为这期间经济持续快速发展的最根本动力。这是否可以成为"中国改革开放在释放生产能力方面已经走到尽头"的观点的论据呢？不能。这种说法既不符合国际经验，也不符合中国实际。就国际经验来说，如果以市场经济发展较早的英国算起（英国在 17 世纪下半叶完成了资产阶级革命，在 18 世纪下半叶实现了产业革命），作为社会生产资源主要配置方式的市场经济已经经历了二三百年的时间。而且，在可以预见的将来，还看不到这种市场经济制度在释放生产力方面已经走到了尽头。为什么中国市场取向改革才进行了 20 多年，就达到了这一步呢？就我国当前实际状况来看，更不能这样说。实际上，中国的改革开放在释放生产力方面还有巨大的潜力。这主要表现在以下几个方面：一是中国已有改革还远远没有到位。二是改革发展很不平衡。三是改革处于攻坚阶段。其难度更大，但作用也往往更大。四是伴随改革的进展，进一步深化改革的条件更成熟，方法更完善。这就使得改革仍将在一个长期内成为中国经济发展的根本动力。

第二，知识经济时代科技进步效应。我国原来的科技力量就有一定的基础。改革以后，包括人力资本在内的科技力量增长很快。但由于体制和投入等方面因素的限制，这方面的力量都没有得到充分发挥，其在促进经济发展的潜力仍然很大。而随着改革和建设的发展，就为发挥这种潜力创造了更好的体制、资金和技术条件。

第三，我国当前工业化中期阶段效应。这个工业化的阶段为我国今后经济的持续快速发展提供了多种重要的契机。主要包括：跨越式发展，由人均收入的提高带动消费结构从而产业结构的变化，重化工业的加速发展，工业反哺农业，城镇化提速，区域经济协调发展，社会中等收入人群比重的提高等。这些因素就会从需求（包括消费、投资和出口）和供给两方面拉动经济增长。

第四，积累了适应现代市场经济发展要求的、全过程的宏观调控经验。这里所说的全过程包括以下四个阶段：一是 1992~1997 年积累了经济"软着陆"的经验。这期间经济增长率由 14.2% 缓慢地下降到 8.8%，处于我国现阶段经济增长合理区间的上限（即 9.5%）以内。二是 1998~1999 年又积累了制止经济增速过度下滑的经验。这两年经济增长在合理区间下限（即 7%）以上。三是 2000~2002 年积累了经济缓慢回升的经验。这三年经济增长率分别为 8%，7.3% 和 8.3%，均高于 1999 年。四是 2003 年下半年至 2004 年，又积累了治理局部过热，避免经济大起以及必然大落的经验。这两年经济增长率分别为 9.3% 和 9.5%，处于经济增长合理区间的上限线内。当然，上述经验还只是初步的，需要发展与完善。但在我国历史上是空前未有的，在国际上也不多见。它是知识形态上的一笔巨额的、宝贵的资本，是我国今后经济持续快速发展的重要保证。

第五，大国的新内涵及其正面效应。我国原来作为一个发展中国家的人口大国虽然会给我国经济发展带来诸多困难，但同时在市场容量大、廉价劳动力多和储蓄总量大等方面为我国经济发展提供了众多有利条件。而现在我国虽不是世界经济强国，但已俨然是世界经济大国（当然，仍是发展中国家）。2004 年，我国经济总量已居世界第六位；制造业总量居第四位，其中 172 类产品产量居第一位；人力资本总量数额巨大；进出口总额居世界第三位；引进外资位居第二位，2003 年还居第一位。这种经济大国地位一方面使得我国拥有更大的强势资源加速经济发展；另一方面，使得我国在世界经济中形成一定优势，为扩大利用国外市场和资源创造了更有利的条件。

第六，中国仍然可以赢得一个较长时期的稳定的社会政治局面。诚然，当前存在诸多影响稳定的因素，如就业压力大；农民收入增加缓慢，甚至部分农民收入水平下降；部分行政官员和国有企业领导人的贪污腐败；以及收入差别扩大等。中国能否实现稳定，是当前人们关注的一个极重要问题，也是中国能否实现经济持续快速发展的一个基本前提。这些问题的根本解决，需要创造一系列条件，并要经历很长的过程。但只要措施得当，是可以把它控制在社会能够承受的限度，以维护社会的稳定。多年来的经验已经充分证明：党和政府有能力正确处理改革、发展和稳定的关系。今后在这方面还具有更多的有利条件。

第七，就当前的国际形势看，我们仍然可以赢得一个相当长的国际和平环境。这无疑是中国实现经济持续快速发展所必需的国际环境。必须肯定，1991 年苏联解体以后，就由原来存在的美苏两个超级大国争霸的冷战局面走向世界多极化。这一点进一步使得和平、发展与合作成为世界的主流。同时要着重指出：在世界多极化这个主流存在的同时，还存在一股一级化的逆流，即美国顽固推行的霸权主义。因为只有正确地认识这股逆流，并有效地同它进行斗争，才能有效地维护世界和平。但同时也要看到：美国推行的霸权主义，不可能从根本上改变世界多极化趋势，也不可能从根本上改变和平、发展与合作是世界的主流。因而，我国仍然能够争取到一个长时期的国际和平环境。

总之，中国有许多有利条件，实现经济的快速平稳持续发展。对此，必须树立坚定的信心。

上述的新一轮经济周期运行特征及其决定因素确凿无疑地证明：中国在 21 世纪初一个相当长的时期内面临着千载难逢的重要战略机遇期。

但像世界上的任何事情一样，宏观经济形势的好和坏，是矛盾的统一体。二者在一定条件下相互依存，并相互转化。所以，我们说宏观经济形势好，并不否定它也有严峻的一面，也不否定它在一定条件下发生逆转。就当前宏观经济形势以及与之相关的情况来看，诸如固定资产投资膨胀反弹压力很大，油电煤运的紧张状况并未根本缓解，农业发展滞后的局面也没根本改变，通胀、就业、资源、生态和环境的压力以及财政、金融、外汇和外贸的风险也都很大，安全生产形势严峻，城乡之间、地区之间和行业之间的差别过大，部分的政府官员和国有企业高层经营管理人员贪污腐败严重，在国际市场竞争中面临着经济发达国家拥有众多科技优势的强大压力，在国际的产业和产品的垂直分工中处于低端的不利地位。进一步就深层次问题说，作为市场取向改革的两个基本方面的国有经济改革（特别是其中的大型企业和垄断行业）和城乡二元体制改革还处于攻坚阶段，产业结构调整和增长方式转变缓慢，科技自主创新能力总体上不强。这些问题都会从不同方面、在不同程度上阻滞我国经济的快速平稳持续发展，弄得不好，还可能使形势发生逆转。但历史经验表明：人类社会的大变革和大发展都是在大风大浪中前进的。但又必须高度重视和充分估计各种困难和风险，并认真加以解决。否则，就不可能保持经济的快速平稳持续发展。

三、抓住战略机遇期需要采取的基本措施：加强和改善宏观经济调控

要抓住重要战略机遇期，就必须在一个相当长的时期内实现经济的快速、平稳持续增长。

为此，就必须在经济周期运行中的上升阶段防止经济过热，在下降阶段防止经济过冷。而从某种共同的根本意义来说，在我国现阶段，无论是过热，还是过冷，都是同经济体制改革、结构调整和增长方式转变缓慢相联系的。因此，无论从即期来说，或者从长远来说，都需要着力推进经济改革、结构调整和增长方式的转变。

但十多年来的经验证明：在这方面，加强和改善宏观经济调控也是十分重要的。1992~1997 年实行的紧缩的宏观政策，特别是紧缩的货币政策，在实现经济"软着陆"中就起了重要作用。1998~1999 年和 2000~2002 年期间实行的积极的财政政策和稳健的货币政策，在防止经济增速过度下滑和实现经济回暖中也起过重要作用。2003~2004 年，虽然还在继续推行积极的财政政策和稳健的货币政策，但前者已经逐步淡出，后者在 2004 年的取向上已转向适度从紧。同时适时适度地实行了区别对待，有保有压的政策。这就有力地遏制了经济局部过热，避免了经济大起。

但是，这方面的基础并不牢固，当前加强和改善宏观调控仍然十分重要。①今年第一季度经济增长率为 9.5%，比去年第一季度下降 0.3 个百分点，与去年第四季度持平，处于我国潜在增长率的上限。②一季度全社会固定资产投资增长率为 22.8%，比去年同期回落 20.2 个百分点。但这是以去年同期增长 43% 为基数的，因而投资规模仍然偏大。更值得注意的是：在建项目投资规模过大。去年是 20 万亿元，今年 3 月末，同比又增长了 26.7%。因此，投资膨胀压力仍然很大。③与此相联系，油电煤运的紧张状况并未根本缓解。比如，去年一季度拉闸限电省份为 17

个，下半年上升到 24 个，今年一季度为 18 个。④一季度居民消费价格同比上升了 2.8%。但其中未包括居民住房价格。如果加上这一点，约为 4.5% 以上。还有，一季度原材料、燃料、动力购进价格上升了 10.1%。可见，通胀压力也很大。⑤作为国民经济发展基础的农业滞后的情况，一时也难以根本改观。⑥居民消费水平虽在稳步上升，但消费率仍在下降。一季度城镇居民人均可支配收入实际增长 11.3%，农民居民人均现金收入实际增长 11.9%。①但其增速比投资增速低得多，这就必然进一步拉大消费率已经过低的状况。

为了加强和改善宏观调控，要继续并完善已经并正在实行的政策措施，同时要对相关政策做出适当调整。

第一，要下大力气调整积累和消费的比例关系：逐步降低投资率，提高消费率。

从价值（货币）形态考察，过高的投资率，是投资膨胀在资金方面的基础。这一点，在当前经济总量已经达到巨大规模的条件下尤为如此。因此，当前消除经济局部过热，实现经济持续、平稳、快速发展，首先就需要降低投资率，相应地提高消费率。

当前，我国工业化正处于作为资金密集型产业的重化工业阶段，又要补偿多年积累下来的环保和生态建设的巨额投资，投资率可以而且必须高一些。但现在的问题是：投资率长期偏高，而 2003 年和 2004 年达到了登峰造极的地步。这两年全社会固定资产投资增长了 27.7% 和 25.8%，大大超过了消费增长速度。于是投资率也上升到 47.39% 和 51.33%。2004 年投资率比三年"大跃进"的最后一年 1960 年还要高出 15.59 个百分点，比经济过热 1993 年也要高出 13.59 个百分点，真正是历史新高！

但新中国成立后的历史表明：投资是多次发生的经济过热的第一推动力。但投资率过高的另一面就是消费率过低。这就必然会形成局部经济过热与部分消费不足并存的局面。当前我国大部分消费品供求是平衡的，但也有相当一部分是供过于求的。这就是部分消费不足的有力证明。必须清醒地看到：马克思主义经济学关于资本主义条件下相对生产过剩经济危机的最重要、最直接的原因的原理，即生产无限增长的趋势与主

---

① 《经济日报》2005 年 4 月 21 日第 1~2 版。

要由劳动者消费构成的有购买力需求相对狭小的矛盾的原理，从一般意义上说，对社会主义市场经济也是适用的。因此，如果听任上述局面的发展，终究会酿成严重的相对生产过剩的经济危机。

降低积累率和提高消费率是相互联系的，但又是有区别的。因此需分别叙述。在降低投资率方面，当前需要采取的措施主要是：①实现由积极的财政政策向稳健的财政政策的转变；稳健的货币政策也需要适时适度调整其取向（详见后述）。这样做的意义，不仅在于它可以直接降低投资率，而且可以通过各种手段间接抑制投资率增长，并从作为主要的宏观经济调整政策方面向各类市场主体传递出一个重要信号，即控制投资的膨胀。②2003 年下半年以来发生的局部经济过热主要是由地方政府的投资冲动和企业投资的盲目性的叠加而形成的。针对这两种情况需要采取不同的措施。对地方政府的投资冲动，需要通过深化改革（包括进一步实现政企分开，加快财税改革和建立公共财政以及干部制度改革等），加强依法行政，树立中央权威，广泛宣传科学发展观来加以抑制；对企业投资的盲目性，则需要通过财税政策和信贷政策的诱导以及发布经济信息等手段，把他们的投资引导到符合国家产业政策的方向去。③对与经济过热相关的（不只包括投资膨胀）引进外资、外贸顺差和外汇储备的规模也需做出适当调整。毫无疑问，改革以来，引进外资和对外贸易对我国社会主义现代化建设和经济改革起了巨大的推动作用。对我国这样一个发展中的经济大国，适当的、巨额的外汇储备，对于增强国家经济实力，防范金融风险，加强国家安全，是完全必要的。但任何事物的发展均需要一个度。多年来，我国学术界对这个问题已有议论。2003年下半年以来发生的局部经济过热，使得这个问题凸显起来。2003~2004年，外商直接投资和外贸顺差依次分别达到了 535.05 亿美元和 606 亿美元，354.7 亿美元和 320 亿美元；外汇储备增加了 1168 亿美元和 2067 亿美元。这两年增加的外汇储备比 1978~2002 年增加总和还要多出 379.4 亿美元。这些因素无疑是促进这两年我国经济持续快速发展的重要条件。但也不能说同这期间投资膨胀、煤电油运供应紧张和通胀压力加大没有一定的关系。因此，在发展对外经济贸易关系方面，不仅首先要花大力气在提高质量上下工夫，而且要在规模上做出适当安排。

当前我国消费率过低，除了受到投资率过高的限制以外，还受到居民收入率低、消费倾向低和消费预期不佳等因素的制约。但同时在这三方面拓展的空间都很大。因此，从这些方面着手提高消费率，是大有作为的。

当前在这些方面可以采取的主要措施是：

1. 提高居民收入。在这方面，当前有两个重点。

（1）提高农村居民（特别是西部地区农村居民）收入水平。这是首要的重点。2004年，全国农村居民人均纯收入2936元，城镇居民人均可支配收入9422元，后者是前者的3.2倍。如果再考虑到城乡福利待遇的差别，这个倍数还大得多。而在全国近13亿人口中，农村约占近60%。为此，要依据工业反哺农业的方针和建立公共财政的要求，财政支出要向农业生产、基础设施和教育等方面倾斜；要通过经济改革和科技兴农等措施，提高农业劳动生产率。这样，就可以逐步地提高农民的收入水平。

（2）提高城镇居民（特别是其中的低收入的居民）的收入水平。为此：

1）要积极扩大就业。这是提高城镇居民收入的基础工程。这就需要提升就业率在宏观经济调控中的地位。当前还是要坚持发展是第一要务的正确方针，就业率的重要性还难以同经济增长率相比，甚至还难以同通胀率相比。但又确实需要把提高就业率放在更加突出的位置，不能仅仅让提高就业率单纯服从经济增长率的需要，而是要兼顾提高就业率的需要。而所谓兼顾又不能只是满足于把失业率控制在预计的城镇登记失业率的限度内。当然，在我国当前情况下，做到这一点是完全必要的，而且绝非易事。但这仅仅是第一步。要有条件、分步骤地把农村这个数量极其巨大的就业群体纳入就业调控的范围。事实上，多年来，农村就约有一亿人进城务工。忽视这个重要现实，而单纯讲控制城镇登记失业率，是远远不够的。如果长此以往，势必人为地极大限制就业面的扩大。当然，要做到这一点，是要以大力推进城乡二元体制改革为前提的。这是其一。其二，要提升劳动密集型产业在我们经济生活中的地位。在这方面，如果把它同现代化建设对立起来，是不妥的。毫无疑问，要推进社会主义现代化建设，必须大力发展资金密集型和技术密集型产业。但在我国具体条件下，劳动密集型产业在一个很长的历史时期内具有重要的战略地位。如果忽视这一点，就不利于充分发挥我国劳动力资源极为丰富的这一基本优势，恰恰是不利于现代化建设的发展。在这方面，如果把它同经济增长方式的转变对立起来，也是不妥的。经济增长方式转变的本质是要在生产中节约社会生产资源的耗费。就这点来说，无论劳动密集产业，还是资金密集型产业或技术密集型产业都有一个经济增长方式的转变问题。诚然，如果单纯地孤立地就这三种产业的比较来说，劳动密集型产业在节约劳动资源方面远不如资金密集型产业和技术密集型产业。但如果放眼整个国民经济，那就可以清楚看到，不充分发挥我国劳动力资源的优势那就根本谈不上节约，而是最大的浪费。这里还未提到发展劳动密集型产业在实现社会稳定等方面的极重要意义。其三，还要提升手工业在我国经济生活中的地位。我国是一个发展中国家，经济发展水平具有多层次性，人民生活需求极为复杂，手工业有悠久历史形成的优良技艺。这样，发展手工业不仅有利于扩大就业，而且有利于发挥各种生产潜力，促进生产发展，以及满足人民生活需要。其四，采取更有力措施，充分发挥在扩大就业方面具有极重要地位的中小企业和非公有制经济的作用。在以上四个方面都要彻底扬弃那种不符合我国国情的观念。同时还要在财税、信贷和法制建设等方面采取有利于扩大就业的措施。

2）在扩大就业的基础上，还要提高劳动力价格。劳动力价格过低是当前我国生产要素价格扭曲的最突出的表现。整体说来，中国工资低于外国工资、中资企业工资低于外资企业工资、农民工工资低于城市工工资。这其中有合理因素，但工资过低则是明显事实，特别是占到城镇就业人数约30%的农民工工资过低，则更是一个不争的事实。劳动成本低，在提高产品的国际竞争力和提高企业的积累等方面都有好处。但它不利于劳动力资源的合理配置（近年来，沿海一些经济发达地区发生的民工荒，就是这方面的最明显的信号），不利于克服内需不足。因此，必须逐步改变劳动力价格过低状况。这种情况的形成，有历史原因，有劳动力市场供过于求的原因，也有由法制不健全导致劳动者合法权益得不到有效保障，特别是由于城乡二元体制没有得到根本改革。因此，解决这个问题需要一个过程。但是，当前需要采取以下措施：要整顿和规范劳动力市场，要建立规范的劳资谈判机制，要调整工资指导线，要加强法制建设，要发挥工会的作用，特别是要大力推进城乡二元体制改革。要通过这些，逐步提高劳动力价格。

2. 提高消费倾向。农村居民和城市低收入居民是消费倾向最高的两个社会群体，提高了他们的收入水平，同时也就意味着从最主要方面提高了消费倾向。

3. 改善消费预期。当前我国消费预期不佳，主要是由于社会保障制度不健全，公共财政制度建设也没真正到位，义务教育费用部分地还由人民自己负担，再加上乱收费，致使教育费用过高。这样，就大大降低了本来水平就不高的即期消费，致使储蓄率过高。而储备率过高，不仅会降低即期消费水平，而且会成为投资率过高的基础，从而会成为加剧投资膨胀的重要因素。因此，为了改善消费预期，需要加速建立覆盖全社会的、不同层次的，包括养老、失业和医疗在内的社会保障体系的建设；同时，需要加快公共财政建设，并规范教育收费。当然，为了提高即期消费水平，还需要建立健全社会和个人的信用制度，改善金融业的信贷服务，转变消费观念，以促进消费信贷有一个大的发展。

第二，调整和完善产业结构政策。

从使用价值和价值相统一（商品）形态考察，总供给与总需求失衡，不过是结构失衡的表现。因此，要消除经济局部过热，实现经济持续平稳快速发展，还需要调整和完善产业结构政策。这包括三个重要方面：

1. 把发展农业放在突出的位置，加速农业的发展。按照经济规律，在工业化过程中，农业增加值、劳动力和人口的比重是会逐步相互适应地下降的。但我国的问题是：一方面，农业增加值在国内生产总值中的比重显著下降；另一方面，农村劳动力和人口还保持了很大的比重。1952~1978 年，农业增加值的比重由 50.5%下降到 28.1%；到 2003 年，再下降到 15.2%。在上述两个时限内，农村劳动力比重和农村人口比重依次分别由 83.5%下降到 70.5%，再下降到 49.1%；由 85.6%下降到 82.1%，再下降到 59.5%。[①] 这种状况必然极大地妨碍农业劳动生产率和农村人均收入的提高，从而极大地限制了农业作为基础产业作用的发挥。特别是在经济周期的上升阶段，农业的"瓶颈"作用就凸显出来，农产品价格也因供给短缺而上扬，成为推动通货膨胀的最重要因素。而在下降阶段，由于农民人均收入低，又成为消费需求不足和促进通货紧缩发展的最重

---

① 《中国统计年鉴》（2004），中国统计出版社，第 54、95、120 页。

要因素。所以，要实现经济的持续平稳，快速发展，发展农业是一项基础工程。

诚然，近几年来，由于党和政府采取了"多予、少取、搞活"农业等一系列方针，2004 年以来，农业生产和农民收入有了很大的提高。这年粮食产量达到 46947 万吨，改变了粮食产量连续 5 年下降的局面；农村居民人均纯收入达到 2936 元，实际增长 6.8%，是 1997 年以来增长最快的一年。但农业基础脆弱的状况，没有也不可能在一年内根本改变。因此，一要大力推行工业反哺农业的方针。如果不说各国的差别，那么在工业化过程中先后相继地都发生过两种趋势：在工业化的初始阶段，农业为工业提供积累；在工业化发展到相当程度以后，工业就要反哺农业。我国是社会主义国家，在启动工业反哺农业政策方面，不能算早，宁可说晚了一步。因而更需大力贯彻工业反哺农业的方针。二要继续推进包括农业经营制度、税收制度、农产品流通制度和金融制度在内的各项改革。三要继续实行科教兴农方针。四要加强作为当前农业发展关键环节的农业综合生产能力的建设。这首先是保证农业（特别是粮食）稳定增产和农民增收的迫切需要，进而实现经济持续平稳快速发展的需要。1990 年以来，我国曾经多次发生粮食减产。1990 年全国粮食总产量为 44624 万吨，1991 年下降到 43529 万吨；1993 年为 45648.8 万吨，1994 年下降到 44510.1 万吨；1996 年为 50453.5 万吨，1997 年下降到 49417.1 万吨；1998 年为 51229.5 万吨，此后连续 5 年减产，到 2003 年下降到 43069.5 万吨，比 1990 年的产量还要低。发生这种状况，有多重原因。诸如：在 20 世纪 80 年代上半期实现了家庭承包经营制以后，忽视了包括农业生产、流通和金融在内的改革，特别是 90 年代下半期还错误地实行了本质上还是计划经济性质的粮食购销政策；忽视了农业比较效益低对农民生产粮食积极性的严重影响；不仅工业反哺农业政策迟迟没能出台，而且农村税费负担趋于加重；等等。但就粮食生产的物质基础来说，就是由于农业的综合生产能力不强。这个教训表明：加强农业综合生产能力的建设，对于实现农业稳定增产至关重要。显然，这项建设还是保证作为国家最重要战略物资的粮食安全的需要；也是实现农业现代化的需要，因为这项建设过程就是推进农业现代化的过程。

2. 适度地优先发展第三产业，即适当地以比工业增速更高的速度发展第三产业。我国第三产业发展滞后由来已久，当前已发展到很离奇的地步。在 1952~1978 年建立和实行计划经济体制时期，第三产业增加值占国内生产总值的比重，由 28.6% 下降到 23.7%。改革以来，到 1994 年这一比重上升到 34.3%，其后十年虽有波动，但总的趋势是下降的，到 2004 年下降到 31.8%。这并不符合工业化和现代化的规律。国际经验表明：在工业化和现代化的过程中，首先是第一产业比重下降，第二产业比重上升；接着不仅第一产业比重下降，第二产业比重也下降，只有第三产业比重上升。诚然，我国第三产业比重低，有统计低的因素。但即使考虑到这一点，其比重也是过低的。但从实现经济的持续平稳快速的视角考察，从整体上说来，发展第三产业需要的投资比较少，在经济增速上升阶段，对缓和可能出现的投资膨胀是有益的。但它的就业容量大，扩大需求的作用大，在经济下降阶段，对缓解可能出现的内需不足也大有好处。发展以服务业（包括为生产服务和为生活服务两部分）为特征的第三产业还是发展整个国民经济和提高人民物质精神生活的重要条件。发展现代服务业，也是实现社会主义现代化建设的重要组成部分。发展服务业对缓解环境、生态和资源的压力也有重要作用，对实现可持续发展是有利的。总之，优先发展第三产业会有多方面的好处。

但是，提出适度优先发展第三产业，不仅是以我国第三产业发展严重滞后为依据，还是以第一产业特别是第二产业已有强大发展作为物质基础的。而且，在这方面，第三产业与第一产业是不同的。对第一产业来说，提出加速发展是可能实现的，但如果提出优先发展，则是不现实的。而发展第三产业则不同，从总体上说来，它不像发展农业那样，会受到土地这种自然条件的限制，也不像发展工业那样，会受到资金、人才和资源的限制；而且生产门类极为众多，社会需求极为巨大，发展空间极为广阔，而我国极为丰富的劳动力资源，以及国有企业、集体企业的改革深化和非公有经济的迅速发展，又在这方面提供了极为有利的条件。据此可以认为，适度优先发展第三产业，是能够做到的。实际上，我国经济发展历史也在一定程度上证明了这一点。尽管由于体制、战略和理论等方面因素的制约，我国第三产业没有得到应有的发展，但在 1952~2004 年的 53 年中，仍有 13 年第三产业增加值的增速超过了工业（其中连续两年超过的有三次，连续四年超过的有一次），有六年接近工业（即增速比工业约低一个百分点）。这样，共有 19 年，约占 53 年的 2/5。
这一历史经验证明：优先发展第三产业不仅是必要的，而且是可能的。
何况当前优先发展第三产业还有更多的有利条件。

提出这一点，也是借鉴了 20 世纪 80 年代上半期优先发展轻工业的
经验。"一五"时期我国依据国内外形势提出和实行了优先发展重工业的
方针，对于建立社会主义工业化初步基础起了决定性作用。但后来在一
个很长的时期内在"左"的思想指导下，片面推行这一方针，造成了轻
重工业比例关系的严重失调。改革以后，就采取了加快发展轻工业的措
施。1980 年国务院决定对轻纺工业实行六个优先的原则，即原材料、燃
料、电力供应优先；挖潜、革新、改造的措施优先；基本建设优先；银
行贷款优先；外汇和引进技术优先；交通运输优先。这实际上就是推行
优先发展轻工业的方针。这样，到 80 年代中期，轻重工业比例关系就协
调了。这一历史经验又启示我们在一定条件下，优先发展第三产业也是
可行的。

3. 在保持工业适度快速增长的同时，适当降低重工业的发展速度，
并相应提高轻工业的发展速度。如前所述，到 1985 年，我国轻重工业比
例关系就趋于协调了。此后一直到 1998 年，都大体上保持了这种协调关
系。1986~1998 年，轻重工业产值的对比关系是在 46.3~49.4∶53.7~50.6
的幅度内波动。但在 1999 年以后，主要是 2003 年以后，这种对比关系又
开始陷于不协调状态。在 1999~2003 年 5 年间，轻工业产值比重由 41.9%
下降到 35.5%，重工业由 58.1%上升到 64.5%。这一点同这期间重工业发
展过快直接相关。这五年重工业增速依次为 13.6%，20.1%，16.3%，
19.1%，33.4%；依次比轻工业高出 2.3，6.9，3.9，2.0，6，18.6 个百分
点；2004 年又高出 3.4 个百分点。[①]诚然，当前我国正处于重化工业发展
阶段，重工业速度可以而且必须高一些。但现在的问题是重工业发展速
度过快了。还要说明：1999 年以后，重工业比重上升同统计口径变化也
有关系。在这以后，工业产值的统计范围只包括国有和非国有规模以上
的工业，这就会在一定程度上降低了轻工业产值的比重。但即使按同一
口径计算，重工业的发展速度也过快。在 1999~2003 年 5 年中重工业产

---

① 《中国统计年鉴》(2004)，中国统计出版社，第 516 页；《经济日报》2005 年 4 月 25 日第 9 版。

值比重就提升了 6.4 个百分点，其中 2003 年一年就比上年提高了 3.6 个百分点。

新中国成立以后，每一次经济过热，重工业增速过快都成为带头羊。2003 年下半年以来的经济局部过热亦是如此。由于重工业发展速度过快，就会带动固定资产投资的膨胀，并由此引起煤电油运供应紧张和物价上涨。其原因主要在于经济体制。但同重工业本身特点也有一定的联系。重工业产品除了满足其他产业、生活消费和出口的需要以外，相当大部分是满足自身需要的，具有自我循环的特点。因而在一定的时限和程度上，重工业增长并不会受到前一方面的制约。这样，在经济周期的上升阶段，经济趋于过热时，它会掩盖经济过热的程度，并成为促进和加剧经济过热的因素；而在下降阶段，经济趋于过冷时，启动重工业比启动轻工业又要难得多，成为延迟和延长衰退的因素。因此，当前适当降低重工业的增长速度，是治理经济局部过热，实现经济持续平稳快速发展的一个重要条件。

就我国当前情况来看，无论是调整积累和消费的关系，还是调整产业结构，在很大程度上都需要通过财政货币政策和土地政策来实现。下面分别论述这些政策。

第三，实现积极的财政政策向稳健的财政政策的转变，并继续推行稳健的货币政策。适应宏观经济形势由防止过冷到治理局部过热的转变，1998 年开始实行的积极（扩张）财政政策，需要转变到稳健（中性）的财政政策。按照财政部的说明，所谓稳健的财政政策，主要内容概括起来就是四句话：控制赤字，调整结构，推进改革，增收节支。[①] 其中最重要有两点。一要适当减少财政赤字。2005 年，安排中央财政赤字 3000 亿元，比上年预算减少 198 亿元。1998~2003 年，在实行积极的财政政策过程中，中央预算赤字由 960 亿元上升到 3198 亿元。2004 年中央财政赤字与上年持平。2005 年，中央预算赤字是七年来的首次下降。中央预算赤字占全国国内生产总值的比重，将由 2000 年的最高点 2.9%，大约下降到 2005 年的 2%。二要进一步减少长期建设国债发行规模。2005 年，拟发行长期建设国债 800 亿元，比上年减少 300 亿元，同时增加中央预算内经

[①]《经济日报》2005 年 4 月 9 日第 1~2 版。

常性建设投资 100 亿元。长期建设国债是从 1998 年开始发行的，当年为 1000 亿元，随后上升到 1100 亿元和 1500 亿元。2003 年减少到 1400 亿元，2004 年再减少到 1100 亿元。2005 年长期建设国债支出结构也进一步发生重大变化，主要用于三项需要：① 加大对薄弱环节的投入。如加大对"三农"、社会发展、生态建设和环境保护等的投入。②支持地区发展。如支持西部大开发、东北地区等老工业基地振兴，支持老少边穷地区发展。③还有一部分在建项目需要国债资金继续予以支持。这样，无论从长期建设发行规模或其用途来说，都可以认为，原来实行的以发行大量长期建设国债为主要特征的扩张性财政政策，已经完成了到中性财政政策的转变。

　　1998 年以来，实行了稳健（中性）的货币政策。但在开始一个阶段，适应防止经济增速过度下滑的需要，它们取向是适度从松的。而在 2003 年下半年以来，适应治理经济局部过热的需要，它的取向转到适度从紧。鉴于当前经济局部过热已经得到抑制，而且考虑到去年的适度从紧的滞后效应，为防止紧缩过度，今年取向又回到不松不紧。其内容：一要合理调控货币信贷总量方面。2003 年 12 月末，广义货币供应量（M2）比上年末加快了 2.8 个百分点；狭义货币供应量（M1）比上年末增长 18.7%，增幅比上年末加快 1.9 个百分点。2004 年 12 月末，广义货币供应量比上年末增长 14.6%，增幅比上年末回落 5 个百分点；狭义货币供应量比上年末增长 13.6%，增幅比上年末回落 5.1 个百分点。2005 年，货币政策的预期目标是，广义货币供应量和狭义货币供应量均预期增长 15%，低于 2003 年，略高于 2004 年。全年新增人民币贷款，2003 年为 2.77 万亿元，比上年多增 9177 亿元；2004 年为 2.26 万亿元，比上年少增 5100 亿元。2005 年，新增人民币贷款的预期目标为 2.5 万亿元，比 2003 年低 2700 亿元，比 2004 年高 2400 亿元。二要按照区别对待、有保有压的原则，引导金融机构加大信贷结构调整的力度，以促进产业结构的调整和各项消费政策的实现。三要在实现上述两项任务的过程中，要改善金融调控方式，着重完善间接调控机制，灵活运用多种货币政策工具，深化利率市场化改革，进一步发挥利率杠杆的调控作用。为此，要总结近几年来在这方面的经验，并进一步完善它。近几年来，随着经济市场化程度的提高，货币政策三大工具都得到了较好应用。①2003~2004 年，央行两次调高存款准备金率，虽然分别只上调了 1 个和 0.5 个百分点，却产生了很大的市场效果。20 世纪 90 年代央行也曾多次调整准备金率，且调整幅度大大高于这两次，但市场几乎没有反应。这说明我国经济市场化的程度已经很高。②公开市场操作日臻成熟。央行在市场上通过公开买卖国债，向商业银行体系放松或收紧银根，从而起到调控货币供应量的作用，使稳健货币政策的执行得以保证。随着积极财政政策的淡出以及外汇储备大幅增加形成的货币供给的快速增长，央行在国债买卖之外加大了央行票据的发行，以冲销人民币的过快增长。银行间债券市场的交易量 2003 年达到 14 万亿元左右，2004 年也有近 12 万亿元，大大超过其他证券市场的交易量。③利率手段的运用日益重要。2004 年初，商业银行和信用社贷款利率的浮动上限被放宽至央行基准利率的 1.7 倍和 2 倍。到当年 10 月，存贷款基准利率上调 0.27 个百分点，同时放开了商业银行存款利率的下限和贷款利率的上限。特别是后一次利率的调整，虽然幅度很小，但对市场的影响很大，甚至国际金融市场和一些国际原材料市场的价格都因之下跌。这说明我国市场经济进程和经济国际化程度的加深。央行还通过票据再贴现政策、窗口指导以及发布市场对某些风险的提示来实施宏观调控。可见，央行不再依赖单一政策，而是运用一系列微调手段，达到综合的效果。这种组合拳式的调控方式，将是今后的主要调控手段。①四要继续加强对金融企业的监管，确保金融安全、高效、稳健运行。

第四，提升土地政策在宏观经济调控中的战略地位，实行严格管理的土地政策。

土地和资金、劳动力都是最基本的生产要素，在宏观经济调控中理应居于重要的战略地位。我国原本人均土地很少，土地是最紧缺的资源。而在当前工业化的中期阶段中，作为支柱产业的建筑业的作用会提升，城镇化也会提速，其战略地位就显得更为重要。这不仅在理论上说是这样，在实践上也是如此。1993 年以来，党中央和国务院针对经济过热的情况，采取了一系列宏观经济调控的措施，特别是在把信贷这个闸门方面采取了强有力的措施。这样，不仅制止了经济过热，而且于 1997 年实现了经济"软着陆"。这在新中国经济史上是一个首创。但从事后总结经

① 参见《人民日报》2005 年 4 月 15 日第 9 版；《经济日报》2005 年 3 月 21 日第 9 版。

验的角度来说，当时由于缺乏经验，没有把土地政策放到应有的地位；否则，其调整效果还可能更好一些。而面对 2003 年下半年以来经济局部过热的情况，党和政府强调同时把好土地和信贷两个闸门；并于 2004 年修改通过了《中华人民共和国土地管理法》，国务院还做出了《关于深化改革严格土地管理的决定》；还依法广泛开展了以开发区为重点的全国土地市场的治理整顿，取得了显著成效。据不完全统计，2004 年全国撤销各类开发区 4813 个，占开发区总数的 70.1%；核减开发区规划用地面积 2.49 万平方公里，占原来规划面积的 64.5%。[①] 可见，提升土地政策在宏观经济调控中的战略地位，完善土地政策，严格管理，在制止这次局部经济过热方面起了十分重要的作用。这是我国宏观调控政策的一大发展。

---

① 《经济日报》2004 年 8 月 20 日第 5 版、12 月 11 日第 3 版。

社会主义市场经济的基本内容与建立社会主义市场经济的主要任务 *

一、社会主义市场经济的概念及其基本特征和基本框架

中国社会主义市场经济是一个复合的概念，它主要包括以下相互联系的四个方面内容：第一，是以市场作为配置社会生产资源的主要方式。第二，是现代的市场经济，即有国家干预的市场经济。第三，是有更多的国家干预的市场经济。这是由中国国情决定的。诸如：工业化尚未实现，作为弱质产业的农业在国民经济的比重较大，西部经济大大落后于东部，但有丰富的资源，而且主要是少数民族居住地区。这样，实现工业化，发展农业和开发西部就是一个长期的、具有重大经济和政治意义的、需要国家扶持的任务。但这种干预是以市场机制作为社会生产资源配置的主要方式为前提，以市场机制的作用为基础的。这就是问题的度，越过了这一点，就又回到了计划经济。第四，是与社会主义初级阶段的基本经济制度相结合的。这个经济制度就是：以社会主义公有制为主体，多种所有制经济共同发展。

为了进一步具体说明中国社会主义市场经济的基本内容，这里拟将与资本主义条件下现代市场经济做一些对比分析。一切事物的共性是寓

* 本文写于 2003 年，原载《论中国经济社会的持续快速全面发展（2001~2020）》，经济管理出版社 2006 年版。

于个性之中的。市场经济一般这个共性也是寓于资本主义市场经济（即资本主义条件下市场经济）和社会主义市场经济（即社会主义条件下市场经济）这些个性之中的。因此，从市场经济一般角度来说，这两种市场经济有一系列的共同点。

1. 在市场经济运行的基础和条件方面的共同点。

（1）独立自主的企业制度。这里涉及市场主体问题。在市场上从事交易活动的组织和个人称为市场主体。市场主体包括自然人和以一定组织形式出现的法人；包括营利性机构和非营利性机构。在一般情况下，市场主体包括企业、居民、政府和其他非营利性机构。

在这方面，企业是最重要、最基本的市场主体。因为企业是市场经济运行的基础。但是，企业要成为市场主体需要一系列条件：企业必须有明确的产权；企业与企业和其他交易者之间的地位必须是平等的；企业必须是经济上、法律上独立自主的实体，拥有自主经营发展必需的各种权力。此外，在现代市场经济中，中介机构（如律师事务所和会计师事务所等）提供的与发展市场经济相关的各种服务，显得越来越重要。居民既提供劳动力、资本等生产要素，又是商品和服务的购买者。政府不只是经济运行的调控者，而且直接介入某些市场交易；又是国有资产的所有者，公共物品的提供者和一般商品和服务的购买者。非营利机构（如学校和医院等）为社会提供服务，又是商品和服务的购买者。因而，这些组织和个人也都是市场主体。

（2）完善的市场体系。完善的市场体系，不仅要求有消费品和生产资料等商品市场，而且要求有资本市场、劳动力市场、技术市场、信息市场和房地产市场等生产要素市场；要求平等、有序竞争较为充分地展开；要求有全国统一的国内市场；不仅要求市场对内开放，而且要求市场对外开放；最根本的是有既反映价值又反映供求关系的产品价格机制，以及生产要素价格合理化。其中，特别是资本价格（利息率）市场化和本币价格（汇率）合理化。

（3）健全的宏观经济调控体系。健全的宏观经济调控体系，要求必须以市场在资源配置中起基础性作用为前提；要求以经济的和法律的间接手段为主，以行政的直接手段为辅；要求把调控范围主要限制在宏观经济领域。

（4）严格的市场运行规则。市场经济原本具有契约经济和法制经济的特点。在现代市场经济条件下，这两个特点显得尤为突出。具体说来，市场运行规则大体上包括三方面：一是市场进入规则。这是各市场主体进入市场必须遵循的法规和应该具备的条件。二是市场竞争规则。这是各市场主体能够在平等的基础上充分展开竞争的行为准则。三是市场交易规则。这是各市场主体之间交易行为的准则。

2. 在市场经济的作用方面的共同点。

主要有：一是传递经济信息；二是提供经济发展的动力和压力；三是增进企业运营效益；四是提高社会生产资源配置效益。

但市场经济作用的充分实现，是有一系列条件的。主要是，存在完全竞争；价格及时反映资源的供求状况；卖方与买方掌握的信息完全对称；等等。但在实际上，市场只能大体上具备这些条件，不可能完全具备这些条件。比如，一般说来，市场上不大可能存在完全竞争，但垄断竞争、寡头竞争等不完全竞争市场（即竞争性的市场）还是可能存在的。这样，市场经济作用的发挥就会受到一定的限制。

3. 在市场经济的局限性和政府干预经济的必要性方面也有共同点。

像世界上的许多事物一样，市场经济具有优越性，也具有局限性。正是这种局限性使得国家干预经济成为必要。

（1）市场经济具有自发的盲目性，市场调节是事后调节。这样，就会导致经济的周期波动。而且，作为市场最主要主体的企业，投资眼界相对狭隘，往往着眼于当前的短期利润，投资量相对较小，对于关系国民经济长期协调发展的重大建设项目则无心涉足或无力涉足。所以，要实现经济的总量平衡、部门协调和长期稳定发展，单靠市场经济是不够的，必须有政府对经济的干预。

（2）竞争发展到一定阶段必然出现垄断，垄断必然走向腐朽。为了制止垄断，保持竞争性市场的局面，也需要政府的干预。

（3）在科学技术成为第一生产力的时代，重视基础科学研究，大力发展高新产业，保护重大技术发明者的权益，对于促进社会生产力的发展，具有十分重要的意义。这一点依靠旨在实现利润最大化的企业也是难以或难以完全行得通的，必须依靠政府力量的支持。

（4）社会消费的许多公共产品也不能或不能完全依靠市场经济的力量

来提供。在这方面，重要的有国防事业和基础设施，还有学校和医院等这些公益性或半公益性的事业。这些产业和事业都不是或不完全是以盈利为目标的。显然，不能依靠或不能完全依靠旨在实现利润最大化的企业来举办。在这些方面都需要政府的参与。

（5）优胜劣汰是市场竞争的必然结果。因此，如果单纯依靠市场经济的力量，必然导致贫富差别的扩大，甚至两极分化。这样，社会就难以稳定。所以，必须借助政府的力量，通过财政收入（如实行累进所得税和遗产税）和支出（如建立包括养老、失业、工伤和医疗保险以及对社会贫困阶层发放最低生活费等项内容在内的社会保障制度），以缩小贫富差别和抑制两极分化，维持社会稳定。

（6）在当代，治理环境污染和保护生态平衡，已经成为决定经济和社会可持续发展的一个重要因素。如果单纯依靠市场经济力量，环境污染和生态破坏，不仅难以得到治理，而且会进一步恶化。要根本解决这个问题，必须有政府在财力、人力、法律和政策等方面的支持。

（7）在当代，生产者与消费者在掌握信息方面不对称性的情况越来越突出，前者多，后者少。而伴随消费者文化素质的提高，维护消费者权益的呼声越来越高。解决这个问题，单靠市场力量显然是不够的。当然，在这方面，市场经济中的某些中介组织（如消费者协会）是有作用的。但并不能代替政府在这方面的重要作用。

政府对经济干预在市场经济中虽有重要作用，但它不仅不能代替市场在资源配置方面的基础性的作用，还要以这种作用为前提。因为在现阶段以至在一个可以预见的长时间内，市场经济在促进经济发展方面的积极作用还是主要的。而且，由于各市场主体之间的经济利益的矛盾和政府作为市场主体一方的利益局限，以及法制建设、公务员素质和信息等方面的限制，政府对经济干预的作用也有很大局限性，并且会发生诸多失误。因此，在实际经济工作中必须注意发挥市场在资源配置中的基础性作用；在决定采取行政办法还是市场办法时要谨慎地权衡利弊，并尽可能将二者结合起来。这样，才能有效地发挥政府干预经济的积极作用，并限制其消极作用。

但是必须明确：资本主义社会几百年的发展，为人类创造了巨大的物质文明、制度文明和精神文明。有政府干预的市场经济就是其中最重要的制度文明。历史经验已经充分证明：社会主义社会必须结合自身的具体情况有分析地继承这个制度文明；否则，就会给社会主义制度带来毁灭性的严重后果。

但是，这两种市场经济又有重大原则区别。与资本主义市场经济相比较，中国社会主义市场经济的基本特点在于：

（1）它是与社会主义初级阶段的基本经济制度相结合的。而资本主义市场经济是与资本主义所有制这个基本经济制度相结合的。

（2）与上述第一点相联系，社会主义市场经济发展的根本目的是实现全体人民的共同富裕。当前，中国由于各种因素的制约，在实现共同富裕方面还存在许多有违初衷的情况，远没有实现共同富裕的目标。但随着社会主义市场经济和民主法制的完善以及社会生产力的发展，这个目的是一定可以在将来实现的。在这方面，同资本主义市场经济也有原则性区别。尽管这种市场经济经过几百年的发展，社会生产力和居民生活水平有了空前未有的、迅速的提高，但不仅没有（也不可能）解决共同富裕问题，甚至没有能够抑制贫富差别的扩大和两极分化的发展。还要提到：社会主义市场经济条件下的共同富裕与计划经济条件下的共同富裕，无论在实现共同富裕的道路上，或者在结果上，都有重大区别。几十年的实践表明：在很大程度上，后者实现共同富裕的道路是同步富裕，其结果是共同守穷。而前者实现共同富裕的道路，是允许和鼓励一部分人和一部分地区通过诚实劳动和合法经营先富起来，然后再带动另一部分人和另一部分地区后富起来。先富的目的是为了更快地实现共同富裕。实践已经开始并将充分证明：先富带后富以实现共同富裕，是一条正确的道路。

（3）在社会主义市场经济条件下，由于社会主义公有制占主体地位，以及政府是由共产党领导的，因而政府对宏观经济的调控可能而且必须基于人民的利益和意志。这与资本主义市场经济条件下政府对宏观经济调控基于资本家的利益，也有原则区别。当然，由于多种因素的制约，当前中国宏观经济调控还很不完善，在充分体现人民利益和意志方面也有许多不足。但随着经济体制和民主法制的完善，以及宏观经济调控经验的积累，这方面的缺陷是可以而且必须逐步得到克服的。

依据上述社会主义市场经济的基本内容和改革经验的总结，中国社会主义市场经济的基本框架可以确定为：公有制为主体、多种所有制经济共同发展，是社会主义初级阶段的基本经济制度。以此为基石，由现代企业制度，现代市场体系，宏观经济调控体系，现代分配制度，社会保障体系，外向型经济，以及中介组织这样七个主要支柱构成。这一个基石和七个支柱共同构成社会主义市场经济的大厦。

二、建立社会主义市场经济的主要任务及其主要特征

建立社会主义市场经济的主要任务，就是要根本改革计划经济体制，建成与社会主义初级阶段基本经济制度相结合的、国家干预的市场经济。这种干预是以市场机制作为配置社会经济资源的主要方式为前提的，以市场机制的作用为基础的。具体说来，就是要建立上述的由一个基石和七根支柱构成的社会主义市场经济大厦。

这个任务具有以下主要特征：

1. 建立社会主义市场经济体制，就其性质而言，是社会主义制度的自我完善。

这里要澄清两个认识误区：一是把自我完善仅仅归结为社会主义制度下经济体制改革的特征。实际上，从一般意义上说，古代社会和资本主义社会条件下的经济体制都是各该社会制度的自我完善。因为这些改革也都是在坚持各该社会的基本经济制度的前提下进行的，而且是由作为上层建筑核心部分的政府主动推行的。但这并不妨碍从特殊意义上把中国经济体制改革称作社会主义制度的自我完善。因为这是中国政府在坚持社会主义经济制度下主动推行的。二是把自我完善仅仅理解为改革经济体制，而不触动原有的基本经济制度。实际上，中国的经济改革，不仅要实现计划经济体制到社会主义市场经济体制的根本转变，而且要实现由原来的基本上单一的社会主义公有制的格局，到以社会主义公有制为主体、多种所有制共同发展格局的转变。改革的经济表明：这两种转变不是相互孤立的，而是互为条件的。后一种转变是前一种转变的基本前提，也是推动前一种转变的重要因素。

2. 建立社会主义市场经济体制，具有客观的可行性。

建立社会主义市场经济的可行性问题涉及诸多方面。从长期的理论争议和改革实践分歧来看，其中的关键问题是社会主义公有制同市场经济是否兼容。

在实际上，市场经济同社会主义公有制尽管有矛盾的一面，但二者不仅是可以相容的，而且具有内在的统一性。为了清楚地说明这一点，有必要分两个层次来说明。

第一个层次是从抽象的社会主义商品经济（即撇开中国社会主义初级阶段的所有制结构和公有制的实行形式）考察。因为社会主义公有制同市场经济是否兼容的，是可以还原为社会主义公有制同商品经济是否相容的。

按照马克思主义对简单商品生产和资本主义商品生产产生条件所做的分析，我们可以概括出商品生产一般存在的两个条件，即存在社会分工和不同的所有制（或具有独立经济利益的生产经营单位）。

在社会主义初级阶段，社会分工这个条件无疑是具备的。马克思主义认为，在共产主义社会第一阶段（即社会主义社会），劳动还只是谋生的手段。这样，由劳动者组成的各个生产单位就必然具有独立的经济利益。因而，社会主义社会必然存在商品生产。

在发达的商品经济（即以工业化和现代化作为物质技术基础的商品经济条件下），必然产生作用范围覆盖全社会的价值规律。所谓价值规律就是商品价值是由社会必要劳动量决定的，商品价格是由价值决定的。而所谓市场经济就是由价格机制配置社会经济资源。所以，从这个抽象层次考察，社会主义公有制同市场经济具有内在的统一性。

但仅仅停留在这一步，这个问题并没有得到根本解决。原因在于：中国在改革以前，非公有制经济几乎完全绝迹，仅仅存在国家所有制和集体所有制这样两种社会主义公有制形式。而且，国家不仅对国有企业实行行政指令性计划，对集体企业的主体部分也实行行政指令性计划。而这种以实行行政指令性计划为主要特点的计划经济体制，是排斥市场机制作用的，根本谈不上同市场经济的兼容。

所以，对这个问题的分析还必须进行到第二个层次，即从中国社会主义初级阶段的所有制结构和社会主义国有制的实现形式进行具体考察。

　　历史经验和理论分析已经充分证明：在中国社会主义初级阶段，要通过改革建立以社会主义公有制为主体的、多种所有制共同发展的格局；适应国有经济发挥主导作用要求而保留下来的国有企业，还要通过改革建立以公司制为企业组织形式的现代企业制度。原来的集体企业也要适应商品经济要求进行相应的改革。至于非公有制企业天然就是适应这一要求的。在社会主义初级阶段，各种所有制企业就都成为自主经营、自负盈亏的商品生产经营者。这样，商品经济的价值规律的作用，就覆盖到了全社会范围。这同时意味着市场经济成为社会经济资源的主要配置方式。从而，社会主义公有制同市场经济的内在统一性，就能成为活生生的现实。

　　现在的问题是要分析：社会主义公有制同市场经济不能相容的观念长期存在的原因。

　　（1）对马克思主义创始人关于社会主义社会商品经济要消亡的设想采取了教条主义的态度。实践已经证明：马克思、恩格斯的这个设想是不符合实际的。这主要是由于他们所处时代的限制。更重要的一点是：马克思在生前多次告诫当时的和后来的共产党人，他们的理论不是教条，而是行动的指南。所以，如果不是对马克思主义创始人的上述设想采取教条主义的态度，而是采取实事求是的态度，那就没有理由把社会主义公有制同市场经济对立起来。

　　在那些不熟悉或不相信马克思主义的人们（包括国内外的）中，也有人认为，社会主义公有制和市场经济是不相容的。对他们来说，这种观念主要是由于囿于一段期间的历史事实而造成的。因为在历史上，市场经济确实是伴随资本主义私有制经济的确立、发展而形成和发展的；而计划经济是伴随社会主义公有制的建立、发展而形成和发展的。但这种观念就像把国家的宏观经济调控（包括计划）同资本主义私有制看成不相容一样，都是不合理的。

　　（2）没有把作为基本经济制度的社会主义公有制和作为社会资源配置方式（或社会经济运行方式）的市场经济区别开来。但在理论上这是两个有严格区别的经济范畴。而且国内外实践的经验也表明：在发达的商品经济（包括资本主义条件下的商品经济和社会主义条件下的商品经济）条件下，都必须以市场机制作为配置社会资源的主要方式。当然，同时都需要国家的宏观经济调控。

如果从这个角度来考察，那么，社会主义公有制和市场经济不仅是可以兼容的，而且也具有内在统一性。按照邓小平理论，社会主义的根本原则，"一个公有制占主体，一个共同富裕。"社会主义的根本任务，"就是发展生产力"。① 而党的十一届三中全会以来的改革经验证明：市场取向的经济改革，是重新焕发和激励社会主义公有制企业（特别是国有企业）活力、实现经济持续快速发展和共同富裕的唯一正确道路。当然，像任何事物一样，市场经济也有二重性，也有负面影响。而且，处理不当，也会冲击社会主义公有制的主体地位，在某种程度上导致两极分化。但总的来说，市场经济同社会主义公有制是可以兼容的。而且，在建立社会主义市场经济过程中，只要坚持党的基本理论、基本路线和基本纲领，就可以做到有效地发挥市场经济的积极作用，并限制其消极作用，较好地实现它同社会主义公有制的兼容。

3. 在中国这样一个发展中的社会主义大国，建立社会主义市场经济，一个前无古人的极其艰巨的事业。

这主要表现为以下五个方面：

（1）在改革的理论前提方面。1949 年 10 月新中国成立以后，社会主义社会不存在商品经济被看做是马克思主义的基本观点，计划经济被看做社会主义经济制度的基本特征。而在 1958~1978 年 20 年间，除了其中的 1961~1965 年的经济调整时期以外，"左"的路线居于主导地位。在当时的政治环境下，要根本否定马克思主义创始人这个设想和计划经济，就需要极大的革命胆识和理论勇气。而根本否定这一点，正是市场取向改革的理论前提；否则，这种改革就无从谈起。

（2）在确立改革的目标和框架方面。由于缺乏经验和理论准备，在确立市场取向的改革目标和社会主义市场经济的基本框架方面，经历了一个长期的艰苦的探索过程。但在邓小平生前多次倡导的解放思想、实事求是这条马克思主义思想路线指导下，中国党和政府进行了成功的探索。其过程大致如下：

第一阶段：1978 年 12 月，党的十一届三中全会指出，中国经济管理

---

① 《邓小平文选》第 3 卷，人民出版社 1994 年版，第 110~111、137 页。

体制的一个严重缺点是权力过于集中，应该有领导地大胆下放权力，让企业在国家统一计划的指导下有更多的经营管理自主权；应当坚决按照经济规律办事，重视价值规律的作用。从历史观点来看，这可以看做是开了中国市场取向改革的先河。

第二阶段：1979 年以后党的文件，特别是 1982 年 9 月党的十二大指出，正确贯彻计划经济为主、市场调节为辅的原则，是经济体制改革中一个根本性问题。与"文化大革命"期间"左"的路线发展到顶峰的状况相比较，这些提法无疑是巨大进步。但这些规定都还没有从根本上摆脱 1956 年 9 月召开的八大一次会议上的有关提法。

第三阶段：1984 年 10 月，党的十二届三中全会指出，中国实行的是有计划的商品经济。这个提法向市场取向改革目标前进了一大步。

第四阶段：1987 年 10 月，党的十三大报告指出，国家对企业的管理应逐步转向以间接管理为主。计划和市场的作用范围都是覆盖全社会的。新的经济运行机制，总体上来说应当是"国家调节市场，市场引导企业"的机制。这个提法可以看做是向市场取向改革目标迈出了决定性的一步。

第五阶段：1992 年 10 月，党的十四大依据同年初邓小平重要讲话的精神，明确宣布："中国经济体制改革的目标是建立社会主义市场经济体制。"1993 年，党的十四届三中全会勾画了社会主义市场经济体制的基本框架，即构成社会主义市场经济的基石和支柱。

至此，可以认为，中国市场取向改革的目标及其框架在理论上已经基本完成。可见，如果仅仅从 1978 年算起，这个过程是经过了长达 15 年的时间。

需要指出：在确立市场取向改革目标及其基本框架方面经历了这样的过程，在改革的其他方面，特别是在发展非公有制经济和实现国有企业改革方面也都程度不同地经历了类似的过程。

（3）在实现改革任务方面。所谓实现改革任务，主要也就是构筑上述的基石和支柱。构筑社会主义市场经济大厦，是一个极其伟大、十分艰巨、非常复杂的社会经济的系统工程。完成这项工程，不仅需要正确的理论指导，也不仅需要巨大的革命胆略和坚强毅力，而且需要高超的指挥艺术。这项改革任务的艰巨性，特别突出表现在作为改革中心环节的国有企业改革方面。由计划经济体制下的国有企业改革成为社会主义市场经济体制下的国有企业，涉及国有经济运行的全过程，是脱胎换骨的改革。而且这种改革是同国有经济战略性调整、国有企业组织结构的战略性调整以及加强企业的技术改造和管理相结合的，是同处理数以千万计的企业冗员、分离大量的企业办社会机构以及补足巨额资本金、降低资产负债率相结合的。这些就使得国有企业的改革任务变得异常复杂艰巨起来。再加上这方面的改革存在许多失误，诸如：改革起步以后的一个长时间由于没有抓紧社会保障体系的建设，以致国有企业改革事实上难以迈出实质性步伐；80年代的一刀切的拨改贷，以及后来许多国有企业长期资本金不足，成为国有企业经营状况恶化的一个重要原因；政府职能转变缓慢，大量行政性公司反复出现，甚至发生军警、公安和政法机关经商，事实上为国有企业改革设置了新的障碍；没有抓住卖方市场存在的有利时机，及时放开搞活大量的国有中小企业；在国有大中型企业公司化改造中，没有抓紧法人治理结构和企业经营管理人员的监督、激励制度的建设，以致内部人控制现象十分严重；等等。这些又使得深化国有企业改革仍然成为当前一项极为艰巨的任务。

（4）在实现改革的条件方面。推进市场取向的改革，需要一系列严格条件相配合。其中，主要是有稳定的宽松的经济环境和稳定的政治局面。中国20多年的改革经验证明：改革、发展和稳定三者之间存在相互依存、相互促进的统一关系。稳定是前提，改革是动力，发展是目的。改革以来，由于较好地处理了三者之间的关系，促使中国经济的改革和发展取得了举世瞩目的伟大成就。但在改革进程中，营造改革需要的经济环境并非易事。问题在于：由于经济转轨时期各种特有矛盾的作用，在改革过程中，有的年份经济过热。比如，1978年、1985年、1988年和1992年都发生过经济过热。而每当发生经济过热，都会延缓改革的进程，甚至在一定程度上导致改革的倒退。在这几次发生经济过热时，都及时进行了经济调整，使经济环境重新趋于宽松，从而促进了改革的深化。特别是1992~1997年制止了经济过热，实现了经济"软着陆"；1998~1999年又阻止了经济增速的过度下滑，并抑制了通货紧缩的形势；2000年经济增速出现回升，基本上走出了通货紧缩的局面。这就为深化改革创造了稳定的、宽松的经济环境。在改革进程中，创造稳定的政治局面也很困难。这一点，在当前表现得尤为明显。由于各种因素的作用，部分的行政官员和国有企业的经营管理人员的贪污腐败之风并未从根本上遏制住，农民人均收入水平增速缓慢（其中有相当一部分农民绝对收入水平甚至下降），城镇失业工人大量增加。这样，采取各种措施，维护政治稳定，就成为一个十分重要的任务。从相互联系的意义上说，市场取向改革需要的这种经济、政治环境，也使得改革的任务变得异常艰巨。

（5）在实现改革的阻力方面。中国市场取向的改革是由党和政府领导人民进行的，是社会主义制度的自我完善。它根本区别于新民主主义革命时期党领导人民武装推翻国民党反动政权的革命。但市场取向的改革，毕竟也是一场革命，就经济关系变革来说，主要包括两个方面：一是生产资料所有制的部分变革，即实现由单一的社会主义公有制向以公有制为主体，多种所有制共同发展的格局转变；二是经济体制的根本变革，即实现由计划经济向社会主义市场经济的转变。这是一种经济利益关系的大调整，并且必然带来上层建筑各领域的大调整。从而产生一系列的矛盾和冲突，给改革造成多方面的阻力。诸如：市场取向改革要求根本改变社会主义制度下要消灭商品经济以及计划经济是社会主义经济基本特征的观念，以及由长期计划经济生活形成的习惯势力。这就会同那些思想观念和习惯转变一时难以跟上的人们发生矛盾。改革要求实现政企职责分开、打破地方保护主义以及消除行政性（或行政性与经济性相结合）的垄断。这些都会同坚持个人（或小集团或地区的）利益的部分官员发生矛盾。改革要求通过先富带动后富，以实现共同富裕；在一定时期内，改革深化可能加剧失业状况；在改革进程中，难免发生经济过热和通货膨胀，对人民生活产生不利影响；许多改革措施在总体上是有利于人民的，但也会同部分人的利益发生不利的影响。这些都会引起同有关人群的矛盾。改革是从制度上切断腐败的根源。因此会同腐败分子发生激烈的冲突。市场取向改革会引起上层建筑领域内的深刻变革，这也会形成一系列的矛盾和冲突。需要指出：这些矛盾和冲突带有人民性（即除少数敌对分子以外，绝大多数均系人民内部矛盾）、广泛性（涉及的人很多）、复杂性（一时难以辨明是非和处理）、隐蔽性、顽固性和长期性的特点。这是形成改革艰巨性的一个很重要原因。

总之，尽管中国市场取向改革具有客观的可行性，但任务也是十分艰巨的。

4. 中国推进市场取向改革，建立社会主义市场经济体制，采取渐进方式。中国市场取向改革，无论就其各个组成部分来说，或者就其整体来说，都是采取渐进方式的。

就建立社会主义市场经济的微观基础来说，中国经济改革首先是从农村改革开始的。在 20 世纪 70 年代末到 80 年代初，中国废除了农村人民公社制度，实行了以家庭承包责任经营为基础的，并与土地集体所有制相结合的双层经营制度，解除了公社制度对农民的束缚，实现了耕者有其权（农民对土地和农业生产的经营自主权）。这样，就在农村初步建立了适合市场经济要求的微观基础。但在农产品价格"剪刀差"的曲折变化（时大时小）以及后来农村税费负担趋于加重的状况来看，农村改革也没有真正一步到位。看来，只有在真正解决了农产品价格"剪刀差"问题，以及农民税负过重问题，做到了"耕者有其利"，农民才能在较为完全的意义上成为市场主体。当然，就是做到了这一点，也还要进一步解决农业小规模分散经营与大市场的矛盾，实现产业化经营，使得适合市场经济需要的市场主体真正在农村建立起来。

在发展非公有制经济（包括个体经济和私营经济等）方面，其进展也比国有企业改革快得多。但相对说来，个体经济在 20 世纪 70 年代末就取得了合法地位，因而首先迅速发展起来。而私营经济的合法地位迟迟不明确，开始发展就慢些，甚至戴着个体和集体经济的帽子来发展。但整个非公有制经济在社会主义市场经济中的正确定位，还是 1997 年召开的党的十五大以后的事。在这以前，非公有制经济一直被看做是"社会主义经济的补充"（或必要的补充，或有益的补充）。在这以后，非公有制经济才被正确定位为社会主义市场经济重要组成部分。但整个说来，非公有制经济的发展还是比国有经济快得多。

国有企业的改革更是逐步推进的。大体说来，1978~1984 年对国有企业实行以扩大企业自主权为特征的改革，1985~1992 年实行以承包经营制为特征的改革，在 1993 年以后实行以建立现代企业制度为特征的改革。

就建立社会主义市场体系来说，先发展产品市场，再发展要素市场；先实行产品价格市场化，再实现要素价格市场化。在产品价格的市场化方面，也经历了"调整价格为主，放开价格为辅"，到"调整价格与放开价格相结合"，再到"放开价格为主，调整价格为辅"的过程。

就建立包括计划、财政和金融在内的、以间接调控为主的宏观调控体系来说，也是逐步推进的。比如，在计划体制方面，就经历了从指令计划为主，到指令计划和指导计划在不同程度上相结合，再到指导计划为主的过程。

整个说来，作为市场取向改革延伸的对外开放，是快于国内改革的。但对外开放也是逐步发展的。就开放地区来说，1979 年开办了深圳、珠海、汕头和厦门四个经济特区，1984 年开放了 14 个沿海城市，1985 年开放了长江三角洲、珠江三角洲和闽南三角洲，1988 年开放了山东半岛和辽东半岛，并创立了海南省这个最大的经济特区，1990 年开放了上海浦东。1992 年以来，又开放沿边城市、沿江城市和内陆省会城市。

中国经济改革采取渐进方式，不是偶然的现象，而是必然的。因为：

（1）中国虽然从 1978 年底就逐步走上了市场取向改革的道路，但由于认识过程的限制，直到 1992 年召开的党的十四大才明确了经济改革以建立社会主义市场经济体制为目标。从这个认识层面来说，这一点就决定了中国经济改革是不可能一蹴而就的，而必然是一个长期的渐进的过程。而且，要在全党和全国人民中就改革问题取得认识上的一致，干部在这方面经验的积累和培训，也要经过一个过程。还要提到，改革各部分的依存条件是有高低和先后之分的。比如，农业改革的条件就比工业低，产品市场形成的条件就在资本市场之前。这些客观条件都决定了改革是一个渐进过程。

（2）由于党的"左"的路线的错误，中国 1958 年和 1970 年两次以行政性分权为主要特征的经济改革，都因为搞短促的群众运动而失败了。这一点，对党和政府的决策层是记忆犹新的，教训也是很深的。因而 1978 年底开始的市场取向的改革，不可能再重犯这个错误。更为重要的是：1978 年底召开的党的十一届三中全会重新恢复了被"大跃进"和"文化大革命"破坏了实事求是的思想路线。这意味着党和政府的一切工作（包括改革）都要遵循"实践、认识、再实践、再认识"的轨道进行，工作方法也要依据经过试点、总结经验、再逐步推广的路线。这种工作路线也决定了中国改革是渐进性的。而且，这种工作路线可以保证改革不犯全局性的大错误。小的局部性错误虽然难以避免，但采用这种工作路线，可以及时发现和纠正，从而推动改革的顺利前进。

（3）党的十一届三中全会还着重提出要把党的工作重点转移到社会主义现代化建设上来，并强调要进一步发展安定团结的政治局面。为了适应这两方面的要求，渐进式改革是比较适宜的。这是一方面。另一方面，社会主义现代化建设的发展和安定团结政治局面的巩固，又是顺利推进的两个基本条件。

（4）中国渐进改革真正是在党和政府领导下依据社会主义原则主动推行的，是社会主义制度的自我完善。因而，它根本不可能受到西方某些学者"改革理论"（比如"休克疗法"）的支配。而正是这一点，把中国改革与苏联和东欧的改革从根本上区分开来。这种区分不仅包括是坚持社会主义制度还是改变这种制度，而且包括是采取渐进式的方法还是采取"休克疗法"。这里之所以着重提出这一点，是因为有的论著在论述这个问题时完全忽略了这个根本前提。

上述各点说明中国改革采取渐进方式，不仅对于顺利推进改革是必要的，而且对于促进发展和维护稳定也是必要的。从一定意义上说，这种改革方式是正确处理改革与发展和稳定的关系十分重要的一环。

当然，任何事情都有二重性。改革的渐进方式也是如此，它也有负面作用。比如，它本身就会使得计划经济与市场经济这两种新旧体制并存的时间拖得较长，为"寻租活动提供了较大的空间，成为滋生贪污腐败的温床"，对改革、发展和稳定都会造成不利的影响。再加上改革工作的失误，这种时间就会拖得更长，从而可能形成一种特殊的利益群体。他们既区别于坚决维护传统体制，希望实现改革倒退，重新回到旧体制的轨道的人群，也区别于坚决推进改革的人群，而是希望维持改革的现状，以维护他们的既得利益。就当前的情况来说，某些贪污腐败分子，某些因违法经营而获暴利的人，就是属于这类群体。这类群体的壮大及其影响的增强，改革就可能出现某种凝固化倾向。这样，不仅会造成改革的停滞局面，而且会对社会稳定构成严重的威胁。

经济体制改革的基本框架 *

第一节 实行社会主义初级阶段的基本经济制度

一、实行基本经济制度的客观依据及其在建立社会主义市场经济中的作用

以公有制为主体、多种所有制共同发展，是中国社会主义初级阶段的基本经济制度。实行这一制度，是由中国社会主义社会的性质和初级阶段的国情决定的。

第一，中国是社会主义社会，公有制是其经济基础。因此，必须坚持社会主义公有制为主体。这是肯定无疑的。

第二，中国处于社会主义初级阶段。中国在20世纪50年代中期基本上完成了对生产资料私有制的社会主义改造以后，社会主义经济制度基本上建立起来。从这时起，中国实际上就进入了社会主义初级阶段，尽管当时还没有明确提出这个概念。

社会主义初级阶段，是逐步摆脱不发达状态，基本实现社会主义现代化的历史阶段；是由农业人口占很大比重、主要依靠手工劳动的农业国，逐步转变为非农业人口占多数、包含现代农业和现代服务业的工业化国家的历史阶段；是由自然经济半自然经济占很大比重，逐步转变为

* 本文写于2003年，载《论中国经济社会的持续快速全面发展（2001~2006）》，经济管理出版社2006年版。

经济市场化程度较高的历史阶段；是由文盲半文盲人口占很大比重、科技教育文化落后，逐步转变为科技教育文化比较发达的历史阶段；是由贫困人口占很大比重、人民生活水平比较低，逐步转变为全体人民比较富裕的历史阶段；是由地区经济文化很不平衡，通过有先后的发展，逐步缩小差距的历史阶段；是通过改革和探索，建立和完善比较成熟的充满活力的社会主义市场经济体制、社会主义民主政治体制和其他方面体制的历史阶段；是广大人民牢固树立建设有中国特色社会主义共同理想，自强不息，锐意进取，艰苦奋斗，勤俭建国，在建设物质文明的同时努力建设精神文明的历史阶段；是逐步缩小同世界先进水平的差距，在社会主义基础上实现中华民族伟大复兴的历史阶段。这样的历史进程，至少需要 100 年的时间。至于巩固和发展社会主义制度，那还需要更长得多的时间，需要几代人、十几代人，甚至几十代人坚持不懈地努力奋斗。

诚然，从 20 世纪 50 年代中期中国进入社会主义初级阶段开始到 1978 年，经过 20 多年的发展，社会生产力有了很大提高，各项事业有了很大进步。然而总的说来，人口多、底子薄，地区发展不平衡，生产力不发达的状况没有根本改变；社会主义制度还不完善，社会主义民主法制还不健全，封建主义、资本主义腐朽思想和小生产习惯势力在社会上还有广泛影响。中国社会主义社会仍然处在初级阶段。

社会主义的根本任务是发展社会生产力。在社会主义初级阶段，尤其要把集中力量发展社会生产力摆在首要地位。中国经济、政治、文化和社会生活各方面存在着种种矛盾，阶级矛盾由于国际国内因素还将在一定范围内长期存在，但社会的主要矛盾是人民日益增长的物质文化需要同落后的社会生产之间的矛盾。这个主要矛盾贯穿中国社会主义初级阶段的整个过程和社会生活的各个方面。这就决定了我们必须把经济建设作为全党全国工作的中心，各项工作都要服从和服务于这个中心。只有牢牢抓住这个主要矛盾和工作中心，才能清醒地观察和把握社会矛盾的全局，有效地促进各种社会矛盾的解决。发展是硬道理，中国解决所有问题的关键在于依靠自己的发展。

在社会主义初级阶段，围绕发展社会生产力这个根本任务，要把改革作为推进建设有中国特色社会主义事业各项工作的动力。改革是全面改革，是在坚持社会主义基本制度的前提下，自觉调整生产关系和上层建筑的各个方面和各个环节，来适应社会主义初级阶段生产力发展水平和实现现代化的历史要求。

在经济方面就是要根本改革计划经济体制，建立社会主义市场经济体制。建立、完善和发展公有制为主体、多种所有制共同发展的格局，就是为建立社会主义市场经济奠定微观基础。

在这方面，首先不仅要坚持，而且要完善作为主体的公有制。这里所说的坚持，其含义是不言而喻的。这里所说的完善包含以下几方面的含义：一是要适应发展社会生产力和发挥国有经济的主导作用的要求，压缩国有经济中的比重，同时优化国有经济在国民经济中的布局。二是要根本改革计划经济体制，建立市场经济体制。就其中的微观基础来说，不仅要把国有企业从计划经济体制下的政府附属物改革成为市场主体，而且要实现形式多样化。其中特别是要实现股份制。三是根本改革国有企业的组织结构，改变企业"大而全"、"小而全"、企业规模不经济和产业集中度不高的状况。

在这方面，同时要大力发展包括个体、私营和"三资"企业在内的各种非公有制经济，提高它们在国民经济中的比重，使它们真正成为中国社会主义初级阶段基本经济制度的重要组成部分。

只有同时做到了上述两个方面，商品经济的价值规律才有赖以产生的基础，支撑社会主义市场经济大厦的各个支柱才有赖以树立的基础，从而，作为社会生产资源主要配置方式的市场经济才有赖以建立的微观基础。还要进一步指出，也只有这样，才能充分适应中国社会主义初级阶段社会生产力的发展要求，才能逐步解决这个阶段的主要矛盾，才能实现社会主义现代化，也才能巩固和发展社会主义制度。

二、坚持、完善和发展公有制经济

（一）公有制为主体的含义

要坚持和发展在国民经济中居于主体地位的公有制经济，首先要根本改变在长期的计划经济体制下形成的错误观念。诸如公有制程度越高越先进，公有制范围越大越先进等。历史经验表明：这种观念不仅不利于社会主义公有制主体地位的巩固，甚至危及社会主义制度的存亡。因此，必须从发展社会生产力和适应社会主义市场经济的要求出发，重新赋予公有制为主体的正确含义。

依据中国改革的经验，这个含义包括以下几个重要方面。

第一，就公有制的范围来说，公有制经济不仅包括国有经济和集体经济，还包括混合所有制经济中的公有成分。

第二，就公有制的主体地位主要体现来说，要公有制资产在社会总资产中占优势；国有经济控制国民经济命脉，对经济发展起主导作用。这是就全国而言，有的地方、有的产业可以有所差别。

第三，就各种公有制的地位来说，国有经济要占主导地位。在社会主义市场经济条件下，国有经济在国民经济中的主导作用主要体现在控制力上。①国有经济的作用既要通过国有独资企业来实现，更要大力发展股份制，通过国有控股和参股企业来实现。②国有经济在关系国民经济命脉的重要行业和关键领域占支配地位，支撑、引导和带动整个社会经济的发展，在实现国家宏观调控目标中发挥重要作用。③国有经济应保持必要的数量，更要有分布的优化和质的提高；在经济发展的不同阶段，国有经济在不同产业和地区的比重可以有所差别，其布局要相应调整。但集体所有制经济也是公有制经济的重要组成部分。集体经济可以体现共同致富原则，可以广泛吸收社会分散资金，缓解就业压力，增加公共积累和国家税收，对发挥公有制经济的主体作用意义重大。集体经济也不仅要有必要的数量，更要注意质的提高。

第四，就公有制的实现形式来说，可以而且应当多样化。一切反映社会化生产规律的经营方式和组织形式都可以大胆利用。要努力寻找能够极大促进生产力发展的公有制实现形式。股份制是现代企业的一种资本组织形式，有利于所有权和经营权的分离，有利于提高企业和资本的运作效率。国家和集体控股，具有明显的公有性，有利于扩大公有资本的支配范围，增强公有制的主体作用。改革中大量出现的多种多样的股份合作制经济，值得重视和完善。劳动者的劳动联合和劳动者的资本联合为主的集体经济，尤其要提倡和鼓励。

（二）坚持、完善和发展国有经济

1949年新中国成立以后不久，就确立了国有经济在国民经济中的主导地位。其后，一直坚持这种地位，并有了迅速的发展。特别是1978年以来，国有经济有了更为迅速的增长，结构也逐步趋于优化。国有资产总额1952年为370.2亿元，1957年为804.5亿元，1978年为6849亿元，

2001 年为 109316 亿元。2001 年，中国基础产业占用国有资产总额为 37235.7 亿元，比 1995 年增长 1.1 倍，年均增长率 13.5%；占国有工商企业国有资产总量的 62.2%，比重较 1995 年末提高 7.3 个百分点；国有大型工商企业占用国有资产总量为 45990.7 亿元，比 1995 年末增长了 1.5 倍，年均递增 16.1%；占国有工商企业国有资产总量的 76.9%，比重较 1995 年提高 16.6 个百分点。

再有，据财政部会计决算统计，截至 2002 年底，中国国有资产总量共计 118299.2 亿元，比上年增加 8982.8 亿元，增长 8.2%。在全部国有资产总量中，经营性资产 76937.8 亿元（占 65%），非经营性资产 41361.4 亿元（占 35%）；中央占用国有资产为 56594.2 亿元（占 47.8%），地方占用国有资产为 61705 亿元（占 52.2%）。2002 年，经营性国有资产总量比上年增长 5.2%。在全部经营性国有资产中，一般工商企业（含境外企业，下同）占用 65476.7 亿元；金融保险企业（含境外企业，下同）占用 10223.0 亿元；各类建设基金占用 1238.1 亿元。从结构变动情况看，一般工商企业国有资产有较大幅度增长，在经营性国有资产中所占比例有所提高，金融保险业国有资产继续稳步增长。2002 年一般工商企业占用国有资产比上年增长了 6.9%，占经营性国有资产的比例为 85.1%，比上年提高了 1.4 个百分点。金融保险业占用国有资产比上年增长了 8.6%。其中，中央所属金融保险企业占用国有资产比上年增长了 11.4%。2002 年，非经营性国有资产总量比上年增长 14.4%。其中，行政事业单位占用国有资产 30406.1 亿元，比上年增加 4242.6 亿元，增长 16.2%。①

上述数字表明：改革以来，国有资产总量比改革前有了更为快速的增长，结构（包括产业结构和企业结构）也趋于优化。

但是，由于改革以来非国有资产总量有了更为迅速的增长，因而国有资产总量在社会总资产中的比重仍大幅度下降。改革前为 80%~90%，当前为 50% 左右。第二次全国基本单位普查资料显示，2001 年中国 302.6 万个企业法人的实收资本总额为 13.66 万亿元。其中，国家资本占 54.4%、集体资本 11.3%、个人资本 18.4%、港澳台资本 8.1%、外商资本 7.8%。从企业资本的构成看，国有企业资本中 99% 来自国家资本，其他

①《经济日报》2003 年 6 月 5 日第 1 版。

资本来源仅占 1%；集体企业资本的 82.3%来自集体资本，个人资本、国家资本等也各占一定比例；私营企业资本的 97.9%源于个人资本，其他资本只占 2.1%；股份制企业资本中国家资本占了一半以上，为 53.6%，个人资本占 31.6%，集体资本占 12.8%，其余 2%为港澳台及外商资本；港澳台商投资企业资本的 83.8%来自港澳台资本，10.5%来自国家资本；外商投资企业资本的 85%来自外商资本，9.5%来自国家资本；其他企业资本的主要构成依次为集体资本、国家资本和个人资本，分别占 44%、34.1%和 19.7%。[①] 然而实践表明：国有资本比重下降，并没有改变其在国民经济中的主导作用。

　　但同时需要着重指出，现阶段国有经济的布局、国有企业的组织、体制、管理以及技术进步和产业升级方面存在不利于国有经济主导作用发挥的诸多重大问题。其集中表现就是经济效益相对低下状况并无根本改变。国家统计局第二次全国基本单位普查资料显示，中国 1997~2001 年新开业企业（包括国有及集体企业转制、重组和各类新建企业）154.5 万家，占 2001 年末全部企业数的 51%。按照新开企业营业收入与资本金的比率计算，私营企业资本金产出率为 224%、集体企业 216%、股份制企业 187%、港澳台投资企业 161%、外商投资企业 134%、国有企业（包括国有独资企业、国有联营企业）129%。以上数据显示，虽然国有企业的投入产出比也表现出较高的正值增长，但与其他经济类型企业相比明显逊色许多。还有另项统计表明：2001 年，国有企业占用全国金融机构 65.4%的短期贷款，但创造的产值仅占国内生产总值的 37.9%，而民营企业只占 21%的短期贷款，创造的产值占国内生产总值的 47.5%。据预算，2001 年国有工业企业净资产回报率为 6.7%，而民营工业企业的净资产回报率为 12.8%。如果加上国有工业企业无偿或低成本的占用资源、如土地和贷款等，那么对国有经济和非国有经济对生产资源的运作效率的差距，会更加突出。因此，亟须继续采取以下五项战略举措，以坚持、完善和发展国有经济。

　　第一，对国有经济进行战略性调整。

　　这种调整主要包括以下两方面：一是压缩国有经济在国民经济中的

---

① 中国新闻网 2003 年 5 月 27 日 14：47。

比重，二是优化国有经济在国民经济中的布局。前者是后者的前提，我们从前者分析说起。

从根本上来说，压缩国有经济的比重，是发展社会生产力的客观要求。新中国成立以后半个多世纪的情况证明：哪个时期国有经济比重适当，经济增速就快；哪个时期国有经济比重过大，经济增速就慢。表1和表2的资料清楚地说明这一点。

表1　各种所有制经济占国内生产总值的比重[①]　　　　　　单位：%

年份	国有经济	集体经济	非公有经济
1952	19.8	1.5	78.7
1957	40.8	56.4	2.8
1978	56.0	43.0	1.0
1999	约1/3	约1/3	约1/3

表2　各个时期国内生产总值年平均增长速度[②]　　　　　　单位：%

年份	增长速度
1953~1957	9.2
1958~1978	5.4
1978~1999	9.6

需要进一步指出：尽管改革以来国有经济产值比重已有大幅下降，当前还有进一步下降趋势。一是当前国有经济总量仍然过大，而国家又缺乏足够的资本金和经营管理人员来维持这个庞大的框架。二是生产能力总量严重过剩，而且低水平的重复生产过多。三是企业规模不经济，企业组织"大而全"、"小而全"，企业冗员多，企业办社会，以及资产负债率高等方面情况虽有改进，但仍显著存在。四是国有企业经济效益差的状况并无根本改变。更为严重的是：由于历史的、自然的、体制的等多种因素的影响，当前已经形成了一大批扭亏无望及矿产资源枯竭的企业。这样，在深化改革和扩大开放情况下，对国有经济来说，要么在坚持国有经济占主导地位的条件下，主动地进一步压缩，要么大批国有企业在竞争中破产，别无他途。

---

① 1952年、1957年是按国民收入计算的。
②《中国统计年鉴》（有关年份）。

　　但需要着重说明：这种压缩并不会导致公有制经济主体地位的丧失，从而不会影响中国社会的社会主义性质。一是因为它不会导致公有资产在社会总资产中优势地位的丧失。改革以前，国有资产在社会总资产中占绝对优势，当前还占大部分。这还没有包括国有资产中的无形资产和资源性资产，以及集体经济的资产和混合经济中的公有资产，也没有考虑到伴随社会经济发展而带来的资源性资产的增值（如由级差地租上升而导致的地价上涨）。还要提到：尽管改革以来国有资产比重大幅下降，但它本身增长速度大大加快了。只不过其增长速度低于其他所有制经济资产的增长速度。更重要的是，随着国有企业改制、改组、改造的进展，这种速度还会加快。二是因为它不会导致国有经济主导作用的丧失。从问题的本质来看，适当压缩国有产值比重，不仅不会削弱国有经济的控制力，而且会加强这种控制力。如果再考虑到国有经济在各部门布局的优化，国有企业改制、改组和改造，那情况更是这样了。

　　至于国有经济产值比重下降到多少合适，应兼顾社会生产力发展和国有经济发挥主导作用的要求，并由国家调控下的市场竞争决定。应该肯定，中国实行社会主义市场经济体制，国有经济在经济总量中比重应比一般市场经济国家高一些。目前，市场经济发达的国家国有经济在经济总量中一般占5%左右，发展中国家一般占10%左右。中国国有经济在相当长一段时间内以占20%以上为宜。但是也不能比重过高，以免影响有效竞争的开展和资源配置效率的提高。

　　现在我们进一步分析优化国有经济在国民经济各部门的布局。

　　实际上，国有经济布局不合理是传统计划经济体制的产物。这些问题在1956年中国生产资料私有制的社会主义基本完成和计划经济体制完全确立时已经暴露得很充分了。1958年，中共中央就提出和实施建立比较完整的工业体系的区域经济的任务。20世纪60年代中期以后更加强化了这一点。这样，改革以前，国有经济分布不合理状况，就已经发展到了很严重的地步。改革以后，政企分开一直没有得到根本解决。20世纪80年代初开始实行的财政分灶吃饭制度，延续了十来年。1994年开始实行了以划分中央政府和地方政府事权为基础的分税制，但改革并没有到位。改革以来，中央政府逐步下放了投资和引进外资的权限，但有效的宏观调控并没跟上。这期间，市场虽有很大发展，但发育并不健全，行政性垄断和无序的、不平等的、过度的竞争还相当普遍。这样，原来存在的不合理状态不仅没有得到根本扭转，甚至有所加剧。在实行对外开放的条件下，还出现了盲目重复引进。在社会生产力大大发展的条件下，又出现了生产能力的相对过剩，主要是结构性过剩。所以，直到 20 世纪 90 年代下半期，国有经济布局不合理的问题，虽然有所改进，但并没有根本解决。

其主要表现如下：一是分布过广。国有经济几乎囊括了国民经济所有基本行业。就在国有经济中占主要地位的国有工业来说，也几乎包括各个主要工业部门。二是国有经济不需要分布的或者要少分布的一般竞争性行业也分布了，甚至还占了很大的比重。比如，直到 2000 年国有及国有控股的食品工业和纺织业的资产分别是全部工业（指国有及规模以上的非国有工业，下同）资产的 50.8% 和 46.2%。三是国有经济在基础产业无疑需要占相当大的比重，但现在的问题是占的比重过大。比如，2000 年煤炭开采业、石油和天然气开采业以及电力业等的国有资产分别占了全部工业资产的 92.7%、98.9% 和 89.1%。四是国有经济低水平的重复建设过多。据有关部门在 20 世纪 90 年代中期对 28 个省市自治区的调查，产业结构相似系数大于 0.85 的有 8 个，小于 0.85、大于 0.7 的有 15 个，小于 0.7、大于 0.59 的有 5 个。问题还在于：直到目前，这种状况还没有得到根本遏制，甚至还在从一般制造业向基础设施（如高速公路和机场建设）和高新技术产业蔓延。五是国有经济总体上生产能力过剩。按一般标准，生产能力利用率达到 80% 的算是正常的。但 1995 年全国第三次工业普查资料表明：在 94 种主要工业产品中，生产能力利用率仅达 60% 以上的就有 59 种，占总数的 62.7%；在 50% 以下的有 18 种，占 20%。有关单位统计，到 90 年代末 900 多种工业产品中，有半数以上生产能力利用率在 60% 以下。六是国有资产在产业之间的分布，也有同国有经济主导地位不相适应的情况。相对说来，当前国有资产存量分布在竞争性比较强的领域过多，分布在基础产业和基础设施领域不足。七是国有经济一些重要产业在技术上、产量上、品种上和质量上的发展又严重不足。这涉及基础产业、支柱产业和高新技术产业等诸多方面。比如，许多高新技术产业的核心技术并未掌握（如微机芯片中的高端产品）。石油因产量不足每年需要大量进口。2001 年净进口 5104 万吨，相当于国内产量（16396万吨）的31.1%。钢材和机床因品种质量和技术上的问题在很大程度上也依赖国外供应。2001年净进口钢材1247万吨，相当于国内产量（16068万吨）的7.8%；净进口金属加工机床（特别是数控机床）5.5354万台，相当于国内产量（25.58万台）的21.6%。[①]

诚然，这些问题中的某些方面同非国有经济也是有关的，但同国有经济关系最大。上述各点不仅不利于社会生产力的发展，不利于市场竞争的展开，而且不利于国有经济的竞争力的提高和控制力的加强。因而必须进一步进行国有经济的产业布局的调整。那么，按照什么原则进行这种调整呢？总的说来，要依据社会生产力发展和市场竞争的要求，并考虑到经济全球化和知识经济开始到来的时代特点，按照社会主义市场经济条件下国有经济的功能来确定。这些功能主要包括：一是国家和社会安全功能。二是经济稳定发展功能。三是经济主导功能。四是国际经济竞争功能。五是社会稳定功能。六是经济和社会的可持续发展。

适应上述功能的需要，国有经济可以不同方式（独资、控股和参股）和不同程度（全部介入或部分介入）主要掌握以下四大领域：①涉及国家安全和社会安定的行业，如重要军工、钞票印制、航空航天等。②自然垄断的行业，包括电信、铁路运输、电力、煤气、自来水等。③提供重要公共产品和服务的行业，如大型水利设施、环保设施、城市公共交通、金融、保险等。④支柱产业和高新技术产业中的重要骨干企业，如大型油气田、矿山、钢铁、石化、汽车和电子企业等。这些经济命脉部门必须掌握在国家手中，而其他领域的国有经济则可以逐步收缩或退出，逐步实行非国有化。

从长远发展来看，上述的国民经济命脉部门在经济发展的不同阶段会发生变化。当非国有经济有能力并愿意进入这些领域时，国家要不失时机地让出一些领域，以出售企业资本，投向新的命脉领域。国有资本这种不断退出旧有领域又不断进入新的领域动态发展过程，是主导国民经济发展的重要方式，是不断地提高其经济控制力的重要途径。

第二，推进国有企业战略性改组。

基于前面说过的原因，改革开放以来，国有企业组织结构发生了积

---

① 《中国统计年鉴》（2002），第621~625页。

极的变化，但目前仍不合理。主要是重复建设严重，企业"大而全"、"小而全"，没有形成专业化生产、社会化协作体系和规模经济，缺乏市场竞争能力。因此，要区别不同情况，继续对国有企业实施战略性改组。

具体说来，极少数必须由国家经营的企业，在努力适应市场经济要求的同时，国家给予必要支持，使其更好地发挥应有的功能；竞争性领域中具有一定实力的企业，要吸引多方投资加快发展；对产品有市场但负担过重、经营困难的企业，通过兼并、联合等形式进行资产重组和结构调整，盘活存量资产；产品没有市场、长期亏损、扭亏无望和资源枯竭的企业，以及浪费资源、技术落后、质量低劣、污染严重的小煤矿、小炼油、小水泥、小玻璃、小火电等，要实行破产、关闭。

在这方面，尤其要区分大型企业和中小企业进行改组，要坚持"抓大放小"。

首要的是抓大。这对于加强国有经济主导作用，具有决定意义。如果国有经济主要在关系国民经济命脉的重要行业和关键领域，掌握几百个甚至几千个大型企业和企业集团，就能主导国民经济的发展。近几年实践证明：国有企业进一步加大产业整合力度，推动了国有经济实力继续向大型企业集聚，一批具有技术创新能力和核心竞争力的大型企业和企业集团在国民经济中的骨干作用显著增强。2001年，中国0.9万户国有大型和特大型企业资产总额为109643.8亿元，占全部国有企业资产总额的65.8%；实现利润为2731亿元，占全部国有企业利润总额的97.1%。2001年国有大型企业前50家的资产总额、利润总额、销售收入和上缴税金占全部国有企业的比重分别为37%、73.6%、34.4%和44.7%。

今后，还要着力培育实力雄厚、竞争力强的大型企业和企业集团，有的可以成为跨地区、跨行业、跨所有制和跨国经营的大企业集团。要发挥这些企业在资本营运、技术创新、市场开拓等方面的优势，使之成为国民经济的支柱和参与国际竞争的主要力量。发展企业集团，要遵循客观经济规律，以企业为主体，以资本为纽带，通过市场来形成，不能靠行政手段勉强撮合，不能盲目求大求全。要在突出主业、增强竞争优势上下工夫。

放小也是一个紧迫的任务。据统计，2000年，全国国有中小型企业18.1万户，占全部国有企业总户数的94.8%，其中亏损企业9.4万户，亏损面为 52%，国有中小亏损企业占全部国有亏损工商企业户数的 96.9%，亏损额 1086.8 亿元，占全部国有工商企业亏损额的 58.9%。在全部国有企业中，资不抵债（负债大于资产）和空壳企业（损失挂账大于所有者权益）合计为 8.5 万户，占全部国有企业总户数的 44.5%，其中绝大部分也是国有中小企业。

为了放开搞活国有中小企业，要积极扶持中小企业特别是科技型企业，使它们向"专、精、特、新"的方向发展，同大企业建立密切的协作关系，提高生产的社会化水平。要从实际出发，继续采取改组、联合、兼并、租赁、承包经营和股份合作制、出售等多种形式，放开搞活国有小企业，不搞一个模式。对这几年大量的股份合作制企业，要支持、引导和逐步完善。出售要严格按照国家有关规定进行。重视发挥各种所有制中小企业在活跃城乡经济、满足社会多方面需要、吸收劳动就业、开发新产品、促进国民经济发展等方面的重要作用。培育中小企业服务体系，为中小企业提供信息咨询、市场开拓、筹资融资、贷款担保、技术支持、人才培训等服务。

需要着重指出：在国有企业战略性改组过程中，要充分发挥市场机制作用，综合运用经济、法律和必要的行政手段，防止过多的行政干预。在涉及产权变动的企业并购中要遵循公开、公平、公正的原则，做好产权界定，规范资产评估，防止国有资产流失，防止逃废银行债务及国家税款，妥善安置职工，保护职工合法权益。同时要遵循市场经济规律要求，正确处理有关问题。比如，一般说来，固定资产作价不能按原置价，必须按重置价。这样，才能保障买卖双方的经济利益，顺利推进产权变动。

第三，在国有企业中建立和完善现代企业制度（这个问题留待后面进行专门论述）。

第四，加强和改善国有企业管理。

这是建立现代企业制度的内在要求，也是国有企业提高竞争能力的重要途径。改革以来，企业管理趋于改善。但当前还有相当一部分企业存在决策随意、制度不严、纪律松弛、管理水平低下的状况，亟须改变。因此，必须切实加强和改善国有企业管理。

为此，一要加强企业发展战略研究。企业要适应市场要求，制定和实施明确的发展战略、技术创新战略和市场营销战略，并根据市场变化适时调整。实行科学决策，提高决策水平。搞好风险管理，避免出现大的失误。二要健全和完善各项规章制度。强化基础工作，彻底改变无章可循、有章不循、违章不究的现象。建立各级、各个环节的严格责任制度，加强考核和监督检查，确保各项工作有人负责。完善劳动合同制，推行职工全员竞争上岗，严格劳动纪律，严明奖惩，充分发挥职工的积极性和创造性。增强法制意识，依法经营管理。三要重点搞好成本管理、资金管理、质量管理，以及安全管理和资产管理。建立健全全国统一的会计制度。要及时编制资产负债表、损益表和现金流量表，真实反映企业经营状况。切实改进和加强经济核算，堵塞各种漏洞。坚持质量第一，采用先进标准，搞好全员全过程的质量管理。坚持预防为主，落实安全措施，确保安全生产。加强资产管理，重视企业无形资产的管理、保护和利用。加强对企业经济活动的审计和监督，坚决制止和严肃查处做假账、违反财经纪律、营私舞弊、挥霍浪费等行为。四要广泛采用现代管理方法和手段。加强现代信息技术的运用，建立灵敏、准确的信息系统。五要合理设置企业内部机构，改变管理机构庞大、管理人员过多的状况。六要加强民主管理，实行民主决策、民主管理和民主监督，推行厂务公开。七要发展以先进理念为指导的企业文化，提倡爱岗敬业、诚实守信、奉献社会的良好职业道德，加强职工队伍建设。八要建设高素质的经营管理者队伍。国有企业要适应建立现代企业制度的要求，在激烈的市场竞争中生存发展，必须建设高素质的经营管理者队伍，培育一大批优秀企业家。这是一个十分重要的事情，亟须解决。为此，要深化国有企业人事制度改革。积极探索适应现代企业制度要求的选人用人新机制，把组织考核推荐和引入市场机制、公开向社会招聘结合起来，把党管干部原则和董事会依法选择经营管理者以及经营管理者依法行使职权结合起来。进一步完善对国有企业领导人员管理的具体办法，避免一个班子多头管理。对企业及企业领导人不再确定行政级别。从根本上说，要加快培育企业经营管理者人才市场。按照公开、平等、竞争、择优原则，优化人才资源配置，打破人才部门所有、条块分割，促进人才合理流动。要加强教育培训，并营造经营管理者和企业家队伍健康成长的社会环境。还要特别关注建立和健全国有企业经营管理者的激励和约束机制。把物质鼓励同精神鼓励结合起来，既要使经营管理者获得与其责任和贡献相符的报酬，又要提倡奉献精神，宣传和表彰有突出贡献者。要积极实行经理年薪制、持有股权等分配方式。要规范经营管理者的报酬，增加透明度。加强和完善监督机制，把外部监督和内部监督结合起来。健全法人治理结构，发挥其相互制衡的作用。还要加强党内监督和职工民主监督的作用，加强对企业及经营管理者在资金运作、生产经营、收入分配、用人决策和廉洁自律等重大问题上的监督。建立企业经营业绩考核制度和决策失误追究制度，实行企业领导人员任期经济责任审计，凡是由于违法违规等人为因素给企业造成重大损失的，要依法追究其责任。

第五，加快国有企业技术进步和产业升级。

改革以来，在这方面已经取得了明显进展。但又远远不能适应实现社会主义现代化第三步战略目标的需要，以及经济全球化和知识经济化时代的需要，也不利于发挥国有经济的主导作用。因此，加快国有企业技术进步和产业升级，仍然是一个十分重要而又紧迫的任务。

为此，一是要确定国有企业技术进步和产业升级的重点以及对各类企业的要求。其重点是：以市场为导向，用先进技术改造传统产业，围绕增加品种、改进质量、提高效益和扩大出口，加强现有企业的技术改造；在电子信息、生物工程、新能源、新材料、航空航天、环境保护等新兴产业和高技术产业方面占据重要地位，掌握核心技术，占领技术制高点，发挥先导作用。但在这方面要注意处理好提高质量和增加产量、发展技术密集型产业和劳动密集型产业、自主创新和引进技术、经济发展和环境保护的关系。其要求是：通过技术进步和产业升级，使少数大型企业和企业集团要在产品质量、工艺技术、生产装备、劳动生产率等方面达到或接近世界先进水平，在国际市场上占有一定的份额；使一批企业和企业集团要具有较高技术水平，能够生产高附加值产品，在国内外市场有较强竞争力；使多数企业要不断进行技术改造和产品更新，并充分发挥中国劳动力充裕的优势，积极参与国内外市场竞争。二是要确定技术进步和产业升级的主体是企业，要形成以企业为中心的技术创新体系。企业要加强技术开发力量和加大资金投入，大型企业都要建立技术开发中心，研究开发有自主知识产权的主导产品，增加技术储备，搞好技术人才培训。要推进产学研结合，鼓励科研机构和大专院校的科研力量进入企业和企业集团，强化应用技术的开发和推广，增强中间试验投入，促进科技成果向现实生产力的转化。三是完善专利保护制度，培育风险投资基金，发展技术市场，并按人力资本理论建立对科技人员的激励机制，以进一步开拓创新的技术、资金和人才资源。四是发展全国统一的、有序的、平等竞争的、价格机制合理的市场体系，从市场方面增强企业技术创新的压力，根本改变在地方政府保护下形成的、过多的、低水平的重复建设、重复引进和过度竞争，乃至制造和销售假冒伪劣产品以及不讲信用的行为。五是在宏观调控方面，要建立有效的宏观调控体系，着重综合运用经济和法律手段，建立新的投资统计体系和投资导向信息发布制度，提高技术创新投资的效益，减少无效投资和低效投资，特别是要避免低水平的重复建设，并促进乃至强制淘汰落后设备。尤其是在财政方面，要集中必要力量，对重点行业、重点企业、重点产品和重大先进装备制造加大技术改造投入，并向老工业基地和西部倾斜。对于有市场、有效益，符合国家产业政策的技术改造项目，给予贷款贴息支持；对这类技术改造项目的国产设备投资，实行税收鼓励政策。培育和发展产业投资基金和风险投资基金。充分利用国内外资本市场筹集资金，支持企业技术改造、结构调整和高新技术产业发展。实施促进科技成果转化的鼓励政策，积极发展技术市场。继续采取加速折旧、加大新产品开发费提取、减免进口先进技术与设备的关税和进口环节税等政策措施，鼓励企业进行技术改造。

可以确信，切实采取上述五项战略措施，国有经济就一定可以得到坚持、完善和发展，其控制力就一定能够得到加强，其主导作用也一定可以得到进一步发挥。

（三）发展集体经济

现阶段中国集体经济主要包括以下三部分：一是农业集体经济；二是乡镇企业中的集体经济；三是城镇集体经济。由于三者在发展方面差别较大，需分别论述。

第一，发展农业集体经济。

当前农业集体经济的主要形态就是以家庭承包经营为基础的、与作为农业主要生产资料的土地集体所有制相结合的经济，并实行农民家庭分户经营与以社会化服务为内容的集体统一经营的双层经营体制。

家庭承包经营最早萌芽于 20 世纪 50 年代上半期的合作化时代，再生于 60 年代初由"大跃进"造成的经济困难时期。但主要由于"左"的错误，在这两个时期都没能发展起来。只是在 1978 年开始改革以后，它在解放生产力方面以其极强大的生命力迅速代替了改革前存在的队为基础、三级所有的人民公社制度，到 80 年代初在农村中占了主要地位，并极大地推动了农业生产发展。中国农业增加值 1952 年为 342.9 亿元，1978 年为 1018.4 亿元，年均增长 2.1%；1979 年为 1258.9 亿元，2001 年为 14609.9 亿元，年均增长 4.7%。1979~2001 年年均增速为 1953~1978 年的 2.24 倍。① 当然，也要看到：改革以来，农产品价格体制和流通体制的改革，以及农业科技发展，在推动农业发展中也起了重要作用。

但是，当前农村也存在很多不利于巩固农业双层经营体制和发展农业生产的问题。主要是：农户分散经营与大市场相矛盾；农产品流通体制和价格体制的改革还未到位；农民税费负担过重；农业的产品结构和产业结构与新的市场经济不适应；农业技术进步缓慢；农民收入增速下降等。因此，要进一步发展集体经济，需要采取以下战略措施。一是在长期稳定家庭承包经营这一基本制度的前提下，② 积极推进农业产业化经营。二是进一步深化农产品流通体制和价格体制的改革。三是着力推进农村税费改革，切实减轻农民的负担，以便真正做到由新中国成立初的土地改革实现耕者有其田（土地所有权），到改革后的家庭承包经营制实现耕者有其权（土地经营权），再到税费改革实现耕者有其利（农民得到实际经济利益）。四是加大农业结构调整力度，以适应市场的需要。五是加强先进科技在农业中的推广运用。六是动用工业反哺农业政策，并在世界贸易组织的框架内，充分利用其"绿箱"政策和"黄箱"政策，加强财政对农业在各方面的支持力度。七是大力发展小城镇，加速分流农业中的富余劳动力。八是在采取上述各项措施的情况下，提高农民收入的增长速度。

第二，发展乡镇企业中的集体经济。

中国乡镇企业发生于 20 世纪 50 年代的农业合作化特别是人民公社化时期，再生于 70 年代，并于改革以后依靠其本身具有的较为适合市场

---

① 资料来源：《中国统计年鉴》（有关各年）。

② 按照 2003 年 3 月 1 日施行的《中华人民共和国农村土地承包法》的规定，耕地、草地和其他的承包期分别为 30 年、30~50 年、30~70 年（《经济日报》2002 年 8 月 30 日第 9 版）。

经济要求的经营机制和收入分配机制，在 80 年代和 90 年代有了突飞猛进的发展。当前乡镇企业已经发展成为农村经济的主体部分和国民经济的重要支柱。2002 年，全国乡镇企业增加值达到 31800 亿元，其中工业增加值达到 22000 亿元；二者分别占到同年国内生产总值的 31%，工业增加值的 47.8%；二者分别等于同年农业增加值的 2.01 倍和 1.38 倍。[①]

　　需要说明的是：这期间乡镇企业的名称和性质都有了变化。在 1984 年以前，称"社队企业"，以后称"乡镇企业"。改革以前，乡镇企业均属集体企业。改革以后，其性质逐步发生了变化，大体包括以下四种类型：一是社队企业；二是社员联营合作企业；三是其他形式的合作企业和集体为主（或控股）的股份制企业（或企业集团）；四是个体和私营企业。只有前三类大体上可以看做集体企业。还要说明：改革以来，第四类在乡镇企业中占的比重呈加大趋势，当前已经占了大部分。2001 年，个体私营企业增加值已经达到 20420 亿元，占乡镇企业增加值的 69.7%。[②]

　　改革以来，尽管乡镇企业成为一支异军突起的重要力量，但当前还存在许多有碍于其进一步发展的问题。诸如农村基层政权对其行政干预过多，产权不清，结构不合理，技术和管理落后，税负过重以及融资困难等方面的问题都较突出。因而，亟须在这些方面采取相应措施以促进其发展。当然，乡镇企业本身也需作出相应的努力。这里要着重指出：大力贯彻 1997 年 1 月开始实施的《中华人民共和国乡镇企业法》，对于进一步发展乡镇企业具有重要意义。一是它为乡镇企业的发展提供了法律保障，根除了农民在发展乡镇企业方面的顾虑，极大地调动了他们的积极性。二是规定了国家对符合条件的乡镇企业在税收、信贷、人才培训、各单位经济技术合作以及发展对外经济关系等方面的支持。三是在生产经营活动各方面都作出了明确规定，使企业可以依法规范经营。四是使乡镇企业可以依法维护自己的权益。五是使政府可以依法行政和依法监督。[③]

　　第三，发展城镇集体经济。

　　中国城镇集体企业是在 20 世纪 50 年代上半期对个体工商业实行社

　　①《经济日报》2003 年 6 月 13 日第 9 版。
　　②《经济日报》2002 年 2 月 12 日第 4 版。
　　③ 详见《人民日报》1996 年 10 月 31 日第 2 版。

会主义改造过程中建立起来的。在 1958 年以后，由于"左"的政策的影响，将其中不具备条件的一部分城镇集体企业转变为国营工厂；大部分城镇集体企业虽然保留下来，但劳动者个人产权被否定，股金和劳动分红制度被取消，实际上变成了"二国营"，从而严重束缚了城镇集体经济的发展。1976 年粉碎"四人帮"以后，经过拨乱反正，清除"左"的错误，恢复了城镇集体经济的原来面貌。1978 年以后也逐步走上了市场取向改革的道路，进一步增强了城镇集体经济的活力，有了迅速的发展。以在城镇集体经济中占主要地位的工业为例，1957~1978 年，工业产值由137.6 亿元增加到 562.6 亿元；1978~1997 年，由 562.6 亿元增加到 9359.2亿元。前一段在 22 年间仅增长了 4.09 倍，后一段在 19 年间却增长了16.64 倍。即使扣除了价格变动及其他不可比因素，后一段的增速也远远超过了前者。

当前城镇集体经济的发展还有不少困难。主要是许多企业改革并未真正到位，企业内部治理结构和民主管理不健全，产品结构、企业管理和技术设备不适合市场竞争的需要，人才缺乏和筹资困难等。为此，当前亟须采取以下重要措施：一是在理顺企业与政府和联社关系的前提下，依据各种具体情况采取多种方式（如改建为股份合作制、组建有限责任公司以及联合和兼并等）把企业搞活，使企业真正成为市场主体。二是健全企业内部治理结构，加强民主管理，实行厂务公开，并推进结构调整和技术进步。三是大力贯彻 2003 年 1 月开始实行的《中华人民共和国中小企业促进法》。诚然，该法是适用于各种所有制的中小企业。但由于城镇集体企业主要是中小企业，因而尤为适用。该法明确规定"国家对中小企业实行积极扶持，加强引导，完善服务，依法规范，保障权益的方针，为中小企业的创立和发展创造有利的社会环境"。并就资金支持、创业扶持、技术创新和社会服务方面提出了具体措施。[①]

三、发展非公有制经济

中国现阶段非公有制经济主要包括：个体经济、私营经济和外资经济以及混合所有制经济中非公有成分。

中国在 20 世纪 50 年代中期完成了对生产资料私有制的社会主义改

①《经济日报》2002 年 7 月 1 日第 8 版。

造以后，非公有制经济所剩无几，而且都是个体经济。在 1958 年开始的"大跃进"和 1966 年开始的"文化大革命"中由于实行"左"的政策，这些残余的非公有制经济又被扫荡无遗。在 1978 年改革以来，逐步形成了比较完整的发展非公有的政策和法规体系。一是把非公有制经济法定范围从原来的个体经济扩大到私营经济和外资经济。二是把非公有制在国民经济中的定位由原来的"社会主义经济的必要补充"提高到社会主义市场经济基本经济制度的重要组成部分。三是把发展非公有制经济有关规定先写入政策、法规和一般法律，后又写入了宪法。这就为发展非公有制经济构造了良好的政策和法律环境，大大地调动和发挥了非公有制经济的积极性，充分利用了他们的生产资源。

由计划经济体制形成的短缺经济和卖方市场，使得本来很有限的购买力也难以充分实现。而改革以后不仅根本改变了这种状况，而且由于大大提高购买力，扩充了市场容量。这是改革以后非公有制经济得以迅速发展十分有利的市场环境。

非公有制经济天然是市场经济的微观基础。这样，在公有制经济改革一时还难以到位的情况下，非公有制以其特有的活力迅速发展壮大了自己。

改革以来，由于上述各种重要因素的作用，再加上非公有制经济的基数很低（几乎为零）。这样，它就以异乎寻常的、远远超过公有制经济的速度飞快发展，以致在国民经济中的比重迅速提高。1978 年公有经济占国内生产总值的 99%（其中国有经济和集体经济分别占 56% 和 43%），非公有制经济（主要是个体经济）仅占 1%。到 1999 年公有经济比重下降到约为 2/3（其中国有经济和集体经济分别约为 1/3），非公有经济上升到约 1/3。以在国民经济占主导地位的工业的总产值来说，1980 年，公有经济占 99.5%（其中国有经济和集体经济分别 75.96% 和 23.54%），其他经济（包括个体私营和外资经济等）占 0.5%。2001 年，公有经济比重下降到 54.9%（其中国有和国有控股企业与集体企业分别占 44.4% 和 10.5%），其他经济占 45.1%（包括个体、私营和外资经济等）。[①]

但是，当前为了进一步调动非公有制经济的积极性，充分利用两种

①《中国统计年鉴》（2002），第 425~426 页。2001 年为国有和非国有规模以上的工业企业总产值。

市场和两种资源，以加快社会主义现代化建设，为了扩大就业，以维系社会稳定，为了深化改革和扩大开放，以建成社会主义经济体制，并提高国际竞争力，仍需在坚持国有经济占主导地位的前提下大力发展非公有制经济。

为此，从根本上和总体上来说，就是要贯彻党的十六大精神，创造各类市场主体平等使用生产要素的环境。[①] 当前需要取消一切限制非公有制企业的不合理规定，在市场准入、土地使用、信贷、税收、上市融资和进出口等方面，对不同私有制实行同等待遇。鉴于非公有制经济的大部分是中小企业，还要大力贯彻《中小企业促进法》规定的国家对中小企业实行积极扶持、加强引导、完善服务、依法规范、保障权益的方针，在资金支持、创业扶持、技术创新和社会服务等方面为中小企业的创立和发展创造有利的社会环境。还要完善保护私人财产的法律制度。同时需要依法在各方面（包括产品质量、技术和生产安全等）加强对非公有制企业的监管，并加强税收征管。

以上是侧重从内资企业来说的，对外资企业来说，要在世界贸易组织的框架内，继续完善利用外资政策，改善投资环境，实行国民待遇，提高利用外资质量，扩大利用外资规模，优化外资结构。要着力引进先进技术、现代化管理经验和专门人才。鼓励和引导外商投资现代农业、高新技术产业、制造业、基础设施建设、西部开发和参与国有企业改造、重组。鼓励外商特别是跨国公司在中国境内建立研究开发中心和生产制造基地。逐步推进服务领域开放，引进商贸、旅游、会计、审计等方面有信誉的境外大企业和中介组织，促进中国服务业的发展。还要积极创造条件，吸引境外中小企业投资。

以上是从政府层面说的，就非公有制企业本身来说，要适应市场需要，积极调整产品结构，并提高技术和管理水平。对其中的规模较大的企业来说，还要积极推进现代企业制度的建设。

综上所述，经过 20 多年的改革，中国已经初步形成了以公有制为主体、多种所有制共同发展的格局。今后仍需坚持、完善和发展这个格局。这对于建成社会主义市场经济体制以及实现社会主义现代化建设第三步

---

① 《中国共产党第十六次全国代表大会文件汇编》，人民出版社 2002 年版（下同），第 26 页。

战略目标，具有决定性意义。为此，必须坚决贯彻党的十六大精神。第一，必须毫不动摇地巩固和发展公有制经济；第二，必须毫不动摇地鼓励、支持和引导非公有制经济发展；第三，坚持公有制为主体，促进非公有制经济发展，统一于社会主义现代化的进程中，不能把这两者对立起来。[①]

第二节　建立现代企业制度

对中国各种所有制的较大规模企业来说，都有一个建立现代企业制度的问题。但旨在建立现代企业制度的国有企业改革，是整个经济体制改革的中心环节。这个问题显得十分重要，任务也极为艰巨。故在此专门论述国有企业建立现代企业制度的问题。当然，从一般意义上说，这里讲的道理，在某种程度上对其他所有制企业也是适用的。

一、建立现代企业制度的客观依据及其在建立社会主义市场经济中的作用

建立现代企业制度，是适应社会生产力发展、推进中国社会主义现代化建设的要求的。

为了说明这一点，有必要简要地分析一下，由以自然人产权为特权的传统的企业制度向以法人产权为特征的现代企业制度转变的过程。

在自由竞争的资本主义时代，传统私人企业主制度是占主要地位的企业组织形式。与这种企业组织形式相适应，自然人产权制度也成为这个时代主要的产权制度。这种产权制度的基本特征有二：一是产权占有主体是唯一的，产权边界十分明确。二是产权主体拥有完整的产权，即享有对其财产的占有、使用、处置和收益权。

自然人产权制度是在欧洲封建制度解体的过程中形成和发展起来的。自然人产权制度适应了当时社会生产力发展状况，其积极意义在于它首次塑造了近代私人企业产权主体，明确划分了不同主体之间的产权边界，为发展包括产品和各类生产要素在内的市场、发挥市场机制在配置社会

[①]《中国共产党第十六次全国代表大会文件汇编》，第24~25页。

生产资源和提高生产要素营运效益的作用奠定了基础。因而，成为推动当时社会生产力发展的最积极的因素。像任何制度一样，这种制度在发展社会生产力方面自始就有它的局限性。但在资本主义自由竞争时代，这种矛盾并不尖锐。随着生产社会化的进一步发展，这种矛盾也就激化起来。因为生产社会化的发展，要求资本大规模地、迅速地集中和通晓现代企业管理的经理阶层的产生，以及加大防御经营风险的能力。而传统私人企业主与自然人产权制度同这三个要求是相矛盾的。

适应生产社会化发展的这种要求，作为现代企业组织的公司（其典型形态是股份有限公司）和法人产权制度也就产生了。在法人产权制度下，产权结构具有新的特点。一是出资者所有权和公司法人财产权的分离。由出资人组成的股东大会，是公司的最高权力机关，股东只是以其出资额为限对公司承担债务责任。公司是独立的法人实体和市场主体，并以全部资产对公司债务承担责任。二是所有权和经营权在公司法人形态上的统一。公司法人是一个既具有所有权，又具有经营权的完整的产权统一体。这种所有权和经营权的统一性，表现在董事会的职能上。从法律意义上讲，股东大会是公司的最高权力机构，董事会是股东大会闭会期间的最高权力机构。事实上，董事会有权决定公司的一切重大经营管理活动，以及任免包括经理在内的公司高级管理人员。因此，董事会就是公司产权整体性的人格化代表。三是所有权和经营权在公司法人内部的分离。作为公司产权的代表机构的董事会把经营权授予职业化的经理，经理便拥有了公司的经营管理权。于是，统一的公司法人便分解为两部分：董事会掌握所有权，经理掌握经营权。

这样，公司在产权结构方面的创新，不仅较好地解决了上述的自然人产权下不能解决的三个矛盾，而且在出资者所有权和法人财产权之间以及公司内部的所有权与经营权之间形成了一个精巧的激励机制、制约机制和制衡机制，为提高生产要素营运效益提供了有效的微观基础。公司制度的建立，没有也不可能从根本上解决生产社会化与私人资本主义占有制度之间的矛盾。但它却在资本主义私有制的范围内大大扩展了这种经济制度对于社会生产力发展的容量，从而成为缓和与资本主义社会基本矛盾的一个极重要的因素。这就能从一个重要方面说明：为什么资本主义世界在第二次世界大战以后仍然赢得了社会生产的巨大发展。当然，促进这种发展的因素是很多的，诸如新的科学技术革命，旨在缓和劳资之间矛盾的各项办法的实施（如提高工资、增加福利和吸引职工参与管理等），对第三世界廉价能源和原料掠夺，以及经济全球化的大发展等。但作为资本主义经济微观基础的公司制度的发展，显然是一个主要因素。它像市场经济一样，是资本主义制度文明几百年发展的最重要的积极成果。

需要进一步指出：现代资本主义市场经济的发展，为巩固和完善作为现代企业制度的公司制又创造了一系列的条件。重要的有：产品市场竞争的充分展开，资本市场的发展，经理市场的形成，法制的加强，独立董事的建立，作为中介组织的会计师事务所和律师事务所的发展。当然，公司制也不是完美无缺的，仍需要伴随社会经济的发展而不断完善。

从一般意义上说，上述内容对中国社会主义市场经济也都是适用的。结合中国实际情况，吸收这些文明成果，是适应社会生产力发展的要求、推动社会主义现代化建设的重要因素。

不仅如此，建立现代企业制度还是适应市场取向改革的要求，为建立社会主义市场经济体制奠定最主要的微观基础。问题在于：建立社会主义市场经济，本质上就是实现社会主义公有制与市场经济的结合。实现结合的关键是要构建社会主义市场经济的微观基础，主要就是将原来作为政府附属物的国有企业改造成为市场主体。实现这种改造的最有效途径就是进行作为现代企业组织形式公司化的改造，特别是股份制的改造。这样，旨在建立现代企业制度的国有企业改革就成为市场取向改革的中心环节和最主要的基础性工程。

二、现代企业制度的主要特征

现代企业制度的特征主要有以下四方面：

第一，产权清晰。

这是现代企业制度的首要特征。这是指以法律的形式明确企业的出资者与企业的基本财产关系，尤其是明确企业国有资产的直接投资主体，以彻底改变原来企业的国有资产理论上出资者明确、实践上出资者含糊、没有人格化的投资主体，哪个政府部门都可以代表国有资产出资者来行使国有资产所有者权力而又谁都可以不为国有资产负责的状况。实现产权清晰，就是要建立一套符合社会主义市场经济要求的经营性国有资产的管理、监督和运营体系，明确企业国有资产的投资主体，使所有者代表到位，进入企业行使所有者权力，从而落实国有资产保值增值的责任；并以公司制度作为企业的组织形式，形成企业法人制度和有限责任制度。

第二，责权明确。

这是指出资人与企业法人之间的权力、责任关系要明确。国家作为国有资产投资主体对企业的国有资产行使所有者权力，承担所有者义务，即按投入企业的资本额，享有资产收益、重大决策和选择管理者等权力。企业破产时，国有资产投资主体只以投资企业的资本额为限对企业的债务承担有限责任。企业则拥有包括国有投资主体在内的各类投资者投资形成的企业法人财产权，并作为独立的利益主体进行各种经营活动，同时以独立的民事主体身份承担法律责任。

第三，政企分开。

这是指在理顺企业国有资产产权关系、明确产权承担主体的基础上，实行政府与企业的职能分开，建立新的政府与企业的关系。一是政府的社会经济管理和国有资产所有权职能分开，同时构筑国有资产出资人与企业法人间规范的财产关系，强化国有资产的产权约束。二是政府的行政管理职能和企业的经营管理职能分开。政府主要通过经济、法律等措施，调控市场，引导企业，把企业的经营权交给企业，并取消企业与政府之间的行政隶属关系，同时把企业承担的政府和社会职能分离出去，分别由政府和社会组织来承担。三是国有资产的管理、监督与经营职能分开，并由相应的机构分别承担管理、监督和经营职能。

第四，管理科学。

这是指通过建立科学的法人治理结构，形成一套相互制衡的企业治理机制，通过股东大会、董事会、监事会和经理层等公司治理机构的设置和运转，实现出资者所有权与法人财产权的有效分离。在产权清晰、政企分开、责权明确的基础上，加强企业内部管理，形成企业内部的一系列科学管理制度，包括企业领导制度、企业用工制度、企业财会制度、企业酬金和企业民主管理制度等。

三、建立现代企业制度的难点

改革经验表明：在国有企业中建立现代企业制度，是一项极其艰难的事业。主要有以下四方面：

第一，历史包袱难以化解。

由于传统体制的弊端，国有企业的困难长期积累下来，使其背上了沉重的历史包袱。一是富余人员过多。除了近年来大量的下岗人员外，到 20 世纪 90 年代末国有企业还有近 3000 万富余人员，一般企业的富余人员占全部职工的 20%~30%。二是债务负担过重。到 20 世纪 90 年代末国有企业欠银行的债务已超过 3 万亿元，其中不良债务达 1/3；此外，企业之间的"三角债"也十分严重。三是离退休职工过多。当前国有企业包下来的退休职工同在职职工的比例，一般是 1：4~1：5,有的甚至高达 1：3 左右，在统一的社会保障制度还未完全建立之前，退休费是企业难以承担的重负。四是企业办社会压力过大。国有企业除了生产经营任务外，还必须承担安置下岗职工在就业，提供离退休职工养老保险、举办学校、医疗、福利甚至公安工作等。

第二，政企难以真正分开。

实现政企分开并非易事，一是传统计划经济不可能在短期内消失；二是少数手中握有实权的政府官员不愿意放弃干预企业从而放弃为自己牟私利的机会；三是国有企业长期形成的对政府依赖关系难以扭转；四是政治体制改革没有相应到位；五是改革中的某些失误。其突出表现是反复出现行政性公司，甚至发生了政法机关、军队和武警经商的极不正常的情况。这也加重了政企分开的困难。

第三，责权难以真正明确。

建立现代企业制度不仅要使国有企业成为市场竞争主体和法人实体，还要建立责权明确的国有资产管理体制。建立国有资产管理体制既要坚持国有制，又要使代理机构和代理人管理经营好国有资产，使国有资产保值增值；既要促使国有财产所有者到位，又要避免出现国有财产所有者越位；既有建立企业法人财产权，保障企业的独立性，又要防止侵犯国有资产的所有者权益，避免内部人控制。这也绝非易事。

第四，职业化的企业家队伍难以造就。

现代企业制度，需要职业企业家经营。为此，就要培养具有创新力和竞争力的企业家队伍。这就要营造尊重企业家价值的社会环境，建立经理人员有序流动的人才市场，形成有效地激励和约束企业家行为的机制。这都是很难的事。①

四、建立现代企业制度的进展

1978 年改革开始以来，就展开并不断推进了国有企业的改革。到 1993 年 9 月召开的党的十四届三中全会依据党的十四大精神，明确提出建立现代企业制度是国有企业改革的方向。1997 年党的十五大以来，中央又多次提出：用三年左右的时间，力争大多数国有大中型骨干企业初步建立现代企业制度。依据上述精神，从 1994 年开始，中央政府和地方政府分别选了 100 户企业和 2343 户进行建立现代企业制度的试点。到 1997 年试点基本完成。1997 年以来，党和政府在推进政企分开，实现"三改一加强"，鼓励兼并、规范破产、下岗分流、减员增效和再就业工程，加快社会保障制度建设，以及增资减债、降低资产负债率，禁止"三乱"、减轻企业负担等方面，进一步采取了一系列措施，又进一步加快了国有大中型企业的改革，现代企业制度的基本框架初步建成。其主要标志如下：

第一，国有企业改制面不断扩大。

据国家统计局企业调查总队对全国 4371 家重点企业进行的建立企业制度情况跟踪统计调查，截至 2001 年底，所调查的 4371 家重点企业中已有 3322 家企业实行了公司制改造，改制面达到 76%。2001 年底，国有及国有控股企业重组上市的有 406 家，到境外上市的有 22 家。据统计，自 1991 年至 2001 年底，中国上市公司累计募资已达 7726.74 亿元（仅 2001 年就募资 1168.11 亿元），其中通过 A 股发行募集了 3843.94 亿元，配股募集了 2040.8 亿元；B 股募集了 46.32 亿美元，配股筹集了 3.27 亿元；H 股募集了 182.27 亿美元；其他筹资 47 亿元。上市的绝大部分是国有或国有控股企业。还要提到，近几年来，国有企业改革已经扩及到垄断行业。按照市场经济规律，结合垄断行业改革，大力推进企业联合重组。先后建了中国石油天然气集团、中国石油工集团、上海宝钢集团、十大军工集团、四大电信集团和六大航空集团等。此外，数量众多的国有小企业通过改组、联合、兼并、租赁、承包经营、股份合作制和出租等方式，改制面也达到了 86%。

---

① 参见《中共十五届四中全会文件资料》，中共党史出版社 1999 年版，第 99~101 页。

第二，政企初步分开。

为进一步转变政府职能，实现政企分开，1998 年党中央、国务院决定对政府机构进行重大改革和调整。经过改革，国务院部委由 40 个减少到 29 个，大多数专业经济管理部门改为由国家经贸委管理的国家局，国务院各部门将 200 多项职能交给企业、中介组织或地方承担。到 2000 年底，又撤销内贸、煤炭、机械、冶金、石化、轻工、纺织、建材、有色金属 9 个国家经贸委管理的国家局，相关职能并入国家经贸委。1998 年底，中央决定军队、武警、政法机关所办一切以营利为目的的经营性企业全部移交地方，党政机关与其所办经济实体必须脱钩。经过艰苦的工作，也取得明显成效。到目前共有 6408 户军队、武警、政法机关所办的经营性企业和 297 户军队保障性企业移交地方，530 个中央党政机关所办的企业和经营性实体与其脱钩。1998 年以来，有关部门在国务院的领导下，按照市场经济要求对 9 个委管国家局所属的科研院所进行了重大改革，242 家科研机构转为科技型企业或进入企业集团，168 所高等院校交由教育部或地方管理，101 个勘察设计单位和 84 个地质勘察单位分别移交地方管理或进入大企业集团，这些科研院所的改革涉及职工 45 万多人。为进一步转变政府职能，实现政企分开，2001 年下半年开始，以减少行政性审批项目为重点，深入开展了行政审批制度改革，国务院各职能部门在清理行政审批事项的基础上，提出了一批拟取消的行政审批项目。到目前为止，国务院 56 个部门和单位第一批取消了行政审批项目 789 项，这标志着中国行政审批制度改革迈出了实质性的一步。各级地方政府也先后开展了机构改革和行政审批制度改革。1998 年以来，以推进政企分开、转变政府职能为核心内容的机构改革和行政审批制度改革，力度之大，范围之广，成效之显著，都是前所未有的。

第三，企业法人产权制度和法人治理结构初步建立。

截至 2001 年底，3322 家改制企业中已有 3118 家企业在完成清产核资、界定产权的基础上建立了企业出资人制度。改制企业出资人到位率达到 93.9%。截至 2001 年底，3322 家改制企业中，1987 家企业成立了股东会，3196 家企业成立了董事会，2786 家企业成立了监事会，分别占改制企业总数的 80.9%（按《中华人民共和国公司法》规定，国有独资公司不设股东）、96.2% 和 83.9%。从股东会行使职权情况看，1927 家企业股东会能够决定公司的经营方针和投资计划；1851 家企业股东会能够决定和更换董事，决定有关董事的报酬事项；1951 家企业股东会能够审议批准董事会的报告。从董事会行使职权情况看，3153 家企业董事会能够决定公司的经营计划和投资方案。从监事会行使职权情况看，2714 家企业监事会能够检查公司的财务；2698 家企业监事会能够对董事、经理执行公司职务时违反法律、法规或者公司章程的行为进行监督。截至 2001 年底，共有 984 家企业在董事会中设立了独立董事。在 3322 家改制企业中，1876 家总经理由董事会聘任；447 家总经理由企业主管部门任命；538 家总经理由政府部门提名，董事会聘任；59 家总经理由职代会选举，上级任命；22 家总经理由社会公开招聘；339 家总经理由上级组织部门任命。绝大多数企业总经理具有自主经营管理权和企业高层管理人员人事任免管理权。

第四，投资主体多元化不断进展。

2001 年，3322 家改制企业注册资本金合计 11437 亿元。其中，国家投入资本 7383 亿元；包括集体资本、法人资本、外商资本在内的其他各类资本 4054 亿元，分别占改制企业注册资本金总数的 64.6% 和 35.4%，"一股"独占的局面开始有所改变。这不仅增强了国有经济的控制力，而且为企业实现产权明晰、权责明确、管理科学的现代企业制度创造了前提条件。

第五，在积极探索国有资产管理的有效方式，加强对国有企业的监管方面也取得了重要进展。

国家作为国有资产的出资人，在政企分开后，如何行使出资人的权力，确保国有资产保值增值，是建立现代企业制度必须解决的一个重大问题。近几年来，一方面国务院批准了 27 户中央直接管理的、基础较好的国有大型企业和企业集团作为国家授权投资机构；另一方面，允许和鼓励地方进行建立国有资产管理体制的试点，探索国有资产管理的具体途径。上海、广东等省市结合本地实际进行了积极探索，建立了政府（国资委）—授权资产经营公司（企业集团）—生产经营企业三个层次国有资产监督管理体制，明确了政府对授权资产经营公司的监管方式，推进了国有产权代表重大事项报告等制度，为建立具有中国特色的国有资产管理体制积累了经验。同时，中央和各地还加强了对国有企业的监管，建立了监事会制度。中组部、国家经贸委等七部委还选择了一批在行业中具有代表性的企业进行建立总法律顾问制度的试点，以促进企业依法经营。

第六，企业内部的劳动、人事、分配制度改革已经取得成效。

上述调查结果显示，2001 年已有 3216 家企业与职工通过平等协商签订劳动合同确定了劳动关系；2696 家企业改革用工制度，根据生产经营需要依法自主决定招聘职工，已经实现全员竞争上岗制度，形成职工能进能出的机制；3025 家企业能够按规定参加各项社会保险，按时足额缴纳社会保险费；2215 家企业已经打破传统的"干部"和"工人"之间的界限、变身份管理为岗位管理；2691 家企业按照精干、高效原则设置各类管理岗位，对管理人员实行公开竞聘、择优录用制度，企业内部已经形成能上能下的机制，使企业管理更加透明、科学公正。2001 年，改制企业坚持效率优先、兼顾公平的原则，鼓励资本、技术等生产要素参与收益分配。其中，2899 家企业实行以岗位工资为主的工资制；1474 家企业已经实行经营者年薪制度；689 家企业开始尝试实行经营者持有股权、股票期权分配制度；1745 家企业实行科技人员收入分配激励机制；853 家企业实行工资集体协商制度；747 家企业实行职工持股分配制度。[①]

五、推进建立现代企业制度的措施

尽管国有企业改革已经取得了重大成就，但国有企业改革并没有真正、完全到位。其主要表现是：

第一，政企、政资并未真正完全分开，有效的国有资产管理体制还有待建立。

其结果，一方面难以做到出资人到位，以保证国有资产的保值和增值；另一方面也难以避免出资人越位，以致企业不能真正成为市场主体。这一点，在那些国有独资或控股公司中表现得尤为明显。

第二，股权多元化还没有得到应有的发展，国有独资或"一股独大"的情况还相当普遍。

据统计，2001 年 4 月底，全国上市公司中第一大股东持股份额占公司总股本超过 50% 的有 890 家，占全部公司总数的 79.2%。大股东中国家

---

① 参见《经济日报》2002 年 10 月 10 日第 15 版、10 月 14 日第 9 版；新华网 2002 年 11 月 10 日。

股东和法人股东占压倒多数，相当一部分法人股东也是国家控股的。第一股东为国家持股的公司，占全部公司总数的65%；第一股东为法人股东的，占全部公司总数的31%。两者之和所占比例高达96%。这样，既不利于政企分开，又不利于规范法人治理结构，并严重损害了股市的健康发展。因为中国相当多的以国有股为大股东的公司是由控股母公司资产剥离包装后上市的。有的母公司原来的优良资产转到上市公司后，剩下的非主业和不良资产留在母公司。这样，有竞争力的上市公司，还得受没有竞争力的母公司控制，董事会成员还主要由母公司任命。母公司作为上市公司的大股东，就有可能通过各种方式把上市公司资产掏走。近几年来，这样的事件频频出现。

第三，法人治理结构不规范的状况还很多。

当前，中国许多公司都成立了股东会、董事会、监事会等。但是比较普遍的问题是：股东大会形同虚设，董事会不到位，不能很好代表出资人利益，存在"内部人控制"现象。即使上市公司董事会也有不少是第一大股东控制，很难体现中小股东的参与和意愿。据调查，有国家背景的董事在董事会中占绝对优势，平均占董事人数的75.5%。在1135家A股上市公司中，拥有人民币普通股35.95%的股权比率，仅占有董事会成员的7.42%。上市公司董事在经理层担任职务的比率偏高，外部董事或独立董事数量太少。在上市公司中，有占28.83%的董事会成员在经理层任职，外部董事会席位数仅占7.24%。国有母公司控股的上市公司，其董事会及主要经理人员，往往由母公司的人员兼任。所有这些必然造成"内部人控制"，以致国有资产严重流失。

第四，传统计划经济体制留下的企业劳动人事和分配制度还未根本改革，适应市场经济要求的企业内部经营机制还未真正建立，以致企业活力不强。

第五，由于企业冗员和办社会以及资产负债率高等因素的作用，特别是由于社会保障制度不健全，市场退出机制也没真正形成，以致企业效益差的状况还难以根本改观。

第六，企业改制面还有待扩大。

到2000年底，520家国家重点企业（主要是国有企业）有430家进行了公司制改革，其中只有282户企业整体或部分改制为有限责任公司或股份有限公司，开始有多家投资主体。①

因此，需要依据现代企业制度的要求，采取有力措施，进一步深化并加快作为经济改革中心环节的国有企业改革。

第一，进一步推进政企分开，同时建立和健全有效的国有资产的管理、监督和运营体制，以确保出资人到位，但又不越位。

继续推进政企分开，就是政府对国家出资兴办的企业，通过出资人代表行使所有者职能，按出资额享有资产受益、重大决策和选择经营管理者等权力，对企业的债务承担有限责任，不干预企业日常经营活动；企业依法自主经营，照章纳税，对所有者的净资产承担保值增值责任，不得损害所有者权益。

建立和健全国有资产管理的有效形式，就是要贯彻党的十六大的精神，"在坚持国家所有的前提下，充分发挥中央和地方两个积极性。国家要制定法律法规，建立中央政府和地方政府分别代表国家履行出资人职责，享有所有者权益，权利、义务和责任相统一，管资产和管人、管事相结合的国有资产管理体制。关系国民经济命脉和国家安全的大型国有企业、基础设施和重要自然资源等，由中央政府代表履行出资人职责。其他国有资产有地方政府代表国家履行出资人职责。中央政府和省、市（地）两级地方政府设立国有资产管理机构。继续探索有效的国有资产经营体制和方式。各级政府要严格执行国有资产管理法律法规，坚持政企分开，实行所有权和经营权分离，使企业自主经营、自负盈亏，实现国有资产保值增值"。②

可以预期，依据和贯彻这些精神，可在国有资产管理体制上推出一系列的创新。

1. 党的十六大以前，对国有资产管理实行的是国家统一所有，分级管理，由国务院代表国家行使所有者职能。而现在要实行的是国家所有，由中央政府和地方政府分别代表国家履行出资人职责，享有所有者权益，权利、义务和责任相统一。这样做，可以充分发挥中央和地方两个积极性，有利于企业清晰产权，形成多元投资主体和规范的法人治理结构。

①《十六大辅导报告》，人民出版社 2002 年版，第 114~115 页。
②《中国共产党第十六次全国代表大会文件汇编》，第 25 页。

鉴于目前的管理水平，这里所说的地方政府，看来只宜包括省、市（地）两级。

但需指出，关系国民经济命脉和国家安全的大型国有企业、基础设施和重要自然资源等，仍必须由中央政府代表国家履行出资人职责，其他国有资产由地方政府代表国家履行出资人职责。2000 年经营性国有资产总量为 68612.6 亿元，中央占 59.4%，地方占 40.6%，如果加上自然资源和无形资产，中央一级所占比例更大。其余 3 万多亿元的非经营性的国有资产中，中央一级所占的比例要低于地方一级。但也不会改变国有资产总量中，中央一级占大头的状况。①

当然，今后新投资形成的资产，则可能而且必须实行"谁投资，谁所有"的原则，即哪一级政府投资形成的资产，就归哪一级政府所有。这样有利于调动各级政府的积极性。在一般情况下，地方投资形成的资产可以由地方所有，但在特殊情况下国家可以行使最终所有权。

2. 原来国务院作为国有资产出资人的唯一代表，由多个部门分割行使出资人职能：计委管立项，经贸委管日常运营，劳动与社会保障部门管劳动与工资，财政部管资产登记和处置，组织人事部门和大型企业工委管经营者任免等。这是管资产和管人、管事相分割的体制，易出现多个部门都是所有者的代表，对企业发号施令，而出了问题，又不负责任，这就难以对全部国有资产有效行使出资人职责。现在要实行管资产和管人、管事相结合的制度，做到权力、义务和责任相平衡。

3. 现在要建立的国有资产管理机构的监管范围会大大缩小。原来成立的国资局要监管众多的国有企业，不仅面广，而且量大。现在的国资委是在国有经济进行战略性调整的大背景下成立的，国资委所要监管的主要是国有大型企业中的国有资产。不仅如此，为了调动地方政府的积极性，实行国有资产的分级管理，即中央与地方分别代表国家行使国有企业的所有者职能，国资委负责监管中央所属企业的国有资产，地方政府的国有资产管理机构负责监管地方所属企业的国有资产。据报道，新建立的国资委只监管原来由中央企业工委管理的 196 多家国企，其余的国企资产都将划归地方政府管理。但这 196 多家企业虽然数量不多，却

---

①《光明日报》2002 年 12 月 23 日第 1 版。

大都是效益很好、实力很雄厚的"优质资产",占全部国有资产的 60% 左右。① 由于监管范围的显著缩小,国资委就有能力代表国家履行出资人的角色。

4. 新建立的国有资产管理体制强调法制,要求在总结实践经验的基础上,先由国家制定法律法规,依法办事。多年来,一些地方创造的三个层次管理的经验,即地方政府成立国资委,专司国有资产的管理和保值,下设若干个投资公司对企业控股、参股等,虽起了积极作用,但仍有待进一步从法律法规上加以规范。其目的不但要保证国有资产的安全,还要不断提高整个国有资产的运营效率。现在要实行的有关国有资产管理法规,就是为了实现这个目的。

5. 新建立的国有资产管理机构有可能有效地按照市场经济的要求进行运营。在上述五个因素的作用下,新建立的国资委不必建立链条很长的委托代理关系,而可以直接根据国家的授权,依据法律法规履行出资人职责,如指导国有企业的改革和重组;向所监控的企业派出监视会;通过法定程序任免企业的负责人,并考核奖惩经营者;通过统计、稽查对所管国有资产的保值增值进行监管等。

显然,实行这样一种国有资产管理体制是可以通过政资分开达到政企分开的目的,进而通过所有权与经营权的分离把国有企业改造成为自主经营、自负盈亏的市场竞争主体,实现国有资产的保值和增值。

实行新的国有资产管理体制是一场深刻的革命,还需要做多方面艰苦的努力。特别是要着力排除由旧体制形成的习惯势力的阻力,由条块分割形成的部门利益和地区利益的阻力。为此,首先需要在总结国内外已有经验的基础上,建立和完善相关的法律法规,做到依法监管。国务院于 2003 年 6 月 5 日公布实施的《企业国有资产监督管理暂时条件》(以下简称《暂行条例》)正好适应了这一要求。

之所以要制定《暂行条例》主要是为了落实党的十六大关于国有资产管理体制改革的精神,以及为机构改革的顺利进行提供法制保障。

制定《暂行条例》主要把握三项原则:一是按照十六大和十六届二中全会关于国有资产管理体制改革的精神,明确国有资产管理体制的基本

---

① 《经济观察报》2003 年 4 月 7 日 A4。

框架和企业国有资产监督管理的基本制度。二是依据公司法等有关法律、法规的规定，明确国有资产监督管理机构的出资人职责，既要保证出资人职责到位，又要切实保障企业经营自主权。三是考虑到国有资产监督管理体制改革的经验还不成熟，条例是暂行的，具有原则性、起步性、过渡性的特点，对当前急需解决、看得准的问题，做了比较明确的规定；对有些需要进一步研究探索的问题，做了比较原则的规定，有些没作规定。待实施一段时间后，再总结经验，对《暂行条例》进行修改、补充和完善。

《暂行条例》关于企业国有资产监督管理体制主要规定有：按照党的十六大报告，《暂行条例》规定，企业国有资产属于国家所有。国务院代表国家对关系国民经济命脉和国家安全的大型国有及国有控股、国有参股企业，重要基础设施和重要自然资源等领域的国有及国有控股、国有参股企业，履行出资人职责。省、自治区、直辖市人民政府和设区的市、自治州级人民政府分别代表国家对由国务院履行出资人职责以外的国有及国有控股、国有参股企业，履行出资人职责。同时，《暂行条例》就国有资产管理机构的设立作出明确规定，国务院，省、自治区、直辖市人民政府，设区的市、自治州级人民政府，分别设立国有资产监督管理机构。国有资产监督管理机构根据授权，按照"权利、义务和责任相统一，管资产与管人、管事相结合"的原则，依法履行出资人职责，依法对企业国有资产进行监督管理。《暂行条例》还明确要求各级人民政府应当坚持政府的社会公共管理职能与国有资产出资人职能分开，坚持政企分开，实行所有权与经营权分离。国有资产监督管理机构不行使政府的社会公共管理职能，政府其他机构、部门不履行企业国有资产出资人职责。

《暂行条例》关于国有资产监督管理机构作为履行出资人职责的机构，对所出资企业国有资产实施监督管理的主要内容包括：一是对所出资企业负责人实施管理。国有资产监督管理机构任免国有独资企业的总经理、副总经理、总会计师及其他企业负责人；任免国有独资公司的董事长、副董事长、董事，并向其提出总经理、副总经理、总会计师等的任免建议；依照公司章程，提出向国有控股的公司派出的董事、监事人选，推荐国有控股公司的董事长、副董事长和监事会主席人选，并向其提出总经理、副总经理、总会计师人选的建议。二是对所出资企业重大事项实施管理。国有资产监督管理机构依照法定程序，决定所出资企业中的国有独资企业、国有独资公司的分立、合并、破产、解散、增减资本、发行公司债券等重大事项；作为出资人，决定国有股权转让；国有资产监督管理机构可以对所出资企业中具备条件的国有独资企业、国有独资公司进行国有资产授权经营。被授权的国有独资企业、国有独资公司对其全资、控股、参股企业中国家投资形成的国有资产依法进行经营、管理和监督。被授权的国有独资企业、国有独资公司应当建立和完善规范的现代企业制度，并承担企业国有资产的保值增值责任。三是对企业国有资产实施管理。国有资产监督管理机构负责企业国有资产的产权界定、产权登记等基础管理工作；协调其所出资企业之间的企业国有资产产权纠纷；对所出资企业的企业国有资产收益依法履行出资人职责，对所出资企业的重大投融资规划、发展战略和规划，依照国家发展规划和产业政策履行出资人职责。为防止企业国有资产流失，要求国有资产监督管理机构建立企业国有资产产权交易的监督管理制度，加强对企业国有资产产权交易的监督管理；所出资企业中的国有独资企业、国有独资公司的重大资产处置，需由国有资产监督管理机构批准的，依照有关规定执行。

《暂行条例》规定，国有资产监督管理机构对企业国有资产采取不同的监管方式。国有资产监督管理机构依照法定程序，直接决定国有独资企业、国有独资公司的重大事项；对国有控股公司，国有资产监督管理机构依照公司法规定，通过派出的股东代表、董事，参加股东会、董事会，按照国有资产监督管理机构的指示发表意见，行使表决权，对企业国有资产实施监督管理。同时，为了保证国有资产监督管理机构既要履行出资人职责，又不影响企业经营自主权，《暂行条例》明确规定，所出资企业及其投资设立的企业，享有有关法律、行政法规规定的企业经营自主权。国有资产监督管理机构应当支持企业依法自主经营，除履行出资人职责以外，不得干预企业的生产经营活动。[①]

第二，严格地推行规范的公司制改造。

这有两个重要方面：

1. 大力推行股权多元化。股权多元化是现代公司制的题中应有之义，

---

① 《经济日报》2003 年 6 月 5 日第 2 版。

是其不可分割的内在本质，是建立作为公司制核心的法人治理结构的前提，是发挥公司制筹集资金和分散风险功能的必要条件。就中国社会主义初级阶段的具体情况来说，除了极少数必须由国家独资经营的企业以外，一般企业都要实行股权多元化。这除了适应现代公司制发展规律的要求以外，还有利于实现政企分开，有利于保证国有投资的到位，有利于企业的法人产权和法人治理结构的建立，有利于国有资本控制大量社会资本，以发挥其主导作用；特别是有利于避免改革中反复出现的行政性公司的再现。

2. 建立规范的法人治理结构。公司制是现代企业制度的一种有效组织形式。公司法人治理结构是公司制的核心。要明确股东会、董事会、监事会和经理层的职能，形成各负其责、协调运转、有效制衡的公司法人治理结构。所有者对企业拥有最终控制权。董事会要维护出资人权益，对股东会负责。董事会对公司的发展目标和重大经营活动作出决策，聘任经营者，并对经营者的业绩进行考核和评价。发挥监事会对企业财务和董事、经营者行为的监督作用。国有独资和国有控股公司的党委负责人可以通过法定程序进入董事会、监事会，董事会和监事会都要有职工代表参加；董事会、监事会、经理层及工会中的党员负责人，可依照党章及有关规定进入党委会；党委书记和董事长可由一人担任，董事长、总经理原则上分设。充分发挥董事会对重大问题统一决策、监事会有效监督的作用。党组织按照党章、工会和职代会按照有关法律履行职责。

第三，根本改革传统的劳动人事和分配制度，着力建立适应市场经济要求的企业内部经营机制。

要在企业内部形成优胜劣汰、经营者能上能下、人员能进能出、收入能增能减、技术不断创新、国有资产保值增值等机制。要积极建立与现代企业制度相适应的收入分配制度，实行按劳动、资本、技术和管理等生产要素按贡献参与分配的原则。对董事会和经理层要实行年薪制和持股制。

第四，逐步建立适应竞争要求的市场退出机制。

但在中国转轨时期，在企业冗员和办社会机构很多，以及资产负债率很高，而社会保障制度又很不健全的条件下，还难以完全形成同市场经济相适应的市场退出机制。需要建立一些过渡性的、带有行政色彩的市场逐步退出机制。比如，依据已有的改革经验，可以对因企业破产而失业的工人，实行"三保"（保最低工资、保退休金和保最低生活费）办法，同时实行再就业工程。国家财政还可以逐年安排一定额度的银行呆坏账准备金，用于某些破产企业（如产品没有市场、长期亏损、扭亏无望的企业和资源枯竭的矿山）偿还债务。只有在社会保障体系比较健全和其他条件比较成熟的情况下，才能完全形成同市场经济相适应的市场退出机制。

第五，在实行上述各项措施的基础上，还要积极扩大企业改制面，以达到在国有大中型企业中全面建立现代企业制度的目的。

在这方面尤其值得注意的是继续大力推进垄断行业的改革。这是国有经济最集中的领域，又是国民经济最重要的部门。这方面改革的进展，对于完成市场取向改革，加强国有经济的控制力，推动社会主义现代化建设，都有极重要的意义。

为此，首先对垄断做些区分。从理论经济学分析，可将垄断区分为三大类：

1. 自然垄断。在自由竞争的资本主义时代，自然垄断首先是与土地这样的自然资源的垄断相联系的。其典型例子就是土地和有权垄断和土地经营的资本主义垄断。前者形成绝对地租，后者形成级差地租。

但随着工业化和现代化的发展，自然垄断行业的范围被大大拓宽了。它被延伸到以输送网络系统的存在为基础以及与此相应的规模经济性和范围经济性所决定的行业。首先，输送网络（如电网、电话线、自来水和煤气管道、铁路等）业务需要大量固定资产投资，其中相当部分是沉淀成本，如果由两家或两家以上的企业进行重复生产，不仅会浪费资源，而且使每家的网络系统不能得到充分利用。规模经济要求企业生产经营规模必须足够大，以有效降低产品的固定成本，从而降低产品单位成本。范围经济则要求将密切相关的业务聚合起来，进行一体化经营，以节约市场交易费用。因此，与自由竞争能促进效率提高相区别，网络性自然垄断行业由一家经营比多家竞争，资源配置更为优化。所以，世界各国的反垄断法，都承认"适用除外"原则，把自然垄断行业排除在反对之外。

但是，伴随经济专业化分工的发展和认识水平的提高，人们越来越清楚地认识到，几乎所有的自然垄断行业都包括两部分：既有自然垄断性业务（或生产环节），又有非自然垄断性业务（或生产环节）。如电力、煤气和自来水供应行业中的线路、管道等输送网络业务，电信行业中的有线通信网络业务和铁路运输行业中的铁轨网络业务，其他业务则属于非自然垄断性业务。电力行业包括电力设备供应、电力生产（供电）、高压输电、低压配电和电力供应等业务。其中，只有高压输电和低压配电属于自然垄断性业务，而电力设备供应、电力生产和供应则是非自然垄断性业务。管道煤气和自来水供应业具有与电力行业基本相同的属性。铁路运输行业的主要业务领域包括铁路线路建设、铁路网络操作业务、铁路物资供应、铁路运输机车车辆生产与供应等，其中，只有铁路网络操作业务是自然垄断性业务，其他业务也都属非自然垄断性业务。电信行业，现在只有市内电话服务基本属于自然垄断性经营业务。所有自然垄断行业中的非自然垄断性业务都可以实行多家经营，开展竞争。

2. 经济垄断。随着自由竞争资本主义向垄断资本主义的过渡，垄断企业凭借其资本集中、生产集中和技术集中等经济优势，在生产经营实行排斥竞争的垄断。其简单的和通行的形态就是价格同盟。

3. 行政垄断。这种垄断是政府凭借其行政权力由它独占某些产品的生产和经营，并限制民间企业的介入。这种垄断早在封建社会就产生了（如中国古代政府长期实行的盐铁专营）。到了资本主义社会，在某些领域内也存在这种垄断。但只有在计划经济体制下，这种垄断才得到了极大的发展。不仅如此，在这种体制下，几乎所有的自然垄断和经济垄断都是与行政垄断结合在一起的，以至于很难将它们分开。

在做了上述分析以后，对不同的垄断需要区别对待。对于自然垄断行业的改革，首先是认真区分该部门自然垄断性业务和非自然垄断性业务，然后在非自然垄断性业务部分进行市场化改革，积极引入市场机制，开展竞争。这是中国当前垄断行业改革的主要内容。同时要把这项改革与破除行政垄断结合起来。因为中国当前在这方面存在的问题，关键不是因为自然垄断妨碍市场化改革，而是自然垄断行业的一些部门运用行政手段，阻挠引入市场竞争。所以，表面上看是自然垄断，实际上主要是行政性的部门垄断。他们力图保持这种垄断地位，以谋取部门利益，使部门利益固定化。

对于经济垄断的改革也要坚持推行。因为在中国当前，它不仅阻碍要素运营效益和资源配置效益的提高，而且阻碍市场取向改革的深化，特别是阻碍统一开放的、平等竞争市场体系的形成。

现在有一种观点认为，现阶段中国经济的集中度较低。因此，经济性垄断危害还不十分突出。这种观点有其合理性。因为相对经济发达国家来说，中国经济的集中程度和经济垄断程度确实较低。但同时也应看到：中国经济某些领域的集中度并不低，特别是市场秩序混乱，再加上部分的行政官员和国有企业领导人贪污腐败严重。这诸因素的共同作用，就使得诸如操纵价格的垄断行为在某些时候和某些领域表现很猖獗。因而很值得警惕！

总的说来，对行政垄断一定要坚决破除。在中国具体条件下，行政垄断是计划经济体制的产物和重要组成部分，破除垄断是市场取向改革的题中应有之义。因此，对于一般的行政垄断，包括地方封锁、部门市场分割、政府限制贸易等，都要坚决破除。因为这类垄断只会麻痹市场机制，损害效率的提高，还会带来收入分配不公。诚然，反对行政垄断会触犯一部分人的既得利益，因而会有阻力，需要政府强力推行，并结合政府职能转换尽快解决。这是中国现阶段反垄断的重点。当然，在这方面也有例外。比如，烟草仍需国家专卖。

第三节　建立现代市场体系

一、现代市场体系的内容及其在建立社会主义市场经济中的作用

社会主义市场经济条件下的现代市场体系，是一个内容极为丰富的复合概念。

第一，现代市场体系是一个由商品市场和要素市场组成的相互联系的有机体。

一般和整体说来，市场是市场主体交换商品的场所，是他们交换关系的总和。

商品市场包括消费品市场和生产资料市场。广义商品市场还包括服务市场，如金融、电信、交通、旅游等服务市场。

生产要素市场主要包括：①金融市场，包括长期运营资本的资本市

场、短期资金融通的货币市场、外汇市场和黄金市场等。②产权市场，包括企业产权交易、股权转让市场和技术产权交易市场。③劳动力市场，包括体力劳动为主的市场和脑力劳动为主的市场（人才市场）。④土地市场，即土地所有权或使用权的交易和转让的市场。⑤技术市场，广义的技术市场是指从技术商品的开发到应用和流通的全过程；狭义的技术市场是指技术商品交换的场所。⑥信息市场是指专门进行信息交换的场所。

商品市场和要素市场不是孤立的，而是有机联系的。一方面，商品市场是市场体系发展的主体和基础。因为，商品交换是市场交换的主要内容，要素市场发展的最终目的是为商品市场服务的。如果没有商品市场的发展，要素市场的发展就失去了基础。另一方面，要素市场的发育程度和水平制约着商品市场的发展。特别是其中的资本市场，相对于其他要素市场和商品市场来说是核心。在知识经济到来的时代，信息、技术等已成为必要的、重要的生产要素。没有这些要素市场的发展，商品市场不可能发展起来。

第二，以市场为基础的价格形成机制是现代市场体系的本质，同时也是市场配置资源的中心环节。

因为现代市场体系的运行是由价值规律、竞争规律和供求规律所决定的价格机制所支配的；市场配置资源也是要通过市场价格来调节的。

第三，统一、开放、竞争和有序是现代市场经济的相互联系的四个基本属性。

这些属性既是现代市场经济内在本质的要求，又是有效发挥市场配置社会生产资源作用的基本条件。

统一是指市场体系在全国范围内是统一的。统一市场要求商品和生产要素可以在不同部门、地区之间自由流动，按照统一的规则进行组织和运作。统一市场还要求政府运用各种相关手段，克服不同部门、区域或经济主体之间由于利益不一致给商品和生产要素流通流动造成的障碍，特别是要打破条块分割和地区封锁。

开放是指市场体系是一个跨行业、跨部门、跨地区、跨国界的商品和要素自由流动的体系。这里不仅包括对内开放，而且包括对外开放。

竞争是指市场体系必须在一个公开、公正、公平竞争的环境下运行。竞争要求消除市场垄断、贸易壁垒和歧视措施。

有序是指要有一定规则来维持市场正常秩序，保证公平竞争和商品的合理流动。这种规则既包括法律、法规，也包括正式、非正式的行业规范、国际惯例和商业信用等。在这方面，既要反对不合理的行政干预，也要反对不讲商业道德、商业信誉的欺诈行为。

第四，现代市场体系中的"现代"。这是指在知识经济时代和经济全球化条件下，商品市场和要素市场构成现代化（如商品市场中新型服务市场发展，要素市场中信息、技术市场的发展），商品流通组织形式的现代化（如现代物流业发展），商品交换方式现代化（如电子商务的发展），以及商品流通和要素流通的国际化。

上述四个方面共同构成了现代市场体系不可分割的基本内容。

现代市场体系具有以下功能：一是经济联系的功能。市场体系为商品市场和要素市场主体之间提供了经济联系的场所。二是信息产生和传递的功能。商品市场和要素市场都是各种经济信息的集散场所。三是社会评价功能。商品价值的多少必须通过市场进行评判。四是利益关系调整的功能。市场体系通过商品价格和要素价格（如物价、工资、利率、股票价格）的波动，来调节着市场主体的经济利益。五是提高资源配置效率的功能。这是市场体系的基本功能。上述五种功能表明：建立现代市场体系，对于建立社会主义市场经济体制起着十分重要的作用。

二、现代市场体系的发展及其完善的途径

1978年以来，由于计划、商品流通、物资、价格、劳动工资、金融、外贸、外汇、国有企业和科技、教育等方面体制的改革，实行公有制为主体、多种所有制共同发展的基本经济制度和对外开放，基本上打破了改革前存在的发展市场体系的各种束缚，提供了新的强大动力，并促进了价格的市场化。而生产、科技和教育的持续高速增长，又为市场体系的发展奠定了雄厚的物资、技术和智力的基础。这样，中国现代市场体系就有了空前未有的大发展。

商品市场的发展。1978~2001年，社会消费品零售总额由1558.6亿元增长到37595.2亿元；2001年占国内生产总值的比重达到了39.2%。商品价格已基本市场化。2001年市场调节价的比重在社会商品零售总额中占96%，在生产资料销售收入总额中占87%，在农副产品收购总额中占

93.9%。①

金融市场的发展。2001 年，金融机构存款和贷款总额分别达到143617.2 亿元和 112314.7 亿元，分别相当于国内生产总值的 199.7%和117.1%；上市公司和上市股票总数分别达到 1154 家和 1240 只，股票市价总值和流通市值分别达到 43522.2 亿元和 14463 亿元，分别相当于国内总值的 45.4%和 15.1%；保险公司保险金额 427745 亿元，相当于国内生产总值的 4.5 倍。货币市场价格已经部分地实现了市场化（如同行业拆借市场价格），作为资本市场的最主要组成部分的股票价格也已市场化。

劳动力市场的发展。2001 年全国就业人员 73025 万人。其中，城镇和乡村就业人员分别为 23940 万人和 49085 万人。在城镇就业人员中，国有单位 7640 万人，其就业和工资在不同程度上实现了市场化或者受到了市场化的影响；非国有单位为 16300 万人，其就业和工资已市场化。在乡村就业人员中，除了在农业双层经营体制中就业的 32185 万人以外，在乡镇企业和私营等单位就业的 16900 万人其就业和工资已市场化。

土地、技术和信息市场。2001 年，全国开展国有土地招标拍卖挂牌的市、县达到了 1435 个，收取土地价格 492 亿元；技术市场成交额达到782.8 亿元；固定电话和移动电话用户分别达到 17900 万和 14500 万用户。② 这些市场价格在不同程度上也实现市场化。

依据上述情况，特别是其中的市场发展规模和市场价格机制形成这两个基本方面，可以认为，中国商品市场已经发展到相当成熟的程度，要素市场也有很大的发展，现代市场体系的框架已经初步建成。

但是，按照建立与社会主义市场经济体制相适应的现代市场体系的要求，当前中国在这方面还存在许多亟待解决的问题。主要问题是：相对商品市场的发展来说，要素市场发展滞后；地区封锁、市场分割，交易秩序和信用关系混乱；市场体系现代化程度较低。因此，完善现代市场体系的主要途径是：

第一，要在继续发展商品市场的同时，着力发展要素市场。

如前所述，商品市场和要素市场是相互依存的。商品市场是要素市

---

① 《经济日报》2003 年 10 月 31 日第 4 版。

② 《中国统计年鉴》（2002），第 51、117、348、578、661、667、709 页；《经济日报》2002 年 11 月 28 日第 3、9 版。

场发展的基础，而要素市场的发展水平又制约着商品市场的发展。就中国实际情况来看，商品市场改革起步较早，经过 20 多年的改革，已形成了较为健全的市场。这就为要素市场的发展奠定了坚实的基础，同时又对发展要素市场提出了迫切的要求。要素市场发展滞后状况不能适应商品市场发展的要求。因此，在继续发展商品市场的同时，需要着力发展要素市场。

在发展要素市场方面，首先又要推进资本市场的发展。从各类生产要素的稀缺程度看，资本在大多数生产领域仍是最稀缺的资源。中国劳动力资源相对丰富，普通劳动力稀缺程度不高。而且中国正处于全面建设小康社会阶段，商品需求仍集中于满足基本生活的产品和服务，相对经济发达国家来说，对高科技的需求不是特别高。这样，发展资本市场就成为建立要素市场中的核心内容。诚然，改革以来，中国资本市场也取得了巨大发展。但从整体上看，中国当前仍以银行的间接融资为主，直接融资比例偏低。而且，资本市场不够规范，市场结构单一，层次少，投资品种不足。这些情况都不利于降低金融风险，提高金融市场效率，合理配置资本资源。还要提到，中国资本市场对外开放还刚开始。中国资本市场的逐步开放是对外开放方针的拓展，是适应经济全球化的需要，也是利用两种市场和两种资源的需要。因此，加快改革和开放，以促进资本市场的发展，是当前发展要素市场的一项首要任务。

当然，同时需要发展产权、劳动力、土地和技术等要素市场。产权市场能提供企业产权交易等各类服务。它的发展能够活跃企业产权交易，丰富企业配置要素的方式，并有利于降低重组成本，建立优胜劣汰机制，优化存量资源的配置，促进产业结构的优化和整合。劳动力市场能够促进劳动力合理流动和布局。它的发展既有利于扩大就业，也有利于经济增长。土地市场能使土地资源合理流动。土地市场通过土地价格信号，促使土地资源合理配置，有利于产业结构优化和生产力合理布局。技术市场能提供技术转让的服务。它的发展有利于促进其价值的实现，加快技术的推广和技术成果的产业化进程。产权、劳动力、土地和技术市场既有这样重要的作用，而当前中国这些市场均发展不足。因而，必须同时加快这些要素市场的发展。

第二，要构筑和完善发展市场体系的动力机制。

改革以来，在增强市场体系的发展动力方面虽已取得了重大进展，但远没有达到完善的地步。就当前中国实际情况来看，值得注意的有以下四点：

1. 创造各类市场主体平等使用生产要素的环境。以公有制为主体，多种所有制共同发展是中国社会主义初级阶段的基本经济制度。在发展市场体系方面也必须实行这项基本经济制度。但实行这项基本经济的一个根本条件，就是要使各类市场主体能够平等使用生产要素。而当前中国在市场准入和融资等方面还存在许多不利于非国有经济市场主体发展的因素。因此，要充分调动各种所有制市场主体在发展市场体系方面的积极性，就必须清除各种障碍，为各类市场主体创造平等使用生产要素的环境。

2. 实行按照各个生产要素的贡献参与分配的原则。价值规律是市场经济的基本规律。这个规律的基本要求就是商品交换必须遵循等价交换原则。而按生产要素的贡献参与分配的原则，正是价值规律作用在分配领域的延伸，正是等价交换原则在这个领域的贯彻。如果仅仅强调按劳动贡献参与分配的原则，就是人为地限制了价值规律和等价交换原则在分配领域中的作用。其结果就是市场不能充分发挥优化配置社会生产资源的作用。问题的关键在于：在市场经济条件下，各类市场要素主体都有这样内在的客观倾向，即把自己掌握的要素流向贡献更大且收入更高之处。这样，如果生产要素所获得的收入与它做出的贡献不相匹配，那么在下一轮的生产过程中，就会导致要素流动中出现不合理的状况，从而影响资源优化配置的程度。因此，要充分调动各类市场要素主体在发展市场体系方面的积极性，并充分发挥市场在优化配置社会生产资源方面的作用，就必须实行按各个生产要素贡献参与分配的原则。

3. 加快国有企业建立现代企业制度的步伐。以上两点是对各种所有制经济说的。这一点是专门对在国民经济中居于主导地位的国有经济说的。市场是各类市场主体交换关系的总和。因此，市场体系发展的基础是各种所有制企业的发展，最重要的是国有企业的发展。而当前国有企业改革不到位的状况，不仅影响整个社会主义市场经济体制的建立，也不仅影响生产的增长，而且影响市场体系的发展。所以，加快国有企业建立现代企业的步伐，就会有力推动市场体系的发展。

4. 进一步扩大开放。中国改革经验证明：开放是市场取向改革的必然延伸，而开放又反过来推动国内改革，并进而促进经济的发展。在发展市场体系方面也存在这样的状况。但是，当前世界经济在全球化，中国国内改革正趋深入，并已"入世"。扩大开放势在必行。当前正好利用这一契机，进一步扩大开放，促进包括市场体系在内的社会主义市场经济体制的发展。

以上四个方面就是推动市场体系发展的较为完善的动力机制。

第三，要大力推进统一、开放、竞争、有序的市场体系建设。

改革以来，这方面的建设已经取得了重大成就。但在这方面也存在许多突出问题。一是地区封锁仍然存在。有的地方政府的管理部门从本地利益出发，人为分割市场，限制商品和要素自由进出本地市场，阻碍了全国统一市场的形成。二是市场开放程度总体上仍然较低。在对内开放特别是对外开放都存在这种情况。如一些商品仍然实行严格的国家专营制度，不允许其他组织经营，特别是对民营资本限制较多；资本市场对外开放还刚开始迈步。三是公平竞争的环境有待进一步形成。当前中国市场上仍存在行业垄断和部门垄断，不同程度地影响了公正、公平、公开的市场竞争。四是市场交易秩序和信用关系混乱。如在商品市场上，假冒伪劣商品、虚假广告等欺诈经营屡禁不止。在证券市场上，虚假招股书、虚假年报等问题也屡屡发生。

这些问题不仅直接阻碍了中国现代市场体系的形成，而且造成了巨大损失。据报道，中国每年因逃废债务造成的直接经济损失约 1800 亿元；由于合同欺诈造成的损失约 55 亿元；由于产品质量低劣或制假售假造成的各种损失 2000 亿元；由于"三角债"和现款交易增加的财务费用约有 2000 亿元；另外，还有逃骗税损失以及由此引发的腐败损失等。上述损失使中国国民生产总值减少两个百分点。[①] 因此，推进统一、开放、竞争、有序的市场体系的建设，不仅是关系社会主义市场体系的形成，而且关系社会主义现代化建设的发展，是一个亟需解决的重大问题。

为此，需要采取以下重要措施：

1. 要着力培育产权明晰、自主经营、行为规范的各种经济类型的市

① 《经济日报》2002 年 11 月 29 日第 13 版。

场主体。这些市场主体的交易行为规范和自律，是市场体系健康发展的基础，而且是外部监督机制无法替代的。因此，首先要在国有企业中继续大力推行"产权明晰、责权分明、政企分开、管理科学"现代企业制度的建设，并推动企业健全内部管理制度，在内部建立起守法经营、严格监督的约束机制。同时要用各种相关手段促使非国有企业交易行为规范化。只有通过这些措施来提高各类市场主体的自身素质，才能从根本上改进市场经济秩序，促进统一、开放、竞争、有序的市场体系的发展。

2. 继续深化经济体制改革（包括计划、商品流通、物资、价格、劳动工资、财税、金融、外贸、外汇和国有企业，特别是垄断行业改革）和科技体制改革。只有通过这些改革才能进一步激发发展市场体系的各种活力，扫清其当前发展道路上的障碍（如地区封锁和行业垄断），克服其不足（如市场开放度低），消除其弊病（如无序竞争），扩展其范围（如进一步发展劳动力市场、资本和土地等市场），加快市场体系的发展。

3. 构建国家信用管理体系。国际经验表明：一国的市场经济能够正常运转，必须有一套系统、完善的国家信用管理体系。其目的在于，使失信行为产生的成本大于失信带来的收益。美国在20世纪六七十年代也曾爆发大规模信用危机。随后，美国建立起国家信用管理体系，进一步走上市场经济正常发展的道路。国家信用体系的建立包括三个层面的工作。一是国家立法。立法是保障信用体系建立的基础工作。二是政府管理。三是信用行业向社会提供管理服务。信用行业是国家信用管理体系中重要一环。美国在"小政府大社会"的原则下，除国家立法外，对信用体系的建设，政府只做指导性工作，主要工作则是由信用行业完成的。这个信用行业涉及信用管理诸方面，主要包括企业资信调查、个人信用调查、商账追收和信用保险等。中国需要借鉴国际经验，结合本国情况，构建国家信用管理体系，以促进市场体系的健康发展。

4. 在进一步完善现代市场体系法律和加强市场管理队伍建设的基础上，依法从严监管市场。在这方面，当前值得注意的有以下三点：一是在有些领域要建立严格的市场准入机制，审查各类市场主体的资质。二是在关系国计民生的领域，要建立严格的市场退出机制，对经营产品（服务）质量差的市场主体，坚决要求其退出。三是要建立并进一步完善行政处罚和刑事追究的机制，努力防止发生违法不究、以罚代刑的情况，依法强化对违法犯罪行为的打击力度。还要着重指出，要把依法加强市场监管与依法惩治行政官员的贪污腐败结合起来。因为贪污腐败往往是市场交易中违法行为的重要根源。

第四，要加强市场体系现代化建设。

相对工业来说，中国当前商品流通方面存在的规模不经济、交易方式落后的状况还要严重得多。这种状况同全面建设小康社会、加快社会主义现代化建设的要求以及经济全球化、知识经济化和"入世"后趋于激烈的市场竞争形势很不适应。必须在市场组织、交易手段和流通方式等方面加快现代化建设。具体说来，一是要依据市场经济规则，并着重运用市场方式，整合市场资源，提高市场组织程度，实现规模化。就是要改变原来商店、农村集贸市场等分散、小型的市场组织，发展运输、仓储、加工、配送一体化的集中、大型的市场组织。二是要利用先进的信息技术，实现网络化。就是发展经销、采购和配送网络。三是要借鉴经济发达国家经验，实现连锁化。就是要注重发展连锁经营，采用统一采购、集中配送、购销分离等现代流通方式。

第四节　建立宏观经济调控体系

一、宏观调控体系的内容及其在建立社会主义市场经济中的作用

在现代市场经济条件下，虽然市场是配置社会生产资源的主要方式，但必须有政府的宏观经济调控。在中国社会主义市场经济条件下尤其如此。

在社会主义市场经济条件下，宏观经济调控体系，是由计划、① 财政和金融三大支柱构成的。计划、财政和金融在宏观经济调控方面分别起着各自独立的，又是相互配合、相互制约的作用。

在中国的社会主义初级阶段，计划以其整体上指导性和综合协调性的特点，并凭借政府掌握大量的重要资源（包括资金、外汇、物资、土地、矿产和信息等），在宏观调控方面仍然具有重要的作用。就经济和社

---

① 在中国论著中，计划概念通常有两种含意：一是广义的，指的政府宏观调控手段的总和。在计划经济体制下，计划确实起着这样的作用。二是狭义的，指的政府宏观调控的一种手段。在社会主义市场体制下，计划就只起这种作用。这里讲的计划经济体制下的计划是广义的，讲的社会主义市场经济体制下的计划是狭义的。

会发展的全局说来，国家计划提出一定时期国民经济和社会发展的基本任务和宏观调控目标，确定国民经济和社会发展的重大比例、速度，以及需要配套实施的基本经济政策。这种计划是国民经济和社会发展的总蓝图和宏观调控的总方案，是政府宏观调控部门运用经济、法律和行政手段进行调控的基本依据。就关系国民经济全局的某些重要领域和重大经济活动来说，国家计划也进行必要的、专门的指导、协调和调节。后一层次的计划内涵既在前一层次的总体计划中简明扼要地反映出来，有的还需编制专项计划。

在社会主义市场经济条件下，公共财政在宏观经济调控方面主要起着以下三方面的重要作用：一是通过财政收支活动，引导社会资金流向并为社会公共需要提供资金保障，以促进社会生产资源优化配置。二是通过实施财政政策，对宏观经济运行进行调节，促使总供求基本平衡，调整优化经济结构，以推进社会经济的稳定发展。三是通过税收、转移支付、补贴等手段调整社会成员间、地区间的收入分配格局，以实现社会公平的目标。

金融以其在现代经济中的核心地位，在宏观经济调控方面主要起着以下两方面的重要作用：一是调控宏观经济运行，即通过准备金、公开市场业务、再贴现、再贷款、利率、汇率等手段，调控货币供应总量，使社会总需求与社会总供给保持基本平衡，并与财政贴息等手段相结合，引导资金流向和资源配置，促进经济结构优化。二是反映经济运行信息，即通过各类金融指标综合反映企业、产业和国民经济运行状况，以便对经济运行进行监测，对经济发展趋势做出判断，为制定宏观调控政策提供依据。

上述情况表明：在国家的宏观调控体系中，计划、财政和金融各自分别起着独立的和特殊的作用。但是，三者之间又是相互配合和相互制约的。一般说来，国家计划体现国家的方针政策，成为财政、金融活动的基本依据。而财政、金融活动又成为促进国家计划实现强有力的手段。因此，系统集成计划、财政、金融的作用，对于有效增强国家宏观调控的功能，具有十分重要的意义。

在社会主义市场经济条件下，虽然还存在由计划、财政和金融等构成的宏观调控体系，但与计划经济体制相比较，这种体系的性质及各个组成部分之间的相互关系已经发生了根本变化。

在计划经济体制下，国家通过行政指令性计划配置社会生产资源，根本排斥市场的作用。在这种体制下，企业成为国家行政机关的附属物。在这种体制下，也存在计划、财政和金融这样的宏观调控体系。但在实际上，计划对财政、金融处于支配地位。所谓"计划点菜、财政付钱、银行记账"，就是这种支配关系的生动写照。从这种实质意义上说，国家计划就是宏观调控的综合，财政和金融不过是实现计划的工具，并不具有独立的意义。

但在社会主义市场经济体制下，市场是配置社会生产资源的主要方式，国家是在发挥市场基础性作用的条件下进行宏观调控的，二者虽有矛盾，但从总体上说，是互补的，而不是相互排斥的。在这种体制下，国家计划的基本性质是指导性。就是在有些领域采取指令性计划也是对总体上实行指导性计划的补充，并不改变市场经济条件下计划的基本性质。在这种体制下，国家计划在各种宏观调控手段中发挥总体指导、综合协调的作用。但财政、金融也各自具有独立的作用，与计划既相互配合又相互制约。而且财政、金融对计划的配合，也不是按计划指令拨款、贷款，而是通过财政、金融活动来促使国家计划的实现。在这里，才存在真正意义上的由计划、财政和金融共同构成的宏观调控体系。

上述的作为构成宏观调控体系的计划、财政和金融的作用，具体表明建立这种体系是建立社会主义市场经济体制的必不可少的重要组成部分。

但在 20 世纪 70 年代末，中国现实存在的是计划经济体制下宏观经济调控体系。这样，要建立与社会主义市场经济体制相适应的宏观经济调控体系，就必须根本改革计划经济体制下由计划、财政和金融组成的宏观经济调控体系。

这里需要说明：投融资体制是计划体制的组成部分，但由于投资是经济运行的"火车头"，投融资体制也相应地具有特别重要的作用，而且当前这种体制改革滞后。所以，我们在下面除了分别论述计划、财税和金融的体制改革以外，还把投融资体制改革从计划体制改革的整体中分离出来，专门进行分析。

二、改革计划体制

如前所述，在计划经济体制下，主要通过行政指令配置社会生产资源，计划是国家宏观调控手段的综合。改革以来，这方面发生了重大变化，计划体制改革取得了重大进展。主要表现是：指令性计划大幅度缩小，指导性计划逐步成为计划的主要形式，市场逐步成为社会生产资源配置的主要方式。

第一，生产。

1979 年以前，国家计划对 25 种主要农产品产量实行指令性计划管理，对这 25 种产品的播种面积和总产量下达分地区的计划指标，目前已全部取消。直到 1980 年，工业产品还有 120 种由国家计委下达指令性计划，目前已减少到 5 种（即只有木材、黄金、卷烟、食盐和天然气，其中木材、天然气和黄金还是部分地实行指令性计划），减少了 96%，占全国工业总产值的比重由 70% 下降到不足 4%。

第二，商品流通。

国家计委负责平衡、分配的统配物资，1979 年为 256 种，到 1997 年，国家计委只对原油、成品油、天然气和不到 40% 的煤炭、不到 3% 的汽车实行计划配置。1979 年，国家计划收购和调度的农产品、工业消费品和农业生产资料为 65 种，目前下降至不到 10 种。

第三，价格。

1978 年，绝大多数商品价格由政府决定。在社会商品零售总额、生产资料销售收入和农副产品收购总额中，政府定价的比重分别占到 97%、100% 和 92.2%。到 2001 年底绝大多数商品价格已由市场形成。在社会商品零售总额中市场调节价所占的比重已达 96%，在生产资料销售收入总额中市场调节价占 87.6%，在农副产品收购总额中市场调节价为 93.9%。

第四，劳动工资。

改革以前，劳动工资都实行指令性计划。目前大部分也都由市场来调节了。

第五，外贸外汇。

改革前，近千种出口商品和所有进口商品都实行指令性计划管理。1994 年以后，完全取消了进出口商品的指令性计划，只对大宗商品出口总额实行指导性计划。

改革前，外汇管理实行高度集中的"统收统支"体制，即地方、部门、企业及个人的一切外汇收入均归国家，全国的外汇支出统一由中央掌握。1979 年以后，国家实行了贸易和非贸易的外汇收入留成制度。1994 年以后成功地实现了计划汇率和市场汇率并轨，一切外汇收支不再上缴中央，取消外汇留成，实行银行结汇、售汇制，外汇收支的指令性计划随之取消，并进而实行了人民币经常项目下完全可兑换以及资本项目下部分可兑换的制度。

适应上述计划体制改革的需要，计划工作的内容也朝着适应社会主义市场经济的方向转变。主要是：从年度计划为主逐步转向中长期规划为主，突出宏观性、战略性；从单纯重视数量增长逐步转向在重视数量的同时，更重视结构调整，并突出产业政策的引导作用；从单纯重视实物量平衡转向重视价值量平衡，同时继续做好少数基本生产要素和重要基础性商品的总量平衡；从指标型计划转向政策型计划，并突出其信息导向功能，建立计划报告公开发布制度；从实施计划主要依靠行政手段转向综合运用各种经济立法手段和必要的行政手段。

适应上述计划体制改革的需要，还建立并逐步完善计划调控制度。主要有：一是国家订货制度。从 1993 年起国家对重要物资的分配管理开始采取三种形式：对关系国计民生、供求尚有一定矛盾、价格没有完全放开的重要生产资料继续实行指令性计划管理；对国家储备和重点需要试行国家订货；对价格已经放开、产需基本平衡的重要生产资料，完全取消指令性计划，但国家保留优先采购权。国家订货是由国家委托有关部门或组织用户直接向生产单位进行采购，其所需生产条件主要靠企业通过市场调节解决，供货价格原则上由供需双方协商确定，必要时由国家进行协调。迄今初步建立了包括重要农产品、农业生产资料和基础工业产品在内的统一的国家订货制度。二是建立重要商品的中央和地方两级储备体系。从 1995 年起，国家还对粮食、棉花、食用植物油、食糖、猪肉、化肥、农药、农膜原料、边销茶、盐、成品油、原油、钢材、有色金属、天然橡胶 15 种重要基础性或特需商品编制国家储备计划，并制订相应的国家储备管理办法。三是国家建立了重要商品的价格调节基金制度和粮食、副食品风险调节基金制度。

但是，中国计划体制改革并没有完成，在生产、流通和分配领域指令计划还不同程度地存在着，改革的任务还很重。进一步推进计划体制改革的根本途径是：要从总体上建立以指导性计划为主的计划体制。为此，不仅要根本改革过去单纯采取指令性计划的传统计划体制，而且要突破改革初期提出的指令性计划、指导性计划和计划指导下的市场调节三种管理形式相结合的体制。这种体制作为过渡性体制有其存在的必要，并对推动改革起了很大作用。但是，这种体制并没有根本改革传统的计划体制，并不是市场经济下的计划体制。在社会主义市场经济下，国家计划从总体上应是指导性的。当然，对某些极少数重要的经济活动，不完全排除指令性计划。但就总体上说，国家计划职能的指导性是主要的。这种指导性计划体制，要充分考虑企业是市场的主体，市场对资源配置起基础性作用，国家计划的基本职能是宏观导向。对一切有条件让市场发挥作用的社会经济活动都应交给市场，最终基本上取消生产、流通、分配等领域的指令性计划。同时，要继续从年度计划为主向经济和社会发展战略以及体现战略的长期规划为主转变，从指标性计划为主管理转向预测性、政策性、诱导性计划为主管理，从行政手段为主转向经济、法律手段为主。

　　建立指导性为主的计划体制，需要进一步建立一系列的支柱系统。主要是：科学的宏观调控目标体系；现代化的经济预测、信息系统；有力的发展战略和政策研究系统；重要商品订货、采购、储备、吞吐调节市场系统；计划的决策、咨询、审议和评估系统；经济调节、经济监测和预报系统。[①] 这些重要系统是指导性为主的计划体制赖以建立和发挥作用的必要条件。[②]

三、改革财税体制

　　改革以前，适应计划经济体制的需要，财税体制实行统一领导，分级管理，统收统支。改革以来，主要是 1994 年以后，依据建立社会主义

　　[①]《20 年经济改革回顾与展望》，中国计划出版社 1999 年版，第 212 页；《经济日报》2002 年 10 月 31 日第 4 版，2003 年 4 月 30 日第 10 版；新华网 2002 年 11 月 10 日。

　　[②] 这里需要说明一个问题：2003 年 3 月召开的十届人大一次会议通过的国务院机构改革方案，把国家发展计划委员会改组为国家发展和改革委员会。有人误以为中国以后不要计划了。针对这个问题，国家发展和改革委员会新闻发言人做了以下说明："机构的名字里去掉'计划'两字，并不意味着不要计划。我国宪法明确规定，由国务院编制和执行国民经济和社会发展计划，全国人民代表大会审查和批准。党的十六大也提出，要《完善国家计划和财政政策、货币政策等相互配合的宏观调控体系》。这说明，计划与财政、金融一样，仍然是社会主义市场经济条件下宏观调控的重要手段。当然，社会主义市场经济条件下的计划与计划经济条件下的计划不同。从计划的性质看，总体上是指导性的而不是指令性的；从实现计划的手段看，更多地运用经济杠杆、政策引导、信息发布、法律约束等而不是主要靠行政手段。"（《经济日报》2003 年 5 月 7 日第 2 版）

市场经济体制的要求，以建立满足社会公共需要为基本特征的公共财政为目标，对传统的财税体制进行了改革。财税体制最重要、最基本的内容是预算体制和税收体制。1994 年在这两方面都进行了重大改革。

在预算体制改革方面，建立了中央和地方分税制为基础的分级预算管理体制；[①] 停止财政向银行透支，中央财政赤字通过发行国债来弥补，地方财政不准打赤字；并由单一预算逐步转向复式预算，开始建立中央财政向地方财政的转移支付制度，试行零基预算和国库集中统一支付制度。因而初步形成了公共财政预算制度框架。

税收体制改革的主要内容有：在商品课税方面，取消了原来的统一工商税，确立了以规范的增值税为核心，辅之以消费税、营业税的新流转税体系，原对农、林、牧、水产业征收的产品税改为征收农林特产税；在所得税方面，将过去对不同所有制企业征收不同的所得税改为实行统一的内资企业所得税，并建立了普遍适用于中、外籍人员和城乡个体工商户的统一的个人所得税；在其他工商税制方面，扩大了资源税征收范围，开征了土地增值税，取消、合并了一些小税种；在税收征管制度方面，各地税务机构分设国税局和地方税务局。由此初步构建了新的税收制度的基本框架。

1994 年以后，财税体制改革又有重大进展。在收入方面，一是所得税收入分享改革有了进展。从 2002 年 1 月 1 日起，实施所得税收入分享改革。除少数特殊行业或企业外，绝大部分企业所得税和全部个人所得税实行中央与地方按比例分享，分享范围和比例全国统一。改革后中央从所得税增长中多分享的收入，全部用于增加对地方，主要是中西部地

---

① 其主要内容包括：第一，中央与地方的事权和支出划分。根据现行事权划分，中央财政主要承担国家安全、外交和中央国家机关运转所需经费，调整国民经济结构、协调地区发展、实施宏观调控所必须的支出，以及由中央直接管理的社会事业发展支出。地方财政主要承担本地区政权机关运转经费以及本地区经济、社会事业发展支出。第二，中央与地方的收入划分。根据事权与财权相结合原则，按税种划分中央与地方的收入。将维护国家权益、实施宏观调控所必需的税种划分为中央税；将同经济发展直接相关的主要税种划分为中央、地方共享税；将适合地方征管的税种划为地方税。中央税和共享税由国税局负责征收；地方税由地税局征收。第三，政府间转移支付制度。根据统一规定划分收支后，通常会产生中央与地方以及地方之间财政收支的不平衡。转移支付制度就是均衡各级预算主体之间收支不对称的预算调节制度，以实现各地公共服务趋于均等化。1994 年的分税制改革，对政府间的转移支付制度进行了适当调整。本着保证实现新体制平稳过渡、逐步规范的宗旨，除了继续保留原体制的分配格局，保持中央财政对地方的定额补助、专向补助和地方上解及有关结算事项不变外，着重建立了中央财政对地方财政的税收返还制度，返还数额以 1993 年为基期，以后按各地增值税和消费税的平均增长率一定系数逐年递增。

区的转移支付，中央财政不留一分钱。二是税费改革取得重大突破。1997年以来，财政部已会同有关部门取消收费1965项，共减轻社会负担1332亿元。保留下来的收费结合深化"收入两条线"管理改革，普遍实行了预算管理或财政专户管理。尤其是农村税费改革，2002年在20个省的范围内均取得了明显成效。规范了农村税费制度，有效遏制了农村"三乱"，并带动和促进了农村各项改革。改革后，农民负担减轻25%左右，被广大农民群众誉为"德政工程"。

在支出方面改革的进展，主要有以下五点：①部门预算全面推行，从2000年开始，中央一级预算单位都编制了部门预算。②到2002年，国库集中收付制度改革已经在38个中央部门试点，并取得良好效果。③政府采购规模不断扩大，2002年集中采购规模约1000亿元，节约资金100亿元左右。④"收支两条线"改革稳步推进，2002年在33个中央部门进行试点。①⑤支出结构改革力度加大，重点增加了社会保障支出，工资性支出，教育、科技、文体广播事业的财政投入，并增加了农业以及生态建设和环境保护的投入。

总之，当前中国已经大体上建立了社会主义公共财政体制的基本框架，并对整个社会主义市场经济体制的建立和社会主义现代化建设的发展起了重要的促进作用。一是建立了符合社会主义市场经济要求的国家与企业、国家与个人、中央与地方的新型利益分配关系，为微观经济运行创造了一个统一的、公平竞争的市场环境，促进了社会主义市场经济体制的建立和发展。二是建立了适应社会主义市场经济要求的分税制框架，稳定了中央和地方的财政分配关系，调动了中央和地方两个积极性。三是形成了财政收入稳定增长机制，中央和地方财政收入都实现了大幅度的增长。1994~2001年，国家财政收入增加了2.14倍，年均增加1595亿元，增长17.8%，是历史上财政收入增长最快的时期，也是增长最稳定的时期。同时，地方财政收入也实现了持续、快速、稳定增长，1994~2001年，地方财政收入年均递增21.2%。四是增强了中央宏观调控能力。2001年，中央财政收入9174亿元，其中通过税收返还、一般性财力转移支付、专项转移支付等各种形式转移支付用于地方的就达6002亿元，是

---

① 《经济日报》2003年1月13日第2版。

1994 年的 2.5 倍，有力地促进了地区经济协调发展，维护了民族团结和国家统一。①

但是，无论是预算体制改革，或者是税收体制改革，都没有完成。建立与社会主义市场经济要求相适应的公共财政制度的任务还很艰巨。

深化改革和完善预算体制的基本方向是：①进一步完善分税制，改变企业所得税按行政隶属关系共享的做法，按国际惯例实行分率计征或比例分享；建立省以下的各级地方分税财政体制，完善地方税收体系。②改进和完善财政转移支付制度，将 1995 年以来实行的过渡期转移支付和税收返还办法逐步调整为规范的一般性和专项性财政转移支付制度。③建立健全包括政府经常预算、建设预算、债务预算、国有资产经营预算、社会保障预算的完整复式预算制度，科学规范预算科目体系，普遍推行零基预算编制方法。④改革财政性预算外资金的管理，把一切适宜纳入预算管理的预算外资金改为预算内资金，建立税收和非税收入为一体的政府总财力收支预算。⑤继续推行和完善部门预算、政府采购和"收支两条线"的改革。

深化改革和完善税制的基本方向是：①优化税源结构，由以商品课税（间接税）为主题逐步过渡到商品税和所得税（直接税）并重的双主体税制，加强财产税、行为税等辅助税种的建设，以适应改革以来国民收入分配总格局的变化，充分发挥税收调节经济运行与收入分配的作用。②完善增值税制，由目前实行的生产型增值税逐步过渡到全面实行消费型增值税，彻底解决对企业重复征税问题，以利于鼓励投资，加快产业结构优化升级和技术进步。③适当扩大消费税的征收范围，合理调整征税项目和税率，以利于有效地调节、引导消费行为。④统一内外资企业所得税，贯彻"国民待遇"原则，促进公平竞争。⑤完善个人所得税，以分类综合所得税制取代现行的分类所得税制，完善、规范纳税人费用支出扣除项目，适时开征社会保障税、遗产和赠与税，以利于更好地发挥税收调节收入分配的功能。⑥理顺税费关系，将具有税收性质或适宜纳入税收体系的行政性收费并入现有税种或开征新税种，实现费改税，取消不合理收费，规范必要的收费。⑦建立健全地方税体系，确立以营

---

① 《经济日报》2002 年 9 月 21 日第 4 版。

业税和所得税为主体、财产税和其他税种为辅助的地方税制结构，使各级地方财政具有比较稳定、规范的税源。⑧完善税收征管制度，建立"以申报纳税和优化服务为基础，以计算机网络为依托，集中征缴，重点稽查"的新征收管模式，分清征纳双方的权利、义务和责任，提高税收征管效率，降低征税成本。①

四、改革金融体制

中国改革以前，与高度集中的计划经济体制相适应，金融组织单一，基本是大一统的国家银行体系，以及附属于农业银行的农村信用社，主要职能是为计划和财政承担会计、出纳作用，基本没有金融市场。经过20多年改革，尤其是1994年以后的改革，这方面的情况已经发生了巨大变化，初步建立了适应社会主义市场经济要求的金融体制框架。

第一，初步建立了金融组织体系的基本框架。

中国金融组织体系当前已由四类金融机构组成：

1. 国家金融管理机构，就是中央银行即中国人民银行。中央银行享有货币发行垄断权，是唯一的货币发行银行；它代表政府依法监管全国的金融活动和金融机构，②维护支付、清算系统的正常运行，持有、管理、经营国家外汇储备和黄金储备，代理国库收支和相关金融业务，代表政府从事有关国际金融活动，因而称政府的银行；它作为最后贷款人，在商业银行资金不足时，可向其发放贷款或提供再贴现，因而又称银行的银行；它负责制定和实施货币政策，调节全社会货币供应量，以保持货币币值的稳定，是国家重要的宏观经济调控机构。

2. 商业银行，包括国有独资商业银行、股份制商业银行，是以经营存、贷款和办理转账为主要业务，以盈利为主要目标的金融企业。能够吸收活期存款和创造货币，是商业银行区别于其他金融机构的显著特征。商业银行所具有的这种特殊职能，使它在信用扩张或收缩中处于关键性的地位，成为中央银行货币政策传导机制中最重要的环节。

3. 政策性银行。这是由政府设立的、以贯彻国家产业、区域和对外经济政策为目标的金融机构。中国设有三家政策性银行：国家开发银行、

① 参见《社会主义市场经济概论》，人民出版社2001年版，第282页。
② 从2003年4月28日起，中国人民银行的这项职能改由新建立的中国银行监督管理委员会承担。

中国进出口银行和中国农业发展银行。政策性银行资金来源主要靠财政拨款、发行政策性金融债券以及回收的贷款，不面向社会公众吸收存款，有特定的服务领域并往往提供有财政贴息的优惠贷款。但政策性银行的资金不同于财政资金，它的贷款也要还本付息，经营也要考虑盈亏，力求做到保本微利。

4. 非银行金融机构。这主要包括保险公司、城市及农村信用合作社、信托投资公司、财务公司、证券公司、证券交易中心、基金管理公司、金融租赁公司、邮政储金汇业局和典当行等。这些非银行金融机构各有其限定的资金来源和业务范围，不允许超越规定范围经营银行业务。可见，20 多年的金融改革，形成了以中央银行为领导，政策性金融与商业性金融相离，以国有独资商业银行为主体，多种金融机构并存、分工协作、功能齐全的金融组织体系。到 2003 年 3 月底，中国全部金融机构各项存款已达 18.2 万亿元，银行各类贷款 13.9 万亿元。①

第二，金融市场体系有了较大发展。

中国当前国债市场是规模最大的市场；同业拆借市场获得了较快的发展；企业债券市场和股票市场也取得了长足的发展；期货市场、保险市场和外汇市场也都有了发展。目前，已经形成了银行同业拆借市场、票据贴现市场、国债及企业债市场、股票市场、期货市场、保险市场和外汇市场在内门类齐全的金融市场体系。到 2002 年 6 月末，同业拆借和债券回购交易量累计达到 14 万亿元，银行间外汇市场已累计成交各币种折合美元 4800 亿美元。到 2002 年底，中国境内上市公司已达到 1224 家，市价总值 3.83 万亿元，流通市值 1.25 万亿元；国债现货成交额 1725.5 亿元；商品期货成交额 4849.5 亿元；保费收入为 2109.4 亿元，保险机构共对 19.3 万亿元财产进行了保险。

第三，中央银行金融宏观调控体系初步建立。

当前中国人民银行已确定保持人民币币值的稳定，并以此促进经济的发展，作为货币政策的目标；推出了货币供应量指标体系，将货币供应量作为货币政策的中介目标；调控方式已基本实现了信贷规模管理这种直接调控向间接调控的转变，即运用存款准备金、再贴现、利率、公

---

① 《中国经济景气月报》2003 年第 4 期，第 48 页。

开市场操作、中央银行贷款等货币政策工具，控制货币供应量，调节信贷结构。1993 年下半年到 1996 年，中国实行适度从紧的货币政策，有效抑制了通货膨胀。1997 年以来，执行扩大内需的方针，实行稳健的货币政策，在防范和化解金融风险的同时，加大对经济发展的支持力度，防止和克服通货紧缩，人民币币值对内外均保持稳定。

第四，金融对外开放逐步扩大。

外汇体制改革取得较大成功。目前，中国境内共有外资营业性金融机构 205 家，总资产 380 多亿美元。同时，中资金融机构在境外业务也迅速发展。1994 年以来，中国成功建立了以市场供求为基础的、单一的、有管理的浮动汇率制度，1996 年 12 月提前顺利实现了人民币经常项目完全可兑换，目前已对资本项目实行部分可兑换。国际收支状况良好，人民币汇率持续稳定，国家外汇储备稳步增加，人民币的国际地位显著提高。到 2003 年 3 月，外汇储备已达 3160 亿美元。特别是在 1997 年亚洲金融危机期间，中国不仅坚持人民币不贬值，而且向有关国家提供了资金援助，在维护亚洲金融市场稳定中发挥了重要作用。

第五，国有商业银行企业化改革已经起步。

三家政策性银行成立后，政策性金融与商业性金融分离，为四大国有独资商业银行企业化改革提供了前提。1995 年，《中华人民共和国商业银行法》的颁布和实施，明确了商业银行作为企业法人的法律地位，确定了商业化的经营原则。1998 年，中国人民银行取消了对国有独资商业银行的贷款规模管理，实行资产负债比例管理，为其实行自主经营、自我发展的企业化改造创造了条件。

第六，金融监管工作和监管机构得到加强。

初步形成了以《中国人民银行法》《证券法》和《保险法》等金融法律为核心的金融监管法律体系框架。1993 年以来，全面整顿乱放款、乱拆借、乱提高利率等违规经营行为，严肃了金融纪律，扭转了金融秩序一度混乱的局面。四家国有独资商业银行不良贷款余额及其占全部贷款的比例逐步下降。全面整顿和分类处置了各类中小金融机构，依法撤销了少数严重违规经营、不能支付到期债务的金融机构，完成了对全国 2 万多个农村合作基金会的清理撤并工作。这些措施，有效化解了金融风险。为了加强对金融业的监管，2003 年 4 月又成立了中国银行业监督管理委员会，以代替原来由中国人民银行承担的这项职能。[①]

此外，金融电子化建设和金融业务创新快速发展。1994年，中国开始实施以银行卡联网通用为核心的"金卡工程"建设。目前，全国各金融机构已发行银行卡4.38亿张，安装自动柜员机（ATM）4.3万台、销售终端机（POS）26.9万台。"中国银联"的成立，迅速推动了银行卡的联网通用。到2002年底，国有独资商业银行要在300个以上城市实现本系统内银行卡联网运行，在100个以上城市实现各类银行卡的同城跨行使用，在40个以上城市推广普及全国统一的"银联"标识卡，全面实现跨地区、跨银行的联网通用。[②]

但是，中国金融体制改革的滞后局面并未根本改变，改革任务还远没有完成，加快这方面的改革，是深化市场取向改革的最重要、最紧迫的任务之一。今后金融体制改革的发行是：①进一步深化金融组织体系改革。要进一步改革中央银行管理体制；在股权多元化的基础上，加快国有商业银行的改革；加快地方性金融机构建设；加快非国有金融机构和中小型金融机构的发展；依据世贸组织规则加快金融领域的对外开放。②进一步规范和发展金融市场体系。在规范的基础上，积极推进货币市场和资本市场的发展，形成一个完整的由货币市场和资本市场构成的金融市场，同时要全面推进资金价格改革，从根本上实现利率市场化。[③]这

---

① 中国银行业监督管理委员会公告（2003年第一号）称：根据第十届全国人民代表大会第一次会议通过的《关于国务院机构改革方案的决定》，国务院决定设立中国银行业监督管理委员会（简称中国银监会）。中国银行业监督管理委员会根据第十届全国人大常委会第二次会议通过的《关于中国银行业监督管理委员会履行原由中国人民银行履行的监督管理职责的决定》，统一监督管理银行、金融资产管理公司、信托投资公司及其他存款类金融机构，维护银行业的合法、稳健运行。中国银行业监督管理委员会自2003年4月28日起正式履行职责。银监会的主要职责是：制定有关银行业金融机构监管的规章制度和办法；审批银行业金融机构及分支机构的设立、变更、终止及其业务范围；对银行业金融机构实行现场和非现场监管，依法对违法违规行为进行查处；审查银行业金融机构高级管理人员任职资格；负责统一编制全国银行数据、报表，并按照国家有关规定予以公布；会同有关部门提出存款类金融机构紧急风险处置的意见和建议；负责国有重点银行业金融机构监事会的日常管理工作；承担国务院交办的其他事项（《经济日报》2003年5月9日）。

②《经济日报》2002年9月17日第2版，2003年1月14日第1版；《中国经济景气月报》2003年第1期，第52~55页。

③ 据报道：中国人民银行依据党的十六大报告提出的"要稳步推进利率市场化改革，优化金融资源配置"的精神，确立中国利率市场化改革的目标是，建立由市场供求决定金融机构存、贷款利率水平的利率形成机制，中央银行通过运用货币政策工具调控和引导市场利率，使市场机制在金融资源配置中发挥主导作用。改革的基本原则是正确处理好利率市场化改革与金融市场稳定和金融业健康发展的关系，正确处理好本、外币利率政策的协调关系，逐步淡化利率政策承担的财政职能。改革的总体思路是先外币、后本币；先贷款、后存款；先长期、大额，后短期、小额（《经济日报》2003年2月22日第4版）。

样，就可以形成一个有序竞争的、开放的市场体系。③进一步完善金融调控体系。要进一步运用利率、公开市场操作、再贴现等货币政策工具，适时适度调节货币供应量；同时，要强化中央银行的监管力度，健全金融法规，形成完善的风险防范机制，确保货币政策有效性。

五、改革投融资体制

改革以前，作为计划经济体制重要组成部分的投资体制，具有投资主体单一（主要是中央政府）、投资决策层次单一（主要也是中央政府）、投资方式单一（主要是中央政府财政拨款）、投资来源单一（主要是中央政府财政资金）和管理方式单一（主要是中央政府的行政指令）五个特点。

经过 20 多年改革，这五个方面都发生了巨大变化。一是投资主题多元化，形成了中央和地方政府、企业以及国内外私人等投资主体的多元化格局。二是投资决策多层次，形成了中央政府、地方政府、行业部门、企业和私人等多层次项目决策。三是投资方式多样化，形成了政府投资与合资、合作、股份合作、项目融资（BOT、TOT 等）、承包、租赁等多种方式。四是投资来源多渠道，形成了财政拨款、国内银行贷款、投资主体自有资金、发行债券、国外贷款、外商直接投资等多种资金来源渠道。五是管理方式间接化，国家在投资管理中逐步用指导性计划取代指令性计划；逐步依靠市场机制作用和运用经济杠杆来取代行政命令。

但是，现行投融资体制仍然不能适应发展社会主义市场经济的要求。主要表现在：政府投资包揽过多，企业作为最重要的投资主体还缺乏充分的投资决策权，对非国有投资领域限制过多；国有资本的产权关系不够明晰，出资人不到位，激励和约束机制不健全，投资决策主体与投资责任主体不一致；直接融资和间接融资都还存在许多体制性障碍，融资渠道和融资方式不宽；市场秩序混乱，尚未形成公开、公平、有序的竞争局面；投资宏观管理体系不完善，特别是对投资项目的管理基本上还是沿用计划经济时代的行政审批制。因此，必须进一步深化投融资体制改革。

进一步深化投融资体制改革的主要思路是：要从中国社会主义初级阶段的基本国情出发，按照社会主义市场经济体制的要求，做到以下六点：①企业自主决策。政府投资从一般竞争性领域中退出，主要提供社会公共产品和服务相关领域，以及某些具有先导性、示范性的高新技术产业化的投资，使企业成为最主要的投资主体；除极少数必须由国家垄断经营的行业外，绝大多数投资领域国有企业和非国有企业在市场上公平竞争；凡不是政府投资的项目，由投资主体（主要是企业）自主决策，并对资产的保值增值全过程负责。②银行独立审贷。政策性银行要贯彻国家产业政策，同时也要按资产负债比例进行管理，实现良性循环。商业银行要实行资产负债比例管理，增强风险意识，按照确保资金安全性、营利性、流动性的原则，自主选择贷款项目。③政府宏观调控。政府主要综合运用经济规划、经济政策、经济杠杆和经济法规，对投资总量和投资结构进行宏观调控。凡在国家法律法规和产业政策范围内，又不需国家投资的项目，除极少数对国民经济和社会发展全局影响重大的项目外，均要逐步取消行政审批制，改为登记备案制。同时政府宏观调控部门要发布投资项目信息，引导投资方向。④发展资本市场。在继续完善以银行融资为主的间接融资体系的同时，要积极培育和发展规范、透明、高效的资本市场，通过扩大债券、股票发行规模，逐步提高直接融资的比重，拓宽企业自主投资的融资渠道。⑤扩大社会投资。进一步放宽投资领域，除竞争性项目外，还要鼓励和引导社会投资投向基础设施、教育、文化和卫生等公共事业项目。同时加强对社会投资的信息、技术、管理及培训等方面的服务。⑥健全服务体系。主要是加快投资市场中介组织（包括设计、会计、审计、咨询、监理等）的企业化和市场化进程，规范其服务行为。各种中介组织要按照政企分开的原则与政府部门脱钩，打破行政性的行业垄断和地区分割，以其执业信誉和服务质量进行公开、公平、有序的竞争。对工程设计、咨询、施工和监理等一律实行招标投标，并适当引进国际竞争。通过加强对中介服务收费标准的监督管理、建立自律性行业协会、建立资信评定、分级制度等项措施，实现各项中介服务规范化。①

　　总起来说，中国经过 20 多年来的改革，适应市场取向的改革的，包括计划、财政、金融和投融资体制在内的宏观调控体系已经初步建立。但这方面的任务仍很艰巨，完成这个任务还需做出很大的努力。

---

① 参见《领导干部宏观经济管理知识读本》，人民出版社 2002 年版，第 148~151 页。

第五节　建立现代分配制度

一、探讨建立现代分配制度的指导思想和现代分配制度的含义

党的十六大在党的文献中第一次明确提出："确立劳动、资本、技术和管理等生产要素按贡献参与分配的原则。"① 这是马克思主义的一个历史性的重大发展。探讨在这个原则指导下建立现代分配制度，在经济的理论研究、改革和发展等方面，均具有十分重要的意义。

这里所说的现代分配制度的"现代"有三个重要含义：

第一，现代的社会主义市场经济条件下的分配制度。

这包括两方面：一方面，现代的市场经济是与古典的市场经济相比较而言的。虽然二者都主张以市场作为配置社会生产资源的主要方式，但后者是反对国家干预经济，主张自由放任；而前者是反对自由放任，主张国家干预。另一方面，现代的社会主义是与传统的社会主义相比较而言的。在经济运行方面，后者实行计划经济体制，前者实行市场经济体制。在基本经济制度方面，后者实行单一的社会主义家有制，前者实行社会主义公有制为主体、多种所有制共同发展的制度。就中国当前情况来看，已经初步建立了社会主义市场经济体制的基本框架。当然，要完善这种体制，还需要 20 来年的时间。

第二，知识经济化条件下的分配制度。

如果仅从社会生产力发展程度以及与之相联系的某个生产部门在社会生产中占主要地位这个角度来划分人类社会发展的历史分期，大体上经历了和经历着三个阶段：一是农业经济社会。二是工业经济社会。三是知识经济社会。当然，中国当前还处于工业化的中期阶段。但中国工业化是处于知识经济化已经开始到来的时代。因而工业化已经在一定程度上，并在越来越大的程度上实现与知识经济相结合。

第三，经济全球化在广度上、深度上有了空前未有大发展这一新的阶段条件下的分配制度。

①《中国共产党第十六次全国代表大会文件汇编》，人民出版社 2002 年版（下同），第 27 页。

经济全球化萌芽于资本主义生产方式的准备时期,产生于资本主义生产方式确立时代,形成于帝国主义及其殖民体系在全世界的拓展时期,大发展于现代市场经济成为世界潮流和科学技术成为第一生产力的时代。"二战"后,经济发达国家普遍实行了现代市场经济,并成为这一世界潮流的主体。此外,还有两个重要组成部分。一是"二战"后在帝国主义殖民体系瓦解基础上涌现出的一大批新兴工业化国家也推行了现代市场经济。二是 20 世纪 70 年代下半期以后,原来实现社会主义计划经济的国家也纷纷实行市场经济。与此同时,新的科学技术革命又把社会生产力推到一个前所未有的高度。这样,正是在现代市场经济成为世界潮流和科学技术成为第一生产力的时代条件下,经济全球化就进入了一个空前未有的大发展的阶段。中国改革开放以来,已经在很大程度上融入了全球经济。而在 2001 年 12 月 10 日"入世"以后,还会更大程度上参与国际竞争与合作。

这里所说的分配制度,就是以劳动、资本、技术和管理等生产要素按贡献参与分配的原则为基础的分配制度。按照我的认识,在社会主义市场经济条件下,也就是劳动力[①]商品按其价值分配,物资资本(或货币资本,下同)和智力资本[②]均按其形成利润分配。

所以,概括起来说,现代分配制度就是在社会主义市场经济和知识经济化、经济全球化条件下,劳动力商品按其价值分配,物资资本和智力资本按利润分配。

二、探讨现代分配制度的方法论

探讨现代分配制度必须遵循的正确方法论。其主要内容有三:

第一,按照马克思主义的唯物论和辩证法的基本要求。

研究问题必须从实际出发,实事求是而不能从已有的结论出发,用它来裁剪实际生活;必须与时俱进,开拓创新,而不能拘泥于已有的某些非基本的、局部的(不是根本的、全部的)社会主义观点,死抱着它不放。

---

① 这里所说的劳动力是指以体力劳动为主的劳动力。

② 这里所说的智力资本是指作为现代科学技术和现代管理科学载体,并成为知识经济基本推动力的智力劳动者。现代经济学和当前我国学术界多用人力资本概念。这当然是有道理的。但相对说来,人力资本概念不如智力资本概念明确。

第二，按照历史唯物论的基本要求。

研究生产关系（包括分配关系）产生、发展和消亡的唯一出发点，只能和必须是它是否适应社会生产力的发展要求。

第三，按照马克思主义政治经济学的基本要求。

研究收入分配关系必须以生产要素的分配状况为主要依据。按照马克思自己的说法，"消费资料的任何一种分配，都不过是生产条件本身分配的结果。"① "一定的分配关系只是历史规定的生产关系的表现。"在论到资本主义条件下的分配关系（即工资属于劳动力所有者，利润属于资本所有者，地租属于土地所有者）时，他还指出，这种分配关系表示国民收入"在不同生产要素的所有者中间进行的分配关系。"② 可见，生产要素的分配决定收入分配关系，是经济学中一条普遍规律。

这里有必要分清两个概念。一是马克思认为，在资本主义条件下，工资、利润和地租分别归三要素（劳动力、资本和土地）所有者。二是他认为工资、利润和地租都是劳动者的劳动创造的。这一点，在马克思对亚当·斯密创立的古典经济学的分析上表现得尤为明显。马克思肯定了由亚当·斯密创立的古典经济学的科学性，即把利息归结为利润的一部分，把地租归结为超过平均利润的余额，把利润和地租归结为剩余价值，把商品价值和剩余价值归结为劳动，并认为这是古典经济学的伟大贡献。但同时马克思又揭露了古典经济学的庸俗成分，即认为工资、利润和地租，是一切收入的三个原始源泉，也是一切交换价值的三个原始源泉。③但马克思批判的工资、利润和地租三要素是一切价值源泉的观点，同他所主张的生产要素的分配决定分配关系的观点，是有原则区别的两个概念。并不能以前者否定后者这一普遍的马克思主义政治经济学的基本原理。

因此，探讨中国社会主义初级阶段的分配关系，必须遵循上述的经济学中的普遍规律和基本原理，从生产要素分配的全部情况出发，而不能只是依据其中一种要素的分配状况，或者片面强调其中某种生产要素的分配状况。当然，仅仅说明了这些方法论，还不能说明中国现阶段为什么必须实行按劳动、资本、技术和管理等生产要素的贡献参与分配的

①《马克思恩格斯选集》第3卷，人民出版社1973年版（下同），第13页。
②《马克思恩格斯全集》第25卷，人民出版社1975年版（下同），第992、997页。
③《马克思恩格斯全集》第24卷，第25卷，第919~940页，第401~432页。

原则。为此，还必须具体分析相关的经济条件。

三、现代分配制度赖以形成的经济条件

第一，按劳动力价值分配的经济条件：劳动力的商品化。

对劳动力所有者来说，按劳动力价值分配，是同劳动力商品化相联系的。对货币资本所有者来说，按利润分配，是同货币资本化相联系的。对智力资本所有者来说，按利润分配，是同智力资本化相联系的。所以，为了说明现代分配制度赖以形成的经济条件，首先有必要简要地回顾一下马克思对劳动力商品化和货币资本化的分析，并结合当代中国的具体情况加以运用。

按照马克思的分析，劳动力商品化的条件有二：一是从封建经济制度下人身不自由的劳动者变成人身自由的劳动者；二是劳动者自由得一无所有，成为无产者。在这种条件下，劳动者不仅必须依靠出卖劳动力为生，而且有可能做到这一点。

劳动力商品是特殊商品。其价值是由维持劳动者生存培训和延续劳动力后代的费用决定的。其使用价值即是劳动。作为抽象劳动，他是价值的源泉。这就为资本（其本质是带来剩余价值的价值）的形成创造了根本条件。而且，在资本主义条件下，资本所有者是市场主体，要求实现自身利益最大化，是其内在本性。当然，按照历史唯物论的基本原理，资本这种生产关系产生的基本原因还在于它在人类社会发展的一定阶段上适合了社会生产力的要求。

诚然，马克思分析的是从封建经济制度向资本主义经济制度过渡的状况。这同当前中国从社会主义计划经济体制向社会主义市场经济过渡的情形，是有原则区别的。但从一般的意义上说，马克思的上述分析是有指导作用的。

从理论上说，在社会主义经济制度下，劳动者在人身上是完全自由的，劳动者是有自由选择职业权力的。但在现实的计划经济体制下，劳动力这种资源的配置，是由国家因行政指令计划统包统配的。再加上在这种体制下，集就业与工资、福利分房以及医疗、劳保和养老保险于一体的。这样，对在国有企业中就业的劳动者来说，事实上是不存在选择职业的自由的。对在农村集体企业就业的劳动者来说，还要加上城乡隔离的体制（特别是其中的户籍体制）的限制，不仅在农村中没有选择职

业的自由，在城乡之间也没有选择职业的自由。当然，这种不自由同封建制度下人身不自由还是有原则区别的。

在实行社会主义市场经济体制下，劳动者是市场主体之一。自由选择职业是其现实的应有权力之一。这样，随着劳动、工资、住房、保险和户籍等项制度的改革，多种所有制经济以及对外开放的发展，劳动者不仅在公有制企业中，也不仅在非公有制企业中，而且在国内和国外两种劳动力市场中都获得了选择职业的自由。但这还仅仅是社会主义市场经济条件下劳动力商品化的一个可能性条件。

还有一个必要性条件。按照马克思列宁主义的观点，在社会主义初级阶段，劳动还仅仅是谋生手段。但在中国社会主义市场经济条件下，劳动不仅仅是一般意义上的谋生手段，并在这方面同计划经济体制下的情况相区别。在计划经济体制下，劳动者按照国家指令计划就业于公有制企业，并取得劳动报酬，劳动作为谋生手段就是这样实现的。但在社会主义市场经济体制下，劳动者必须以劳动力商品所有者的身份出卖劳动力给各种经济类型企业（包括公有制企业和非公有制企业）。问题在于：在社会主义市场经济条件下，虽然公有制占主要地位，但对劳动者来说，他只能以集体中的一分子实现对公有生产资料的占有。他既不能像个体劳动者那样，自主单个地实现与生产资料的结合，也不能像私营企业那样自主雇用劳动者实现同生产资料的结合，只能通过出卖劳动力才能实现同生产资料的结合。而且，在社会主义市场经济条件下，各类经济类型的企业都是自主经营、自负盈亏的独立商品者，在国内外市场中都是平等的竞争者。在这种经济条件下，他们都只能接受劳动力买卖的形式。这是客观存在的不以人们意志为转移的竞争的必然结果。对非公有制企业来说，自然是这样。对公有制企业也必然是这样。否则，他们就不能在竞争中生存，更谈不上在竞争中实现资本价值的保值和增值，维系公有制经济在国民经济中的主要地位。这样，劳动者也只有通过出卖劳动力商品这种特殊形式，才能实现生存和发展。

既然在社会主义市场经济条件下，劳动力也是商品。因而也只能实现按劳动力价值分配。

在社会主义市场经济条件下，尽管劳动者的劳动力是商品，但劳动者在经济上仍是以集体中的一分子成为公有生产资料的所有者，在政治上仍是国家的主人。这种经济、政治因素在维护劳动者权益方面会起十分重要的作用。

第二，按利润分配的经济条件（1）：货币的资本化。

既然在社会主义市场经济条件下，劳动力也是商品，就为货币的资本化创造了根本条件。在这里，劳动力商品化也是形成剩余价值的根本条件，从而也是货币资本化的根本条件。

这里需要进一步指出：在社会主义市场经济条件下，各种经济类型的企业都是独立的处于平等竞争地位的市场主体，追求利润最大化均是其内在本质。在国内市场和国外市场激烈竞争的情况下，这种内在冲动还转化成外在竞争强力。致使追求利润成为一种客观的必然，各种经济类型企业概莫能外。

当然，各种经济类型企业存在的基础是以各种所有制的存在为基础的。在中国现阶段，实行以社会主义公有制为主体的、多种所有制共同发展的基本经济制度，是由社会生产力的发展状况决定的。所以，终极地说来，货币的资本化是现阶段生产力的发展要求。

第三，按利润分配的经济条件（2）：智力的资本化。

如果说，我们在前面分析劳动力商品化和货币资本化时可以而且必须舍弃知识经济这个条件，那么在分析智力资本化时则可以而且必须引入这个条件。

纵观人类社会经济发展史，在社会生产力发展不同的历史阶段，各生产要素在发展社会生产力方面的作用呈现出巨大差异；与此相联系，各生产要素的分配也有不同状况；这种差异又决定着收入分配的不同状况。这是一条普遍的经济规律，是经济学中的一条基本原理。为了证明这一点，我们将在下面做一点简要的历史分析。

在原始共产主义社会，劳动力和土地是基本的生产要素。而且，这时社会生产力水平极低，只有集体劳动才能进行原始的农业生产。正是这种状况决定了这些基本生产要素必须归原始社会公有。由此又决定了收入的集体平均分配。

到了奴隶社会和封建社会，生产力有了不同程度的发展，但仍不高，农业仍是社会生产的主要部门，劳动力和土地还是基本的生产要素。这种状况决定了土地归奴隶主或封建主所有，劳动力归奴隶主完全所有或归封建主部分所有。这种生产要素分配状况决定了在奴隶社会条件下收入分配除了维持劳动力最低限度的生活以外，其余全部归奴隶主所有，封建社会条件下地主占有地租，农民只能得到必要产品。

在资本主义生产方式确立以后，实现了工业化，社会生产力有了空前未有的、突飞猛进的发展。这时农业虽然还是国民经济的基础，但工业已经上升为社会的主要生产部门。这时，劳动力和土地虽然还是社会生产的基本要素，但物资上升为最重要的最突出的生产要素。当时社会生产力构成要素的变化状况及其发展要求资本归资本家所有，土地归地主所有，劳动力归劳动者所有。资本主义社会条件下的生产要素分配的这种状况决定了利润归资本所有，作为平均利润余额的地租归地主所有，工资归劳动力所有者的劳动者所有。

但在工业化完成以后，并进入知识经济时代的条件下，资本主义社会生产要素构成及其分配状况又发生了重大变化。其主要表现是：智力资本作为独立的生产要素从原有的生产要素（包括一般劳动力、土地和物资资本）中分离出来，并且成为最重要的生产力。其主要标志是：智力劳动者在全体劳动者中的比重越来越大，甚至占了主要地位；以智力劳动为主的服务部门在国民经济中占的比重越来越大，甚至占了主要地位；智力劳动在经济增长中所占份额也越来越大，以致占了主要地位。正像一般劳动力归一般劳动者所有一样，智力劳动也归智力劳动者所有。但在这方面后者同前者又有重大的差别。如果说，一般劳动者凭借劳动力商品化仅仅实现对劳动力价值的占有，那么，智力劳动者适应社会生产力发展的要求，并凭借智力资本实现对由此形成的利润的占有。在这方面，他同货币资本所有者凭借货币资本实现对利润的占有具有相同的道理。当然，也有相异之处。这不仅就事物的性质来说，前者是对货币资本的占有，后者是对智力资本的占有，而且就二者在发展生产力方面的作用来说，也不能相提并论。与智力劳动相联系的科学技术已经成为第一生产力，而物资资本在社会生产中的地位远不如工业化时代那样重要。与智力资本的这种重要地位相联系，同货币资本相比较而言，它在社会总利润中要占越来越大的份额。经济发达国家的实践已经充分证明：在工业化时代，货币资本所有者要成为位居前列的富翁需要上百年甚至更多的时间；而在知识经济时代，智力资本所有者做到这一点，则只要几十年甚至更短的时间。这绝不是偶然发生的状况，而是有深刻原因的。具体说来有以下三点：①一般说来智力劳动创造的价值量大，其中包括的利润量也大。②与智力劳动相联系的现代科学技术的产业化，在许多场合下，至少在一定时期内处于垄断地位。由此带来的垄断利润大得惊人。③即使不处于垄断地位的情况下，与现代科学技术进步相联系的超额利润也大得无比。这些都使得智力资本所有者获得的利润会大大超过物资资本所得的利润。

我们在前面所作的历史分析，是为了说明在本节开头提出的一个一般原理。显然，这个一般原理对中国现阶段也是适用的。诚然，当前中国已经处于社会主义社会的初级阶段，社会主义公有制已经占了主要地位；尽管知识经济有了一定的发展，但还处于工业化的中期阶段。在这两方面，都同当代经济发达国家有着重大的原则区别。但中国正在建立现代的市场经济，知识经济毕竟有了一定的发展。据此可以认为，智力劳动者既然也是市场主体之一，也要求实现自身利益的最大化。这样，正像货币资本所有者要求按其形成的利润分配一样，智力资本所有者也要求按其形成的利润分配。而且，从根本上说，这是适应社会生产力发展要求的。

总结以上的分析，在社会主义市场经济条件下，劳动力所有者按劳动力价值分配，货币资本所有者按其形成的利润分配，智力资本所有者也按其形成的利润分配。这是各种生产要素分配的必然结果，并且都是适应社会生产力发展要求的。当然，这是抽象的理论，舍弃了许多具体的经济、政治因素。比如，在经济方面，舍弃了供求关系的作用；在政治方面，舍弃了政府政策的影响。

四、现代分配制度下各种收入的源泉及其性质

在社会主义市场经济条件下，各种分配关系是各种生产要素分配的结果。这是它们的共同点。但就由各种分配关系形成的各种收入源泉来说却是有差别的。

就劳动力所有者按劳动力价值分配来说，其收入源泉是劳动者的必要劳动创造必要产品价值。这部分收入可以称之为归劳动者个人的劳动收入。

就货币资本所有者按其形成的利润分配来说，其收入源泉却是劳动

者剩余劳动创造的剩余价值。但其性质因其企业性质的不同而又有原则差别。就社会主义公有制企业来说，这部分剩余价值由该企业劳动者集体劳动创造的，并且是用于包括这些劳动者在内的集体需要（对集体所有制企业来说）或全社会需要（对国有企业来说）需要的。因此，收入的性质仍然可以称做归集体（或国家）所有的劳动收入。就私营企业来说，这部分剩余价值是归私人企业主所有的。就其用途来说，与资本主义制度下的情况却有重大差别。在资本主义制度下，从总体上和根本上来说，剩余价值是用于资产者个人或资产者国家的需要的。但在社会主义市场经济条件下，剩余价值相当大的部分是通过税收形式上缴社会主义国家的，并用于全社会的公共需要。还要考虑到在中国社会主义初级阶段，私营经济的发展，在形成竞争性的市场经济，扩大就业，增加国家税收，发展生产和扩大出口等方面，都有重要的、必要的作用。当然，也有消极作用，但积极作用是主要的。所以，无论从一定的实质意义上，或者从策略意义上，都不宜把这部分剩余价值的性质称做剥削收入，而宁可以称做归货币资本所有者的非劳动收入。

就智力资本所有者按其形成的利润分配来说，则呈现出复杂的情况。智力资本是归智力劳动者所有的。他一方面以智力劳动者身份取得由其必要劳动创造的劳动力价值部分。这当然是归他个人所有的劳动收入。另一方面他又以智力资本所有者身份取得由其剩余劳动创造的剩余价值，其性质仍然可以称之为归个人所有的劳动收入。在这里，智力资本所有者与一般劳动力所有者的区别，他不仅拥有按劳动力价值分配的部分，而且拥有按利润分配的部分；与货币资本所有者的区别，他不仅拥有按劳动力价值分配形成的归个人所有的劳动收入，而且拥有按利润分配形成的归个人所有的劳动收入。

以上所作的是一种抽象理论的分析，舍弃了许多具体情况。就一般劳动力所有者来说，主要是劳动收入。其中部分人也有部分的非劳动收入。如他们在银行存款的利息和购买股票的分红。对一般货币资本所有者来说，其收入主要是利润，即非劳动收入。但其中许多人从事经营管理。这是一种生产劳动，可以形成劳动收入。就智力资本所有者来说，主要是劳动收入。但与一般劳动力所有者相比较，其中有更多的人有更大量的非劳动收入。如股息等。这还是一种静态分析。如果做动态考察，三者之间可以呈现某种相互换位的情况。比如，一般劳动力所有者在一定条件下可以成为货币资本或智力资本所有者，并取得相应收入。

五、建立现代分配制度的意义

第一，建立现代分配制度，是建立、巩固和发展社会主义市场经济的一个重要内容。

现代分配制度是以现代市场经济为基础的。改革以来，中国已经初步建立了社会主义市场经济的基本框架。与此相伴随，原来在计划经济下与单一的社会主义公有制相联系的分配制度也发生了重大变化，正在向现代分配制度转变。

中国社会主义市场经济的微观基础，是以公有制为主体的、多种所有制共同发展的基本经济制度。当前，这方面的基本格局已经大体形成。当然，其改革并未完全到位，还要进一步发展。但相对这个基本格局来说，在建立现代企业分配制度方面，显得相对滞后。

但建立现代分配制度，却是建立、巩固和发展社会主义市场经济的一个重要内容。只有建立现代分配制度，实现按劳动力价值分配以及按货币资本和智力资本形成的利润分配，才能体现这些市场主体经济利益的要求。而且，无论是马克思主义经济学，或者是现代西方经济学都要求做到这一点。前者认为，生产关系首先是经济利益关系。作为后者分析出发点的首先是追求自身利益最大化的经济人。从这种意义上来说，建立现代分配制度，是建立市场经济的一个重要标志。这是其一。其二，也只有建立现代分配制度，才能从根本上推动劳动力市场、资本市场和人才市场的建立和发展。因为这三种市场就是劳动力、资本和人才三者交换关系的总和，是三者的交换场所。而这三种市场正是社会主义市场经济体系的一个主要组成部分。当然，这三种市场的建立，也是现代分配关系赖以实现的重要条件。

第二，建立现代分配制度，是提高宏观上社会生产资源配置效益和微观上要素运营效益的重要动力。

在社会主义市场经济条件下，社会生产资源的优化配置和要素运营效益的提高，主要都是靠经济利益的导向。而建立现代分配制度，实现按劳动力价值以及按货币资本和智力资本形成的利润分配，正是最根本、最重要的经济利益导向。

上述两点在中国当前显得尤为重要。中国的现实情况是：一方面，中国劳动力总量极其巨大，居世界第一位，似乎劳动力资源不是很紧缺。但从另一方面来说，正因为劳动力数量大，实现按劳动力价值分配，对于发展社会主义市场经济，对于实现劳动力资源的优化配置，并提高劳动者积极性，其意义就更为重大。至于货币资本和智力资本在所有发展中国家都是最稀缺的资源。在中国，由于正处于工业化中期阶段，并在一定程度上实现了知识经济化，又处于经济高速增长时期，货币资本和智力资本的稀缺状况则尤为突出。在这方面，实现按货币资本和智力资本形成的利润分配，对于推进社会主义市场经济的发展以及提高资源配置效益和要素运营效益，其意义更为重大。但这仅仅是一种情况，另一种情况是：中国当前现代分配制度的建设状况又远远不适应这种要求。就按劳动力价值分配来说，一方面在国有企业内部的分配方面，原来计划经济体制留下的严重的平均主义虽已有所克服，但仍明显存在；另一方面在行业之间、城乡之间和地区之间又出现了收入差别过大的状况。就按资本形成的利润分配来说，在垄断与非垄断行业之间，前者利润率过高，后者过低；在各种所有制之间，相对说来，非公有制经济做得较好，而在国有经济中长期存在较多的亏损企业。这些企业的生存在很大程度上先是靠国家财政补给，后是靠银行贷款，再后靠发股票，现在则靠固定资产的折旧费。就按智力资本形成的利润分配来说，相对说来，私营企业特别是外资企业做得较好，而国有企业则做得较差，甚至很差。如果仅就这方面来说，国有企业实际上处于不平等的竞争地位。上述两种情况表明：建立现代分配制度，对于建立、巩固和发展社会主义市场经济，对于提高资源配置效益和要素运营效益，以推进社会主义现代化建设，具有十分重要的意义。

六、建立现代分配制度的条件和措施

第一，现代分配制度的建立是以现代市场经济以及与之相应的法规和观念环境为前提的。

但中国在20世纪70年代末改革开始时，面临的却是计划经济以及与之相应法律和观念。诚然，改革以来这些方面的情况已经发生了巨大变化。但离建立现代分配制度所要求的经济、法律和观念环境还有很大的距离。因此，要真正建立现代分配制度，还需要继续创立有关的条件，

并采取相应的措施。

第二，进一步建立各市场主体对其拥有的劳动力商品、货币资本和智力资本所有权；以此为基础发展全国统一的、开放的、平等竞争的劳动力市场、资本市场和人才市场。

显然，这两方面都是实现劳动力商品按其价值分配以及货币资本和智力资本按其形成的利润分配的基础和前提；否则，就是根本不可能的。

改革以来，这方面的改革已经有了很大的进展，但远没有到位。就劳动力商品来说，其突出表现是：尽管农民进城务工的人已经达到了近亿人，但由于原有计划经济体制留下的城乡分割体制（特别是其中户籍制度）以及劳动力市场不规范，劳动力商品的流通还会受到诸多限制。已经进城务工的农民，不要说享受不到同城市工人相同的待遇，其中不少人甚至不能按时拿到本来就已低得很多的工资。

就货币资本来说，国有资本由于所有者没有到位，法人治理结构没有真正形成，以及贪污腐败等因素的影响，许多企业不要说实现按利润分配，甚至国有资产大量流失，连老本都保不住。私营企业也因为市场准入、融资和税收等方面的限制，难以完全做到等量资本获得等量利润。还要提到：由于经济垄断和行政垄断以及地区封锁和市场分割，也使得平均利润率难以在全国形成。这些都使得货币资本按其形成的利润分配遇到重重困难。

就智力资本来说，由于计划经济体制留下的人才的单位所有和部门所有的格局还未完全打破，特别是智力资本的观念还未在全社会形成，因而，不仅人才市场远不如劳动力市场发展，智力资本实现按利润分配也就远远没有到位，而且发展得很不平衡。比如，企业经营管理人员的年薪制和股权制迟迟难以推开。科学技术人员的股权更是进展缓慢，甚至其应有职务发明的合法权益都得不到有效保证。当前有的市关于技术市场条例规定，经认定登记的技术合同，属于职务技术成果的，卖方应从技术交易的净收入中拿出不低于20%的比例，奖励直接参加技术研发、咨询和服务的人员。但实际奖酬兑现的情况相距甚远。有的省的调查数字表明：在134家被调查单位中，职务发明奖酬兑现的仅有39家，占

29.1%；部分兑现的 48 家，占 35.8%；未兑现的为 47 家，占 35.1%。① 就按智力资本形成的利润分配来说，外资企业做得较好，国有企业做得较差。这样，就使得国有企业在这方面事实上处于不平等的竞争地位。其结果，不仅不利于社会主义现代化建设的发展，而且不利于国有经济主导地位的巩固。

还要提到：当前中国商品市场上假冒伪劣盛行和信用关系破坏严重的状况，也在很大程度上阻碍着按劳动力价值以及按货币资本和智力资本形成的利润分配。

可见，要建立现代分配制度，必须进一步建立各市场主体对其拥有的生产要素的所有权，以及发展社会主义市场体系。

第三，借鉴国际先进的酬金理念，建立现代企业酬金制度。

适应发展社会主义市场经济的要求，要拓展和更新原有工资理念的内涵，借鉴国际先进的薪配理念和制度。这种理念和制度与传统计划经济体制下工资理念与制度相比较，其主要特点有：

1. 较全面地涵盖了现代企业在薪酬制度方面所必须具有的内容，既包括一般劳动者的工资、奖金和福利等，也包括了经营管理人员和科学技术人员的年薪、职务发明报酬和股权等。如果再加上货币资本所有者的投资收益，那就比较全面地反映了现代分配制度（即按劳动力价值和货币资本与智力资本形成的利润分配）的要求。

2. 体现了经济的市场化、现代化和全球化的要求，从而有利于在收入分配方面逐步实现与国际薪酬制度的接轨，并有利于在世界市场竞争中争得平等地位。这里需要着重指出：伴随经济的市场化、现代化和全球化的发展，人类社会经济生活的各方面（其中包括企业薪酬制度和薪酬水平）都有国际化的趋势。比如，过去经济发达国家将劳动密集型的产业和工作转移到薪酬标准较低的发展中国家。这样，就会降低蓝领工人的工资。但当前经济发达国家许多公司开始将高科技产业和白领工作也转移到发展中国家。造成这一现象的原因是低工资国家的大学毕业生激增。比如，当前美国学校每年只培育出 3.5 万名机械工程师，而中国毕业生人数则是美国的两倍多。这种白领全球化的趋势必然造成美国白领

① 《经济日报》2003 年 1 月 11 日第 8 版。

人员薪酬的下降。以美国1000万名信息技术人员为例，在2000年，高级软件工程师年薪达13万美元，相同的工作现在薪酬为10万美元；初入行的电脑技术员工可获5.5万美元，但现在他们只有3.5万美元的薪酬。值得注意的是：据对美国1000家最大公司的调查，其中40%在未来两年都有向海外转移白领工作的试验计划。而真正大量转移是在2010年以后。[①] 这个例证说的是经济全球化对经济发达国家薪酬水平的影响。但它同时启示我们：伴随经济全球化的发展，发展中国家薪酬制度必然出现与国际接轨的趋势；否则，它在世界市场竞争中就会陷入不利的地位。

3. 较全面地反映了按各生产要素贡献分配的原则，从而较好地兼顾了出资人、经营管理人员和科学技术人员以及劳动者的经济利益。这就能够充分地发挥各生产要素所有者的积极性，提高要素的运营效益。

可见，现代薪酬制度无论在内容上、形成的依据上和作用上都与传统的工资制度有重大的原则区别。这是建立现代分配制度的十分重要的形式。

第四，充分发挥政府在建立现代分配制度方面的作用。

建立现代分配制度是中国市场取向改革的一个重要组成部分。它的建立也是由政府有领导地进行的。因此，充分发挥政府在这方面的作用，是推进这项制度建设的一个重要条件。

为此，政府管理需要在政企分开的前提下，实现一系列转变。一是政府在这方面的管理任务要由计划经济体制下推行和维护传统工资制度向推行和维护现代薪酬制度转变。二是管理范围由国有企业向各种所有制企业转变。三是管理目标由总量调控向水平调控转变。四是管理手段由主要依靠直接的行政手段向主要依靠法律和经济手段。当然，必要的行政手段也不可少，在转轨时期尤其是这样。此外，思想教育和舆论手段也不可忽视。为了维护公平竞争，并调动劳动者的积极性和维系社会稳定，政府还需要继续大力加强工资指导线、工资指导价位、工资本预测预警和最低工资等项制度的建设。

要完全建立并有效地实施上述四项条件和举措，绝非能够在短期内一蹴而就，需要经过一个长期探索和实践的过程。在这方面不抓紧积极

[①] news.suho.com2003年1月30日18：48。

推行是不妥的。但操之过急也行不通。

　　还需着重指出：当前中国居民收入的差别已经很大了。在推行现代分配制度的过程中，弄得不好，差别还会进一步扩大。但是，国际经验表明：在工业化的一定发展阶段上，都有收入差别扩大的趋势；只是到工业化后期，这种差别扩大的趋势才能稳定下来，然后再转入差别缩小的态势。美国学者库茨涅茨提出的例 u 字型假说，就反映这种收入差别的变动趋势。这虽然是一种假说，但在国际上得到广泛的认同。我国经济的发展过程中也会出现这种状态。对此，我们需要有思想准备。当然，在建立现代分配制度时，特别是对企业经营管理人员实行按智力资本形成利润分配过程中，要着力加强企业法人治理结构、民主监督和透明度；否则也会造成种种负面影响。这是其一。其二，在处理效率与公平的关系上，要坚持效率优先，兼顾公平的原则。只有这样，才能促进社会生产力的发展，才能使一部分人依靠诚实劳动和合法经营先富起来，然后用先富带后富的办法，实现共同富裕的目的；否则，在事实上就要重蹈改革前一个长时期内存在的名为实现共同富裕，实为共同守穷的覆辙。这是就生产过程中初次分配说的。他并不排除在收入再分配过程中要更多地兼顾公平原则，而且是以此为前提的。在再次分配中，可以而且必须通过财政收入（如征收所得税和遗产税等）和支出（如加大社会保障体系建设的支出，以及通过转移支付加大对经济欠发达地区在生产和生活上的支持等）来促进社会公平的实现。这样，才能全面调动全社会各阶层各地区人民积极性，才能实现社会的稳定。但这些收入和支出方面也要注意适度；否则，也要造成消极后果。同时需要明确：在社会主义市场经济条件下，所谓实现社会公平，具有决定意义的和居于首位的并不是在收入分配方面，而是要使社会成员在各个领域的就业和经营中享有均等机会，以便实现公平竞争。

第六节　建立社会保障制度

一、社会保障制度的内容及其在建立社会主义市场经济中的作用

从一般意义说，社会保障制度是国家和社会对其成员因生、老、病、

死、伤、残和自然灾害而发生生活困难时给予的物质帮助，并以此保障其成员的基本生活需要，实现和延续劳动力再生产以及维护社会稳定的制度。

从原始形态上说，社会保障在封建社会已经开始萌芽了。比如，最常见的是封建王朝推行的救灾活动。但这时分散的个体的农业是社会生产的主要基础。这种农业是集生产与生活于一体的，农民因天灾人祸而发生生活困难主要是由家庭承担的。这时还提不出建立社会保障制度的问题。

社会保障制度是伴随资本主义工业化和现代化而建立和发展起来的。在这种条件下，集生产与生活于一身的个体农民生产逐步趋于解体，而失业和经济危机又成为资本主义的经济规律。这样，由国家来建立社会保障制度，就成为保障社会成员基本生活、保证劳动力再生产、实现社会稳定和维系资本主义制度一个重要因素。同时，资本主义社会物质文明、政治文明和精神文明的发展，也为建立社会保障制度创造了条件。此外，社会保障制度的建立，像历史上八小时工作制一样，也是无产者反对资产者斗争的一个重要成果。"一战"后社会主义国家实行的社会保障制度，"二战"后社会民主主义思潮的影响（这一点在"二战"后那些由社会民主党执政的国家表现尤为明显），在这方面也起了重要的作用。

在中国实现由计划经济到社会主义市场经济的转轨时期，建立社会保障制度具有特殊重要的作用，以致成为建立社会主义市场经济体制的一个必不可少的重要支柱。

第一，就整个市场取向改革来说，竞争是推动社会生产力发展的强大动力，但它也有消极作用。其重要表现就是必然导致失业队伍和收入差别的扩大，甚至造成社会贫困阶层的出现和两极分化。而中国在改革以前就有着庞大的潜在的失业队伍。在市场取向改革的过程中，随着市场竞争的发展，不仅原来的隐性失业必然显性化，还会进一步扩大失业队伍。这样，弄得不好，就会酿成严重的社会问题。为此，必须建立社会保障制度。

第二，就作为中国市场取向改革中心环节的国有企业改革来说，建立社会保障制度显得尤为重要。国有企业在这方面的重要特点有：一是潜在失业比重大，数量多。据估计，改革以前国有企业的富余人员不下

1/3，而且国有企业工人又占了城市工人的大部分。这样，城市中的潜在失业人口主要就集中在国有企业中。二是国有企业承担了大量的办社会的任务，占用了大量的人力和物力。据测算，国有企业拥有的社会公共基础设施以及住房和其他生活福利资产约占其总资产的 10%~15%。但市场取向的改革必须使国有企业像其他所有制企业一样成为自主经营、自负盈亏，并具有平等竞争地位的市场主体。这样，如果不建立社会保障制度，国有企业改革在事实上就难以迈出实质性的改革步伐。这里还要提到：国有企业改革在这方面的一些重大失误，也使得当前建立社会保障制度问题变得异常重要和尖锐起来。这些失误主要包括：一是没有在 20 世纪 80 年代初抓紧社会保障制度建设；二是没有在 90 年代下半期买方市场形成以前，抓紧把大批国有中小企业放开搞活，以致失去了良好时机。

第三，在市场取向改革中，劳动力再生产是社会再生产的必要条件；保障和提高人民生活是发展经济的根本出发点。就这两方面说，也必须建立社会保障制度。

第四，就改革、发展与稳定的整体关系看，中国实践经验已经充分表明：发展是目的，改革是手段，稳定是前提。社会不稳定，经济改革和发展都搞不成。而建立社会保障制度正是构建社会的"安全网"和"减震器"。

所有这些都说明：建立社会保障制度在实现市场取向的改革方面具有极重要的作用。

诚然，1949 年 10 月新中国成立以后不久，就在国有单位中建立了包括养老、医疗和工伤等在内的保险制度，并在历史上起过重要的积极作用。但这种制度是在计划体制下建立的，不可避免地会发生以下缺陷。一是保险层次单一。像整个收入分配一样，保险费也由国家大包大揽。这不仅不可能满足社会对保险的需要，而且造成平均主义盛行和浪费严重等不良后果。二是保险范围狭窄。保险覆盖面主要限于国有单位和作为准国有单位的城市大集体单位。三是保险项目不全。作为最重要保险项目的失业保险都不在其列。四是很不平衡。在城市中，国有经济和准国有经济在保险方面差别就很大，至于农村保险主要还是依靠家庭。五是社会化程度很低。在"文化大革命"中，竟然把国有企业的保险费支出交由企业来管理，造成了社会化管理大倒退。六是由此使得保险社会互济功能很弱，企业在承担保险费支出上负担不均。这些情况表明：像整个计划经济体制一样，原有的保险制度也根本不适应市场取向改革的要求，必须进行根本改革，重塑社会保障制度，以发挥其支撑社会主义市场经济大厦中的柱石作用。

二、建立社会保障制度的依据及其目标

中国建立社会保障制度的主要依据是：

第一，社会保障制度既是市场经济体制的重要组成部分，又是发展市场经济的推进器和稳定器。

因此，中国建立社会保障制度必须以发展社会主义市场经济的要求作为出发点。

第二，从广义上说，社会保障费用的支出是属于收入分配的范畴。

而收入水平是由社会生产力发展程度决定的。因此，确定社会保障水平必须与社会生产力发展水平相适应。还要清醒看到：社会保障具有很强的刚性，一旦确立下来，只能升不能降。在这方面，"二战"后有些经济发达国家历史经验很值得注意。他们由庞大的社会保障开支造成了巨额的财政赤字，并成为经济增速下降的一个重要因素。这一点，在中国尤其要注意。因为中国现在处于社会主义初级阶段，而且是一个相当长的历史阶段，生产力水平同经济发达国家比较尚有很大差距，再加人口众多，人均国内生产总值同世界各国比较居后列。所以，如果中国社会保障水平基线定得过高，超越了社会生产力水平，事实上难以行得通，并对改革和发展都有不利的影响。

第三，中国在建立市场经济体制过程中，为了促进生产发展，在初次分配中，必须强调"效率优先、兼顾公平"的原则。

在再分配过程中，特别是实施社会保障时，必须兼顾效率与公平。使社会保障的实施，能发挥统筹共济作用，适当向低收入者倾斜，缩小高低收入差距，防止两极分化，朝着有利于最终实现共同富裕的方向发展。同时又不使享受保障的对象滋长依赖思想，也不影响提供保障的对象的积极性，有利于促进生产的发展。

第四，要从我国社会老龄化、失业和贫困群体的现状出发，在一个相当长的时期内把养老保险、失业保险、医疗保险和对贫困群体实行最低生活保障作为建立社会保障制度的重点。

就中国老龄社会形成的特点来说，一是中国在经济发展水平较低的条件下就开始进入老龄社会。经济发达国家一般在人均国内生产总值达到了 3000 美元时才进入老龄社会，而中国在人均国内生产 800 美元情况下就进入老龄社会。二是经济发达国家从成年型社会进入老年型社会一般需要半个世纪到一个世纪的时间，而中国只经历了约 20 年的时间。按照国际通行标准，60 岁以上人口占到总人口的 10%（或 65 岁以上人口占到总人口的 6.5%）时，就算进入老龄社会。据此，中国在 2000 年就进入了老龄社会。依据 2000 年中国第 5 次全国人口普查数据，这时总人口数为 12.6583 亿人，其中 60 岁以上人口占总人口的比重为 10.45%，65 岁以上人口比重为 6.96%。[①] 中国人口老龄化的发展速度之快在世界各国中是少有的。许多经济发达国家，65 岁以上人口占总人口比重由 5%上升到 7%，一般要经历 50 年到 100 年的时间。中国 65 岁以上人口占总人口比重由 1982 年人口普查时的 4.9%上升到 2000 年约 7%，只相隔 18 年时间。三是随着人民生活水平的提高，高龄人口数量和比重将越来越大，而且，老龄化高峰将是一个较长的过程。根据全国第四次人口普查有关资料预测，2000 年全国总人口将为 13 亿，60 岁以上老年人口将达到 1.28 亿人。到 2030~2040 年，总人口将达到 15 亿以上，届时 60 岁以上人口将达到 3.4 亿~3.8 亿人。到 2050 年，60 岁以上老年人口还将进一步增长到 4 亿以上。这样，养老保险在中国社会保障中就居于十分重要的地位。

中国在失业人口的形成方面也很有特点：一是中国为世界第一人口大国，劳动力多，就业压力本来就很大。二是在实行计划经济体制时长期推行"低工资、多就业"的政策，以致企业冗员约占 1/3。城市潜在的失业人口数以千万计，农村数以亿计。三是由于计划生育基本国策的推行，14 岁以下人口比重逐年上升。根据第四次人口普查有关资料推算，15~59 岁劳动适龄人口比重，1995 年为 62.92%，2000 年达到 63.08%，2005 年增到 65.07%，2010 年进一步提高到 66.82%，直至 2030 年之前，都将在 60%以上，到 21 世纪中叶，也还在 56%以上。[②] 劳动力比重大，一

---

① 《中国统计年鉴》（2002），第 95~96 页。
② 《20 年经济改革回顾与展望》，中国计划出版社 1999 年版，第 411~412 页。

般说是好事，创造财富的劳力资源丰富。但同时也给就业带来更大压力。四是中国正在实现由计划经济到社会主义市场经济以及由粗放型生产方式到集约型生产方式的转变。这样，劳动力供大于求的状况将长期存在。社会保障制度必须适应这种形势的需要，把失业保险放在首位。

中国当前贫困群体的数量也很大。改革以来，农村贫困人口由 1978 年 2.5 亿下降到 2002 年的 2820 万。这是一个伟大的成就，但仍有近 3000 万人。2002 年城市有 2054 万贫困人口。② 保障这些贫困人口的最低生活需要，显然是社会保障制度建设的极重要任务。

第五，依据国家财力、各类社会群体需要、权利与义务对等以及分担风险等因素，构造筹集资金多渠道和多层次的社会保障体系。

这主要包括：一是由国家财政支撑的保障项目。主要有国家立法强制实施的社会救济、社会福利、优抚安置三项。社会救济的对象是无工资来源和低收入的社会群体。社会福利保障的对象是无依无靠的孤老残幼、精神病人等。优抚安置属于国家特殊保障，对象是对国家和人民有功的人员，一般指军烈属、伤残军人、退伍义务兵、志愿兵等。二是由国家、企业、职工三方负担的社会保险的项目。这是社会保障体系的主体部分，包括养老、失业、医疗、工伤、生育保险五项。这五项中，养老保险和医疗保险实行社会统筹和个人账户相结合，失业保险企业和职工都要缴费，这三个最重要的社会保险项目是国家、企业、职工三方负担的，工伤和生育保险职工个人不缴费。三是由企业和个人出资的企业补充保险和个人储蓄性保险。企业补充保险和个人储蓄性保险一般遵循自愿原则，国家给予一定的政策优惠。这类保险项目主要委托商业保险公司经办。此外，非营利性的社会互助保险等也是对社会保险的一种补充形式。

在上述多层次社会保险体系中，社会保险是政府强制实施的，应覆盖社会所有劳动者，并只能提供最基本的保险水平。商业保险一般遵循自愿原则，可在企业补充保险和个人储蓄性保险方面发挥重要作用。商业保险比较灵活，保险的水平可以按投保者的要求在不同的地区、行业、企业以及职工之间有所差别。

①《经济日报》2003 年 3 月 6 日第 5 版。

第六，中国目前城乡差距较大，在较长时期内仍会存在二元经济格局。

农村主要实行以家庭承包经营为基础的双层经营制度，家庭是主要的生产单位和保障单位。城镇职工主要依靠工资生活，家庭保障作用较弱。因此，在一个相当长的时期内，城乡之间在保障形式、保障项目和保障水平等方面应有差别。这种差别只能在二元经济结构向一元经济结构转变过程中逐步统一。这是就全国来说的，并不排除少数经济发达地区可以较快地缩小和消除这种差别。

第七，依据政事分开的原则，在社会保障事业方面要实行行政管理职能与基金收缴营运相分离。

政府行政职能和保障基金的营运管理要分开，执行机构和监督机构应当分设。行政管理部门主要管政策、管制度，不应直接管理和营运社会保障基金。社会保障基金的管理营运应当由社会机构依法经办，同时接受政府和社会监督。

第八，依据基本保险（不包括商业保险和实施范围小的互助救济）的社会性、强制性、共济性、稳定可靠性以及市场主体的平等竞争性，保险资金的管理服务必须逐步实现社会化。

从上述的各项依据和相关的原则出发，中国现阶段社会保障制度的改革目标大体上可以做如下的归纳：建立以社会保险、社会救济、社会福利、优抚安置和社会互助为主要内容，独立于企业事业单位之外，资金来源多元化，保障制度规范化，管理服务社会化的社会保障体系。其主要特征是：基本保障，广泛覆盖，多个层次，逐步统一。与经济发达水平相适应，国家强制建立的基本保障主要满足人们的基本生活需要；社会保障逐步覆盖全体公民；在基本保障之外，国家积极推动其他保障形式的发展，努力形成多层次的社会保障体系；依靠经济改革和发展，逐步实行全国统一的社会保障制度。

三、社会保障制度改革的进展及其进一步推进的措施

如前所述，计划经济体制下建立的社会保障制度根本不适应社会主义市场经济的要求，必须进行改革，重塑社会保障制度。为此，改革以来，特别是 20 世纪 90 年代以来，中国在社会保障制度改革方面采取了一系列重要措施，并取得了重大进展。

第一，经过多年的努力，有关建立社会保障制度的基本政策和法规

已经陆续制定和实施，其范围覆盖了大多数城镇职工。

第二，20世纪90年代中期以来，为加快各项社会保障制度的统一规划和社会保障基金的管理、监督，中国政府对社会保障管理体制进行了一系列改革。把过去由多个部门分别管理的社会保险转变为由劳动和社会保障行政部门统一管理，各级劳动和社会保障行政部门也建立了相应的社会保险经办机构，承担社会保险具体事务的管理工作。还把过去由企业承担的社会保险事务逐步转变为由社会机构管理，即社会保险待遇实行社会化发放，社会保障体系对象实行社区管理。同时加强了对社会保险基金的行政管理和社会监督工作。社会保险基金被纳入财政专户，实行收支两条线管理，专款专用。各级劳动和社会保障行政部门专门设立了社会保险基金监督机构，负责对社会保险基金的征缴、管理和支付进行检查、监督，对违法违规问题进行查处。此外，还通过强化基金征缴和提高社会保障支出占财政支出的比重等一系列措施，努力拓宽社会保障资金的来源。到2002年，社会保障基金已积累资金1242亿元。又专门成立了全国社会保障基金理事会，负责通过减持国有股所获资金、中央财政投入的资金及其他各种方式筹集的社会保障资金的运营和管理。

第三，对组成社会保障体系的各个项目，特别是对作为重点的养老、医疗和失业保险以及社会救济制度进行了重大改革。

1. 养老保险制度的改革。1997年，中国开始在全国建立统一的城镇企业职工基本养老保险制度。中国的基本养老保险制度实行社会统筹与个人账户相结合的模式。基本养老保险覆盖城镇各类企业职工；城镇所有企业及其职工必须履行缴纳基本养老保险费的义务。目前，企业缴费比例为工资总额的20%左右，个人缴费比例为本人工资的8%。企业缴费的基本养老保险费一部分用于建立统筹基金，一部分划入个人账户；个人缴纳的基本养老保险费计入个人账户。基本养老金由基础养老金和个人账户养老金组成，基础养老金由社会统筹基金支付，月基础养老金为职工社会平均工资的20%，月个人账户养老金为个人账户基金积累额的1/120。个人账户养老金可以继承。对于新制度实施前参加工作、实施后退休的职工，还要加发过渡性养老金。

经过几年的推进，基本养老保险的参保职工已由1997年末的8671万人增加到2001年末的10802万人；领取基本养老金人数由2533万人增加到 3381 万人，平均月基本养老金也由 430 元增加到 556 元。到 2002 年底，全国参加基本养老保险人数又增加到 14731 万人。其中，职工 11112 万人，离退休人员 3603 万人。目前基本实现了基本养老金由社会服务机构（如银行、邮局）发放。2001 年基本养老金社会化发放人数达到 3122 万人，发放率达到 98%。此外，机关事业单位职工和退休人员仍实行原有的养老保障制度。

1991 年，中国部分农村地区开始养老保险制度试点。农村养老保险制度以"个人缴费为主、集体补助为辅、政府给予政策扶持"为基本原则，实行基金积累的个人账户模式。到 2001 年底，全国已有 6000 万农民参加了农村社会养老保险。

2. 医疗保险制度的改革。1998 年，中国开始在全国建立城镇职工基本医疗保险制度。中国的基本医疗保险制度实行社会统筹与个人账户相结合的模式。基本医疗保险基金原则上实行地市级统筹。基本医疗保险覆盖城镇所有单位及其职工；所有企业、国家行政机关、事业单位和其他单位及其职工必须履行缴纳基本医疗保险费的义务。目前，用人单位的缴费比例为工资总额的 6%左右，个人缴费比例为本人工资的 2%。单位缴纳的基本医疗保险费一部分用于建立统筹基金，一部分划入个人账户；个人缴纳的基本医疗保险费计入个人账户。统筹基金和个人账户分别承担不同的医疗费用支付责任。统筹基金主要用于支付住院和部分慢性病门诊治疗的费用，统筹基金设有起付标准、最高支付限额；个人账户主要用于支付一般门诊费用。

在基本医疗保险之外，各地还普遍建立了大额医疗费用互助制度，以解决社会统筹基金最高支付限额之上的医疗费用。国家为公务员建立了医疗补助制度。有条件的企业可以为职工建立企业补充医疗保险。国家还将逐步建立社会医疗救助制度，为贫困人口提供基本医疗保障。

中国基本医疗保险的覆盖范围不断扩大。到 2001 年底，全国 97%的地市启动了基本医疗保险改革，参加基本医疗保险的职工达 7629 万人。到 2002 年又增加到 9400 万人。此外，公费医疗和其他形式的医疗保障制度还覆盖了一亿多的城镇人口，中国正在将这些人口逐步纳入到基本医疗保险制度中。

中国在推进城镇职工基本医疗保险制度的同时，还进行了医疗卫生体制和药品生产流通体制的改革，以及农村新型合作医疗制度的试点工作。

3. 失业保险制度的改革。在新中国成立初期，曾实行过短暂的失业救济制度。此后，在计划经济体制下，由于实行统包统配的就业制度，失业救济制度逐步被取消。实行改革开放后，为适应国有企业改革，自1986 年开始，中国逐步建立起失业保险制度，为职工失业后提供基本生活保障。1999 年，中国又把失业保险推进到一个新的发展阶段。失业保险覆盖城镇所有企业、事业单位及其职工；所有企业、事业单位及其职工必须缴纳失业保险费。单位的缴费比例为工资总额的 2%，个人缴费比例为本人工资的 1%。享受失业保险待遇需要满足三方面的条件：缴纳失业保险费满一年，非因本人意愿中断就业，已经办理失业登记并有求职要求。失业保险待遇主要是失业保险金。失业保险金按月发放，标准低于最低工资标准、高于城市居民最低生活保障标准。领取失业保险金的期限根据缴费年限确定，最长为 24 个月。失业者在领取失业保险金期间患病，还可领取医疗补助金；失业者在领取失业保险金期间死亡，其遗属可领取丧葬补助金和遗属抚恤金。此外，失业者在领取失业保险金期间还可接受职业培训和享受职业介绍补贴。

这样，失业保险的覆盖面不断扩大，保障对象不断增加。从 1998 年到 2001 年，失业保险参保人数由 7928 万人扩大到 10355 万人。2001 年末领取失业保险金的人数为 312 万人。随着失业保险制度的完善，国有企业下岗职工基本生活保障制度正逐步纳入失业保险。

4. 工伤保险制度的改革。从 1996 年开始，按有关部门规定：工伤保险费由企业缴纳，职工个人不缴费。工伤保险缴费实行行业差别费率和企业浮动费率。根据不同行业的工伤事故风险和职业危害程度确定不同的行业费率；在行业费率的基础上，根据企业上一年实际的工伤事故风险和工伤保险基金支出情况确定每个企业当年的具体费率。

工伤保险基金支付的待遇主要包括：工伤医疗期发生的费用；工伤医疗期结束后根据劳动能力丧失程度确定的伤残补助金、抚恤金、伤残护理费等。2001 年底，全国平均工伤保险费率为 1% 左右，参加工伤保险的职工达 4345 万人。没有参加工伤保险的单位，仍由该单位承担支付工伤待遇的责任。

5. 生育保险制度的改革。1988 年以来，中国的一些地区开始进行生育保险制度的改革。1994 年，在总结各地经验的基础上，明确规定，生育保险费由企业缴纳，职工个人不缴费。生育保险支付待遇主要包括：因生育发生的医疗费用和产假期间按月发放的生育津贴等。2001 年底，全国平均生育保险费率为 0.7%，参加生育保险的职工达 3455 万人。没有参加生育保险的单位，仍由该单位承担支付生育待遇的责任。

6. 改革社会救济制度，建立最低生活保障制度。1993 年，中国开始对城市社会救济制度进行改革，尝试建立最低生活保障制度。到 1999 年，全国所有城市和有建制镇的县城均建立了最低生活保障制度。按规定，城市居民最低生活保障资金由地方人民政府列入财政预算。地方政府根据当地维持城市居民基本生活所必需的费用来确定最低生活保障标准。家庭人均收入低于最低生活保障标准的城市居民均可申请领取最低生活保障待遇。城市居民领取最低生活保障待遇需要经过家庭收入调查，领取的待遇水平为家庭人均收入与最低生活保障标准的差额部分。

2001 年，全国领域领取城市最低生活保障金的人数达 1170.7 万人，到 2002 年又增加到 2054 万人，95% 的低保对象按时足额领到了救济金。近年来，部分农村地区也开始建立了最低生活保障制度。到 2002 年底，已有 404 万农民享受了最低生活保障。

在阐述了养老、失业和社会救济制度的改革以后，这里有必要着重提到中国于 1998 年开始采取的兼及这三方面的"两个确保"措施。一是确保国有企业下岗职工的基本生活，在国有企业普遍建立下岗职工再就业服务中心，由再就业服务中心为下岗职工发放基本生活费，并为他们缴纳社会保险费，所需资金由政府财政、企业和社会（主要是失业保险基金）三方面共同筹集。同时，组织下岗职工参加职业指导和再就业培训，引导和帮助他们实现再就业。二是确保离退休人员的基本生活，保证按时足额发放基本养老金。为保证"两个确保"的实施，中国提出与"两个确保"相衔接的"三个保障线"政策：国有企业下岗职工在再就业服务中心最长可领取三年的基本生活费；三年期满仍未实现再就业的，可继续领取失业保险金，领取时间最长为两年；享受失业保险金期满仍未就业的，可申请领取城市居民最低生活保障金。到 2001 年，绝大多数国有企业下岗职工领到基本生活费，离退休人员养老金基本实现按时足额发放。"两个确保"的实施，为维护下岗职工、离退休人员的合法权益，促进国有企业改革和实现社会稳定发挥了重大作用。

7. 社会福利制度的建设。中国社会福利制度是指政府出资为那些生活困难的老人、孤儿和残疾人等特殊困难群体提供生活保障而建立的制度。按有关法律法规规定：对城市孤寡老人、符合供养条件的残疾人和孤儿实行集中供养，对农村孤寡老人、符合供养条件的残疾人和孤儿实行集中供养与分散供养相结合；集中供养一般通过举办社会福利院、敬老院、疗养院、儿童福利院等福利机构进行；对于残疾人，通过政府的优惠政策来兴办多种形式的社会福利企业，帮助适合参加劳动的残疾人获得就业机会。

中国的社会福利事业取得了很大的成就。截至 2001 年底，全国有政府举办的社会福利机构 3327 个，收养了 19.1 万人；集体举办的社会福利机构 3.5 万个，收养 66.8 万人；民办社会福利机构 934 家，收养 3.4 万人；社会福利企业 3.8 万家，安置残疾职工 69.9 万人。此外，中国还通过发行社会福利彩票募集资金支持社会福利事业。2002 年，全年销售社会福利彩票 170 亿元，募集福利资金近 60 亿元，直接接收社会捐赠款 12 亿元。

8. 优抚安置制度的建设。优抚安置制度是指对国家和社会有功劳的特殊社会群体给予补偿和褒扬的一种制度。目前，中国有 3800 多万优抚安置对象。按有关法规规定：对于牺牲军人家属、革命伤残军人、老复员军人等重点优抚对象实行定期定量补助；对义务兵家属普遍发放优待金；对革命伤残军人等重点优抚对象实行医疗费用减免；城镇退役士兵可享受政府一次性就业安置，对自谋职业的安置对象发给一次性经济补助。1996~2001 年，国家各级财政累计投入抚恤资金为 292 亿元。

9. 灾害救助制度的建设。为做好灾民的救助工作，中国建立了针对突发性自然灾害的社会救助制度。在中国，各级政府每年都在财政预算中安排救灾支出，用于安置和救济灾民。1996~2001 年，全国各级财政救灾支出达到 212.6 亿元，向 3.9 亿人次的灾民提供粮食、衣被等救助。灾害救助制度有力地保障了灾区人民的基本生活。

10. 社会互助制度的建设。中国对社会捐赠活动的经常化、制度化实行了立法规范和鼓励政策。2001 年民政部门接受的社会捐赠（含捐赠物资折款）金额为 15.9 亿元。中国政府还积极倡导机关、企事业单位、社会团体有组织地帮助和扶贫困户脱贫致富。基层政府通过兴办社区服务业，为贫困对象提供照顾和服务。自 1994 年起，全国各级工会组织每年开展对困难职工家庭的"送温暖"活动。几年来，共筹集慰问款 104.4 亿元，走访慰问了 3975 万户次困难职工、劳动模范、离退休职工和伤残职工家庭。[①]

总结上述情况，可以清楚看到：中国以国有企业职工基本养老保险、失业保险、医疗保险和城市居民最低生活保障制度为重点的生活保障体系已经初步形成。

但是，中国生活保障制度的改革和建设并未完成，并且面临着多方面的严峻挑战。一是城市生活保障覆盖范围还不够宽，大量城市集体、私营和外商投资企业的职工、自由职业者、个体工商户和进城农民工仍未纳入社会保障范围。二是社保资金筹集困难，逃缴拖欠保费现象严重，地方财政支出结构调整力度不够，对中央财政依赖性较大，一些补充社会保障基金的渠道尚未落实。三是人口老龄化和失业压力加大，对养老、失业和医疗保险提出更高要求，而资金积累和保障服务功能很不适应。四是农村和小城镇社会保障刚开始探索，大部分地区还是空白。但是，建立健全社会保障体系，既是全面建设小康社会和发展社会主义市场经济的要求，又是保持社会稳定的根本大计。因此，必须从实际情况出发，依据上述改革目标，进一步建立健全中国特色的社会保障制度。

第一，深化社会保障体制改革。

要建立可靠稳定的社会保障基金筹资机制，调整财政支出结构，增加必要投入，充实保障基金，合理调整缴费率和替代水平，提高社会保障基金运营效率和投资收益率。还要健全社会保障宏观调控和监督体制，提高管理水平和工作效率，促进社会保障体系稳定、健康和有序运行。

第二，推进组成社会保障体系的各个项目的改革和建设。

1. 完善、扩大和进一步改革城镇职工基本养老保险制度。要完善现行社会统筹和个人账户相结合的基本养老保险制度模式，要进一步扩大企业基本养老保险制度覆盖面，将各种所有制企业职工都逐步纳入基本养老保险范围，适当提高基本养老保险统筹层次，逐步做实个人账户。

---

① 《经济日报》2002 年 4 月 30 日第 8 版，2003 年 3 月 1 日第 4 版、3 月 6 日第 2 版、3 月 11 日第 3 版。

要改革机关事业单位社会保障制度，进一步调整和规范机关事业单位的养老保险办法，探索建立符合机关事业单位和企业特点的多层次养老保险制度。

2. 建立健全失业保险制度。1998 年以来，国有企业下岗职工进入再就业服务中心，由国家、企业和社保机构共同出资，保障下岗职工的基本生活，是当时形势下采取的一种过渡形式。要按照有关规定，逐步将国有企业下岗职工基本生活保障制度与失业保险并轨，下岗职工陆续出中心，企业新的减员直接进入劳动力市场；保障基金由用人单位和职工共同负担，财政给予必要补贴，建立基金调剂制度，增强承受能力；强化保障基本生活与鼓励再就业相结合的机制，更好地发挥失业保险在保障生活和促进就业方面的积极作用。

3. 全面落实城市居民最低生活保障。按规定，这是中国城市困难居民最后一道社会保障安全线。因此，必须全面落实城市低保制度，切实贯彻属地管理原则，将符合条件的城市困难居民全部纳入最低生活保障范围，并确定适当的保障标准；建立城市低保对象家庭备案制度，方便查询和监督；规范收入审核和待遇申领程序，推进信息化管理，提高管理水平；完善低保工作法规和程序，实现公开、公平、公正；建立稳定的财政预算，多渠道筹措资金。

4. 积极推进医疗保险体制改革。要按照已定的"基本保障、广泛覆盖、双方负担、统账结合"的思路，改革城镇职工医疗保险制度，逐步将基本医疗保险覆盖至城镇大多数从业人员。还要落实并规范现行各类补充性医疗保险办法，制定公务员医疗补助、职工大额医疗费用补助和企业补充医疗保险等办法，建立社会医疗救助和多层次医疗保障体系。

5. 探索建立农村养老、医疗保险和最低生活保障制度。随着计划生育政策的推行和人口老龄化、城市化进程加快，农村和小城镇社会保障问题越来越突出。而且，村镇居民生活富裕起来，也有条件逐步建立养老、医疗等社会保障。要首先尽快研究制定适合于进城务工农民、被征用土地的农民以及农转非人口的养老保险制度，然后再逐步过渡到其他农村人口。在有条件的村镇，可以从实际出发，按照自主自愿、民办公助、标准有别的原则，建立适合当地特点的养老保险和医疗保险制度，并探索将家庭赡养、土地保障和社区扶持结合起来，共同保障村镇老人的基本生活。富裕农村还可探索把贫困村镇居民纳入最低生活保障范围。

此外，还要依靠社会各方面的力量，发挥商业性保险对社会保障的作用，发展城乡社会救济和社会福利事业，开展经常性社会捐助活动。

第三，建立行政监督、社会监督和机构内部控制相结合的社会保障基金监管体系。

要探索投资管理的途径，根据不同保障项目资金的管理原则，建立与基金管理体制相配套的基金监督管理制度，努力实现基金保值增值，化解社会保障基金的运行风险，维护社会的安全与稳定。

第四，加快社会保障法制建设，完善社会保障监察制度，不断提高监察执法人员的综合素质，开展多种形式的监察活动，推进保障监察执法与社会各方面实行法律监督的有机结合。还要加强保障管理信息系统建设和科学研究成果推广工作，提高社会保障管理的科学化、规范化、法制化、信息化水平。[①]

第五，赋予社区的社会功能，使其成为社会保障基金社会化管理和服务的基层组织。

这既适应社会保障社会化管理和服务的要求，又符合社区组织的特点。为此，需要进一步加强社区的制度、组织和队伍的建设，使其成为服务社会保障制度的新的有效平台。

第七节　建立开放型经济

一、开放型经济的内容及其在建立社会主义市场经济中的作用

从历史上看，资本主义条件下的开放型经济是相对于封建社会自给自足、与国外经济隔绝的自然经济而言的。其主要特征是国家之间的贸易、经济和技术等方面的联系越来越广泛，越来越密切。

就中国市场取向改革开始后提出的建立开放型经济来说，却是相对于此前由主客观多重原因而形成的封闭半封闭型经济而言的。其基本含义就是不断发展和加强对外经济联系，积极参加国际经济的竞争和合作，

---

① 《经济日报》2002 年 4 月 30 日第 8 版。

形成全方位、多层次、宽领域的对外开放格局，根本改变改革前存在的封闭半封闭型经济。具体说来，其主要内容就是：发展进出口贸易，引进国外的资金、先进技术、管理和人才，对外投资以及输出技术和劳务，发展国际旅游，实行地区的全方位开放（包括经济特区、沿海、沿边和内地城市的对外开放）和产业的宽领域开放（包括工业和农业，以及金融、运输、商贸、旅游和文化教育等众多服务业）。其中，发展对外贸易，引进国外的资金、先进的技术、管理和人才，以及拓展开放地区，是三个最重要方面。

在知识经济已经开始到来的时代，在经济全球化已经高度发展的条件下，在不同程度上建立开放型经济已经成为世界各国发展经济的必然选择。当然，对经济发达国家来说，依托他们在经济和科技上的优势以及业已存在的不合理的国际经济、政治旧秩序，发展开放型经济不仅是他们推进经济的强有力的杠杆，而且成为他们掠夺经济不发达国家的最重要手段。即使是这样，建立开放型经济仍然是经济不发达国家无可避免的选择，而且只要趋利避害，仍然不失为促进经济发展的重要因素。

中国正处于社会主义初级阶段，以及从计划经济向社会主义市场经济转轨时期，建立开放型经济显得格外重要。

建立开放型经济，就物质内涵来说，主要就是不断发展和加强对外经济联系，积极参与国际经济的竞争和合作。就其体制内涵来说，就是要在对外经济联系方面，根本改革计划经济体制，实行市场经济体制。具体说来，主要就是：在对外经济联系方面，必须取消行政指令计划，主要依靠经济和立法等间接手段以及必要的行政手段来进行调控；必须建立以公有制为主的、多种所有制企业共同组成的、独立的市场主体；企业组织形式必须是建立现代企业制度；必须建立包括产品市场和要素市场在内的价格机制合理的、统一的、平等有序竞争充分展开的市场体系；必须建立适合国际市场要求和中国具体情况的汇率机制和关税机制。这两方面内涵是相互依存的、不能分割的。前者是后者的目的，后者是前者的手段。当然，后者的实施不可能一蹴而就，需要经历一个逐步改革的长过程。但为了实现前一方面的目的，后者的改革又是必须进行的。而从总体上和长期看，改革又不可能只是局限于本身的对外经济联系领域，必然要求整个国民经济体制进行改革。这样，开放型经济的发展，不仅会要求和促进对外经济关系方面的经济体制改革，而且会要求和促进整个国民经济体制的改革。

但是，建立开放型经济不仅是促进改革的重要因素，而是推动发展的有力杠杆。在人类历史发展的长河中，作为社会生产资源有效分配方式之一的社会分工，从来就是促进社会生产力的最重要因素。到了以企业内部分工为主要特征的资本主义工场手工业时代，分工曾经成为提高相对剩余价值的主要手段和促进资本主义经济发展的主要动力。但这些分工主要还是限于一个国家内部的社会分工或者一个企业内部分工。

到了以国际分工为基础的外向型经济开始有了发展以后，这种分工在发展社会生产力的作用就显得越来越重要。在现阶段经济全球化有了空前未有的大发展的条件下，国际分工在这方面的作用，也达到了前所未有的高度。这是当代社会生产力发展速度和水平大大超过以往时代的一个极重要因素。因为，这种国际分工使得各国能够利用两种市场（国内市场和国际市场）和两种资源（国内资源和国际资源）。这不仅意味着社会生产资源可以在世界范围内得到有效配置，而且会促进各国内部资源配置效益和企业内部要素运营效益的提高。

这个一般道理对中国也是适用的。但是，中国具体情况使得这一点更需要引起重视。

第一，中国改革前长期实行封闭半封闭型经济。

这个历史因素为中国改革后建立开放型经济留下了巨大的发展空间和增长潜力。

第二，作为世界上人口最多的发展中大国，中国在市场、资源和资金的需求方面必须主要立足于国内。

就市场来说，以内需为主，并不断扩大内需，开拓国内市场，是中国发展经济的基本立足点和长期战略。但是，相对经济发达国家来说，中国经济发展水平较低，人均国内生产总值较少。而且，由于城乡之间、地区之间、行业之间和各种所有制之间的人均收入差别较大，致使在有限的消费总量中消费倾向并不高。这些就使得市场容量有限，经济发展越来越受到市场需求的制约。1997年买方市场形成以及与之相关的内需不足，突出地表明了这一点。因而需要在贯彻扩大内需为主方针的同时，积极地开拓国外市场。这是就产品市场说的，在要素市场方面（包括资金、自然资源和劳动力等）也在不同程度上存在着对国外市场的依存状况。就资源来说，中国许多资源总量位居世界前列，但人均占有量名排世界后列。这样，伴随中国经济的持续高速增长，不少资源的供给处于超负荷的状态，有的资源供应已经显示出严重不足。在这方面对国际市场的依赖程度也趋于加深。资金是中国实现社会主义现代化建设中最稀缺的资源，对国外资金的需求更为紧迫。中国最近9年来在吸收对外直接投资方面居世界第二位。2002年，在美国、日本和欧盟三大经济实体经济不景气，以及由此导致对外直接投资总量大幅下降的情况下，中国吸引国外直接投资竟然上升到了第一位。这一方面表明中国在吸引外资具有很大的优势，另一方面也表明中国对外资的需求是很大的。这样，中国建立开放型经济，就可以利用两种市场和两种资源。从而有利于扩大需求，增加供给，并有利实现产业结构优化和升级以及地区经济的均衡发展，进而提高社会生产资源的配置效益和要素的运营效益，实现经济的持续快速发展。

第三，中国是在知识经济时代和经济全球化条件下推进工业化的。

因而尽管中国当前还处于工业化的中期阶段，但在一定程度上，并在越来越大的程度上实现同知识经济化的结合。因而可能实现以信息化带动工业化的跨越式的发展战略。这是加速中国社会主义现代化建设的极重要战略。在这方面，在自然资源和资金方面，特别是在技术、设备和人才方面需要利用国外的市场和资源。

第四，中国在2001年12月11日加入了世界贸易组织。"入世"为中国建立和发展开放型经济创造了极为有利的条件，标志着开放型经济发展到了一个新的阶段。主要表现是：中国已由有限范围、领域、地域内的开放，转变为全方位、多层次、宽领域的开放；由以试点为特征的政策性开放，转变为在法律框架下的制度性开放；由单方面为主的自我开放市场，转变为与世贸组织成员之间的双向开放市场；由被动地接受国际贸易规则，转变为主动参与国际贸易规则的制定；由只能依靠双边磋商机制协调经贸关系，转变为可以多双边机制相互结合、相互促进。这些变化必然为中国开放型经济发展开拓新的空间，提供新的机遇，开辟新的途径。这样，"入世"可以使中国在更大范围、更广领域和更高层次上参与国际经济的竞争和合作，融入世界经济，更充分地利用两个市场和两种资源，更有效地在世界范围内实现资源配置。当然，"入世"不仅会促进中国经济的发展，而且可以形成一种倒逼机制，从转变政府职能，政府宏观调控，健全市场体系和促进微观基础改革等方面，进一步推进中国市场取向改革的发展。需要着重提到："入世"为改变国有企业改革滞后的局面提供了良好的条件，既有利于国有经济的战略性改组，又有利于国有企业的公司化改造。当然，无论是在发展方面，还是在改革方面，"入世"既是巨大的机遇，又是严峻的挑战。但从总体上说，是机遇大于挑战。

第五，中国开放型经济的发展已由改革初期侧重"引进来"发展到"引进来"和"走出去"相结合的阶段。

这是中国开放型经济发展到新阶段的另一个重要标志。经过 20 多年的改革开放，中国已经在人才、技术、设备、外汇和管理等方面为实现"走出去"战略创造了条件。而且"入世"也在这方面提供了许多方便，并拓展了"走出去"的空间。这同时意味着外向型经济在促进中国发展方面发展具有更重要的作用。

综上所述，建立开放型经济，既可以促进市场取向的改革，又可以推进社会主义现代化建设，从而为推进市场取向改革创造更强的物质基础，因而在建立社会主义经济市场中具有极重要的作用。也正是从这里可以清楚看到：党的十六大提出的"以开放促改革促发展"[①]的方针，是一个完全正确的方针，是一个关系中国改革和发展全局的极重要方针。

当然，伴随中国经济融入世界经济程度的加深，世界经济、金融风险对中国经济的影响也随之增大。这样，维护国家经济安全，就作为一个十分突出的问题摆在国人的面前。为此，必须从深化经济体制改革（特别是国有的工商企业和金融企业改革），加快经济发展，提升技术创新能力，维护国际收支良好态势和有效运用世界贸易组织原则方面，加强国际竞争力和抗风险能力，以维护国家的经济安全。

我们在下面分别从对外贸易的改革和发展，吸引外资和对外投资，以及对外开放地区的拓展这三个最重要方面，论述中国开放型经济的建立和发展。

---

① 《中国共产党第十六次全国代表大会文件汇编》，人民出版社 2002 年版，第 28 页。

二、对外贸易的改革和发展

(一) 外贸体制改革

发展对外贸易是建立外向型经济最重要的物质基础。但在中国改革开始时，面临的却是计划经济时代留下的以行政指令为核心的外贸体制，根本不适应开放型经济的发展。这样，改革这种体制，不仅是建立开放型经济的重要内容，而且是发展对外贸易的必要前提。

这种外贸体制主要特征是：高度集中的国营外贸总公司垄断经营，国家统负盈亏。包括：一是外贸计划管理体制，是外贸体制的核心，包括外贸收购、调拨、出口、进口、外汇收支以及其他各项计划。出口计划的编制实行外贸行政系统和专业公司系统双轨制进行；进口计划以国家计委为主，外贸部门参与编制。二是外贸财务管理体制，是外贸体制赖以维持和运转的基本支柱，由外贸部统一核算并由财政部统收统支、统负盈亏，外贸公司以及生产供货单位和使用进口物资的单位对进出口均不负责。三是外贸经营管理体制。对外，实行国家外贸公司统一经营，其他任何机构都无权经营进出口业务。对内，实行出口收购制和进口拨交制。四是外贸价格体制。出口商品货源按国内计划价格收购，进口商品的内销按国际调拨价供应用户；而出口商品的外销和进口商品的购进，则按国际市场价格作价。五是外贸行政管理体制。国家通过保护关税制度、货运监管和查禁走私制度、进出口商品检验制度等，对外贸进行调控管理和监督。六是贸易外汇管理制度。国家对进出口贸易的外汇实行集中管理、统一经营。外贸公司的出口收汇一律结缴国家；所有与进出口有关的外汇业务由国家特许的外汇专业银行——中国银行统一经营；各地方、各部门和各企业进口所需外汇，根据国家计委进口用汇计划统一拨付。

这种高度集中的外贸体制是由高度集中计划经济体制中派生出来，并与之相适应的。在新中国成立初期，这种体制在实现国家经济独立和发展外贸等方面发挥过重要的作用，也有重大缺陷。这种以国家垄断经营和统负盈亏为主要特征的外贸体制，压制乃至扼杀了国有企业和其他经济类型企业以及地方政府在发展外贸方面的积极性，严重阻碍了外贸的发展。伴随中国经济的发展，特别是市场取向改革的展开和中国已经"入世"的新形势。这种外贸体制同经济改革与外贸发展的形势越来越不适应，改革势在必行。

改革的总体目标是要建立与市场取向改革和世界贸易组织原则相适应的外贸体制。其主要特征是：变国家的垄断经营和统负盈亏为国家宏观调控下由以公有制为主体和各种所有制企业组成的、独立自主和自负盈亏的企业经营。包括：

第一，在外贸方面，取消政府指令计划，实行间接手段为主的宏观调控。国家对外贸进出口总额、出口收汇和进口用汇等实行指导性计划，政府通过经济、法律等手段引导外贸企业完成指导性计划指标。为确保进出口贸易和国际收支基本平衡，国家采取国际贸易的通行做法对之进行宏观调节。为鼓励出口和避免出口风险，政府要建立并完善有关税收和融资制度。比如，实行退税政策，设立进出口银行，建立出口商品基金和风险基金等。

第二，要实行外贸经营主体多元化，授予有条件的各种经济类型企业外贸经营权。

按照国际通行的外贸经营准则，外贸经营权要实现从审批制向依法登记制过渡。这样，就外贸经营主体而言，就可以在全国形成由各种所有制企业共同参与经营的格局。

第三，要按照现代企业制度的要求，改造国有外贸企业。

这最主要的是积极推行股份制，推动企业走实业化、集团化、国际化、多元化的路子。

第四，要建立健全进出口商品管理体系。

在出口方面，要建立和完善出口商品配额分配机制，实行优胜劣汰。配额要向出口效益好、产品附加值高、经济实力强的企业倾斜。要合理安排出口配额与许可证管理。按照抓大放小、抓重放轻的原则，减少配额许可证管理商品品种范围，为出口企业创造宽松的经营环境。还要建立和完善出口配额招标工作，扩大招标商品品种，根据出口商品属性，决定投标企业的投标资格。在进口方面，要按照世贸组织原则和已作出的承诺，逐步减少进口许可证管理的商品和降低关税。还要适应中国社会主义现代化建设和外资企业加工贸易的需要，推行某些优惠政策。比如，对外商投资项目设备，在规定的范围内，免征关税和进口环节增值税；实行加工贸易台账保证金制度等。

第五，改革外汇管理体制。

1. 由计划配置外汇资源的方式，转变为政府宏观调控下市场配置起基础性作用的方式。1994 年取消了实行 40 多年的外汇上缴制度和 15 年的外汇留成制度，取消了用汇的指令性计划，实行银行结售汇制。

2. 从人民币完全不可兑换过渡为人民币经常项目完全可兑换。1994 年以前，人民币完全不可兑换，所有用汇都必须经过行政部门审批。1994 年取消了经常项目对外付汇的大部分汇兑限制，实现了人民币经常项目有条件可兑换；1996 年又顺利实现了人民币经常项目完全可兑换。

3. 从外汇调剂市场发展成为全国统一的银行间外汇市场。1994 年以前，各地均设有外汇调剂中心。1994 年，建立了全国统一的银行间外汇市场，使外汇资金在全国范围内流通。

4. 人民币汇率由官方定价和市场调剂价并存的双重汇率制，转变为以市场供求为基础的、单一的、有管理的浮动汇率制。1988 年外汇调剂中心公开市场业务开办以后，形成了外汇调剂市场汇率，与官方汇率并存。1994 年 1 月 1 日起，成功地实现了人民币官方汇率与调剂市场汇率并轨，实行了以市场供求为基础的、单一的、有管理的浮动汇率制度。

5. 与中国扩大对外开放相适应，逐步推进资本项目对外开放。到 2002 年下半年，中国已经实现了人民币资本项目部分可兑换。对照国际货币基金组织确定的资本项下 43 个交易项目，中国完全可兑换和基本可兑换（经登记或核准）的有 12 项，占 28%；有限制的 16 项，占 37%；暂时禁止的有 15 项，占 35%。

6. 建立健全金融机构外汇业务监管体系。1994 年外汇体制改革后，外汇管理由过去直接审批管理企业的外汇收支活动，逐步转变为通过金融机构对外汇收支活动实施监督管理。

7. 建立新的国际收支统计申报制度。2001 年起，由过去每年公布一次国际收支平衡表改为按半年公布。

8. 改善外汇储备管理体系和经营机制。储备经营管理遵从"安全、流动和增值"的原则，在保证国家外汇储备安全性和流动性的同时，实现一定的储备经营收益。

9. 逐步建立适应社会主义市场经济的外汇管理法规体系。1997 年，对新中国成立以来的各项外汇管理法规进行了全面清理和修订，初步形成了由行政法规、部门规章和规范性文件三个层次构成的法规体系。目前，为适应中国扩大对外开放以及加入世贸组织以后的新形势，再次对外汇管理法规进行清理，并以此为契机，努力建设一个科学、系统、简便、透明且符合世贸组织及其他相关国际组织要求的外汇管理法规体系。

此外，外汇监管的技术手段也不断提高和完善。外汇管理改革的推进和政策的调整，在很大程度上取决于外汇管理手段的改进。1999 年正式启用海关、银行、外汇局之间的进口保管单联网核查系统，有效防止了骗汇等违法活动；2001 年 8 月 1 日口岸电子执法系统、出口收汇子系统和出口收汇核报系统正式启动，简化了企业核销手续；2002 年 4 月 1 日，"境内居民个人购汇管理信息系统"试运行，并于 8 月 1 日正式在全国推广，放开了办理个人售汇业务的银行限制。

中国外汇体制改革已取得积极成效。一是已经并将有力地防止国际金融危机的冲击。二是为保证经济体制（特别是外贸体制）改革创造了良好条件。三是为金融机构、企业和个人等各类涉外经济主体创造一个良好的经营环境。四是人民币长期保持了稳中趋升的走势。2002 年 9 月末，人民币汇率为 1 美元兑换 8.2771 元人民币，与 1994 年汇率并轨时相比，人民币对美元名义汇率累计升值 5.1%，考虑到中美两国通货膨胀差异，人民币对美元实际升值 40% 多。五是连续多年保持国际收支经常项目和资本项目"双顺差"，外汇储备逐年增长，截至 2003 年 3 月外汇储备达 3160 亿美元，储备规模居世界第二位。① 但是，深化外汇管理体制改革面临着新的任务。主要是要适应加入世贸组织后的新形势，进一步转换职能、提高效率，鼓励扩大出口、引进外资和支持国内企业"走出去"，促进国民经济健康发展；在保持汇率基本稳定的前提下，完善人民币汇率形成机制，稳步推进人民币资本项目可兑换；健全跨境资金流动的全程监管体系，切实防范短期资本流动冲击，维护国家经济安全。

第六，建立和加强进出口商会、协会等中介组织的职能，健全与完善外贸协调服务体系。

经过 20 多年的改革，中国外贸体制发生了巨大变化。一是改革以前，中国进出口贸易由少数几家国家专业外贸公司垄断经营。改革以后，

---

① 《经济日报》2002 年 10 月 28 日第 9 版，2003 年 3 月 19 日第 4 版。

形成了由各级各类专业外贸公司、科研院所、自营进出口生产企业、商业物资企业和外商投资企业等共同经营，国有、私营、中外合资、股份制等多种所有制形式相互竞争的经营体制。截至 2001 年底，全国有外经贸经营权的企业 4.2 万多家，其中外贸公司 1.4 万家，生产企业 2.2 万家，其他科研院所、边贸公司、商业企业和私营生产企业 0.6 万家。另外，还有 18 万家外商投资企业，[①] 这些企业自成立之日起就享有进出口经营权。二是初步建立了国有外贸企业自负盈亏、自主经营的经营机制。三是外贸宏观管理方式逐渐走上了以经济、法律手段调控为主的轨道。四是已初步建立起外汇管理体制框架，形成了以供求为基础的、单一的、有管理的浮动汇率制，实现了人民币经营项目下可兑换和资本项目下部分可兑换。五是涉外法规日益健全，外贸政策的统一性和透明度进一步增强。六是外贸中介服务体系开始形成。

（二）对外贸易发展战略

外贸体制改革是推动中国外贸发展的一个根本因素。另一个重要因素是外贸发展战略。中国在外贸发展历程中，适应形势的发展和外贸发展的需要，先后实施了进口替代、出口替代的外贸发展战略。20 世纪 90 年代以来，又陆续提出了以质取胜、市场多元化、大经贸以及科技兴贸四大对外经济贸易发展战略。

进口替代战略是指一国通过发展本国制成品的生产，满足国内市场，以替代原来需要从国外进口这些产品的战略。改革前中国就实行过进口替代战略。这种战略对于中国建立独立的经济起了积极的作用。但其缺陷也是很明显，不能充分利用国外的资源和市场，保护了国内落后的企业和产品，影响了经济的发展。

鉴于进口替代的弊端，改革后中国沿海地区逐渐由进口替代向以出口替代为主、进出口替代相结合的战略过渡。沿海地区经济技术水平较高、国际竞争力较强，逐步形成了出口替代发展战略。所谓出口替代战略是指一国采取各种措施扩大工业制成品的出口以替代初级产品的出口，以此带动经济发展，实现工业化的发展。

1991 年，针对出口商品质量不高、竞争力较弱和国际市场狭窄的情

①《中国经济年鉴》（2002），第 741 页。

况，中国提出了以质取胜战略和市场多元化战略。以质取胜战略主要依靠科技进步和科学管理，不断提高出口商品、吸收外资、对外工程承包和劳务合作、对外援助的质量，增强外经贸发展的后劲，提高外经贸的国际竞争力。市场多元化战略主要是纵深发展欧洲、日本、北美等传统市场，恢复和发展东南亚市场，大力开拓非洲、拉美、中东、东欧和独联体等新型市场，拓展中国外经贸发展的国际回旋空间，增强外经贸的抗风险能力。

1994 年，适应中国深化改革和扩大开放的需要，又提出并实施大经贸战略，进一步改变少数国有专业外经贸公司垄断外经贸业务的局面，实现外经贸经营主体的多元化和多种外经贸业务的相互融合，调动各方面的积极性，推动外经贸的发展。

1998 年，为贯彻科技兴国战略和适应经济全球化形势下国际经贸发展的新形势，中国又提出了科技兴贸战略，以促进科技成果向现实商品转化，提高出口商品的科技含量和附加值，扩大中国机电产品和高新技术产品出口，改善出口商品结构，增强中国出口商品的竞争力和抗风险能力。

上述外贸体制改革和发展战略的实施，有效地促进了中国外贸规模、速度、质量和水平的提高，推动了中国经济的持续快速增长。

（三）对外贸易发展成就

第一，改革以来，中国对外贸易得到迅速发展。

1978 年中国进出口额仅为 206 亿美元，世界排名第 32 位。2002 年，中国进出口总额上升到 6208 亿美元，提高到世界第 5 位。据外国专家测算，2002 年，中国经济的增量相当于全球经济总增量的 17.5%，对世界贸易的贡献率达到 29%，仅次于美国。[①] 从规模上说，中国已跨入贸易大国的行列。在这期间，外汇储备由 1.67 亿美元增长到 2864 亿美元，连续9 年居世界第 2 位。

第二，改革以后，中国创造了多种外贸方式。

除原有的易货贸易以及现汇交易方式以外，还采用了寄售、代销、包销、代理、租赁、拍卖、招标、投标、期货、来料加工、来样加工、来

---

① 《经济日报》2003 年 3 月 26 日第 2 版。

件装配、补偿贸易和进料加工等灵活多样的贸易方式。20世纪90年代初期，中国最主要的对外贸易方式是：一般贸易、进料加工贸易、来料加工装配贸易、外商投资进口物品、保税仓库进出境货物。在各种新型贸易方式中，加工贸易的发展十分突出。1990年，加工贸易进出口额占对外贸易总额的比重达38.2%。目前，已占"半壁江山"，超过了一般贸易的发展规模。

第三，改革以后，中国进出口商品结构不断改善。

20世纪80年代末，中国实现了出口商品结构的第一个根本转变，从初级产品出口为主向工业制成品出口为主的转变。20世纪90年代以来又在积极推动出口商品结构的第二个根本转变，从粗加工、低附加值产品出口为主向深加工、高附加值产品出口为主的转变，并取得了显著成效。机电产品连续8年成为第一大类出口商品。2001年，机电产品出口1188亿美元，占出口总额的45%，高新技术产品出口465亿美元，占出口总额的17.5%。2002年，高新技术出口达到678.65亿美元，占出口比重上升到20.8%。[1]

第四，中国外贸总量迅速增长，方式多样和结构优化，有力地促进了国民经济的持续稳定快速增长。这主要表现有：一是提高了外贸依存度。1978年中国的对外贸易依存度（对外贸易总额与国内生产总额之比）仅为9.8%，2002年这一指标高达50%。[2]二是促进了国内产业调整，提高了经济增长质量、效益和综合国力。三是增加了税收，扩大了就业。2001年，进出口税收占全国收入总额的16%，目前，从事各项外经贸业务并与此直接相关的从业职工有7000多万人。四是大大改善了国际收支状况。至2002年8月，累计实现贸易顺差2144亿美元。[3]

（四）进一步发展对外贸易的措施

上述有关外贸的各项改革和发展战略并没有得到完全有效实施，而且这些改革和发展战略本身还需要依据情况的变化和经验的积累不断地加以完善。当前外贸方面还存在诸多亟须解决的问题。而在21世纪头20年实现全面建设小康社会的任务，正需要进一步发挥外贸在促进经济发

①《经济日报》2002年11月7日第1版。
②《中国经济年鉴》(2002)，第613、664页；《经济日报》2003年3月1日第4版、3月5日第6~7版。
③《经济日报》2002年10月18日第13版。

展方面的重要作用。"入世"为发展对外贸易方面既提供了机遇，又提出了挑战。因此外贸方面的改革和发展任务仍很艰巨，还需进一步做出艰苦的努力。

第一，深化外贸体制改革。

这主要是：①深化国有外贸企业改革，逐步实现外经贸经营权的自动登记，推动经营多元化，努力形成各种所有制企业平等竞争、内外资企业共同发展的对外贸易新格局。②进一步完善外经贸法律法规，改变以行政手段为主的做法，建立一套符合国际通行的外经贸法制体系，依据公开、统一的法律法规进行管理。同时，加快政府职能转变，着重解决重审批、轻服务等问题，建立健全外贸运行监控体系，以及应对贸易摩擦的快速反应机制、国际收支预警机制和产业救济及保护机制。③大力推进中介组织改革，强化行业自律机制，拓展中介服务功能，充分发挥中介组织在信息、服务、协调、应诉等方面的作用。

第二，进一步完善有关税收、融资制度。

当前中国促进出口的各项税收和金融政策，总体上是符合世贸组织规定的。"入世"后，要继续保持现行政策的稳定性，同时要结合中国作为世贸组织成员应享受权利，加快制定新的税收和融资政策。要完善和实施符合国际惯例的出口退税制度，对出口生产企业全面实行"免、抵、退"的政策，对出口规模大、信誉好的重点出口企业优先办理出口退税。要完善出口贷款管理办法，扩大出口信贷规模和范围，积极发展买方信贷，建立健全出口信用保险制度和企业出口融资担保机制，形成完善的出口信用体系。

第三，发挥比较优势，推进市场多元化战略，以扩大商品服务和技术出口。

20世纪90年代以来的实践表明：市场多元化战略取得了很好效果，巩固了传统市场，开拓了新兴市场。但在世界市场不断变化的形势下，必须长期坚持这项战略，以进一步增强抗风险能力，并确保外贸的稳定增长。要进一步巩固美、日、欧等主要传统市场，继续开拓亚洲市场，大力开拓独联体、中东、拉美、非洲等富有潜力、前景广阔的市场。还要主动参与区域经济合作，研究建立中国—东盟自由贸易区的有关问题，积极发展与上海合作组织成员的贸易关系，推进APEC贸易投资自由化进程，促进多边经贸关系全面发展。在此基础上，大力发展商品贸易，提高服务贸易在出口中的比重，进一步发展技术贸易，带动技术装备及成套设备出口。

同时，要坚持科技兴贸和以质取胜战略，提高出口商品和服务的技术含量和附加值。这是不断提高国际竞争力和对外贸易效益的有效手段。要进一步推进高新技术产品出口。为此，要加快高新技术产品出口基地建设，全面落实鼓励软件产业、集成电路产业发展的政策，力争软件和集成电路出口有较大突破。要继续抓好机电产品出口。为此，要积极鼓励机电出口企业通过质量体系、环保及产品安全认证，加快培育一批具有自主知识产权和较强核心竞争力的骨干企业，扩大名牌机电产品、大型成套设备和通信电子等产品出口。切实抓好重要资源型商品、劳动密集型产品和农产品的深度开发，提高传统出口产品的技术含量和附加值，继续推进出口商品结构从以低技术含量、低附加值产品为主向以高新技术产品、高附加值产品为主的转变。

第四，优化进口结构。要在扩大出口贸易的同时，适当增加进口，特别要鼓励经济发展急需的先进技术、关键设备和短缺原材料进口，使进口更好地为技术进步、结构调整和经济发展服务。要按照世贸组织规则，加紧建立产业安全保障体系，加快修订和完善质量、卫生、防疫、环保、安全等方面的市场准入标准，健全和完善进口管理体制。并充分运用世贸组织规则、例外条款和过渡期安排，采取技术法规、标准、反倾销、反补贴、保障措施等做法，有效地调控进口。

三、吸引外资和对外投资

（一）吸引外资

吸引外资是建立开放型经济的一个最重要内容。改革以来，中国在吸引外资方面已经取得了重大成就。

第一，吸引外资总规模的迅速扩大和吸引外资方式的新变化。

1979~1984 年，中国实际利用外资 171.43 亿美元，2001 年增长到496.72 亿美元，1979~2001 年总计达到 5684.07 亿美元。

中国利用外资的方式主要有二：一是各种贷款，包括外国政府和金融组织提供的中长期、中低利率贷款，带援助性的无息贷款、商业贷款，以及开发基金等。这些贷款主要用于扩大进口，引进技术，特别是用于能源、交通、农业水利、城建环保和社会事业。二是直接投资，即通过合资经营、合作经营、独资经营、补偿贸易等方式吸引外国直接投资。另外，还通过证券市场吸收外资。

改革初期，借贷方式是中国利用外资的主要形式。1979~1983 年，实际利用外资 146 亿美元，其中对外借款 119 亿美元，占 81.5%，外商投资不到 27 亿美元，只占 18.5%。1992 年，外商投资首次超过对外借款，自此以后，外商投资成为利用外资的主要方式。2000 年，中国实际利用外资 593.56 亿美元，其中外商直接投资 407.15 亿美元，对外借款 100 亿美元，其他方式（包括对外发行股票和国际租赁等）86.41 亿美元，三者分别占总额的 68.6%、16.8%和 14.6%。[①]

第二，外商直接投资规模的急剧增长及其结构的新变化。

在外商直接投资规模方面，一是总规模的增长。截至 2002 年底，中国累计批准设立外商投资企业超过 42 万家，合同利用外资金额 8281 亿美元，实际使用外资金额 4480 亿美元。[②] 从 1992~1997 年，中国连续 6 年成为除美国之外外商直接投资最多的国家，1998 年落后于英国。在国际直接投资以及美国吸引外资大幅下挫的情况下，[③] 2002 年中国吸引国外直接投资仍然高达 527 亿美元，比上年增长 12.5%。[④] 跃居世界第一位。二是引进单个外资企业规模的扩大。其突出表现是：目前，世界著名跨国公司来华投资势头强劲，全球最大的 500 家跨国公司中已有 400 多家来华投资，平均单项外商直接投资规模从千万美元到上亿美元不等。

在投资结构方面，也已经并正在发生一系列的变化。一是投资产业结构。在 2001 年中国实际使用外资金额中，第一产业占 1.92%，第二产业占 72.51%，第三产业占 25.57%。伴随中国开放领域的扩大，第一、三产业比重将继续上升，第二产业比重继续下降。二是投资地区结构。在 2001 年中国实际使用外资金额中，中国东部 87.15%，中部占 8.75%，西部占 4.10%。随着中国西部大开发战略的实施，西部比重会进一步上升，

---

①《中国经济年鉴》（2002），第 629 页。

②《经济日报》2003 年 3 月 26 日第 2 版。

③ 据联合国贸易和发展会议统计，2001 年全球外国直接投资总额为 7350 亿美元，比上年减少了 51%（《经济日报》2002 年 9 月 18 日第 6 版）。2002 年又要大约下降一半，美国仅为 140 亿美元。

④《经济日报》2003 年 3 月 1 日第 4 版。

东部会进一步下降。三是投资主体结构。在 2001 年中国实际使用外资金额中，中外合资企业占 34.7%，中外合作企业占 12.9%，外资企业占 50.3%，外资股份制占 0.01%，合作开发占 0.01%，其他占 0.0003%。随着中国开放的进展，外资企业和股份制的比重会进一步上升，其余的比重会继续下降。

改革以来，吸引外资从多方面促进了中国经济的发展。

第一，外商直接投资大大增强了中国的投资力度。2001 年，外商投资企业固定资产投资占全社会固定资产投资总额的比重达 11%。

第二，外商投资企业加快了中国产业结构调整和技术升级步伐。外商投资企业引进先进技术、工艺、设备和管理经验，推动相关工业的技术进步，尤其是推动了电子、通讯、家电、汽车、化工、医药等行业的技术进步。据有关专家调查，2000 年从事机电产品生产的外商投资企业，设有研究开发机构的比例已高达 45.1% 以上。20 多年来，中外合资、合作带动了 12 万家国有企业、集体企业的技术改造。

第三，外商投资企业已变为进出口的主力军。外商投资企业进出口占全国的比重 2001 年已达 50%，其中出口比重超过了 55%，出口占国内生产总值的比重上升到 23%。2002 年，外资企业在中国高新技术产品出口中所占比重高达 83.2%。

第四，外商投资企业税收大幅增加。外商投资企业税收不仅绝对数量在大幅增长，从 1990 年的 52.10 亿元增加到 2000 年的 2316 亿元，而且占全国税收的比重也不断攀升，从 1990 年的 2.22% 猛升到 2000 年的 18.27%，2001 年又进一步上升到 22.64%。

第五，外商投资企业创造了大量就业机会，培养了大批管理技术人才。截至 2002 年，中国直接从事对外经贸业务的职工达到 7000 多万人。其中，在外商投资企业中直接就业人员超过 2300 万人，占全国城镇从业人口 10% 以上。据有关专家调查，外商投资企业中雇佣的企业管理与技术人员主要来自中国国内，其中当地招聘的占 40% 左右，雇佣的企业职工也主要来自中国国内，其中从当地招聘的职工占 50% 以上。一批批具有先进经营思想的经理队伍由此逐步壮大。

第六，外商投资企业大大促进了中国经济增长。据测算，1980~1999 年 20 年间，中国 GDP 年均 9.7% 的增长速度中，大约有 2.7 个百分点来自利用外资的直接和间接贡献。1989~2001 年，外商投资企业工业产值占全国工业总产值比重由 2.3%上升到 27.8%。2001 年，外商投资企业工业增加值占全国工业增加值的 24.6%。[①]

当然，吸引外资也带来诸多矛盾。主要是：外商投资企业提供的产品和服务的质量存在问题，用虚亏实盈等手段侵犯中方权益，并逃避税收，向中方输送淘汰技术，造成环境污染，投资的产业结构和地区结构偏离中国政策方向，以及同中国企业争夺人才等。与其积极作用相比较，这虽然是处于第二位的，但也需认真解决。

尽管中国吸引外资已经取得巨大成就，并存在不少问题。但是，积极有效地吸引外资，是中国对外开放政策的重要组成部分，是必须长期坚持的指导方针。当前，正是需要依据全面建设小康社会的总体要求，特别是深化国有企业改革和调整产业结构的任务，并抓住已经"入世"的机遇，确定利用外资的重点要求，采取有力措施，以提高吸引外资的质量和水平，进一步促进中国的经济改革和发展。主要是：

第一，要把利用外资与国有企业改革、改组、改造紧密结合起来。

要鼓励跨国公司通过并购等方式与国有大中型企业合作，选择一批国有大中型企业有计划地向外商转让部分股权或资产，改善法人治理结构，推进现代企业制度建设。引导外商投资高新技术产业和用先进适用技术改造传统产业，促进国有企业的技术改造和升级，形成新的优势产业和企业。积极探索外资参与金融资产管理公司对部分不良资产处置和重组的新途径，推动国有经济的战略性调整和国有企业的战略性改组。同时，注重通过吸引外商投资引进先进技术和管理经验，吸引优秀的技术人才和企业管理人才，加强引进技术的消化吸收，不断提高国有企业的技术水平、管理水平和自主创新能力。

第二，要鼓励跨国公司投资农业、制造业和高新技术产业，兴办研究开发机构，把吸引外资与产业结构优化和升级紧密结合起来。

当前，积极吸引跨国公司在中国建立面向全球的生产基地、技术开发基地、配套基地和地区性总部，已成为吸收外资的战略性步骤。鼓励

---

① 《经济日报》2001 年 8 月 26 日第 7 版，2002 年 1 月 23 日第 1 版、9 月 20 日第 1 版、10 月 17 日第 3 版，2003 年 3 月 26 日第 14 版；新华网，2002 年 11 月 13 日 15：49。

跨国公司投资改造传统农业，发展现代农业。通过合资、合作等多种形式建立现代化的农业企业集团，提高农业产业化水平。吸引跨国公司投资石化、化工、建材等基础产业，提升机械、轻工、纺织等传统产业，促进中国制造业的技术升级。吸引跨国公司投资电子信息、生物工程、新材料和航空航天等高新技术产业，提高高新技术产业吸收外资的比重，加快高新技术产业的发展。放宽对投资总额及外方以技术、管理入股的比例限制，鼓励跨国公司兴办研究开发机构。积极引导外资研发机构与国内企业开展多种形式的合作，参与国内共性技术、关键技术和配套技术的联合开发，推进技术进步。

以上两点讲的是在新形势下利用外资的重点要求，以下三点是提高利用外资质量和水平的重要措施。

第三，要从法律、政策和市场三方面进一步改善投资环境，特别是软环境。

这是当前中国扩大利用外资的重要条件。要根据市场取向改革的要求和世贸组织规则，进一步完善国内有关法律法规，形成规范、公开的外商投资准入制度，为外商投资经营提供完备的法律环境。要彻底取消对外资企业出口比例、外汇平衡、采购国产设备等限制条件，加大对外资企业的金融支持力度，逐步统一国内企业和外资企业的税率，消除各种歧视性政策和差别待遇，为外资企业创造稳定、透明的政策环境。还要加快转变政府职能，改革项目审批制度，进一步整顿和规范市场经济秩序，打破行业垄断，加强知识产权保护，依法保护外商投资企业的权益，形成公平竞争的市场环境。

第四，要有步骤地推进金融、电信、贸易和旅游等服务领域的开放。

以服务领域开放为重点，进一步提高对外开放的深度和广度，是中国"入世"后扩大对外开放的重要步骤。要根据世贸组织规则和中国对外承诺，结合不同行业的特点，逐步扩大服务领域的对外开放，重点引进国外现代的理念、经营管理经验、技术手段和市场运作方式。在金融保险领域，有步骤地取消对外资银行、保险公司在服务对象和地域等方面的限制，适时推进外资参与与国内商业银行的股份制改造，鼓励有条件的各类保险公司引入外资；在商业领域，鼓励和引导外商投资物流配送、连锁经营，增加外商投资商业零售企业的数量，允许生产型的外商投资企业建立自己的销售渠道，包括专业的批发、零售和维修服务体系；稳步扩大交通运输、电信、旅游、建筑、会计、法律、咨询等行业的对外开放，试行吸收外资发展医疗、教育等社会事业。

第五，要积极试行通过收购、兼并和证券投资等形式利用国外中长期投资。

适应跨国公司投资的新趋势，并借鉴国际上吸收外资的通行做法，不断开拓利用外资的新形式。利用跨国并购等新方式，吸引外商特别是跨国公司并购国内大型企业。逐步扩大证券投资的领域，允许外商投资企业在国内证券市场上市，推动国内企业到境外上市。继续扩大外商以BOT、项目融资、基础设施经营权转让等方式投资，并试行采用风险投资、投资基金等方式吸引外资。改变财政和金融机构转贷国外贷款的单一做法，选择有条件的企业直接对外融资。还要鼓励中小企业采取多种形式对外合资、合作，发展配套产业，进入国际配套采购网络。

（二）对外投资

发展对外直接投资，是建立和发展开放型经济的一个主要途径。因为，发展对外直接投资，有利于引进外国先进技术和设备，学习国外先进管理经验，培养适应国外市场需要的人才；有利于利用外国包括信息在内的各种资源；有利于扩大出口。

改革以来，中国在实行以对外直接投资为主要内容的"走出去"战略已经初见成效，推动了开放型经济的发展。一是"走出去"的规模逐步扩大。截至 2002 年 6 月底，中国共设立境外企业 6758 家，协议投资总额 132 亿美元，中方投资额 89 亿美元；对外工程总承包与劳务合作完成营业额 972 亿美元；在外劳务人员 47.5 万。目前，有 39 家企业进入世界最大的 225 家国际承包商行列，11 家企业进入全球国际设计企业 200 强。二是"走出去"的领域不断拓宽。中国已在 50 多个国家和地区参与油气、矿产、林业、渔业等资源合作开发项目 200 多个；在境外承包的工程，已涉及交通等各个行业；派出去的劳务人员，从最初的普工、技工发展到高科技与经营管理方面的人才。三是"走出去"的层次不断提升。对外投资已由早期的建点开办"窗口"，发展到投资办厂带动国产设备材料出口、跨国购并、股权置换、境外上市、设立研发中心、创办工业园区、建立国际营销网络和战略合作关系等多种形式；对外工程承包的经营方式，从初期的土建分包逐步向总承包、项目管理承包、交钥匙工程、BOT 等方式发展。①

当前，积极实施"走出去"战略，是以"入世"为主要标志的对外开放新时期的重大举措。改革 20 多年来，中国先是以"引进来"为主，取得很大的成绩。这是符合当时的情况的。不先"引进来"，产品、技术、管理水平不高，外汇不足，想"走出去"也出不去。在现阶段，必须而且可能实行"引进来"和"走出去"相结合。因为，一是实施"走出去"战略是中国经济发展到一定阶段的必然产物，进一步利用"两种市场"和"两种资源"的一个最重要手段，是提高企业国际竞争力的必由之路，也是深化与世界各国经济合作的重要途径。二是改革 20 多年来，中国已经在外贸和外汇总量、人才、技术和管理等方面为对外投资创造了一定的条件。三是加入世贸组织后，随着中国市场的逐步开放，世贸组织其他成员也会对中国进一步开放市场，提供贸易投资便利，这将为促进中国企业"走出去"开展跨国经营提供有利条件。

为了实现"走出去"，当前需要采取以下重要措施：一是建立健全管理制度，鼓励各种所有制企业，通过合资、合作、控股参股、收购兼并、技术转让等各种形式"走出去"，实行跨国经营。鼓励企业"走出去"投资办厂，开展各种经济技术合作，利用国外的资源和市场，带动技术、设备、商品和劳务出口。鼓励企业"走出去"开展对外设计咨询、工程承包与劳务合作，着重发展能带动成套设备、技术和服务出口的总承包项目、大型工程项目和"交钥匙"工程。二是形成一批有实力的跨国企业。在国际市场竞争的风浪中，跨国公司具有强大的生存和发展能力。在加入世贸组织的新形势下，要有力地开展国际竞争，实现"走出去"，必须培育一批有国际竞争能力的跨国公司。为此，要深化企业改革，加快建立现代企业制度，并在企业内部形成适应国际市场竞争的管理体制；要以资本为纽带，积极推动跨行业、跨区域、跨所有制的企业重组，加强技术创新，形成一批拥有自主知识产权、核心竞争力强的大企业集团，着力提高参与国际竞争的能力；要鼓励优势企业扩大对外投资，建立海外销售网络、生产体系和融资渠道，在全球范围内进行专业化、集约化

① 《经济日报》2002 年 10 月 18 日第 13 版。

和规模经营。

四、拓展开放地区

就中国的具体情况来看，实行对外开放，建立开放型经济，是从兴办经济特区开始的，而且开放型经济的发展总是以拓展开放地区为重要契机的。因而，它在建立中国开放型经济中处于极重要的先导地位。

中国拓展开放地区经历了下列过程：

第一，1979年开始创办经济特区。

改革伊始，1979年7月，国务院决定在广东和福建两省实行特殊政策和灵活措施，主要是在对外经济活动方面授予两省较多的自主权，并提出在深圳、珠海、汕头、厦门试办特区，实行特殊的经济政策和不同于内地的经济管理体制。1980年5月，国务院决定把特区正式定名为经济特区。1988年4月，又决定成立海南省，并作为最大的经济特区对外开放，实行更加特殊的优惠政策，使中国特区增至5个。开办经济特区是中国对外开放的突破口，它不仅使特区经济得到迅速发展并建立起开放型经济，率先初步形成社会主义市场经济体制，而且很好地发挥了技术、管理、知识和对外政策的"窗口"作用，带动了全国对外开放，促进了全国社会主义市场经济体制建立，产生了重要的示范、辐射和带动作用。

第二，1984年开始开放沿海城市。

1984年初，邓小平作了关于特区是对外开放的窗口讲话，充分肯定了特区所取得的成绩和经验，大大促进了特区的发展。在总结对外开放实践经验的基础上，同年5月，国务院决定进一步开放大连、秦皇岛、天津、烟台、连云港、南通、上海、宁波、温州、福州、广州、湛江、北海14个沿海港口城市。在这些沿海开放城市，有条件的地方经国家批准建立了实行经济特区某些政策的"经济技术开发区"。到1992年底，在上述城市中已建立经济技术开发区15个，通过某些优惠政策吸引外资，开发新产品、新技术，兴办新兴工业，对于加速现有企业的技术改造，使重要行业和企业的技术和产品升级换代发挥了积极作用。同时，沿海开放城市与内地的横向经济联系，又促进了资金、技术、设备和人才的合理交流，带动了内地经济发展。

1985年以后，又进一步扩大沿海经济开放区。开放沿海城市大大加快了中国对外开放步伐。1985年2月，国务院决定把长江三角洲、珠江三角洲和闽东南地区开辟为沿海经济开发区。1988年初，又把沿海经济开放区扩大到山东半岛、辽东半岛以及河北、广西等沿海其他地区的许多市、县。沿海经济开放区凭借便利的交通、广泛的对外联系、良好的工农业基础、丰富的劳动力资源以及蓬勃发展的乡镇企业力量，根据国际市场的需求，大力发展加工工业，在扩大出口创汇方面做出了巨大成就。

1990年4月，党中央作出了开发开放上海浦东新区的决策。这是中国对外开放方面具有战略意义的又一重大举措。上海浦东新区虽不叫经济特区，但实际上是按经济特区的设想而建设的，甚至实行比经济特区更为优惠的政策措施。经过十多年的艰苦创业，浦东新区开发开放取得了重大进展，一个开放型、多功能、现代化新城区的雏形在黄埔江东岸初步形成，成为上海乃至全国对外开放的重要窗口和标志，对带动长江三角洲、长江流域乃至全国的经济发展发挥了重要的作用。

第三，1992年以后实行全方位的对外开放。

1992年初，邓小平视察南方的谈话发表后，全国对外开放步伐大大加速，进入了一个新阶段。在这个阶段，形成了沿周边国家的东北、西北、西南三大开放地带，一种以边贸为先导，以内地为依托，以高层次经济技术合作为重点，以开拓周边国家市场为目标的沿边开放新态势已经形成。以满洲里、黑河、绥芬河、珲春四个沿边开放城市为龙头，以俄罗斯、独联体其他国家、蒙古、东欧诸国为对象，由内蒙古、黑龙江、吉林等省构成的东北开放地带正在形成一个大开放区。以独联体诸国、东欧诸国、巴基斯坦、西亚诸国为对象，以新疆为主体的西北开放带，在5400多公里的边境线上开通了十几个通商口岸。以印度、尼泊尔、缅甸、老挝、越南、孟加拉国为对象，以云南、广西为主体的西南开放地带，在云南、广西的边境线上设立了众多的对外开放口岸。目前，中国沿周边国家对外开放地带已设立了几十个国家重点口岸和数百个地方口岸。在这些地区，中国同周边国家的边境贸易十分活跃，贸易规模迅速扩大。

1992年8月，党中央又决定，以上海浦东为龙头，开放重庆、岳阳、武汉、九江、芜湖五个沿江城市，同时开放哈尔滨、长春、呼和浩特、石家庄四个边境、沿海地区省会城市，以及开放太原、合肥、南昌、郑州、长沙、成都、贵阳、西安、兰州、西宁、银川 11 个内陆地区省会城市。随后几年，又陆续开放了一大批符合条件的内陆市县。上述沿江及内陆城市均实行沿海开放城市的政策。

经过 20 多年的努力，中国初步形成了多层次、宽领域、全方位的对外开放格局。

拓展开放地区，不仅是促进这些地区经济改革和发展的强有力因素，而且成为带动全国经济改革和发展的极重要的契机。2001 年，沿海开放城市和经济特区人口为 10148 万人，国内生产总值 22287.6 亿元，二者分别占全国的 7.9%和 23.3%；人均国内生产总值 21962.6 元，为全国的 2.9倍。[①]

2001 年 12 月 10 日中国"入世"以后，对外开放发展到一个新的阶段。作为中国开放型经济重要组成部分开放地区，需要依据新的形势进一步完善相关政策，以继续发挥其在促进中国经济改革和现代化建设的重要作用。

第八节　建立市场中介组织

一、市场中介组织的内容及其在建立社会主义市场经济中的作用

在市场经济中，市场中介组织是具有独立法人地位的市场主体之一，是联系市场主体与市场之间的纽带，是为市场主体服务的组织。就市场中介组织的服务范围来划分，主要包括以下两类。一类是为各市场主体服务的中介组织。主要有：①行业自律性中介机构，如行业协会。②从事经济鉴证类业务的中介机构，如公证机构。③从事经纪类业务的中介组织，如商标代理机构。二类是专门为特定市场主体服务的中介组织。比如，为劳动力市场服务的职业介绍所，为技术市场服务的信息公司。

市场经济发达国家的经验表明：市场中介组织是市场经济不可分割的组成部分。它是伴随市场经济的产生发展而产生发展的，并对市场经济的发展起过重要的促进作用。

在中国由计划经济向社会主义市场经济转轨时期，建立和发展市场

---

① 《中国经济年鉴》(2002)，第 51、93、360 页。

中介组织，具有某种特殊重要的作用。

第一，现代市场经济是在政府宏观调控条件下实现市场作为配置社会生产资源的主要方式和基础性作用。政府的宏观调控又主要依靠经济和立法这样的间接手段。在这种情况下，市场中介组织，特别是像自律性的行业协会，在帮助政府实现间接的宏观调控方面具有独特的无可替代的重要作用。在中国转轨时期，这一点显得尤为重要。如果没有健全的、足够的中介组织，或者是给政府职能转变造成困难，妨碍职能的转变，或者是造成管理真空。这些都不利于社会主义市场经济的健康发展。

第二，作为与最重要市场主体的企业同时出现的市场中介组织，是社会分工的一个重要发展。

因而它具有降低交易费用，提高社会生产资源的配置效益的作用，又可以增强要素运营效益。这种作用在中国表现得尤为突出。中国作为一个发展中的社会主义大国，许多生产资源（如物资、资金和技术等）极为稀缺，而市场主体的数量又位居世界第一。2001 年，中国乡村户数达到 24432 万户，乡镇企业 2115.5 万个，国有及规模以上非国有工业企业 171256 个，建筑业企业 96374 个，金融、保险业 118726 户。① 可以设想，如果由这样庞大的市场主体去直接从事中介组织的业务，其交易费用会大得惊人。

第三，发展以公有制为主体的各种所有制企业，是中国建立社会主义市场经济的微观基础。

在这个过程中，特别是在其伊始时期，非国有企业在许多方面（包括市场准入、融资和吸纳人才等）都同国有企业处于不平等的竞争地位。为此，除了政府从法律上规定各种所有制企业都有平等的经营权力以外，建立中介组织来维护各种所有制应有的平等权益也是一个重要方面。

第四，国有企业改革是中国市场取向改革的中心环节。

这项改革涉及两个重要方面：一是国有大中型企业要进行公司化改造。二是大量的国有中小型企业要出卖（出卖给公司制、股份合作制、私营和外资企业等）。这两方面都要涉及对原有的国有资产的正确评估。恰当地做到这一点，既有利于防止国有资产的流失，又有利于国有企业

---

① 《中国统计年鉴》（2002），第 19~20 页。

顺利实现转轨。显然，要做到这一点，是离不开市场中介组织，特别是像资产评估这样的中介组织。

第五，统一开放的、平等有序竞争的市场体系是社会主义市场体系的重要组成部分。

社会主义市场经济是法制经济和信誉经济。要做到这些，也必须有中介组织（特别是法律事务所和审计事务所）的参与。在中国当前市场交易秩序混乱和失信严重的情况下，这一点，显得尤为重要。

第六，中国是在经济全球化和知识经济化条件下推进工业化的。

因而有可能实行跨越式的战略，以信息化带动工业化。这样，技术的快速发展就成为当前中国经济发展的一个重要特征。而这种技术进步又是巩固和加速中国市场取向改革的极重要物质基础。而加速中国技术进步的一个重要条件，就是加快发展中国技术市场。这样，市场中介组织（特别为技术市场服务的信息、咨询机构）也就显得特别重要。

第七，中国已于2001年12月10日正式加入世界贸易组织。

从总体上说来，世界贸易组织的规则，就是市场经济原则的具体体现。这样，加快中国经济与世界贸易组织的接轨，就成为一个重要而又紧迫的任务。从这方面来说，加快发展市场中介组织，促使中国企业按照市场经济规则来运行，也是很重要的。

总起来说，建立和发展市场中介组织，在建立中国社会主义市场经济中，具有重要而且独特的作用。

二、市场中介组织的发展及其进一步推进的措施

改革以来，中国市场中介组织已经有了很大的发展。

第一，初步形成了种类较为齐全的市场中介组织体系。

在这个体系中，既包括自律性的中介组织，主要有各种行业协会和商会；又包括鉴证类的中介组织，主要有公正机构，仲裁机构，会计师事务所，审计师事务所，律师事务所，资产评估、资信评级机构，计量认证、质量检验机构等；还包括代理性和经纪性的中介机构，主要有信息咨询机构、商标代理机构、报关行、税务代理机构、证券公司和期货经纪公司等。

第二，各种市场中介组织的发展都达到了一定的规模，业务工作量也有很大增长。

到 2001 年下半年，工商领域全国性行业协会达到 362 个，其中综合性协会 15 个，工业行业协会 206 个，商业物资流通协会 67 个，其他类协会 74 个。这 362 个协会共有专职人员 3472 人，吸收了近 40 万个企业会员。到 2000 年底，全国已设立公证处 3189 个，公证人员 18564 人，办理公证 1644 万件，其中国内经济公证 800 万件，民事公证 620 万件，涉外公证 224 万件。到 2000 年下半年，全国各地仲裁委员会达到 154 个，委员 2100 多人，工作人员 1300 多人，仲裁员 18000 人。从 1995 年到 2000 年，全国各地仲裁委员会受理案件 22000 件，案件标的超过 420 亿元。到 2000 年 7 月，经国家有关部门批准的从事质量认证的市场中介机构有 36 家，颁发的 ISO9000 质量认证证书 19365 张。到 2000 年，中国律师事务所达到 9381 家，从业人员达到 109276 人，其中专职律师 63152 人，兼职律师 15908 人，特邀律师 5922 人。到 2001 年初，中国会计师事务所达到 4804 家，注册会计师 5.8 万人，非执业会计注册师会员 7.5 万人；注册资产评估机构 2546 家，资产评估师 13765 人；税务代理机构 4100 多家，注册税务代理师 3.1 万多人。到 2002 年下半年，中国大中城市共有各类科技中介机构 6 万多个，从业人员 110 余万人。①

第三，各种市场中介组织的改革开放已经取得了不同程度的进展。

1. 多种所有制的市场中介组织的发展。比如，在 2000 年的 9381 家律师事务所中，国有的 5216 家，占 55.6%；非国有的 4165 家，占 44.4%。在 1998 年的 16447 家劳动培训中心中，政府办的 6729 家，占 40.9%；企业和社会团体办的 4859 家，占 29.5%；私人办的 4859 家，占 29.6%。

2. 市场中介组织管理体制的改革，已经取得了重大进展。这里以自律性的行业协会为例详细说明如下。经过 20 多年改革，中国不仅已经初步探索出在社会主义市场经济条件下实行行业管理的模式和道路，而且传统的部门管理体制已被基本打破，新的行业管理体制的基本框架已经初步形成。

（1）初步探索出一条适合中国社会主义初级阶段基本经济制度和社会

---

① 《中国市场发展报告》（2001），中国发展出版社 2002 年版，第 226~234 页；《经济日报》2002 年 12 月 3 日第 2 版、12 月 4 日第 1 版。

主义市场经济的新的行业管理体制模式。这种体制模式的主要特征可以做如下的概括：①"三分开"。这是指政企分开、政资分开和政社分开。政社分开是政府职能与作为社会中介组织的行业协会的职能分开。②"双主体、二为主和两结合"。双主体是指以精干的政府综合经济部门为主体行使政府的行业管理职能，以众多的行业组织对成员企业实行管理。二为主是指政府综合经济部门实行行业管理要以间接手段为主，行业组织对成员企业实行管理要以服务为主。两结合是指要把政府的行业管理与行业组织的管理紧密地结合起来。③"三跨"。这是指包括政府和行业组织的行业管理，都要实行跨部门、跨地区、跨所有制的涵盖全社会同类生产的行业管理。④"一格局"。即形成由三个层次构成的统一的行业管理格局：承担宏观经济调控职能的政府综合经济部门——作为中介组织的行业组织——作为市场主体的众多企业。

（2）初步探索出体现中国国情的行业组织的模式。主要包括：①行业组织的性质。行业协会是中介服务组织，是自律性和自主性组织，是非营利性组织，是独立的经济类的社团法人。行业协会是政府与企业之间以及市场与企业之间的中介服务组织。其宗旨是为行业、企业和政府服务。在政府部门与行业协会之间以及协会与成员企业之间都没有行政隶属关系。协会是同行业企业的联合组织，会员企业通过协会建立平等、协商、合作的关系。行业协会进行行业管理不是运用行政手段，也没有行政手段，而是组织企业制订并执行行规行约，规范企业行为，进行行业自律性管理。行业协会虽然是中介服务组织，但这种服务不以营利为目的。协会通过行业管理，既维护了行业利益，也协助政府实施宏观管理，从而成为经济类社团法人。②行业组织的体制定位。在社会主义市场经济条件下，工业管理体制基本格局是：政府负责经济宏观调控的综合经济部门；政企分开后成为市场主体的众多企业；居于政府与企业之间的中介组织是行业协会。③行业协会的主要职能。行业协会作为企业与市场、企业与政府的社会中介组织，承担着自律性行业管理职能，为企业、行业和政府服务。据有关部门的总结，行业协会的主要职能，可以概括为两方面：一方面是行业协会本身具有的基本职能，即自律性行业管理职能。具体说来就是：制定行规行约，行业标准，组织评估与认证，协调同行业企业之间的经营行为；对本行业产品和服务质量、竞争手段、经营作风进行监督，维护行业信誉，处理违规行为；进行行业内部价格协调，制止低价倾销及价格垄断行为；调查研究本行业国内外发展情况，分析行业经济形势，提出行业发展和技术进步规划或预测；收集、分析、发布行业信息；组织科技成果鉴定和推广应用；开展国内外经济技术交流与合作；发展行业社会公益事业；协调会员企业关系，维护其合法权益；企业需要的其他服务职能，如咨询、培训、举办展览等。另一方面是政府委托的服务职能。具体内容是：受委托协助政府制定行业规划、发展战略、产业政策、法律法规；对国家投入的技术改造、技术引进、开发项目等，进行前期评估论证工作；向企业传达政府宏观调控目标和政策措施，并组织实施；组织制订、修订工业产品国家标准，并贯彻实施；办理企业生产、经营许可证和相关的资质审查工作；进行行业统计；办理行业智力引进；受理对外贸易反倾销、反补贴应诉和本行业产业损害调查工作；参与相关产品的市场建设；政府需要委托的其它职能。④建立、发展和完善行业组织的原则。一是实行政社分开原则。政府要让协会依法自主运作，不能用行政命令直接干预协会的正常活动；除了政府委托的工作以外，协会也不要去分享政府的行政管理权限。二是实行自治、自律、自养原则。这是由协会作为中介服务组织这一根本性质决定的。三是实行改革同步原则。行业协会的发展要与企业改革和政府改革同步。四是渐进原则。如同整个经济、政治体制改革一样，行业协会的建立和发展也要遵循渐进原则，以保证在正常经济秩序下建立和完善行业组织。

（3）初步构造了反映社会主义市场经济要求的政府行业管理的基本框架。经过多次政府机构重大改革，撤销了众多的工业部，将它们改组为没有政府行政管理权的总公司、集团公司或工业行业协会、工业联合会，将政府管理行业的职能都交给国家综合经济部门统一管理。因而，从组织形式上打破了传统的工业部门管理体制，使部门管理失去了赖以存在和发挥作用的制度基础，并为建立适应社会主义市场经济体制要求的新的政府行业管理提供了一个初步框架。

此外，按政府有关规定，2000 年 10 月 31 日以前，所有鉴证类市场中介组织必须在人员、业务、财务、名称等方面与挂靠行政单位彻底脱钩，并改制为由专业人员发起成立的合伙制或有限责任公司。到 2000 年底，实现或基本实现与国家行政机构脱钩的会计事务所达到了总数的93.2%。

3. 市场中介组织的对外开放也开始有了一定的发展。到 2000 年底，由司法部批准的外国和香港特别行政区律师事务所在中国设立的办事处已超过 120 家，设立办事处的城市已扩大到北京、上海、广州、深圳、天津、青岛、海口、苏州、大连和福州等十多个城市。在 2001 年 12 月 10 日中国"入世"以后，这方面的步伐进一步加快了。

第四，规范市场中介组织行为的法制建设有了初步的进展。

当前已制定和颁布实施的有关市场中介组织的专门法律已有多部。如《公证法》、《仲裁法》、《律师法》、《注册会计师法》和《审计法》等。有关市场中介组织的专门法规就更多了。如《国有资产评估办法》和《专利代理条例》等。

各类市场中介组织的发展，为促进政府职能的转变和公平竞争的形成，发挥了重要的作用。

然而，当前在发展市场中介组织方面仍然存在诸多问题。主要有：①政企不分问题仍然存在。一些由政府职能部门建立或由其转化成的市场中介组织，成为政府机构的延伸乃至准政府机构。尽管名称变了，但其职能未能实现同步转换。有些市场中介组织承担着一部分应由政府部门承担的管理职能，行政化倾向比较严重。②政府管理力度不够。政府在对市场中介组织管理方面，缺乏统一的领导，多个部门同时插手，各自为政、政出多门；还缺乏明确的发展规划和健全的法制；许多管理工作不到位。③市场中介组织发展过滥和不足的现象并存。一些地方和部门不管条件是否具备，把建立中介组织作为一种创收的手段，一哄而上，出现各地层层办、部门重复办的现象。市场中介组织发展过滥，导致了不正当竞争。但中介机构"缺位"现象又比较严重。特别是适应建立现代企业制度要求的资产评估机构和公证监督组织发育明显不足。此外，与经济发达地区相比，经济发展较为落后地区的市场中介组织发展更为滞后。④有的中介组织擅自经营，没有达到国家规定的设立标准，有些连起码的条件都达不到。还有许多中介组织内部管理混乱，机构设置不合理，人员素质低，组织规模小，经济实力弱。由此不仅导致了无序竞争的混乱局面，而且造成了执业质量低，经济收入少，难以为继，甚至名存实亡。比如，据有关部门调查，现有的 206 个全国性的工业行业协会，工作有成效的仅约占 1/5，成效不大的约占 3/5，名存实亡的约占 1/5。

但是，中国深化改革和扩大开放的形势，特别是"入世"以后的市场环境，以及交易秩序和信用关系混乱的状况，迫切需要规范市场中介组织的行为，促进其健康发展。为此，需要采取以下重要措施。

第一，进一步实现政企分开，依法对市场中介组织实行监督管理。

这主要是：①政府有关部门应统一认识，不仅要转变对中介组织纵向的不适应市场要求的管理方式，而且还要放弃部门利益，通过制定相应的政策，鼓励竞争，促进市场中介组织跨地区、跨部门的横向联合，打破市场中介组织垄断和割据的局面，打破业务分割和部门封锁。②鉴于当前没有相应的法律法规对中介组织的性质、职能、当事人的权力义务等事项进行明确的法律规范。因而对市场中介组织缺乏统一的管理，监管十分薄弱。因此，政府应加紧制定有关中介机构法律法规，对中介机构的性质、中介活动的基本要素、当事人的权力、义务、责任等进行法律界定，明确市场中介组织的职责，为各类中介组织的法律地位提供基本的法律支持。此外，与原行政机构脱钩改制后的中介机构要在竞争中求发展，扩大联合已成为必然的趋势，政府有关部门亦应尽快制定或修改相应的法规，依法规范中介机构的组织形式、市场准入标准及机构合并、分立、终止等行为，为中介机构的规范发展及横向联合排除政策障碍，防止垄断和各种不正当竞争行为的发生。

第二，切实发挥自律性行业组织对中介机构的管理及服务职能。

随着政府职能的转变，行业自律管理的作用日益重要。当前，中国多数行业都已建立了行业自律组织，各类市场中介组织也大都建立了自己的行业自律组织。但尚未充分发挥其应有的作用。在已"入世"的情况下，行业自律组织作用的充分发挥，对于有效地发展经济、确保国家经济安全尤为重要。由于世贸组织是成员国政府间的经济组织，在相当大程度上，它只对成员国政府的法律、法规和政策进行审议，并解决由于政府行为而导致的经济贸易纠纷，而对于各国国内自律性组织的规则无权干涉。因此，中国各类行业组织应借鉴国际经验，了解国外行会的职能和作用，抓紧制定有利于保护本国经济和市场的行业规则。但要充分发挥自律性行业组织对中介机构的管理和服务职能，极为重要的也是要依法办事。主要有三个方面：

1. 政府对自主性的行业协会的管理，只能依法主要实行间接管理，不直接干预行业协会的活动，并把行业协会所必须拥有的人事权、机构设置和财权等归还给行业协会。

2. 依法规范行业协会的行业管理行为。主要包括：①依法接受政府有关部门对行业协会的管理。②作为中介组织的行业协会，要依法实行为成员、为政府服务的职能，除了政府委托的任务以外，不承担行政职能。③作为自律性、自主性的行业协会，要依法自主决定机构设置、干部任免、人员编制和财务等方面问题，在人事和财务等方面要坚决切断同政府行政部门的联系。④在行业协会与成员之间以及行业协会之间也必须依法行事。

3. 在行业管理方面依法规范协会成员的行为。主要包括：①行业协会要依法做好为成员服务的工作。②成员也要履行对协会的义务，其中包括向协会交纳会费。这是协会的主要经费来源。

第三，健全中介组织内部运行机制。

政府除了要通过健全法律、法规来规范中介组织的经营行为，从政策上引导中介组织重视信誉和服务的质量，以及对市场中介组织实行信誉级别和资格的严格认定制度，从制度上保证中介机构崇尚信誉以外，同时要健全中介组织的内部运行机制，在中介组织内部建立自觉维护信誉的机制，强化自律管理，提高中介组织的风险责任意识，包括建立健全内部质量控制、业务培训、人事管理等制度，使中介组织的经营管理逐步纳入"以质量求生存，以信誉求发展"的良性发展轨道。

第四，要加大培训力度，提高中介服务执业人员素质。

加入世贸组织以后，面临国外中介机构的涌入，当务之急是要尽快培养一支中国自己的具有较高经营管理水平和执业素质的中介队伍。为此，有关部门和自律组织应加大培训力度，加强对执业人员的法制教育和职业道德教育以及业务培训，提高他们的执业水平和服务质量。

中国国有企业改革与国有资产监管的理论与实践 *

毫无疑问，中国学术界对改革理论的发展已经和正在起着某种启蒙、先导和咨询、建议的作用，并且随着政治民主化的进展，还会发挥更加重要的作用。但在中国现阶段政治体制下，要使改革理论对改革实践发生指导作用，其必要条件就是必须使它为党中央（或党的全国代表大会）的文件所吸收，成为党的政策。正是基于这种考虑，本文所说的理论主要都是从党中央或党的全国代表大会文件这个角度视角出发的，而不直接涉及到学术界的理论发展状况。当然，这些文件所包括的改革理论，在许多方面都是吸收了学术界的研究成果。

旨在建立现代企业制度的国有企业改革，必然要求并推动适应社会主义市场经济要求的国有资产监管制度的建立和发展。就是说，前者是后者的基础。这是一方面。另一方面，要真正地建立起现代企业制度，又以建立国有资产监管制度为必要条件。但是，由于认识上和利益上的限制，中国国有资产监管制度改革是滞后于国有企业改革。当前，国有企业改革的深化，迫切要求加快国有资产监管制度的改革。所以，本文先考察国有企业改革，后考察国有资产监管制度，这种安排无论在历史上或逻辑上都是合适的。

为了便于分析这些问题，拟先简要论述国有经济的增长及其在发展和改革中的地位。

---

* 本文主要内容原载《中国经济史研究》2005 年第 3 期。

一、中国国有经济的增长及其在发展和改革中的地位

1949 年新中国成立以后，国有经济一直保持了迅速的增长。特别是 1978 年以来，国有经济有了更为迅速的增长。国有资产总额 1952 年为 370.2 亿元，1957 年为 804.5 亿元，1978 年为 6849 亿元，2001 年为 109316 亿元。截至 2002 年底，中国国有资产总量又达到 118299.2 亿元，比上年增加 8982.8 亿元，增长 8.2%。在全部国有资产总量中，经营性资产 76937.8 亿元（占 65%），非经营性资产 41361.4 亿元（占 35%）；中央占用国有资产为 56594.2 亿元（占 47.8%），地方占用国有资产为 61705 亿元（占 52.2%）。2002 年，经营性国有资产总量比上年增长 5.2%。在全部经营性国有资产中，一般工商企业（含境外企业，下同）占用 65476.7 亿元；金融保险企业（含境外企业，下同）占用 10223.0 亿元；各类建设基金占用 1238.1 亿元。从结构变动情况看，一般工商企业国有资产有较大幅度增长，在经营性国有资产中所占比例有所提高，金融保险业国有资产继续稳步增长。2002 年一般工商企业占用国有资产比上年增长了 6.9%，占经营性国有资产的比例为 85.1%，比上年提高了 1.4 个百分点。金融保险业占用国有资产比上年增长了 8.6%，其中中央所属金融保险企业占用国有资产比上年增长了 11.4%。2002 年，非经营性国有资产总量比上年增长 14.4%，其中行政事业单位占用国有资产 30406.1 亿元，比上年增加 4242.6 亿元，增长 16.2%。[①] 上述数字表明：改革以来，国有资产总量比改革前有了更为快速的增长，达到了空前未有的巨大规模。

与这种迅速增长相联系，国有经济一直保持着在国民经济中的主导地位。其重要标志就是国有资产在社会总资产中一直保持着优势地位。诚然，由于改革以来非国有资产总量有了更为迅速的增长，因而国有资产总量在社会总资产中的比重仍大幅度下降。改革前约 80%~90%，当前约 50%。第二次全国基本单位普查资料显示，2001 年中国 302.6 万个企业法人的实收资本总额为 13.66 万亿元，其中国家资本占 54.4%、集体资

---

① 《经济日报》2003 年 6 月 5 日第 1 版。

本 11.3%、个人资本 18.4%、港澳台资本 8.1%、外商资本 7.8%。从企业资本的构成看，国有企业资本中 99%来自国家资本，其他资本来源仅占 1%；集体企业资本的 82.3%来自集体资本，个人资本、国家资本等也各占一定比例；私营企业资本的 97.9%源于个人资本，其他资本只占 2.1%；股份制企业资本中国家资本占了一半以上，为 53.6%，个人资本占 31.6%，集体资本占 12.8%，其余 2%为港澳台及外商资本；港澳台商投资企业资本的 83.8%来自港澳台资本，10.5%来自国家资本；外商投资企业资本的 85%来自外商资本，9.5%来自国家资本；其他企业资本的主要构成依次为集体资本、国家资本和个人资本，分别占 44%、34.1%和 19.7%。[1]然而，这些数字也表明：国有资本比重虽然下降，但仍占有优势，并没有改变其在国民经济的主导地位。如果再考虑到国有的资源性资产和无形资产，其优势地位就更为明显。据估算，仅国有土地资源一项，其总额就达 26 万亿元。这还是静态的算法。如果再考虑到由级差地租规律作用而导致的地价上涨，土地价格总额还要大得多。

　　当然，国有经济的主导作用主要体现在控制力上。而改革以来，国有资产不仅总量增速加快，而且总的说来结构趋于优化。这正是控制力加强的一个重要因素。比如，2001 年，中国基础产业占用国有资产总额为 37235.7 亿元，比 1995 年增长 1.1 倍，年均增长率 13.5%；占国有工商企业国有资产总量的 62.2%，比重较 1995 年末提高 7.3 个百分点；国有大型工商企业占用国有资产总量为 45990.7 亿元，比 1995 年末增长了 1.5 倍，年均递增 16.1%；占国有工商企业国有资产总量的 76.9%，比重较 1995 年提高 16.6 个百分点。到 2002 年底，国有及国有控股企业上交税收占工业企业上缴税收的 2/3；196 家中央企业实现的利润占全国 15.9 万国有企业利润的 64%。[2]近年来，国有经济效益状况改善，也是国有经济控制力加强的一个因素。比如，2003 年上半年，工业企业盈亏相抵后实现利润总额 3638 亿元，比上年同期新增 1317 亿元，增长 56.7%。其中，国有及国有控股企业盈亏相抵后实现利润 1860 亿元，比上年同期增长 77.4%。[3]

[1] 中国新闻网 2003 年 5 月 27 日。
[2]《经济日报》2003 年 7 月 9 日第 1 版。
[3]《经济日报》2003 年 7 月 25 日第 1 版。

国有经济不仅在国民经济中处于主导地位，而且，国有经济改革在市场取向改革中也处于核心地位。因为这种改革的本质是要实现市场经济同社会主义公有制的结合，从主要方面来说，就是实现国有经济的结合。

但是，当前国有经济滞后局面（包括国有企业和国有资产监管改革滞后，还包括国有经济战略性调整和国有企业战略性调整滞后），同它在改革中的核心地位极不相称，拖了整个改革的后退。还需指出：面临非国有经济加快发展和扩大开放的局面，国有经济的主导地位遇到严峻的挑战。因此，推进国有经济改革，对于发挥它在改革中的核心作用，维护它在国民经济中的主导地位，加快经济改革，实现全面建设小康社会的目标，均有十分重要的意义。

二、 中国国有企业改革的重大理论与实践进程

1978 年 12 月召开的党的十一届三中全会，吹响了中国经济改革的号角。自此以后，中国逐步走上了市场取向改革的道路。以此为起点，中国国有企业改革的重大理论大体上经历了三个发展阶段：全面改进的计划经济理论、有计划的商品经济理论和社会主义市场经济理论。在这些理论的指导下，中国国有企业改革实践大体上也经历了三个发展阶段：扩大企业自主权的实践，在一定程度上实现所有权和经营权的分离的"两权"分离的实践，以及建立现代企业制度。

（一） 全面改进的计划经济理论与扩大企业自主权的实践进程（1979~1984 年）

1. 全面改进的计划经济理论。

追本溯源，计划经济理论是由马克思创立的。列宁依据马克思的思想对计划经济作过一个简明概括。他说：在作为共产主义社会第一阶段的社会主义社会，"全体公民都成为了一个全民的、国家的、'辛迪加'的职员和工人。整个社会将成为一个管理处，成为一个劳动平等、报酬平等的工厂。"[1] 苏联在 20 世纪 20 年代末和 30 年代初建成的计划经济体

———————

① 《列宁选集》第 3 卷，人民出版社 1972 年版，第 258 页。

制，从根本上说，就是源于马克思的计划经济理论。当然，实际经济生活总是比抽象经济理论要丰富得多。比如，苏联对国有企业的生产实行指令计划，统负盈亏，但又实行过经济核算制，企业有一定的自主权。新中国成立以后，在1956年也基本上建成了计划经济体制。如果不说某些局部差别，中国的计划经济体制基本上是模仿苏联的，因而也源于马克思的计划经济理论。

中国计划经济体制在新中国成立初期起过重要的积极作用，成为恢复国民经济和建立社会主义工业化初步基础的一个最重要的推动力量。但这种体制自始也暴露了它的弊病，主要是严重束缚了原本作为市场主体的企业积极性，既妨碍了资源配置效益的提高，也妨碍了要素运营效益的提高。因而必须进行根本改革，改革取向应是建立社会主义市场经济。由于各种条件的限制，当时党的领导人并没有从根本上认识这一点。然而他们部分地看到这种体制的缺陷。毛泽东依据中国"一五"时期的经验，于1956年初提出：在经济管理权限方面，中央政府集中多了，地方政府少了，在企业管理权限方面，政府集中多了，企业少了。于是他提出向地方政府和企业放权的主张。[①] 在这方面，当时较为全面地看到这一点的，当属陈云（时任中共中央副主席，国务院副总理）。他依据对计划经济体制缺陷的认识，提出了著名的"三个为主，三个补充"的理论。他在1956年9月召开的党的八大会议上提出："我们的社会主义经济的情况将是这样：在工商业经营方面，国家经济和集体经营是工商业的主体，但是附有一定数量的个体经营。这种个体经营是国家经营和集体经营的补充。至于生产计划方面，全国工农业产品的主要部分是按照计划生产的，但是同时有一部分产品是按照市场变化而在国家计划许可范围内自由生产的。计划生产是工农业生产的主体，按照市场变化而在国家计划许可范围内的自由生产是计划生产的补充。因此，我国的市场，绝不会是资本主义的自由市场，而是社会主义的统一市场。在社会主义的统一市场里，国家市场是它的主体，但是附有一定范围内国家领导的自由市场。这种自由市场，是在国家领导之下，作为国家市场的补充，因

---

① 参见《毛泽东选集》第5卷，人民出版社1977年版，第272~277页。

此它是社会主义统一市场的组成部分。"① 这种观点虽然没有从根本触及计划经济的弊病，因而没有跳出计划经济的基本框架，但却在一定程度上涉及计划经济在所有制计划和市场这三个主要方面的缺陷，因而可以称为全面改进的计划经济理论。如果仅从党的文献角度来考察，而不涉及学术界的理论发展，也可以认为这是当时条件下最高水平的理论成就！

党的八大关于政治报告的决论吸收了陈云的思想。根据这个决议以及其他有关文件（如陈云为国务院起草的《关于改进工业管理体制的规定》，《关于改进商业管理体制的规定》和《关于改进财政管理体制的规定》），② 先后在 1958 年和 1970 年两次对计划经济体制进行改进。这两次改进都是中央政府向地方政府下放部分的经济管理权限，以及政府向作为政府行政附属物的企业的领导人下放有限的企业管理权限，前者是主要方面，后者是次要方面。因而其改进的性质是行政性分权。即使是这样一种改进，部分地由于缺乏作为改进必要条件的稳定的经济环境和政治环境，部分地由于改进方法的错误（用搞阶级斗争的群众运动方法），两次改进均以失败而告终。不仅如此，由于毛泽东"左"的路线的发展，特别是在"文化大革命"中达到了登峰造极的地步！这样，在"大跃进"中，尤其是在"文化大革命"中，计划经济体制不仅没有得到改进，反而在许多方面进一步强化了。其突出表现是进一步否定非公有制经济和按劳分配原则。所以，总起来说，在这期间，由陈云创立的全面改进计划经济的理论，并没有真正付诸实践。

改革初期，由于各种条件的限制，一时也难以提出社会主义市场经济的理论。再加上邓小平和陈云既是党的第一代领导集体的重要成员，又是党的第二代领导集体的主要成员。这样，由陈云创立的全面改进计划经济的理论，很自然地就作为党的重要指导思想延续下来。

1978 年 12 月召开的党的十一届三中全会指出，我国经济管理体制的一个严重缺点是权力过于集中，应该有领导大胆下放，让地方和工农业企业在国家统一计划的指导下有更多的经营自主权。在 1979 年 4 月召开的中央工作会议上，中央提出了调整、改革、整顿、提高的方针。当时

---

① 《陈云文选》第 3 卷，人民出版社 1995 年版（下同），第 13 页。
② 参见《陈云文选》第 3 卷，第 87~104 页。

的主要矛盾是经济比例关系严重失调，因此最紧迫的任务是首先要搞好调整，理顺比例关系。中央工作会议提出，如果不把国民经济比例失调的状况基本上改变过来，生产建设不建立起良好的秩序，全盘重大的改革是难以进行的。在条件不成熟的情况下就急急忙忙地去大改，是会改出乱子的。同时又指出，在调整比例关系和整顿企业的过程中，一些必须改而又容易改的，如果不抓紧改，也会影响调整任务的完成。要看准一件办一件，积极地去做。在进行局部改革的同时，要认真调查研究，搞好试点，做好准备，提出比较全面的改革方案，经中央批准后，等条件成熟时再着手进行。这次中央工作会议还就经济体制改革问题提出几条原则性的意见：一是以计划经济为主，同时充分重视市场调节的辅助作用。二是扩大企业自主权，并且把企业经营好坏同职工的物质利益挂起钩来。三是按照统一领导、分级管理的原则，明确中央和地方的管理权限。四是精简行政机构，更好地运用经济手段来管理经济。

扩大企业自主权的试点工作，正是在党的十一届三中全会和 1979 年 4 月中央工作会议所确定的方针指引下开始进行的。

值得注意的是，直到 1982 年 9 月召开的党的十二大，由于长期实行计划经济管理体制形成的习惯势力和反映计划经济的意识形态等方面的阻力，在经济改革理论方面仍是根本性的突破。诚然，在这方面，党的十二大也取得了许多重大进展。比如，党的十二大明确提出了"关于坚持国营经济的主导地位和发展多种经济形式的问题"（尽管在发展非公有制经济方面仍然仅仅局限于个体经济，而且放在"必要的、有点的补充"地位），以及实行对外开放"是我国坚定不移的战略方针。"但是，党的十二大仍然强调"正确贯彻计划经济为主，市场为辅的原则，是经济体制改革中的一个根本性问题。"[①] 所以，从主要方面来说，全面改进的计划经济理论仍然是 1979~1984 年期间中国经济改革（包括国有企业改革）的指导思想。

2. 扩大企业自主权的实践进程。

依据全面改进的计划经济理论和与之相联系的党的十一届三中全会

[①]《中国共产党第十二次全国代表大会文件汇编》，人民出版社 1982 年版，第 22~26 页。

以来党和政府的有关政策，以及在这些政策指导下的实践，1979 年以后的一段实践内，经济体制改革的中心环节是扩大企业自主权。这个扩大企业自主权的过程大体分为以下三个阶段：1979~1980 年扩大企业自主权试点；1981~1982 年实行工业经济责任制；1983 年以后实行利改税。

（1）1979~1980 年扩大企业自主权的试点。

第一，扩大企业自主权试点的开始。扩大企业自主权的试点工作最初是在四川省开始的。1978 年第四季度，四川省首先在 6 个地方国营工业企业进行试点。当时着重是从发动群众讨论增产节约计划入手，确定在增产增收的基础上，企业可以提取一些利润留成，职工个人可以得到一定的奖金。这个做法调动了企业和职工的积极性，收到了较好的效果。1979 年 1 月，四川省委、省政府总结了 6 个企业进行扩权试点的经验，制订了《四川省地方工业扩大企业自主权、加快生产建设步伐的试点意见》，并决定从 1979 年起，把扩权试点扩大为 100 个工业企业。四川省进行扩权试验的主要做法是：在计划体制上，企业在国家计划之外，可以根据市场需要自行制订补充计划，对于国家计划中不适合市场需要的品种规格也可以修改；在物资体制上，除少数关系国计民生的产品、短线产品和炸药等危险产品仍由国家统购统配外，大部分生产资料可以进入市场，企业与企业之间可以不经过物资部门直接订立供货合同，也可以在市场上采购来满足自己的需要，企业也可以自销一部分产品；在国家和企业的利益分配上，在保证国家利益的前提下，企业可以根据自己经营的好坏分享一定的利润，并可用于进行企业的挖潜、革新改造、集体福利和职工的奖金；在劳动人事方面，企业有权选拔中层干部，招工择优录取和辞退职工。这些改革措施给四川的工业企业带来了前所未有的活力，取得了显著的经济效果。试点第一年即 1979 年，四川省 84 个地方工业企业的工业总产值比上年增长 14.9%，利润增长 33%，上缴利润增长 24.2%，均高于非试点企业。[①]

第二，扩大企业自主权试点的展开。为了在全国范围内搞好工业管理体制改革的试点工作，并为全国的体制改革摸索经验，1979 年 7 月 13 日，国务院下达了《关于扩大国营工业企业经营管理自主权的若干规定》、

[①] 参见《中国经济年鉴》(1981)，第Ⅲ-55~59 页。

《关于开征国营工业企业固定资产税的暂行规定》、《关于提高国营工业企业固定资产折旧率和改进折旧费使用办法的暂行规定》、《关于扩大国营工业企业实行流动资金全额信贷的暂行规定》等五个改革管理体制的文件。这五个文件的基本精神就是逐步扩大工交企业的自主权，其主要内容是：①在完成国家计划的前提下，允许企业根据燃料、动力、原材料的条件，按照生产建设和市场需要，制订补充计划。按照补充计划生产的产品，商业、外贸、物资部门不收购的，企业可以按照国家规定的价格自销。②实行利润留成，改变按工资总额提取企业基金的办法，把企业经营的好坏同职工的物质利益挂起钩来。利润留成是根据不同企业的具体情况，确定不同的比例。企业用利润留成建立的生产发展基金、集体福利基金和职工奖励基金，有权自行安排使用。③逐步提高固定资产折旧率及其企业的留成比例。从 1980 年起，企业提取的固定资产折旧费，70%由企业安排使用，30%按隶属关系上缴主管部门，由主管部门在企业之间有偿调剂使用。固定资产原值在 100 万元以下的小型企业折旧费，全部留给企业安排使用。

除了扩大企业自主权以外，在对企业占用资金的经济责任方面也作出了新的规定：①决定开征国营工业企业固定资产税，实行固定资产有偿占用，使企业对占用的固定资产承担必要的经济责任，促进企业积极提高固定资产利用效率。②对国营工业企业的流动资金实行全额信贷，发挥信贷的经济杠杆作用，促进企业改善经营管理，减少物资和产品积压，加速资金周转。

扩大企业自主权等五个文件下达以后，全国有 26 个省、市、自治区在 1590 个工业企业里进行了试点。加上有些省、市按自定办法试点的企业，共为 2100 多户。这批试点企业的利润约占当时全国工业企业利润的 35%，产值约占 26%。从试点情况看，利润留成办法，兼顾了国家、企业和职工个人三者的利益，把企业所得、职工福利奖金与企业经营好坏、利润多少直接挂钩，对发挥企业和职工的主动性，促进企业关心生产成果，改善经营管理，努力增加盈利，起了积极作用。

但在试点中也反映出扩权和实行利润留成的办法还不够完善。为了进一步搞好试点工作，国家经委和财政部根据试点的经验，修订了《国营工业企业利润留成试行办法》，国务院于 1980 年 1 月 22 日批转，并决定从 1980 年起，在经批准的国有工业企业中开始试行。① 该办法进一步完善了利润留成制度。推动了扩大企业自主权的试点工作。

从 1979 年到 1980 年，扩大企业自主权的试点工作不断发展，并具有相当规模。到 1980 年底，除西藏外，各省、市、自治区参加试点的国营工业企业已达到 6000 多个，占全国预算内工业企业 42000 个的 15%，产值占 60%，利润占 70%。

试点企业在利润留成、生产计划、产品销售、新产品的试制、资金使用、奖励办法、机构设置以及人事等方面，都不同程度的有了一些自主权。扩大企业自主权，给企业带来了一定的活力，并取得了显著的经济效果。

据对 5777 个试点企业（不包括自负盈亏的试点企业）的统计，1980 年完成的工业总产值比上年增长 6.89%，实现利润增长 11.8%，上交利润增长 7.4%。上交国家的利润占全部实现利润的 87%，企业留利占实现利润的 10%，其余的 3% 用于归还贷款和政策性补贴等，增长利润的大部分也归国家。这表明，扩大企业自主权，实现了增产增收，国家和企业都增加了收入。

但 1979 年到 1980 年扩大企业自主权的改革试点工作，也出现了一些新的问题。主要是在搞活微观经济的同时，宏观的控制和指导没有及时地跟上，出现了一些不按国家计划生产、重复建设、多发和滥发奖金的现象；一些改革措施相互之间不够配套，也影响了改革的顺利进展。

（2）1981~1982 年全面推行工业经济责任制。

第一，推行工业经济责任制的历史背景。①工业经济责任制，是在扩大企业自主权的试点基础上发展起来的，又是扩权的继续和深入。1979 年扩大工业企业自主权的试点取得突破，1980 年试点工作全面展开，为实行工业经济责任制提供了经验，创造了条件。②党的十一届三中全会以后，中国农村普遍推行各种形式的联产计酬责任制，取得了显著的成效。农村改革的成功经验，对工业经济责任制的推行起了极大的启示和推动作用。③1980 年，中国出现了严重的财政赤字。为了增加财政收入，1981 年初，各个地区从落实财政任务着手，对所属企业实行了"包干加奖励"的办法。

---

① 参见《中国经济年鉴》（1981），第 II-120~122 页。

正是在这种历史背景下，1981年4月，在国务院召开的工业交通工作会议上，明确提出建立和实行工业经济责任制的要求。

第二，推行工业经济责任制的政策规定。

1981年9月，国家经委和国务院体制改革办公室根据半年多推行工业经济责任制的实践，下达了《关于实行工业经济责任制若干问题的意见》，[1] 明确了工业经济责任制的内容和应遵循的原则以及要注意的问题。

经济责任制是在国家计划指导下，以提高社会经济效益为目的，实行责、权、利紧密结合的生产经营管理制度。它要求企业的主管部门、企业、车间、班组和职工，都必须层层明确在经济上对国家应负的责任，建立健全企业的生产、技术、经营管理各项专责制和岗位责任制，为国家提供优质适销的产品和更多积累；它要求正确处理国家、企业和职工个人三者利益，把企业、职工的经济责任、经济效果同经济利益联系起来，认真贯彻各尽所能、按劳分配的原则，多劳多得，有奖有罚，克服吃"大锅饭"和平均主义；它要求必须进一步扩大企业自主权，使企业逐步成为相对独立的经济实体。

推行工业经济责任制要求各级工业管理机构和工业企业必须遵循的原则，主要有以下几个方面：①必须全面完成国家计划，按社会需要组织生产，不能利大大干，利小不干，造成产需脱节，特别要保证市场紧缺的微利产品和小商品的生产。②必须保证产品质量，不能粗制滥造，向消费者转嫁负担。③成本只能降低，不能提高。④要保证国家财政收入逐年有所增长。⑤职工收入的水平只能在生产发展的基础上稳定增长，个人收入不能一下提得过高。要瞻前顾后，照顾左邻右舍。⑥必须奖惩分明，有奖有罚。⑦必须加强领导，加强国家监督，要有强有力的思想政治工作保证。

实行工业经济责任制，必须抓好两个环节：一个环节是国家对企业实行的经济责任制，处理好国家和企业之间的关系，解决企业经营好坏一个样的问题；另一个环节是建立企业内部的经济责任制，处理好企业内部的关系，解决好职工干好干坏一个样的问题。

国家对企业实行经济责任制，在分配方面主要有三种类型，即利润

---

[1] 参见《中国经济年鉴》（1982），第Ⅲ-31页。

留成、盈亏包干和以税代利，自负盈亏。

企业内部实行经济责任制，是把每个岗位的责任、考核标准、经济效果同职工的收入挂起钩来，实行全面经济核算。在分配上大体有这样几种形式：①指标分解，即将工作量分解为若干个指标，每一种指标与一定的工资和奖金额相联系。②计件工资，包括超额计件工资和小集体超额计件。③超产奖。④定包奖。⑤浮动工资。

推行经济责任制必须注意解决好以下几个主要问题：①要进一步提高认识，统一思想。②要正确处理国家、企业、职工个人三者利益的关系。③要同企业整顿紧密结合，重点抓好企业内部的经济责任制。④要加强计划指导和监督，讲求社会经济效益。⑤要继续抓好扩大企业自主权的试点工作。⑥要促进工业改组和联合。⑦改革要同步配套，有关主管部门也要建立相应的责任制。⑧要大力加强思想政治工作。

但是，由于实行经济责任制的时间不长，经验不足，办法不够完善，还存在不少有待解决的问题。国家经委等单位根据各地的实践经验，于1981年11月和1982年11月先后两次对进一步实行和完善经济责任制作出了具体规定。国务院先后批转了这两个规定。这就进一步推动了经济责任制的发展。

从1981年初到1982年底，工业企业在相当广的范围内推行了经济责任制。从国有工业企业到集体所有制工业企业，从大中型企业到小型企业，从盈利企业到亏损企业，从单个企业到整个行业，普遍推行了工业经济责任制，在县属以上国有企业中，实行工业经济责任制的企业占80%。

第三，推行工业经济责任制的成就。推行工业经济责任制的成效，主要有：①调动了企业和广大职工的积极性，促进了增产增收。1981年财政收入状况比1980年有明显好转，赤字从上年的127亿元减少到25亿元。②促进了企业整顿，企业的经营管理得到了改善和加强。③在一定程度上解决了长期存在的吃"大锅饭"、和平均主义的问题。④在一定程度上，改变了对企业统收统支、捆得过死的状况，使企业有了一定的机动财力。⑤实行经济责任制，不仅对一线的生产工人落实了经济责任制，而且对领导干部、技术人员、业务人员和辅助工人也在明确经济责任制的基础上，逐步建立了考核标准和考核办法。⑥实行经济责任制，促进了工业的调整。

但是，由于工业是社会化的大生产，企业与企业、部门与部门相互依存，问题比较复杂，实行经济责任制工作的难度比农业实行联产计酬责任制要大。而且缺乏经验。因此，在改革中也出现了一些问题。主要是实行经济责任制与计划管理结合得不够好，在处理国家与企业之间的关系时，企业往往过多地强调企业自身的利益，一些企业内部的经济责任制还不够落实，在分配上的平均主义问题还没得到有效解决。

（3）1983 年以后实行利改税。

第一，实行第一步利改税。从 1980 年开始，曾经在 400 多个工业企业中进行了以税代利的试点。总的来看，试点的效果比较好。参加试点的全部企业，销售收入的增长明显地高于总产值的增长，特别是实现利润和上交税费的增长，大大高于总产值和销售收入的增长。而且在企业实现利润的增长部分中，保证了大部分以税金和资金占有费的形式上缴国家，企业所得也增加了。

于是，1983 年 4 月 24 日，国务院批转了财政部关于全国利改税工作会议报告和《关于国营企业利改税试行办法》，[①] 决定 1983 年开始进行利改税的第一步，即实行税利并存的制度。在企业实现利润中，先征收一定比例的所得税和地方税，然后对税后利润采取多种形式在国家和企业之间进行合理分配，并从 1983 年 6 月 1 日起开征国营企业的所得税。

财政部《关于国营企业利改税试行办法》规定：凡有盈利的国营大中型企业（包括金融保险组织），均根据实现的利润，按 55% 的税率交纳所得税。企业交纳所得税后的利润，一部分上交国家，一部分按照国家核定的留利水平留给企业。上交国家的部分，可根据企业不同情况，分别采取下列办法处理：①递增包干上交的办法。②固定比例上交的办法。③交纳调节税的办法。即按企业应上交国家的利润部分占实现利润的比例，确定调节税税率。在执行中基数利润部分，按调节税率交纳；比上年增长利润部分，减征 60% 的调节税。④定额包干上交的办法。只限于矿山企业实行，其他企业不实行这个办法。对税后利润略低于或略高于国家核定留利水平的企业，交纳所得税以后，可以不再上交利润，国家

① 参见《中国经济年鉴》（1984），第 IX-83~86 页。

也不再减征所得税。但对达不到国家核定的留利，差额较大的，可在一定期限内适当减征所得税。上述各种办法的计算基数和递增包干上交比例、固定上交比例、调节税税率，以及定额包干上交数额，采取逐级核定的办法，一定三年不变。财政部门先对企业主管部门（局或公司），就上述前三种办法中商定一种办法，按其所属盈利企业计算核定。然后，由企业主管部门在核定数内，根据所属企业的不同情况，选定不同的办法，征得财政部门同意后，分别落实每个企业。上述各种上交办法的计算数据，原则上应以1982年的决算为准，但在计算企业留利时，对原来留利水平过于不合理和重复提取的，应作合理调整。凡有盈利的国营小型企业，应当根据实现的利润，按八级超额累进税率交纳所得税。交税以后，由企业自负盈亏，国家不再拨款。但对税后利润较多的企业，国家可收取一定的承包费，或者按固定数额上交一部分利润。

对亏损企业的亏损补贴，按以下办法处理：①凡属国家政策允许的亏损，继续实行定额补贴或计划补贴等办法，超亏不补，减亏分成，一定三年不变。②凡属经营管理不善造成的亏损，由企业主管部门责成企业限期进行整顿。在规定期限内，经财政部门审批后，适当给予亏损补贴；超过期限的，一律不再弥补。

企业税后留用的利润应当合理分配使用。要建立新产品试制基金、生产发展基金、后备基金、职工福利基金和职工奖励基金。前三项基金的比例不得低于留利总额的60%，后两项基金的比例不得高于40%，由省、市、自治区人民政府根据实际情况作出规定。

实行利改税以后，企业主管部门仍可从所属企业留利中集中一部分资金，用于重点技术改造、增设商业网点和建造简易建筑等开支。集中的比例或数额，由企业主管部门确定，报财政部门备案。

企业交纳的所得税，按企业的隶属关系，分别上交中央财政和地方财政。中央对省、市、自治区的财政包干基数和分成比例，一律不作调整。

据中央17个工业部门和27个省、市、自治区统计，到1983年底，实行利改税第一步的国营工业企业共有26500户，为盈利企业总户数的94.2%。1983年，全国实行利改税的国营企业新增加的收入，以税金和利润形式上缴国家的部分占70%左右，企业所得占30%左右，其中用于职工奖励基金的部分约为8%。到1984年，国有企业留利占实现利润的比重，由改革前的 5%上升到 25%。①

实行利改税的结果表明：①在解决国家同企业的分配关系上找到了一条比较有效的途径。利改税以后，税率固定，企业同国家之间的分配关系固定下来，从法律上保证了国家财政收入稳定和均衡入库，保证了国家得大头，企业得中头，个人得小头，既能使国家财政收入稳定增长，又能够使企业心中有数，企业留利也可在增产增收中稳定增长。企业经营管理得好，可以多得；经营管理得差就少得。这就增加了企业积极挖掘潜力、提高经济效益的动力和压力，加强了税收的监督作用和促进企业搞好经济核算。②依照税法征税，可以初步避免实行利润留成、盈亏包干办法存在的争基数、吵比例的扯皮现象。③有利于配合其他经济改革，逐步打破部门和地区界限，按照客观经济规律的要求，调整企业结构，合理组织生产。④国家可以利用税收这一经济杠杆，根据宏观经济的需要，对不同的行业、企业和产品采取调整税率、减免税等措施，调节生产和分配，促进国民经济协调发展。

但是，利改税的第一步还是有缺陷的。其主要问题有三点：①还没从根本上解决好国家同企业的分配关系。"税利并存"的办法，企业纳税后还保留一块税后利润，国家同企业还得用包干或分成等办法进行再分配，因此还不能真正体现企业的盈亏责任制。②由于价格体系不合理，行业与行业、企业与企业之间利润水平悬殊，苦乐不均。利改税第一步是在这种不平衡、不合理的基础进行的，因此还没有完全起到鼓励先进、鞭策落后的作用。③企业所得税和税后利润的分配，仍然是按照企业的行政隶属关系划分的，也就难于削弱"条条、块块"因自身经济利益而对企业进行不必要的行政干预，行政领导仍然是企业的真正主宰者。

第二，实行第二步利改税。为了克服第一步利改税的各种弊端，进一步完善税制，更充分地运用税收的调节作用，力求通过合理设置税种和税率，更好地调节国家和企业、企业和企业之间的分配关系，确保国家财政收入的稳定和增长，同时也让企业获得更大的自主权，具有更大的活力，又有更大的压力和责任。1984 年 9 月 18 日，国务院批转了财政

---

① 《中国经济年鉴》(1985)，第Ⅳ-2 页；《中国经济年鉴》(1989)，第Ⅱ-39 页。

部关于国营企业推行利改税第二步改革的报告和试行办法,[①]并决定从1984 年 10 月 1 日起,试行第二步利改税。

第二步利改税的主要内容,是将国有企业原来上缴国家财政的税利,改为向国家交税,即由原来税利并存改为完全交税。

财政部关于国营企业第二步利改税试行办法规定:第二步利改税,将现行的工商税按照纳税对象,划分为产品税、增值税、盐税和营业税;将第一步利改税设置的所得税和调节税加以改进;增加资源税、城市维护建设税、房产税、土地使用税和车船使用税。

各类国营企业向国家财政上交的税包括 11 种:产品税、增值税、盐税、营业税、资源税、城市维护建设税、房产税、土地使用税、车船使用税、所得税和调节税。其中,所得税:对盈利的国营大中型企业,应按照 55%的固定比例税率计算缴纳所得税;对盈利的国营小型企业,应按照新的八级超额累进税计算缴纳所得税。调节税:盈利的国营大中型企业在缴纳所得税后,应按照核定的调节税税率计算缴纳调节税。城市维护建设税、房产税、土地使用税和车船使用税,保留税种,暂缓开征。另外,国营企业缴纳的屠宰税、烧油特别税、农(牧)业税、建筑税以及奖金税等,仍按原有规定征收。

核定调节税税率时,以企业 1983 年实现的利润为基数,在调整由于变动产品税、增值税、营业税税率以及开征资源税而增减的利润之后,作为核定的基期利润。基期利润扣除按 55%计算的所得税和 1983 年合理留利后的部分,占基期利润的比例,为核定的调节税税率。

核定的基期利润扣除按 55%计算的所得税后,余利达不到 1983 年合理留利的大中型企业,不征调节税,并在一定期限内,经过批准,减征一定数额的所得税。

企业当年利润比核定的基期利润增长部分,减征 70%调节税。利润增长部分按定比计算,一定 7 年不变。核定的调节税税率,自 1985 年起执行。

国营小型盈利企业,按新的八级超额累进税率交纳所得税以后,一般由企业自负盈亏,国家不再拨款。但在核定基数时,对税后利润较多

[①] 参见《中国经济年鉴》(1985),第 X–67~70 页。

的企业，国家可以收取一定数额的承包费。税后不足 1983 年合理留利的，经过批准，可在一定期限内减征一定数额的所得税。

对亏损企业和微利企业依据不同情况有条件的实行补贴或减税、免税办法。

实行第二步利改革税以后，遇有价格、税率调整，除变动较大，并经国务院专案批准允许适当调整基期利润和调节税率的以外，一律不作调整。

企业留用利润应合理分配使用。要建立新产品试制基金、生产发展基金、后备基金、职工福利基金和职工奖励基金。企业从增长利润中留用的利润，一般应将 50% 用于生产发展，20% 用于职工集体福利，30% 用于职工奖励。

实行第二步利改税以后，企业主管部门仍可适当集中一部分留利，用于重点技术改造和商业网点、设施的建设，但不得用于主管部门本身的支出。

第二步利改税仍然是在价格不合理、短时期又难于解决的情况下进行的。通过增加税种，合理确定税目、税率，实行多次调节，对促进价格体系、劳动工资制度和分配关系的调整和改革，充分发挥税收的经济杠杆作用，起了很大作用。它缓解了由价格不合理所带来的矛盾，使企业在利润悬殊状况有所改善的情况下开展竞争，有利于鼓励先进，鞭策落后。第二步利改税后，企业不再按行政隶属关系上交利润，有利于合理解决"条条"与"块块"、中央与地方的经济关系。

但第二步利改税，也有明显的缺陷和局限。从本质上说来，无论第一步利改税，还是第二步利改税，都不可能从根本上解决政企分开以及使企业成为自主经营、自负盈亏的市场主体问题。具体说来，第一、二步利改税都有混淆税利不同功能的不妥之处。第二步利改税没有也不可能解决合理确定调节税的问题，因而不能解决企业之间的苦乐不均和鞭打快牛问题。而且，就实践结果看，由于所得税率过高，企业创利大部分都上交国家，严重影响了企业的积极性和发展后劲。随着时间的推移，这种弊病越趋严重。以致后来不得不由实行第二步利改税，改行以承包为重点的多种形式经营责任制。

随着利改税制度的完善，比较有效地解决了国家和企业的分配关系。

为了进一步调动企业的积极性，把经济搞活，提高企业素质，提高经济效益，1984年5月10日，国务院作出了《关于进一步扩大企业自主权方面的暂行规定》。[①]该规定在生产经营计划、产品销售、产品价格、物资选购、资金使用、资产处置、机构设置、人事劳动管理、工资奖金和联合经营10个方面，进一步扩大了企业自主权，对增强企业活力起了有益的作用。

（二）有计划的商品经济理论与"两权"分离的实践进程（1985~1992年）

1. 有计划的商品经济理论。

1984年10月召开的党的十二届三中全会第一次明确提出了有计划的商品经济理论以及以此为基础的经济体制。这次全会提出："根据历史的经验和十一届三中全会以来的实践，应该对我国计划体制的基本点进一步作出如下的概括：①就总体说，我国实行的是计划经济，即有计划的商品经济，而不是那种完全由市场调节的市场经济。②完全由市场调节的生产和交换，主要是部分农副产品、日用小商品和服务修理行业的劳务活动，它们在国民经济中起辅助的但不可缺少的作用。③实行计划经济不等于指令性计划为主，指令性计划和指导性计划都是计划经济的具体形式。④指导性计划主要依靠运用经济杠杆的作用来实现，指令性计划则是必须执行的，但也必须运用价值规律。按照以上要点改革现行的计划体制，就要有步骤地适当缩小指令性计划的范围，适当扩大指导性计划的范围。对关系国计民生的重要产品中需要由国家调拨分配的部分，对关系全局的重大经济活动，实行指令性计划；对其他大量产品和经济活动，根据不同情况，分别实行指导性计划或完全由市场调节。"这个概括表明：这种体制既不同于主要以行政指令配置社会生产资源的计划经济体制，也不同于主要以市场配置社会生产资源的市场经济体制，而是这两种体制在一定程度上的动态结合，[②]具有明显由计划体制向市场经济体制过渡的特点。

---

① 参见《中国经济年鉴》（1985），第 X-21~22 页。
② 需要说明：计划经济体制是以国家行政指令计划为主配置社会生产资源的，但也可以有一定限度的市场调节。现代市场经济体制是以市场作为配置社会生产资源的主要方式，但也可以有一定限度的政府宏观经济调控。所以，笼统地说，这两种体制的结合是不科学的，但在一定程度上说二者的结合是可以的。

　　这种过渡性特点在作为体制改革的中心环节的国有企业改革上也明显表现出来。这次全会提出："增强企业的活力，特别是增强全民所有制的大、中型企业的活力，是以城市为重点的整个经济体制改革的中心环节。围绕这个中心环节，主要应该解决好两个方面的关系问题，即确立国家和全民所有制企业之间的正确关系，扩大企业自主权；确立职工和企业之间的正确关系，保证劳动者在企业中的主人翁地位。""根据马克思主义的理论和社会主义的实践，所有权同经营权是可以适当分开的。为了使各个企业的经济活动符合国民经济发展的总体要求，社会主义的国家机构必须通过计划和经济的、行政的、法律的手段对企业进行必要的管理、检查、指导和调节，通过税收等形式从企业集中必须由国家统一使用的纯收入，委派、任免或批准聘选企业的主要领导人员，并且可以决定企业的创建和关、停、并、转、迁。但是，由于社会需求十分复杂而且经常处于变动之中，企业条件千差万别，企业之间的经济联系错综繁复，任何国家机构都不可能完全了解和迅速适应这些情况。如果全民所有制的各种企业都由国家机构直接经营和管理，那就不可避免地会产生严重的主观主义和官僚主义，压抑企业的生机和活力。因此，在服从国家计划和管理的前提下，企业有权选择灵活多样的经营方式，有权安排自己的产供销活动，有权拥有和支配自留资金，有权依照规定自行任免、聘用和选举本企业的工作人员，有权自行决定用工办法和工资奖励方式，有权在国家允许的范围内确定本企业产品的价格，等等。总之，要使企业真正成为相对独立的经济实体，成为自主经营、自负盈亏的社会主义商品生产者和经营者，具有自我改造和自我发展的能力，成为具有一定权利和义务的法人。"这次全会还强调："确立国家和企业、企业和职工这两方面的正确关系，是以城市为重点的整个经济体制改革的本质内容和基本要求。"① 这些关系表明：在有计划的商品经济体制下，企业仅是相对独立的经济实体，既不同于计划经济体制下作为政府行政机关附属物的工厂，也不同于市场经济体制下作为市场主体的企业。

　　形成这种过渡性的原因，除了经济改革方面的经验、理论准备不足等以外，主要是主张市场取向改革的人们和维护计划经济体制的人们博

---

① 《中共中央关于市场经济体制改革的决定》，人民出版社 1984 年版，第 12~15、17~19 页。

弈的结果。因为有计划的商品经济的提法，对维护计划经济体制的人来说，可以强调"有计划"，因而能够接受。对主张市场取向改革的人来说，可以强调"商品经济"，也能够接受。

但这两种势力的博弈并没有就此结束。然而中国社会生产力的发展要求加快经济改革，改革成就越来越大，越来越深入人心，改革经验和理论准备也越来越充分，以致 1987 年 11 月召开的党的十三大在建立市场经济体制方面取得了突破性进展。这次大会明确提出："新的经济运行机制，总体上应当是'国家调节市场，市场引导企业'的机制。"① 这里虽然没有使用市场经济的概念，但却包含了市场经济的基本内容。然而，中国 1988 年又一次发生了经济过热，特别是 1989 年夏季发生了一场政治风波。在这种政治、经济形势下，维护计划经济思潮又重新泛滥起来，不仅党的十三大提出的指导思想没有得到有效的贯彻，而且"计划经济市场调节相结合"的提法又重新广泛传播开来。这在实际上是倒退到 1982 年党的十二大的提法，也就是 1956 年党的八大的提法。这时中国的经济改革已经在实践上成为不可逆转的历史潮流，改革虽然在许多方面遇到了阻滞，甚至倒退。但在许多方面仍在获得进展。特别是这以后，在 20 世纪 90 年代初，中国产品价格改革还取得了决定性的进展。

所以，从总体上看，就理论对改革实际发生的指导作用来说，在 1984~1992 年期间，中国经济改革（包括作为改革中心环节的国有企业改革）的理论就是有计划的商品经济的理论。

2. "两权"分离的实践进程。

依据有计划的商品经济理论，在 1984~1992 年期间，国有企业进行了以"两权"分离为特征的改革。这项改革主要包括两个方面：对国有大中型工业企业实行承包责任制（这是重点）。对国有小型工业企业实行租赁经营责任制。另外，对少数有条件的大中型工业企业还实行了股份制试点。

（1）对国有大中型工业企业普遍实行承包制。

第一，承包制的开始推行。经过 1979~1984 年的改革（包括扩大企业自主权、实行经济责任制和第一步利改税），总的说来，国有企业活力

---

① 《中国共产党第十三次全国代表大会文件汇编》，人民出版社 1987 年版，第 27 页。

有了一定的增强。由于许多扩权措施不落实，特别是由于这些改革本身
的局限性，国有企业特别是国有大中型企业还没有真正活起来。据统计，
1984 年全国独立核算的大中型工业企业 5837 个，占工业企业总数不到
2%，占固定资产总数的 66%，占工业总产值的 47%，占上缴利税的
66%。其中，搞得比较活的只占大中型企业总数的 15% 左右，处在变活过
程之中的占 65% 左右，基本没有活起来的占 20% 左右。① 1984 年 10 月以
后实行的第二步利改税，虽有积极作用，但也由于其本身的局限性，特
别是由于所得税率过高，影响了企业的积极性和发展后劲，以致造成了
工业企业利润从 1985 年 8 月至 1987 年 3 月连续 20 个月滑坡的严重后果。②

　　因此，要深化旨在增强企业（特别是大中型企业）活力的改革，除
了要把国家规定的下放给企业的自主权坚决落实到企业以外，就是要把
改革的重点放到转变企业的经营机制上。即依据所有权和经营权分离的
原则，实行多种形式的承包经营责任制，使企业真正成为自主经营、自
负盈亏的经济实体。因此，在 1986 年进行承包经营责任制试点的基础
上，1987 年 5 月国务院决定在全国普遍推广承包经营责任制。当时，促
成这一点的还有一个重要因素。1987 年第一季度，预算内工业企业成本
比上年同期上升 5%，亏损面增加 40%，财政收入下降 2.3%。③ 这似乎是
经济滑坡的预兆。为了防止这一点，推广承包经营责任制，就成为势在
必行的事了。

　　经过推广，到 1987 年底，在 11402 户国有大中型工业企业中，实行
承包经营责任制的达 8843 户，占企业总数的 77.6%。其中，实行两保一
挂的（即保上交利税和技术改造，上交利税与工资总额挂钩）为 1364 户，
占承包企业总数的 15.4%；实行上交利润递增包干的为 2029 户，占
22.9%；实行上交基数包干、超收分档分成的为 3337 户，占 37.7%；实行
企业资产经营责任制的（即对企业增长利润只收 3.5% 的所得税，并将税
前还贷改为税后还贷）为 580 户，占 6.6%；实行亏损包干的为 683 户，
占 7.7%。承包期在三四年以上的，占承包企业总数的 64%。

　　推行承包经营责任制，增强了企业活力，使承包企业的经济效益一

①《改革开放十四年纪事》，中共中央党校出版社 1993 年版，第 504 页。
②杨启先主编：《固有企业改革的基本出路》，中国大百科全书出版社 1993 年版，第 2 页。
③《中国经济年鉴》（1988），第 Ⅱ-2 页。

般均好于未实行承包的企业。同 1986 年相比较，1987 年实行承包的国有大中型工业企业完成产值 2452.1 亿元，增长 11%，比未实行承包的企业增幅高出 0.5 个百分点；销售收入 2797.2 亿元，增长 18.2%，比未实行承包的企业增幅高出 2.3 个百分点；实现利润 291.1 亿元，增长 14.8%，比未实行承包的企业增幅高出 10.2 个百分点；上交国家财政收入增长 4.7%，而未实行承包的企业还下降了 21.8%。[①] 这样，推行承包经营责任制，就大大缓解了由实行利改税带来的问题。一方面增强了企业的活力；另一方面保证了国家财政收入。

当然，这年推广的承包经营责任制也有许多不完善之处。诸如企业上交国家的指标偏低，甚至负盈不负亏；企业之间也存在苦乐不均，以致鞭打快牛；企业内部责任制也不健全；企业通过涨价获取利润；企业留利中用于发展生产的部分偏少，用于职工消费的部分偏多。

第二，《全民所有制工业企业承包经营责任制暂行条例》的颁布。为了完善和发展国有工业企业的承包经营责任制，规范政府有关部门和企业在这方面的行为，依据推行承包经营责任制经验的初步总结，1988 年 2 月国务院发布了《全民所有制工业企业承包经营责任制暂行条例》就承包经营责任制的总则、内容和形式、合同、企业经营者和管理等一系列基本问题作了明确规定。[②]

承包经营责任制，是在坚持企业的社会主义全民所有制的基础上，按照所有权与经营权分离的原则，以承包经营合同形式，确定国家与企业的责权利关系，使企业做到自主经营、自负盈亏的经营管理制度。

承包经营责任制的主要内容是：包上交国家利润，包完成技术改造任务，实行工资总额与经济效益挂钩。

承包上交国家利润的形式有：①上交利润递增包干。②上交利润基数包干，超收分成。③微利企业上交利润定额包干。④亏损企业减亏（或补贴）包干。⑤国家批准的其他形式。上交利润基数一般以上年上交的利润额（实行第二步利改税的企业，是指依法缴纳的所得税、调节税部分，下同）为准。受客观因素影响，利润变化较大的企业，可以承包

---

① 《中国经济年鉴》(1988)，第IV-10、37 页。

② 《中国经济年鉴》(1989)，第VIII-18~20 页。

前 2~3 年上交利润的平均数为基数。确定上交利润基数时，可参照本地区、本行业平均资金利润率进行适当调整。上交利润递增率或超收分成比例，应当根据企业的生产增长潜力并适当考虑企业的技术改造任务确定。上交利润的方式为：企业按照税法纳税，纳税额中超过承包经营合同规定的上交利润额多上交的部分，由财政部门每季度返还 80% 给企业，年终结算，多退少补，保证兑现。

技术改造任务，应当根据国家的产业政策、市场需求、技术改造规划和企业的经济技术状况确定。

实行工资总额与经济效益挂钩，其具体形式可根据国家的规定和企业的实际情况确定。

实行承包经营责任制，必须由企业经营者代表承包方同发包方订立承包经营合同。订立承包经营合同，合同双方必须坚持平等、自愿和协商的原则。承包期限，一般不得少于三年。承包经营合同依法成立，即具有法律效力，任何一方均不得随意变更或解除。承包双方必须承担合同规定的权利和义务。

实行承包经营责任制，一般应当采取公开招标的办法通过竞争确定企业经营者或经营集团。由发包方组织有承包企业职工代表参加的招标委员会（或小组），对投标者进行全面评审，公开答辩，择优规定。

企业经营者是企业的厂长（经理）、企业的法定代表人，对企业全面负责。企业经营者必须履行承包经营合同规定的有关义务；在承包期间，按年度向发包方和企业职工代表大会提交承包经营合同执行情况的报告。企业经营者的年收入，视完成承包经营合同情况而定，可高于本企业职工年平均收入的 1~3 倍，贡献突出的，还可适当高一些。企业领导班子其他成员的收入要低于企业经营者。完不成承包经营合同时，应当扣减企业经营者的收入，直至只保留其基本工资的一半。企业领导班子其他成员也要承担相应的经济责任。

实行承包经营责任制的企业，试行资金分账制度，划分国家资金和企业资金，分别列账。承包前企业占用的全部固定资产和流动资金，列为国家基金。承包期间的留利，以及用留利投入形成的固定资产和补充的流动资金，列为企业资金。企业资金属全民所有制性质。企业资金作为承包经营企业负亏的风险基金。承包期满后转入下期承包的企业资金。

企业完不成上交利润，先用企业当年留利抵交。不足时，用企业资金抵交。

承包经营企业必须合理核定留利中的生产发展基金、福利基金和奖励基金分配比例，并提取一定比例的福利基金和奖励基金用于住房制度改革。承包后新增的留利应当主要作为生产发展基金。

承包经营企业应当搞好企业内部领导制度改革，实行厂长（经理）负责制。承包经营企业应当加强民主管理，健全职工代表大会制度，充分发挥工会的作用，切实保障职工的民主权利。承包经营企业应当按照责权利相结合的原则，建立和健全企业内部基金责任制，搞好企业内部承包。承包经营企业应当贯彻按劳分配原则，确定适合本企业的工资形式和分配办法，积极推行计件工资制和定额工资制，使职工的劳动所得同劳动成果紧密挂钩。

在当时条件下，该条例是继续推行承包责任制的相当完整的文件。这样，这个条例就在企业承包经营责任制的范围内，较好地把企业的盈亏机制、风险机制以及企业经营者的竞争机制和奖惩机制引入了实行这种责任制的企业。这就有利于发挥这种责任制的优越性，克服其局限性，从而推动这种责任制的健康发展。

第三，承包制的进一步发展。在上述的暂行条例的规范和指导下，1988 年以后承包经营责任制又得到进一步推广，并获得了较好的经济效益。依据对 9937 个国有大中型企业的调查，1988 年已有 9021 个实行了各种形式的承包经营责任制，占企业总数的 90.8%。其工业产值比上年增长 12.5%，比全部大中型工业企业增幅高出 0.5 个百分点；实现利税比上年增长 20.8%，增幅也高出 2 个百分点。①

到 1990 年，大多数实行承包经营责任制企业的第一轮承包期已经到期。但"八五"计划规定，"八五"期间（1991~1995 年）还要"继续坚持和完善企业承包经营责任制"。② 据此，1990 年开展了第二轮承包合同的签订工作。到 1991 年初，已有 95% 的企业签订了新一轮承包合同。③

在签订第二轮承包合同时，针对当时这方面存在的问题，进一步完善了承包经营责任制。主要是：形成了包括企业的经济效益指标、发展

①《中国经济年鉴》(1989)，第Ⅳ-7 页。
②《中国经济年鉴》(1991)，第I-67 页。
③《中国经济年鉴》(1992)，第 47 页。

后劲指标和管理指标在内的综合配套的承包指标体系；调整了承包基数和上交比例；加强了企业的盈亏机制和企业经营者的竞争机制。

总起来说，从 1987 年开始普遍推广企业承包经营责任制以来，国有大中型企业的活力是有增强的。依据对 710 家国有大中型工业企业的调查和统计，1987 年活力强的企业有 107 家，占总数的 15.88%；活力中等的有 355 家，占 52.83%；活力弱的有 209 家，占 31.1%。但到 1991 年，活力强的增加到 157 家，比重上升到 22.11%；活力中等的增加到 358 家，比重下降到 50.42%；活力弱的减少到 195 家，比重下降到 27.47%。企业活力的增强，主要得益于实行承包经营责任制。在被调查的 710 家企业中，实行国家统负盈亏的企业有 18 家，其活力度由 1987 年的 61.3 下降到 1991 年的 61.0；而实行承包经营的有 600 家，其活力度由 62.7% 上升到 64.1%。[①] 这些数字表明，在改革的进程中，承包经营责任制是起过积极作用的。

但承包经营责任制仍然有重大局限。最明显的是，税利合一，混淆了税利的不同功能；税前还贷，也显得不妥，并弱化了对企业的约束功能。为了克服这些缺陷，在实行承包经营责任制的进程中，也进行了"税利分流、税后还贷、税后承包"的试点，到 1992 年，进行这种试点的企业达到 2500 多户。[②] 但这些试点并不能从根本上克服承包经营责任制的缺陷。

问题在于，在实行承包经营责任制的条件下，承包基数和分成比例等指标确定，取决于政府发包部门与承包企业之间的一对一的谈判，既缺乏科学、统一和平等的标准，又不能适应千变万化的市场。这样很难避免工资侵蚀利润倾向，企业苦乐不均和鞭打快牛倾向，自发涨价倾向以及奖励、福利基金侵蚀发展基金的倾向。

当然，从根本上说来，承包经营责任别的局限性还在于：它不能真正做到政企分开，并使企业成为自主经营、自负盈亏的市场主体，不可能使企业经营机制发生根本转变。因而不能从根本上解决企业活力问题。我们在前面列举的 710 家国有大中型工业企业的材料，固然证明了承包

---

①《中国企业活力定量评价》，中国国际广播出版社 1995 年版（下同），第 233、237 页。
②《中国经济年鉴》（1993），第 99~100 页。

经营责任制可以在一定程度上增强企业的活力，但这个材料同时也说明经过 1987~1991 年 5 年的实践，活力中等和活力弱的企业的比重还占到 77.89%。另据 20 世纪 90 年代初对 31 个省、直辖市、自治区和计划单列市的统计分析，在国有大中型工业企业中，有活力的仅占 20%，有潜力搞活的占 50%，无活力的占 30%。[1]形成这种活力不强的状况，有多方面的原因。但也证明靠承包经营责任制不能从根本上解决企业活力问题。

还要着重提到，为了增强国有大中型工业企业的活力，1992 年 7 月国务院发布的《全民所有制工业企业转换经营机制条例》。[2]这个条例全面地规定了作为市场主体的企业应该享有的经营自主权利和承担的自负盈亏的责任，是 1979 年以来关于国有企业改革的最好文件。所有这些，虽然在增强活力方面起过一定的作用但都没有根本改变承包制在增强企业活力方面的乏力状态。这些经验表明：要根本转变企业经营机制，增强企业活力，靠实行承包制是做不到的。

（2）对国有小型工业企业实行租赁制。

第一，租赁制的实施。租赁经营责任制与承包经营责任制都实现了所有权与经营权的某种分离。但前者分离的程度更大，因而实行租赁经营责任制企业的自主权更大，在它适用的国有小型企业范围内增强企业活力作用也更大。所以，在 1987 年普遍推行承包经营责任制以前，就在一些小企业中进行了租赁经营责任制的试点。在这以后，对国有小型工业企业，除了对其中的一部分实行承包经营责任制和有偿转让给集体与个人以外，重点是推行租赁经营责任制，并取得了进展。到 1987 年底，在 88000 个国有小型工业企业中，实行租赁经营、承包经营和转让的达到 40000 个，占总量的 46%。[3]

第二，《全民所有制小型工业企业租赁经营暂行条例》的颁布和实施。为了规范和促进租赁经营责任制的发展，在总结以往经验的基础上，1988 年 6 月国务院发布了《全民所有制小型工业企业租赁经营暂行条例》。[4]该条例对实行租赁经营责任制的总则、招标、经营合同、租赁双方权力

①《中国大中型企业改革与发展之路》上册，中共中央党校出版社 1993 年版（下同），第 527 页。
②参见《中国经济年鉴》(1993)，第 595~601 页。
③《中国经济体制改革十年》，第 797 页。
④详见《中国经济年鉴》(1989)，第Ⅷ-20~22 页。

义务、收益分配及债权债务处理和租赁收入等一系列基本问题作了明确规定。

租赁经营，是指在不改变企业的全民所有制性质的条件下，实行所有权与经营权的分离，国家授权单位为出租方将企业有期限地交给承租方经营，承租方向出租方交付租金并依照合同规定对企业实行自主经营方式。

国家授权企业所在地方人民政府委托的部门为出租方，代表国家行使企业的出租权。承租经营企业为承租方。

承租方可以采取下列形式经营企业：①一个人承租经营企业（以下简称个人承租）。②2~5人合伙承租经营企业（以下简称合伙承租）。③本企业全体职工承租经营企业（以下简称全员承租）。④一个企业承租经营另一个企业（以下简称企业承租）。⑤国家允许的其他租赁经营形式。租赁期限每届3~5年。承租经营者是指承租经营企业的个人，或者合伙承租、全员承租确定的厂长，或者承租企业派出的厂长。承租经营者是企业租赁期间的法定代表人，行使厂长职权，对企业全面负责。承租经营者必须提供担保。

出租方选择承租方必须公开招标。选定承租方后，出租方与承租方必须订立租赁经营合同，按照国家有关办理法人变更登记手续。

订立租赁经营合同的双方必须坚持自愿、平等、协商的原则。租赁经营合同依照本条例订立，即具有法律约束力。

租赁双方要承担合同规定的权利和义务。出租方可视企业技术改造任务情况，将承租方交付租金的全部或者一部分交给企业，用于生产发展和技术改造，或者清偿企业租赁前的债务及遗留亏损。租赁经营企业实现的利润依法纳税后，分为承租方的收入（含租金）、企业生产发展基金、职工集体福利基金、职工奖励基金四部分，按照合同规定的比例进行分配。租赁经营企业可以在规定的工资总额（包括奖励基金）范围内，自主确定企业内部分配的制度、形式和方法，并依法纳税。

企业租赁经营前的债权债务及遗留亏损的处理办法，按照租赁经营合同规定办理。

承租经营者的收入，原则上不超过本企业职工平均工资（含奖金）的5倍。其他承租成员的收入应当低于承租经营者的收入。承租方个人所得收入按月平均超过个人收入调节税起征标准的部分，应当照章纳税。承租方按照租赁经营合同规定的比例取得的收入，在交付租金和实际支付给承租成员以后仍有余额，应当作为企业的风险保证金留存。

由于该条例的颁布，规范了政府有关部门和企业在推行租赁制中的行为，因而推动了租赁制的进一步发展。依据对43935个国有小型工业企业的调查，到1988年底，实行租赁制和其他经营方式的企业已经达到24660个，占总数的56.1%。而且，实行租赁制的企业也普遍取得了较好的经济效益。①

（3）推行股份制企业试点。1984年以后，在党的十二届三中全会关于要实现所有权与经营权适当分开，使企业成为相对独立的经济实体的精神指导下，股份制的试点也正式展开。比如，1984年11月，上海电声总厂发起的上海飞乐音响公司，就是这期间工业方面建立的第一家比较规范的、向社会公开发行股票的股份有限公司，共筹集资金40多万元。

1987年10月，党的"十三大"报告明确提出："改革中所采取的一些措施，例如……发行债券、股票，都是伴随社会化大生产和商品经济的发展必然出现的，并不是资本主义所特有的。社会主义可以而且应当利用它们为自己服务，并在实践中限制其消极作用。""公有制经济本身也有多种形式。除了全民所有制、集体所有制以外，还应发展全民所有制和集体所有制联合建立的公有制企业，以及各地区、部门、企业相互参股等形式的公有制企业。""改革中出现的股份制形式，包括国家控股和部门、地区、企业间参股以及个人入股，是社会主义企业财产的一种组织形式，可以继续试行。"② 在这个精神指导下，1987~1989年上半年，股份制试点又进一步展开，各地股份制试点企业迅速增多。

在1989年夏季以后，计划经济观念又出现了某种回潮。这时虽然对已经进行试点的股份制企业进行了完善，但总的说来，处于改革前沿的股份制试点基本上处于停滞状态。

1990年12月中共十三届七中全会提出、并经1991年4月七届全国人大四次会议通过的《国民经济和社会发展十年规划和第八个五年计划纲

---

① 《中国经济年鉴》（1989），第Ⅳ-7页。
② 《中国共产党第十三次全国代表大会文件汇编》，人民出版社1987年版，第25~31页。

要》提出："继续进行股份制试点，并抓紧制定有关法规。""在有条件的大城市稳妥地进行证券交易所试点，并逐步形成规范化的交易制度。"① 于是，继 1990 年 11 月批准建立上海证券交易所之后，1991 年 4 月又批准建立了深圳证券交易所。此后，股份制试点企业又获得了较快的发展。

据对 34 个省、自治区、直辖市和计划单列市的不完全统计，到 1991 年底，全国共有各种类型的股份制试点企业 3220 家（不包括乡镇企业中的股份合作制和中外合资、国内联营企业）。其中，法人持股的试点企业 380 家，占总数的 12%；内部职工持股的 2751 家，占 85%；向社会公开发行股票的 89 家，占 3%。

在这 3220 家股份制试点企业中，按所有制分，原来为集体所有制企业的占 63%；原来为国有企业的占 22%；按行业分，工业企业 1781 家，占 55%；商业企业 942 家，占 30%；另有金融企业 171 家，建筑企业 58 家，交通运输企业 28 家，其他行业 210 家，合计占 15%。可见，在股份制试点企业中，主要是公有制企业和工商企业。

在地区的分布方面，股份制试点企业主要集中在东部地区。其中，内部职工持股的股份制试点企业主要集中在辽宁、山东、黑龙江等省。据统计，这三省内部职工持股的股份制试点企业约占全国同类企业的 80%；向社会公开发行股票的股份制试点企业则主要集中在上海、深圳、浙江、四川等地，共 65 家，约占全国同类企业的 73%。

内部职工持股的股份制试点企业，虽然占试点企业总数的绝大多数，但规模都不大。其中，职工持股金额约 3 亿元，占企业股金总额的比重不到 20%。而 89 家公开向社会发行股票的股份制试点企业的规模则较大，共有股金总额 58.1 亿元。其中，国家股 27.4 亿元，占总数的 47%；企业法人股 16.8 亿元，占 29%；个人股 8.3 亿元，占 14%；外资股 5.6 亿元，占 10%。

在 89 家向社会公开发行股票的试点企业中，上海、深圳有 34 家在这两市的证券交易所上市，浙江一家企业在上海证券交易所上市。②

据统计，1992 年，全国股份制试点企业又发展到 3700 家，在上海、

---

① 《中华人民共和国第七届全国人民代表大会第四次会议文件汇编》，人民出版社 1991 年版，第 112、115 页。
② 中国经济体制改革杂志社编：《股份制企业组建和试点政策汇编》，企业管理出版社 1992 年版（下同），第 25、27 页。

深圳证券交易所公开上市的有92家。①

股份制试点企业的经验表明：实行这种企业组织形式，有利于根本转变企业经营机制，使企业成为自主经营、自负盈亏的市场主体，有利于增强企业活力，有利于国有资产的保值和增值，有利于筹集资金，有利于促进经济结构的调整。比如，在我们前面引证过的710家企业中，1987~1991年，实行国家统负盈亏的18家企业，其活力度由61.3下降到61.0，下降了0.3；实行承包制的600家企业，其活力度由62.7上升到64.1，上升了1.4；而实行股份制的6家企业，其活力度由64.6上升到70.4，上升了5.8；原来的活力度最强，上升的速度也最快。② 又如，1988~1990年，深圳5家上市公司利润平均每年增长97%，净资产增长1.3倍，增幅远远超出了非股份制企业。再如，上述的向社会公开发行股票的89家试点企业，共筹集资金58.1亿元，其中有8.3亿元是由消费基金转化而来的。③ 这就不仅迅速地满足了这些企业发展亟须的生产资金，而且大大增强了企业活力，有效地实现了这些企业公有资产的增值。

在这期间，股份制试点方面仍然存在许多亟待解决的重大问题。①有些试点企业不进行资产评估，或评估过低。在企业内部职工持股的股份制试点企业中，多是以企业账面净产值折股，既未计算土地使用费、厂房和设备的重置价值，也未考虑企业的无形资产；有的甚至根本不进行资产评估。这就导致国有资产的流失。②有些试点企业不按股份制原则办事。有的试点企业违背股权平等、同股同利原则，对国家股、法人股和个人股实行不同的分红率，一般是个人股高于国家股、法人股。有的试点企业混淆股权与债权、股票收益与利息收入的原则区别，对股票既保息又分红，而且实行股息进成本。有的企业不开股东会，董事会由上级主管部门任命，董事会也不健全，甚至形同虚设。③有关部门对股份制试点企业的管理仍然采取原来的老办法，使得股份制试点企业无法正常运转。④在股票的发行和交易方面，由于供求关系严重失衡，引起股价波动幅度过大，出现过度投机。

解决上述问题的关键，在于使股份制企业和股票市场的组织、运作，

---

①《中国经济年鉴》（1993），第53页。

②《中国企业活力定量评价》，第237页。

③《股份制企业组建和试点政策汇编》，第28、30页。

以及政府对它们的监管实行规范化和法制化。为此，1992 年 5 月 15 日国家经济体制改革委员会、国家计划委员会、财政部、中国人民银行、国务院生产办公室根据同年《国务院批转国家体改委、国务院生产办关于股份制企业试点工作座谈会情况报告的通知》的要求，发布了《股份制企业试点办法》。① 该办法依据国际经验并结合中国实际情况就股份制企业试点的一系列基本问题初步作了规定。包括股份制企业试点的目的、原则、组织形式、股权设置、企业内部职工持股、试点范围、组建、审批程序和政府管理几个方面。

为了实施该办法，上述政府有关部门还于 1992 年 5 月颁发了《股份有限公司规范意见》和《有限责任公司规范意见》，以及与之相配套的股份制试点企业的宏观管理、会计制度、劳动工资管理、税收、审计、财务管理、物资供销管理、土地资产管理暂行规定。这一整套指导股份制试点企业的政策法规，初步为试点企业和有关部门提供了行为规范，推动了股份制试点企业的发展。

（三）社会主义市场经济的理论与建立现代企业制度的实践进程（1993~2003 年）

1. 社会主义市场经济理论。

在计划经济同市场调节相结合与社会主义市场经济这两种主张激烈博弈的严重关头，作为中国改革总设计师的邓小平在 1991 年底和 1992 年初几次讲话。他在 1992 年初公开发表的谈话中尖锐指出："改革开放迈不开步子，不敢闯，说来说去就是怕资本主义的东西多了，走了资本主义道路。要害是姓"资"还是姓"社"的问题。……计划经济不等于社会主义，资本主义也有计划；市场经济不等于资本主义，社会主义也有市场。"② 这就从根本上把市场经济从资本主义的社会属性中解脱出来，使它成为同是作为发达的商品生产的资本主义社会和社会主义社会共有的东西，并在把中国经济改革最终推向市场取向改革的道路方面起了决定性的作用。

这当然不是说，中国经济改革最终走上市场取向改革的道路，仅仅

---

① 参见《中国经济年鉴》（1993），第 606~607 页。
② 《邓小平文选》第 3 卷，人民出版社 1993 年版，第 372~373 页。

是由邓小平的个人意见决定的。从根本上来说，这是反映了中国社会生产力发展的要求和人民的根本利益。下列一组数字可以有力地清楚地说明这一点。就国民收入年平均增长率来看，1950~1978 年，中国和苏联分别为 6% 和 8.4%；1979~1990 年，二者分别为 7.7% 和 2.8%。[①] 无论是中国经济增长率在改革前后的巨大差异，或者是中国和苏联经济增长率在改革前后的强烈反差，其形成的原因都是多方面的。但理论分析已经充分证明：新中国建立后的一个长时期内实行计划经济体制，只是 1978 年以后才逐步走上了市场取向改革的道路，从而大大推动了社会生产力的发展，并显著改善了人民生活。而苏联虽然在 20 世纪 50 年代中期就开始进行经济改革，但直到解体前始终没有走上市场取向改革道路，僵化的计划经济使得社会生产力和人民生活停滞不前，以致失去民心。这才是根本原因。

在邓小平谈话强有力的指导下，1992 年 10 月召开的党的十四大明确提出："我国的经济体制改革确定什么样的目标模式，是关系整个社会主义现代化建设全局的一个重大问题。这个问题的核心，是正确认识和处理计划与市场的关系。……实践的发展和认识的深化，要求我们明确提出，我国经济改革的目标是建立社会主义市场经济体制，以利于进一步解放和发展生产力。"[②] 实践表明：这对中国经济改革成败是一个具有决定意义的根本指导原则。

这里有必要对社会主义市场经济这一经济范畴的内容和基本框架作一扼要分析。

中国社会主义市场经济是一个复合的概念，它主要包括以下相互联系的四个方面内容：①是以市场作为配置社会生产资源的主要方式。②是现代的市场经济，即有国家干预的市场经济。③是有更多的国家干预的市场经济。这是由中国国情决定的。诸如：工业化尚未实现，作为弱质产业的农业在国民经济的比重较大，西部经济大大落后于东部，但有丰富的资源，而且主要是少数民族居住地区。这样，实现工业化，发展农业和开发西部就是一个长期的、具有重大经济和政治意义的、需要国家

---

① 上述邓小平谈话是 1992 年初发表的，苏联是 1991 年解体的。故这里数字都只计算到 1990 年。
② 《中国共产党第十四次全国代表大会文件汇编》，人民出版社 1992 年版，第 21~22 页。

扶持的任务。但这种干预是以市场机制作为社会生产资源配置的主要方式为前提，以市场机制的作用为基础的。这就是问题的度，越过了这一点，就又回到了计划经济。④是与社会主义初级阶段的基本经济制度相结合的。这个经济制度就是：以社会主义公有制为主体，多种所有制经济共同发展。

为了进一步具体说明中国社会主义市场经济的基本内容，这里拟将与资本主义条件下现代市场经济做一些对比分析。一切事物的共性是寓于个性之中的。市场经济一般这个共性也是寓于资本主义市场经济（即资本主义条件下市场经济）和社会主义市场经济（即社会主义条件下市场经济）这些个性之中的。因此，从市场经济一般角度来说，这两种市场经济有一系列的共同点。①在市场经济运行的基础和条件方面的共同点。这主要有：独立自主的企业制度；完善的市场体系；健全的宏观经济调控体系；严格的市场运行规则。②在市场经济的作用方面的共同点。主要有：传递经济信息；提供经济发展的动力和压力；增进企业运营效益；提高社会生产资源配置效益。③在市场经济的局限性和政府干预经济的必要性方面也有共同点。像世界上的许多事物一样，市场经济具有优越性，但也具有局限性。正是这种局限性使得国家干预经济成为必要的。

但是必须明确：资本主义社会几百年的发展，为人类创造了巨大的物质文明、制度文明和精神文明。有政府干预的市场经济就是其中最重要的制度文明。历史经验已经充分证明：社会主义社会必须结合自身的具体情况有分析地继承这个制度文明；否则，就会给社会主义制度带来毁灭性的严重后果。

但是，这两种市场经济又有重大原则区别。与资本主义市场经济相比较，中国社会主义市场经济的基本特点在于：①它是与社会主义初级阶段的基本经济制度相结合的。而资本主义市场经济是与资本主义所有制这个基本经济制度相结合的。②与上述①相联系，社会主义市场经济发展的根本目的是实现全体人民的共同富裕。③在社会主义市场经济条件下，由于社会主义公有制占主体地位，以及政府是由共产党领导的，因而政府对宏观经济的调控可能而且必须基于人民的利益和意志。

依据上述社会主义市场经济的基本内容和改革经验的总结，中国社会主义市场经济的基本框架可以确定为：公有制为主体、多种所有制经济共同发展，是社会主义初级阶段的基本经济制度。以此为基石，由现代企业制度，现代市场体系，宏观经济调控体系，现代分配制度，社会保障体系，外向型经济，以及中介组织这样七个主要支柱构成。这一个基石和七个支柱共同构成社会主义市场经济的大厦。

1993年11月召开的党的十四届三中全会依据党的十四大的精神进一步提出："建立现代企业制度，是社会化大生产和市场经济的必然要求，是我国国有企业改革的方向。"[①]

建立现代企业制度之所以是社会化大生产的要求，已经为资本主义企业制度所证明了的。为了说明这一点，有必要简要地分析一下，由以自然人产权为特征的传统的企业制度向以法人产权为特征的现代企业制度转变的过程。

在自由竞争的资本主义时代，传统私人企业主制度是占主要地位的企业组织形式。与这种企业组织形式相适应，自然人产权制度也成为这一时代主要的产权制度。这种产权制度的基本特征有二：①产权占有主体是唯一的，产权边界十分明确。②产权主体拥有完整的产权，即享有对其财产的占有、使用、处置和收益权。

自然人产权制度是在欧洲封建制度解体的过程中形成和发展起来的。自然人产权制度适应了当时社会生产力发展状况，其积极意义在于它首次塑造了近代私人企业产权主体，明确划分了不同主体之间的产权边界，为发展包括产品和各类生产要素在内的市场、发挥市场机制在配置社会生产资源和提高生产要素营运效益的作用奠定了基础。因而，成为推动当时社会生产力发展的最积极的因素。像任何制度一样，这种制度在发展社会生产力方面自始就有它的局限性。但在资本主义自由竞争时代，这种矛盾并不尖锐。随着生产社会化的进一步发展，这种矛盾也就激化起来。因为生产社会化的发展，要求资本大规模的、迅速的集中和通晓现代企业管理的经理阶层的产生，以及加大防御经营风险的能力。而传统私人企业主与自然人产权制度同这三个要求是相矛盾的。

适应生产社会化发展的这种要求，作为现代企业组织的公司（其典

---

① 《中共中央关于建立社会主义市场经济体制若干问题的决定》，人民出版社1993年版，第5页。

型形态是股份有限公司）和法人产权制度也就产生了。在法人产权制度下，产权结构具有新的特点。①出资者所有权和公司法人财产权的分离。由出资人组成的股东大会，是公司的最高权力机关，股东只是以其出资额为限对公司承担债务责任。公司是独立的法人实体和市场主体，并以全部资产对公司债务承担责任。②所有权和经营权在公司法人形态上的统一。公司法人是一个既具有所有权，又具有经营权的完整的产权统一体。这种所有权和经营权的统一性，表现在董事会的职能上。从法律意义上讲，股东大会是公司的最高权力机构，董事会是股东大会闭会期间的最高权力机构。事实上，董事会有权决定公司的一切重大经营管理活动，以及任免包括经理在内的公司高级管理人员。因此，董事会就是公司产权整体性的人格化代表。③所有权和经营权在公司法人内部的分离。作为公司产权的代表机构的董事会把经营权授予职业化的经理，经理便拥有了公司的经营管理权。于是，统一的公司法人便分解为两部分：董事会掌握所有权，经理掌握经营权。

这样，公司在产权结构方面的创新，不仅较好地解决了上述的自然人产权下不能解决的三个矛盾，而且在出资者所有权和法人财产权之间以及公司内部的所有权与经营权之间形成了一个精巧的激励机制、制约机制和制衡机制，为提高生产要素营运效益提供了有效的微观基础。当然，公司制度的建立，没有也不可能从根本上解决生产社会化与私人资本主义占有制度之间的矛盾。但它却在资本主义私有制的范围内大大扩展了这种经济制度对于社会生产力发展的容量，从而成为缓和与资本主义社会基本矛盾的一个极重要的因素。这就能从一个重要方面说明：为什么资本主义世界在第二次世界大战以后仍然赢得了社会生产的巨大发展。当然，促进这种发展的因素是很多的，诸如新的科学技术革命，旨在缓和劳资之间矛盾的各项办法的实施（如提高工资、增加福利和吸引职工参与管理等），对第三世界廉价能源和原料掠夺，以及经济全球化的大发展等。但作为资本主义经济微观基础的公司制度的发展，显然是一个主要因素。它像市场经济一样，是资本主义制度文明几百年发展的最重要的积极成果。

需要进一步指出：现代资本主义市场经济的发展，为巩固和完善作为现代企业制度的公司制又创造了一系列的条件。重要的有：产品市场竞争的充分展开，资本市场的发展，经理市场的形成，法制的加强，独立董事的建立，作为中介组织的会计事务所和法律事务所的发展。当然，公司制也不是完美无缺的，仍需要伴随社会经济的发展而不断完善。

从一般意义上，上述内容对中国社会主义市场经济也都是适用的。结合中国实际情况，吸收这些文明成果，是适应社会生产力发展的要求、推动社会主义现代化建设的重要因素。

不仅如此，建立现代企业制度还是适应市场取向改革的要求，为建立社会主义市场经济体制奠定最主要的微观基础。问题在于：建立社会主义市场经济，本质上就是实现社会主义公有制与市场经济的结合。实现结合的关键是要构建社会主义市场经济的微观基础，主要就是将原来作为政府附属物的国有企业改造成为市场主体。实现这种改造的最有效途径就是进行作为现代企业组织形式公司化的改造，特别是股份制的改造。这样，旨在建立现代企业制度的国有企业改革就成为市场取向改革的中心环节和最主要的基础性工程。

上述的分析表明：建立社会主义市场经济体制，必然要求建立现代企业制度。

不仅如此，建立社会主义市场经济体制，还要求对国有经济进行战略性调整以及对国有企业进行战略性改组。

但改革开始以后的一个时期内，人们把国有企业活力不强仅仅归结为企业是国家行政机关的附属物，不是市场主体。从根本上说，这是对的。但也有简单化的毛病。实际上，国有企业活力不强有多方面的复杂原因。除了由历史和现实形成的企业冗员多、办社会负担重、资产负债率高以及技术改造迟缓和企业管理落后以外，除了企业不是市场主体这一个根本性原因以外，还有另一个根本原因，即国有经济布局不合理和国有企业组织不合理。在这里人们忽视了计划经济体制的弊病，不仅在于它使企业成为政府附属物，而且造成了国有经济布局和国有企业组织的不合理状态。

随着改革的深化，这方面的问题暴露得越来越尖锐，人们的认识也越来越清楚。实际上，在 1995 年以后，党中央就在这方面不断提出指导方针。1997 年召开的党的十五大，特别是 1999 年召开的党的十五届四中全会明确系统地提出了从战略上调整国有经济布局和改组国有企业的任务，确定了有进有迟、有所为有所不为和抓大放小的方针。

为了说明这方面的问题，这里有必要对国有经济布局和国有企业组织的不合理的状况作些简要分析。

实际上，国有布局不合理和国有企业组织不合理，都是传统计划经济体制的产物。这些问题在 1956 年中国生产资料私有制的社会主义基本完成和计划经济体制完全确立时已经暴露得很充分了。1958 年，中共中央就提出和实施建立比较完整的工业体系的区域经济的任务。20 世纪 60 年代中期以后更加强化了这一点。这样，改革以前，企业组织"大而全"、"小而全"，企业办社会以及地区之间过多重复建设就已经发展到了很严重的地步。而且，改革以后，政企分开一直没有得到根本解决。80 年代初开始实行的财政分灶吃饭制度，延续了十来年。1994 年开始实行了以划分中央政府和地方政府事权为基础的分税制，但改革并没有到位。改革以来，中央政府逐步下放了投资和引进外资的权限，但有效的宏观调控并没跟上。这期间，市场虽有很大发展，但发育并不健全，行政性垄断和无序的、不平等的、过度的竞争还相当普遍。这样，企业组织和产业结构不合理状态不仅没有得到扭转，甚至有所加剧。在实行对外开放的条件下，还出现了盲目重复引进。在社会生产力大大发展的条件下，又出现了生产能力的相对过剩，主要是结构性的过剩。所以，直到 20 世纪 90 年代下半期，国有经济布局不合理和国有企业组织不合理的问题，并没有根本解决。

所谓国有经济布局不合理，主要包括两个方面：

（1）在所有制结构方面不合理。国有经济在国民经济中占的比重仍然过大。1978 年，国有经济的增加值在国民生产总值的比重高达 56%，集体经济为 43%，非公有制经济为 1%；到 1997 年，三者比重分别为 40.8%、35%、24.2%。从当前国有企业资本金严重不足，资产负债率高，合格的经营管理人员严重短缺，企业资产质量差，经济效益低等来看，国有经济比重仍然过高，不适合社会生产力发展要求。

（2）在产业结构方面不合理。其主要表现是：①总体上看，是分布过广，而且结构不合理。国有经济几乎囊括了国民经济所有基本行业。就在国有经济中占主要地位的国有工业来说，也几乎包括各个主要工业部门。其中国有经济不需要分布的或者要少分布的一般竞争性行业也分布了，甚至还占了很大的比重。比如，直到 2000 年国有及国有控股的食品工业和纺织业的资产分别是全部工业（指国有及规模以上的非国有工业，下同）资产的 50.8% 和 46.2%。国有经济在基础产业无疑需要占相当大的比重，现在的问题是占的比重过大。比如，2000 年煤炭开采业、石油和天然气开采业以及电力业等国有资产分别占了全部工业资产的 92.7%、98.9% 和 89.1%。但相对说来，就当前国有资产存量分布来说，在竞争性较强的领域分布过多，在基础产业和基础设施领域不足。②国有经济总体上生产能力过剩。按一般标准，生产能力利用率达到 80% 的算是正常的。但 1995 年全国第三次工业普查资料表明：在 94 种主要工业产品中，生产能力利用率仅达 60% 以上的就有 59 种，占总数的 62.7%；在 50% 以下的有 18 种，占 20%。有关单位统计，到 90 年代末 900 多种工业产品中，有半数以上生产能力利用率在 60% 以下。这是一方面。另一方面是国有经济一些重要产业在技术上、产量上、品种上和质量上的发展又严重不足。这涉及基础产业、支柱产业和高新技术产业等诸多方面。比如，许多高新技术产业的核心技术并未掌握（如微机芯片中的高端产品）。石油因产量不足每年需要大量进口。2001 年净进口 5104 万吨，相当于国内产量（16396 万吨）的 31.1%。钢材和机床因品种质量和技术上的问题在很大程度上也依赖国外供应。2001 年净进口钢材 1247 万吨，相当于国内产量（16068 万吨）的 7.8%；净进口金属加工机床（特别是数控机床）5.5354 万台，相当于国内产量（25.58 万台）的 21.6%。③经济低水平的重复建设过多，地区结构趋同严重。据有关部门在 20 世纪 90 年代中期对 28 个省、市、自治区的调查，产业结构相似系数大于 0.85 的有 8 个，小于 0.85、大于 0.7 的有 15 个，小于 0.7、大于 0.59 的有 5 个。问题还在于：直到目前，这种状况没有得到根本遏制，甚至还在从一般制造业向基础设施（如高速公路和机场建设）和高新技术产业蔓延。

国有企业组织不合理的重要表现有：①大中小型企业的总量规模和平均规模都小，大企业比重低，企业规模不经济和规模结构不合理。1996 年，全国乡和乡以上独立核算工业企业总产值为 64886 亿元。其中，大、中、小型企业总产值分别为 24756 亿元、9539 亿元、30591 亿元；三者比重分别为 38.2%、14.7%、47.1%。全国平均每个企业产值为 1238.8 万元。其中，大、中、小型企业分别为 35038.6 万元、5659.2 万元、590

万元。②企业组织"大而全"、"小而全"，企业之间和地区之间的专业化协作程度低。机械工业是最有条件实行专业化生产的行业。但在 90 年代，中国机械工业专业化程度大约只达到经济发达国家五六十年代的水平。比如，中国铸造行业专业化比重只有 30%，锻造为 15%，热处理为 20%，电度为 40%；而经济发达国家这四项数据分别为 80%、15%、70%、90%。中国机电行业约有 80%的企业为"大而全"、"小而全"的厂子。③产业集中度低。据有的学者按 1993~1995 年 3 年平均数计算，在全国 37 个主要工业部门中，产量较多的 8 个厂集中度超过 50%以上的只有 1 个（即具有自然垄断性质的石油天然气开采业），集中度在 40%~50%之间的有 3 个，30%~40%的有 2 个，20%~30%的有 7 个，10%~20%的有 6 个，10%以下的有 18 个。

上述情况表明：国有经济布局不合理和国有企业组织不合理，造成了社会生产资源的巨大浪费，并成为窒息企业活力的一个最重要因素，以致经济效益低下成为计划经济体制的痼疾。需要着重指出，直到现在国有经济经济效益相对低下状况并无根本改变。国家统计局第二次全国基本单位普查资料显示，中国 1997~2001 年新开业企业（包括国有及集体企业转制、重组和各类新建企业）154.5 万家，占 2001 年末全部企业数的 51%。按照新开企业营业收入与资本金的比率计算，私营企业资本金产出率为 224%、集体企业 216%、股份制企业 187%、港澳台投资企业 161%、外商投资企业 134%、国有企业（包括国有独资企业、国有联营企业）129%。以上数据显示，虽然国有企业的投入产出比也表现出较高的正值增长，但与其他经济类型企业相比明显逊色许多。还有另项统计表明：2001 年，国有企业占用全国金融机构 65.4%的短期贷款，创造的产值仅占国内生产总值的 37.9%，而民营企业只占 21%的短期贷款，创造的产值占国内生产总值的 47.5%。据预算，2001 年国有工业企业净资产回报率为 6.7%，而民营工业企业的净资产回报率为 12.8%。如果加上国有工业企业无偿或低成本的占用资源（如土地和贷款等），那么对国有经济和非国有经济对生产资源的运营效率的差距，会更加突出。

造成这种状况的根本原因：①除了国有企业改革还未真正到位以外，就是国有经济布局和国有企业组织不合理状况也未得到根本改变。因此，要建立旨在提高社会生产资源效益的社会主义市场经济体制，就是必须根本改变这种不合理状况。②根本改变这种不合理状况，还是实行社会主义初级阶段基本经济制度的必要前提。只有这样，一方面才能增强国有经济的控制力，以充分发挥国有经济的主导作用；另一方面才能为发展多种所有制经济（特别是非公有制经济）腾出空间。③根本改变这种不合理状况，也是国有企业建立现代企业制度的必要条件。可以设想，如果还保留这种状况，国有企业要真正都建立起现代企业制度，那是不可能的。

综上所述，实行社会主义市场经济，不仅要求建立现代企业制度，而且要求对国有经济实行战略性调整，对国有企业实行战略性改组。这些都是国有经济改革不可分割的基本内容。

为了避免同后续有关部分的过多重复，我们在下面只叙述在社会主义市场经济理论指导下建立现代企业制度的实践进程。

2. 建立现代企业制度的实践进程。

（1）《中华人民共和国公司法》（以下简称《公司法》）的颁布。国有企业特别是国有大中型企业的改革方向，是建立以公司制作为企业组织形式的现代企业制度。为了适应建立现代企业制度的需要，规范公司的组织和行为，保护公司、股东和债权人的合法权益，维护社会经济秩序，促进社会主义市场经济的发展，1993 年 12 月 29 日第八届全国人大常委会第五次会议通过了《中华人民共和国公司法》；[①] 1999 年 12 月 25 日对《公司法》又作了某些修改，并公布实行。[②]

《公司法》就公司的组织和行为的总则、有限责任公司和股份有限公司的设立和组织机构、股票发行和转让、公司债券、公司财务和会计、公司合并和分立、公司破产解散和清算、外国公司的分支机构、法律责任和附则作了规定。

按照《公司法》的规定，有限责任公司和股份有限公司是企业法人。有限责任公司，股东以其出资额为限对公司承担责任，公司以其全部资产对公司的债务承担责任。股份有限公司，其全部资本分为等额股份，股东以其所持股份为限对公司承担责任，公司以其全部资产对公司的债

---

① 详见《建立现代企业制度试点工作手册》，中国经济出版社 1996 年版（下同），第 135~159 页。

② 《人民日报》1999 年 12 月 27 日第 5~8 版。

务承担责任。

公司股东作为出资者，按投入公司的资本额享有所有者的资产受益、重大决策和选择管理者等权利。公司享有由股东投资形成的全部法人财产权，依法享有民事权利，承担民事责任。公司中的国有资产所有权属于国家。

公司以其全部法人财产，依法自主经营，自负盈亏。公司在国家宏观调控下，按照市场需求自主组织生产经营，以提高经济效益、劳动生产率和实现资产保值、增值为目的。

公司实行权责分明、管理科学、激励和约束相结合的内部管理体制。

国有企业改建为公司，必须依照法律、行政法规规定的条件和要求，转换经营机制，有步骤地清产核资，界定产权，清理债权债务，评估资产，建立规范的内部管理机构。

设立有限责任公司、股份有限公司，必须符合本法规定的条件。

设立公司必须依照本法制定公司章程。公司章程对公司、股东、董事、监事、经理具有约束力。公司的经营范围由公司章程规定，并依法登记。公司的经营范围中属于法律、行政法规限制的项目，应当依法经过批准。公司应当在登记的经营范围内从事经营活动。公司依照法定程序修改公司章程并经公司登记机关变更登记，可以变更其经营范围。

公司可以向其他有限责任公司、股份有限公司投资，并以该出资额为限对所投资公司承担责任。公司向其他有限责任公司、股份有限公司投资的，除国务院规定的投资公司和控股公司外，所累计投资额不得超过本公司净资产的50%，在投资后，接受被投资公司以利润转增的资本，其增加额不包括在内。

公司可以设立分公司，分公司不具有企业法人资格，其民事责任由公司承担。

公司可以设立子公司，子公司具有企业法人资格，依法独立承担民事责任。

公司从事经营活动，必须遵守法律，遵守职业道德，加强社会主义精神文明建设，接受政府和社会公众的监督。公司的合法权益受法律保护，不受侵犯。

公司必须保护职工的合法权益，加强劳动保护，实现安全生产。

公司采用多种形式，加强公司职工的职业教育和岗位培训，提高职工素质。

公司职工依法组织工会，开展工会活动，维护职工的合法权益。公司应当为本公司工会提供必要的活动条件。国有独资公司和两个以上的国有企业或者其他两个以上的国有投资主体投资设立的有限责任公司，依照宪法和有关法律的规定，通过职工代表大会和其他形式，实行民主管理。

公司中中国共产党基层组织的活动，依照中国共产党章程办理。

《公司法》的颁布和实施，为建立现代企业制度的试点，为规范已经建立的公司组织和行为，为规范政府对公司的管理，提供了法律依据。

（2）建立现代企业制度的试点。20世纪90年代初，中国公司制企业已经发展到了很大的规模，但很不规范。为了积极稳妥地推进国有企业建立现代企业制度的工作，还需进行这方面的试点。1993年12月，国务院建立了现代企业制度试点工作协调会议制度，由国家经贸委和国家体改委等14个部委、局参加，并由有关部委起草试点方案。到1994年11月初，形成了以党的十四届三中全会决议和《公司法》为依据的、并经国务院原则同意的《关于选择一批国有大中型企业进行现代企业制度试点的方案（草案）》。该方案就试点的一系列基本问题作了规定。[①]

第一，试点的目的和原则。通过试点，要达到以下目的：①寻求公有制与市场经济相结合的有效途径，转换企业经营机制，提高经济效益，进一步解放和发展生产力。②转变政府只能，探索政企分开的路子，政府不直接干预企业的生产经营活动，企业彻底摆脱政府行政机构附属物的地位，真正进入市场自主经营。③理顺产权关系，逐步建立国有资产管理体系，确立企业法人财产权。使企业真正成为独立享有民事权利、承担民事责任的法人实体，实现民事权利能力和行为能力的统一，切实做到自负盈亏，自我发展。④完善企业内部领导体制和组织管理制度，向规范化、科学化的方向迈进，形成企业内部权责分明、团结合作、互相制约的机制。

试点工作应遵循以下原则：①发挥国有经济的主导作用，确保国有

---

① 详见《全国建立现代企业制度试点工作会议文件汇编》，改革出版社1995年版（下同），第120~131页。

资产（资本）保值增值。②出资者所有权（股权）与企业法人财产权相分离，保障出资者、债权人和企业的合法权益。③贯彻执行《公司法》，重在企业组织制度创新和转换企业经营机制。④从中国国情和企业实际出发，吸收借鉴国外有益经验，继承、借鉴与创新相结合。⑤推进相关的配套改革，为建立现代企业制度创造必要的外部条件。⑥分类指导，稳步推进，发挥地方、部门、企业和职工的积极性，搞好试点。

第二，试点的内容。主要包括：①完善企业法人制度。②确定企业国有资产投资主体。③确立企业改建为公司的组织形式。④建立科学规范的公司内部组织机构。⑤改革企业劳动人事工资制度。⑥健全企业财务会计制度。⑦发挥党组织的政治核心作用。⑧完善工会工作和职工民主管理。

第三，试点的配套措施。主要有：①转变政府只能，改革政府机构。②调整企业资产负债结构。③加快建立社会保险制度。④减轻企业办社会的负担。⑤解决试点企业的富余人员问题。⑥促进存量国有资产优化配置和合理流动。⑦发展和规范各类市场中介组织。

第四，试点的组织实施。①建立现代企业制度试点工作，由国家经贸委牵头负责，会同国家体改委等有关部门和单位具体组织实施。中央财经领导小组办公室参与研究有关工作。重大问题由国务院研究决定。②现代企业制度试点工作和若干城市"优化资本结构"试点工作的组织领导要结合起来，建立部际联席会议制度。部际联席会议由国家经贸委负责召集，国家计委、国家体改委、财政部、人事部、劳动部、外经贸部、中国人民银行、审计署、国家税务总局、国家工商局、国有资产管理局、国务院证券委、中国工商银行各一位负责同志，并请中央组织部和全国总工会各一位负责同志参加，通过部际联席会议，共同研究试点工作的政策、办法和措施，协调试点中的问题。重大问题需请示国务院。

第五，试点的步骤及成效。①准备阶段（1994年年底前）。完成以下工作：制定试点方案，确定试点企业名单，报国务院批准，公布实施。召开试点工作会议，进行研究部署。有关部门按照《试点方案》要求，抓紧制定配套改革措施，经过协调，报国务院批准实施。试点企业按照《试点方案》要求，根据自身的实际情况，制定具体试点方案。②实施阶段（1995年1月~1996年6月）。完成试点企业清产核资，界定产权，清理债权债务，评估资产，核实企业法人财产占用量；明确投资主体；设置合理的股权结构，制定公司章程，建立公司治理结构，依法注册登记。改建后的公司按《公司法》规范运作。③总结完善阶段（1996 年下半年）。认真总结试点经验，写出试点工作报告，提出在全国范围内推进建立现代企业制度的意见。以上三个阶段的工作大体上分别在 1994 年、1995~1996 年和 1997 年基本完成的，并取得了试点的成效。

　　国家抓的百户建立现代企业制度试点在制度创新和提高经济效益等方面都取得了重要进展。截至 1996 年底，百户试点企业的改革方案都已经批复并开始实施。100 户试点企业，分别按以下 4 种形式进行改制：①17 户由工厂制直接改制为多元股东持股的公司制。其中，股份有限公司 11 户，有限责任公司 6 户。②有 69 户由工厂制改为国有独资公司。其中，先改制为国有独资公司，再由国有独资公司作为投资主体将生产主体部分改制为股份有限公司或有限责任公司的有 29 户。这样，多元投资主体的已有 46 户。③由原行业主管厅局"转体"改制为纯粹控股型国有独资公司的有 10 户。④按照先改组后改制的原则进行结构调整实行资产重组改组的有 2 户，即上海无线电三厂解体、淄博化纤总厂被齐鲁石化公司兼并。[①] 在百户试点企业中有 84 家成立了董事会，有 72 家成立了监事会。

　　地方政府抓的 2343 户现代企业试点也取得了重大进展。到 1997 年上半年，已经有 540 户改造成股份有限公司，占 23%；改造成有限责任公司的企业 540 户，也占 23%；改造成国有独资公司的企业 909 户，占 38.8%；尚未完成改造的有 307 户，占 13.2%。在已改制为公司的 1989 家企业中，有 71.9% 的企业已组成了董事会，63% 的企业成立了监事会，总经理由董事会聘任的已有 61%，多数试点企业的总经理已能够行使《公司法》赋予的职权。

　　1996 年，中央和地方试点企业资产负债率为 65.8%，比上年下降 2.4个百分点；资产增值率 26.5%；分流社会性服务机构 2265 个，分离人员 11.7 万人；分流的企业富余人员 61.1 万人，约占试点企业职工总数的 6%。其中，安排到其他单位的 13.1 万人，下岗培训的 11.5 万人，提前退休的 15.4 万人，待业的 21.1 万人。

---

① 《中国经济年鉴》（1997），第 679 页。

但是，由于各种条件的限制，在中央政府和地方政府抓的建立现代企业制度的试点中，在政企分离、理顺产权关系和建立法人治理结构等方面，也还存在需要进一步解决的问题。

（3）三年改制任务的基本完成和建立现代企业制度的进展。1997年党的"十五大"以来，中央多次提出：用三年左右的时间，力争大多数国有大中型骨干企业初步建立现代企业制度。1997年以来，党和政府在推进政企分开，实现"三改一加强"，鼓励兼并、规范破产、下岗分流、减员增效和再就业工程，加快社会保障制度建设，以及增资减债、降低资产负债率，禁止"三乱"、减轻企业负担等方面，进一步采取了一系列措施，又进一步加快了国有大中型企业的改革，三年改制任务基本完成，现代企业制度的基本框架初步建成。其主要标志是：

第一，国有企业改制面不断扩大。据国家统计局企业调查总队对全国4371家重点企业进行的建立企业制度情况跟踪统计调查，截至2001年底，所调查的4371家重点企业中已有3322家企业实行了公司制改造，改制面达到76%。2001年底，国有及国有控股企业重组上市的有406家，到境外上市的有22家。据统计，自1991~2001年，中国上市公司累计募资已达7726.74亿元（光是2001年就募资1168.11亿元），其中通过A股发行募集了3843.94亿元，配股募集了2040.8亿元；B股募集了46.32亿美元，配股筹集了3.27亿元；H股募集了182.27亿美元；其他筹资47亿元。上市的绝大部分是国有或国有控股企业。还要提到，近几年来，国有企业改革已经扩及垄断行业。按照市场经济规律，结合垄断行业改革，大力推进企业联合重组。先后建了中国石油天然气集团、中国石油化工集团、上海宝钢集团、十大军工集团、四大电信集团和六大航空集团等。

第二，政企初步分开。为进一步转变政府职能，实现政企分开，1998年党中央、国务院决定对政府机构进行重大改革和调整。经过改革，国务院部委由40个减少到29个，大多数专业经济管理部门改为由国家经贸委管理的国家局，国务院各部门将200多项职能交给企业、中介组织或地方承担。到2000年底，又撤销内贸、煤炭、机械、冶金、石化、轻工、纺织、建材、有色金属9个国家经贸委管理的国家局，相关职能并入国家经贸委。1998年底，中央决定军队、武警、政法机关所办一切以营利为目的的经营性企业全部移交地方，党政机关与其所办经济实体必须脱钩。经过艰苦的工作，也取得明显成效。到目前共有 6408 户军队、武警、政法机关所办的经营性企业和 297 户军队保障性企业移交地方，530 个中央党政机关所办的企业和经营性实体与其脱钩。1998 年以来，有关部门在国务院的领导下，按照市场经济要求对 9 个委管国家局所属的科研院所进行了重大改革，242 家科研机构转为科技型企业或进入企业集团，168 所高等院校交由教育部或地方管理，101 个勘察设计单位和 84 个地质勘察单位分别移交地方管理或进入大企业集团，这些科研院所的改革涉及职工 45 万多人。为进一步转变政府职能，实现政企分开，2001 年下半年开始，以减少行政性审批项目为重点，深入开展了行政审批制度改革，国务院各职能部门在清理行政审批事项的基础上，提出了一批拟取消的行政审批项目。到目前为止，国务院各部门取消了数以千计行政审批项目，这标志着中国行政审批制度改革迈出了实质性的一步。各级地方政府也先后开展了机构改革和行政审批制度改革。1998 年以来，以推进政企分开、转变政府职能为核心内容的机构改革和行政审批制度改革，力度之大，范围之广，成效之显著，都是前所未有的。

第三，企业法人产权制度和法人治理结构初步建立。截至 2001 年底，3322 家改制企业中已有 3118 家企业在完成清产核资、界定产权的基础上建立了企业出资人制度。改制企业出资人到位率达到 93.9%。截至 2001 年底，3322 家改制企业中，1987 家企业成立了股东会，3196 家企业成立了董事会，2786 家企业成立了监事会，分别占改制企业总数的 80.9%（按《公司法》规定，国有独资公司不设股东）、96.2% 和 83.9%。从股东会行使职权情况看，1927 家企业股东会能够决定公司的经营方针和投资计划；1851 家企业股东会能够决定和更换董事，决定有关董事的报酬事项；1951 家企业股东会能够审议批准董事会的报告。从董事会行使职权情况看，3153 家企业董事会能够决定公司的经营计划和投资方案。从监事会行使职权情况看，2714 家企业监事会能够检查公司的财务；2698 家企业监事会能够对董事、经理执行公司职务时违反法律、法规或者公司章程的行为进行监督。截至 2001 年底，共有 984 家企业在董事会中设立了独立董事。在 3322 家改制企业中，1876 家总经理由董事会聘任；447 家总经理由企业主管部门任命；538 家总经理由政府部门提名，董事会聘任；59 家总经理由职代会选举，上级任命；22 家总经理由社会公开招聘；339 家总经理由上级组织部门任命。绝大多数企业总经理具有自主经营管理权和企业高层管理人员人事任免管理权。

第四，投资主体多元化不断进展。2001 年，3322 家改制企业注册资本金合计 11437 亿元。其中，国家投入资本 7383 亿元；包括集体资本、法人资本、外商资本在内的其他各类资本 4054 亿元，分别占改制企业注册资本金总数的 64.6% 和 35.4%，"一股"独占的局面开始有所改变。这不仅增强了国有经济的控制力，而且为企业实现产权明晰、权责明确、管理科学的现代企业制度创造了前提条件。

第五，在积极探索国有资产管理的有效方式，加强对国有企业的监管方面也取得了重要进展。国家作为国有资产的出资人，在政企分开后，如何行使出资人的权力，确保国有资产保值增值，是建立现代企业制度必须解决的一个重大问题。近几年来，一方面国务院批准了 27 户中央直接管理的、基础较好的国有大型企业和企业集团作为国家授权投资机构；另一方面，允许和鼓励地方进行建立国有资产管理体制的试点，探索国有资产管理的具体途径。上海、广东等省市结合本地实际进行了积极探索，建立了政府（国资委）—授权资产经营公司（企业集团）—生产经营企业三个层次国有资产监督管理体制，明确了政府对授权资产经营公司的监管方式，推进了国有产权代表重大事项报告等制度，为建立具有中国特色的国有资产管理体制积累了经验。同时，中央和各地还加强了对国有企业的监管，建立了监事会制度。中组部、国家经贸委等七部委还选择了一批在行业中具有代表性的企业进行建立总法律顾问制度的试点，以促进企业依法经营。

第六，企业内部的劳动、人事、分配制度改革已经取得成效。上述调查结果显示，2001 年已有 3216 家企业与职工通过平等协商签订劳动合同确定了劳动关系；2696 家企业改革用工制度，根据生产经营需要依法自主决定招聘职工，已经实现全员竞争上岗制度，形成职工能进能出的机制；3025 家企业能够按规定参加各项社会保险，按时足额缴纳社会保险费；2215 家企业已经打破传统的"干部"和"工人"之间的界限、变身份管理为岗位管理；2691 家企业按照精干、高效原则设置各类管理岗位，对管理人员实行公开竞聘、择优录用制度，企业内部已经形成能上能下的机制，使企业管理更加透明、科学公正。2001 年改制企业坚持效率优先、兼顾公平的原则，鼓励资本、技术等生产要素参与收益分配。其中，2899 家企业实行以岗位工资为主的工资制；1474 家企业已经实行经营者年薪制度，689 家企业开始尝试实行经营者持有股权、股票期权分配制度；1745 家企业实行科技人员收入分配激励机制；853 家企业实行工资集体协商制度；747 家企业实行职工持股分配制度。[①]

　　尽管国有企业改革已经取得了重大成就，但国有企业改革并没有真正、完全到位。其主要表现是：①政企、政资并未真正完全分开，有效的国有资产管理体制还有待建立。②股权多元化还没有得到应有的发展，国有独资或一股独大的情况还相当普遍。③法人治理结构不规范的状况还很多。④传统计划经济体制留下的企业劳动人事和分配制度还未根本改革，适应市场经济要求的企业内部经营机制还未真正建立，以致企业活力不强。⑤由于企业冗员和办社会以及资产负债率高等因素的作用，特别是由于社会保障制度不健全，市场退出机制也没真正形成，以致企业效益差的状况还难以根本改观。⑥企业改制面还有待扩大。总之，建立现代企业制度还是一个任重道远的任务。

　　（4）国有小型企业的改革。建立现代企业制度，是国有大中型企业的改革范畴，小型企业改革不在此列。但在这里仍有必要简述这项改革。因为国有小型企业是国民经济的重要组成部分，是地方财政收入的重要来源，在促进经济繁荣，提供就业机会，改善人民生活，保障社会稳定等方面发挥了重要作用。国有小型企业改革是企业改革的重要组成部分。在 20 世纪 90 年代以来的经济快速增长中，工业新增产值的 76% 以上是由中小企业创造的，中小企业总产值和实现利税分别已占全国的 60% 和 40%，出口总额中中小企业约占 60%。中小企业还提供了大约 75% 的城镇就业机会，吸纳就业和再就业的"蓄水池"作用更加明显。[②] 为了充分发挥小企业在国民经济和社会发展中的积极作用，必须加大改革力度，加快放开搞活小企业的步伐。

　　为此，国家经贸委依据党中央、国务院的精神，于 1996 年 7 月颁发了《关于放开搞活国有小型企业的意见》，以推动各地放开搞活国有小企业

---

① 参见《经济日报》2002 年 10 月 10 日第 15 版、10 月 14 日第 9 版；新华网 2002 年 11 月 10 日。
② 《经济日报》2001 年 7 月 31 日第 2 版。

工作健康发展。

放开、搞活小企业的原则：认真贯彻党的十四届三中全会决定精神，以邓小平提出的"三个有利于"作为决定小企业改革措施取舍和检验其得失的根本标准，大胆探索，勇于实践；着眼于从整体上搞好国有经济，"搞好大的"与"放活小的"并举；在确保国家所有者权益的条件下，从实际出发，采取多种形式和方法放开、搞活小企业；紧密依靠职工群众，将小企业的改革和发展与职工切身利益结合起来，加强职工的参与和监督；把放开搞活小企业的权力和责任主要放在地方政府，加强领导，统筹规划，稳步推进。

小企业改革的方向是实行政企分开，使企业自主走向市场；转换经营机制，使企业成为自主经营、自负盈亏、自我发展、自我约束的法人实体。

小企业改革要因地制宜、因行业制宜、因企业制宜，允许企业依据自身特点，选择适合企业生产力水平的改制形式，区别对待，分类指导，形式多样，不搞一个模式，不"一刀切"。①在保留原所有者权益的基础上，吸收其他投资，依照《公司法》，组建有限责任公司。②改建为股份合作制，吸收职工参股，实行劳动合作与资本合作相结合，按劳分红与按股分红相结合，实施民主管理。③鼓励跨地区、跨行业、跨所有制的联合、兼并。④不变更企业所有者，将企业全部或部分资产出租，或依照承包协议将经营权赋予承包人。⑤通过公开竞价或协议定价，有偿转让企业的部分或全部净资产。⑥鼓励小企业引资嫁接改造，嫁接的方式可以是整体嫁接，也可以是部分嫁接，合资比例不限。⑦长期亏损、扭亏无望、不能清偿到期债务的企业，依法实行破产。⑧可将管理混乱、经营不善的困难小企业委托给实力较强的优势企业经营管理。⑨生产、经营情况好的，可继续保持原企业组织形式，加强管理，提高经营效益。⑩其他可以采取的形式。

在小企业改制中要注意做到：①要落实企业债务责任，严防逃、废债；要进行资产评估，防止国有资产流失，不得将国有资产无偿量化分给职工。②小企业要紧密围绕市场开展生产和经营活动，以市场为出发点和落脚点。③小企业要把改革、改组、改造和加强企业管理结合起来。④要增强改制工作的透明度，调动职工群众参与改革的积极性；改制后的企业根据不同情况，都要采取相应形式加强职工的民主管理和监督。⑤妥善处理好改制后职工的分流安置和离退休职工的生活保障问题。⑥加强小企业改革的宏观政策指导。⑦要建立和完善为小企业服务的各种中介机构。⑧金融机构要创造条件，积极探索，发展面向小企业的各项服务。⑨要建立小企业管理人员和职工的培训制度。⑩要加快有关小企业的市场法规建设。

相对国有大中型企业改制来说，小型企业改制难度较小，但在这方面也存在不少问题。诸如对放活小企业采取放任自流和一卖了之的态度；在推行股份合作制中又存在"刮风"的情况；在已改制的公司制和股份合作制中还存在不规范的状况。

针对上述问题，政府采取了一系列措施。推动了国有小企业改革的发展。据对 20 个省（区、市）初步统计，1996 年在册的 41824 户国有小型工业企业，到 2000 年 6 月底已改革 31994 户，占 76.5%，其中改组 4048 户，占 12.7%；联合 1417 户，占 4.4%；兼并 2706 户，占 8.5%；租赁 4079 户，占 12.8%；承包经营 2713 户，占 8.5%；股份合作制 7061 户，占 22%；出售 2578 户，占 8%；破产 2917 户，占 9.12%；其他形式如合资嫁接、风险抵押、土地置换等 4475 户，占 14%。另据对 19 个省（区、市）的统计，到 2000 年底，国有小企业的改制面已经接近 80%。通过上述形式的改革，一批国有小企业退出了国有序列，一些高能耗、高污染、亏损严重，不适应市场竞争的国有小企业退出了市场，促进了所有制结构的调整、投资主体多元和产业结构的优化升级，大大推动了国有经济的战略性调整。①

但是，国有小企业的改革在许多方面并没真正到位。因此，"十五"计划提出："进一步放开搞活国有中小企业，对国有小企业，继续采取改组、联合、兼并、租赁、承包经营和股份合作制、出售等多种形式，进行产权制度和经营机制改革。"②

同时要把放小与扶小结合起来。在扶小方面除了要大力推进国有经济战略性调整和国有企业战略性调整，以及技术创新，并在法律方面为

---

①《中国经济年鉴》(2000)，第 734 页。

②《经济日报》2001 年 3 月 18 日第 2 版。

小企业的发展创造公平的竞争环境以外，就是要建立和完善中小企业社会化的服务体系。建立和完善中小企业社会化服务体系是一项长期的系统工程。根据我国中小企业对社会化服务的实际需求，其服务体系应包括八个方面：①政府的指导、协调、监督和管理，运用财税、金融、产业等政策和法律为中小企业服务，组织和引导中小企业合作与发展。②建立中小企业融资体系，改善中小企业融资环境。③提供技术支持，尤其是应对科技型中小企业的技术开发与创新、成果转化与专利保护提供支持。④对其发展规划和经营指导提供服务，包括对中小企业创业辅导、市场开拓与品牌营销、发展规划、国际合作等方面提供服务。⑤提供培训服务，通过人才培训，提高中小企业经营者和管理者素质。⑥提供包括市场、技术、人才、政策、法律等信息咨询服务。⑦提供中介服务，包括协助中小企业处理好产、学、研、资、商之间的关系。⑧支持和引导中小企业建立行业性自律组织，加强自律管理。[①]

三、中国国有资产监管的重大理论与实践进程

国有资产通常分为经营性资产、非经营性资产和资源性资产。这里考察的仅限于经营性资产。

广义上说，国有资产管理包括管理、监督和经营三个部分。这里的分析要涉及这三个方面，但侧重国有资产管理和监督这两个方面。

鉴于国有企业改革与建立国有资产管理的理论基础是相同的，而且二者存在密切的相互依存关系，所以下面仅考察国有资产监管的实践进程，并且也拟分三个阶段考察这个实践进程。

（一）全面改进计划经济条件下国有资产监管的实践进程（1979~1984 年）

由于全面改进计划经济条件下国有资产监管与计划经济条件下国有资产监管基本上是相同的，说清了后者，前者也就容易说明了，故从后者分析起。

---

① 参见《经济日报》2000 年 11 月 7 日第 9 版。

在计划经济条件下，像在任何社会经济条件下一样，只要存在一定的资产所有权，就有相应的资产管理。因为一定的资产管理是一定的资产所有权实现的一个重要方面。在计划经济条件下，存在国有资产所有权，也就存在国有资产的管理。

在计划经济条件下，并不存在独立的国有资产活动，更不存在独立的国有资产管理机构，甚至还没有明确提出国有资产产权管理概念。因而，似乎不存在国有资产管理。

不仅从理论上说来，而且就实际情况看来，这种管理都是存在的。这里以 1961 年 9 月最后定稿的《国营工业企业工作条例（草案)》（以下简称《工业七十条》）为例说明如下。在毛泽东"左"的思想指导下，1958~1960 年的"大跃进"，对中国经济造成了严重的破坏。其中，包括国家对企业管理以及内部管理的严重破坏。为了治理由这种破坏而造成的管理混乱，以促进经济的恢复和发展，20 世纪 60 年代初，在毛泽东提议下，由邓小平和薄一波主持制定了《工业七十条》。这是中国计划经济时代指导国家管理企业以及企业内部管理的相当规范的文件，故以此为例说明政府对国有资产的管理。这一点集中体现在《工业七十条》两项规定上。

第一，对国营工业企业的性质、根本任务和管理原则的规定。国营工业企业是社会主义全民所有制的经济组织，它的生产活动，服从国家的统一计划。它的产品，由国家统一调拨。它按照国家的规定，上缴利润和缴纳税款。国营工业企业的职工报酬实行各尽所能、按劳分配的社会主义原则。同时，国营工业企业又是独立的生产经营单位，都有按照国家规定独立进行经济核算的权利。它对国家交给的固定资产和流动资金负全部责任，没有国家管理机关批准，不能变卖或者转让。它有权使用国家交给的固定资产和流动资金，按照国家计划进行生产，有权同别的企业订立经济合同，有权使用国家发给企业的奖金来改善企业的劳动条件和职工生活。

国营工业企业的根本任务是全面完成和超额完成国家计划，增加社会产品，扩大社会主义积累。

统一领导、分级管理，是国家对国营工业企业的管理原则，也是国营工业企业的内部的管理原则。国家对国营工业企业的管理，一般地分为三级：①中央和中央局。②省、直辖市、自治区和大工业市。③专区、县、中等工业市、直辖市的区和大工业市的区。重要的企业，分别由中央和省、直辖市、自治区或者大工业市管理，但工业管理体制调整的权力集中在中央。每个企业在行政上，只能由一个行政机关负责管理，不能多头领导。国营工业企业内部的管理，一般地也分为三级：①厂部。②车间或者分厂。③工段或者小组。企业的主要管理权力，集中在厂级。

第二，对加强计划管理、正确处理国家和企业的关系的规定。为了加强整个工业生产的计划性，保证企业生产正常进行，为了在计划管理工作中正确处理国家和企业的关系，在计划方法上真正实行自下而上和自上而下的结合，国家对企业必须实行"五定"，企业对国家必须实行"五保"。"五定"是国家对企业规定的生产要求和提供的生产条件，"五保"则是企业对国家必须承担的责任和义务。

国家对企业实行"五定"的内容是：①定产品方案和生产规模。②定人员和机构。③定主要的原料、材料、燃料、动力、工具的消耗定额和供应来源。④定固定资产和流动资金。⑤定协作关系。

企业对国家实行"五保"的内容是：①保证产品的品种、质量、数量。②保证不超过工资总额。③保证完成成本计划，并且力求降低成本。④保证完成上缴利润。⑤保证主要设备的使用期限。

上述规定清楚表明：在计划经济条件下，国有资产管理主要体现在以下三个方面：①国家享有完整的国有资产使用权。主要是：使用国有资产的根本目的是完成的指令计划，并实现资产增值，而且主要设置的使用年限和流动资金的消耗定额均由国家确定。②国家享有运用国有资产带来剩余的索取权，利润和税收均须上缴国家。③国家持有国有资产的处置权，企业不能变卖或者转让。可见，在计划经济条件下，国有资产（包括存量和增量）使用、收入分配和处置等这些产权管理的基本方面都是有严格规定的。[①]

诚然，在计划经济体制下，国有资产管理是有其特点的。如前所述，依据马克思的理论，在计划经济体制下，整个社会就是一个大工厂，由国家用行政指令统一配置社会生产资源。这是包括国有资产管理在内的整个经济管理的根本性的总特点。由此在国有资产管理方面形成了一系

---

① 汪海波著：《中华人民共和国工业经济史（1949.10~1998）》，山西经济出版社1999年版，第384~396页。

列特点。①政企职责不分。国家不仅用行政指令管理宏观经济，也管理企业的微观经济，企业成为国家行政机关的附属物。在这里，企业不仅是基层生产单位，甚至还是基层的社会单位和政权单位。以致形成了政企合一。②国家作为社会管理者管理社会经济的职能与作为国有资产所有者管理国有资产的职能不分，统一由国家行政机关去执行，从而造成了执行这两种职能的机构的合一。③国有资产的所有权与经营权不分，形成了国有资产的管理职能、经营职能和监督职能的合一，也是统一由国家行政机关去执行这三种职能。④在计划经济体制下，政府无论是对社会经济的管理，还是对国有资产的管理，都是通过中央和地方的各个部门（包括综合经济部门和专业经济部门）去实现的。因而必然在这两种管理方面形成条条分割和块块分割。

作为计划经济体制重要组成部分的国有资产管理体制，在其建立初期也起过重要的积极作用。但也具有严重缺陷，必然造成经济效益低下的不良后果。而且伴随社会生产力发展，这种情况越来越严重。为了适应社会生产力的发展要求，必须根本改革。

中国经济改革初期，在 1979~1984 年期间，在全面改进的计划经济体制理论指导下，在改革国有企业体制的同时，实际上也萌发了对国有资产管理体制的改革（尽管这时也还没有明确提出国有资产产权管理的概念）。为了说明这一点，先简要地分析一下 1983 年 4 月 1 日国务院颁发的《国有工业企业暂行条例》的有关内容。因为这个条例系统地总结和反映了 1979 年以来改革实践。包括前述的 1979~1980 年扩大企业自主权、1981~1982 年全面推行经济责任制，以及 1983 年开始的利改税。这一点，尤其明显表现在关于企业的权限和责任以及企业和主管单位的关系的规定上。

关于企业的权限和责任，主要规定是：企业在保证完成企业主管单位下达的计划任务的前提下，如原材料、能源有保证，有权根据国家有关政策和市场需要，编制自己的生产经营补充计划，并报主管单位备案。企业有权拒绝计划外没有必需的物质条件保证和产品销售安排的生产任务。企业在法律、法规和国家政策许可的范围内，有权自行选购计划分配以外的物资。企业按计划完成国家订货任务后，有权在国家规定范围内自销产品。企业有权在国家规定范围内，制定和议定产品的价格。

企业有权向中央或地方业务主管部门申请出口自己的产品。有出口产品任务的企业，有权按国家规定参加外贸单位与外商的谈判、签订合同、提取外汇分成。企业有权按国家规定将自己的发明创造、科研和技术革新成果，在国内有偿转让，或经国务院有关主管部门批准，向国外有偿转让或申请专利。企业对经过注册的产品的商标，享有专用权。企业有权按照国家规定提取和使用企业基金或利润留成资金。企业有权按照国家规定出租、转让闲置、多余的固定资产，并把所得收益用于企业的技术改造。企业有权根据国家有关政策确定本企业的计时工资、计件工资等工资形式和分配奖金、安排福利等事项。企业有权根据本企业定员编制、国家下达的劳动力计划和本行业招工标准，在国家规定的招工范围内公开招考，择优录用新职工，拒绝接收不符合条件的人员。企业有权根据精简、效能的原则，按实际需要决定自己的机构设置。企业必须全面完成企业主管单位下达的计划，按计划签订并履行经济合同，接受国家有关部门的监督。企业必须根据国家的技术政策，结合实际制定本企业的以节约能源原材料、增加品种、改进质量和提高经济效益为重点的技术改造规划，有条件的也可引进必要的国外先进技术，使产品达到和超过国内外先进的技术标准，并具有更大的竞争能力。企业必须保证产品的质量。企业要实行全面的独立经济核算，合理使用资金和劳动力，节约能源、资源和各种物资，不断提高劳动生产率，降低成本。企业必须遵守财经纪律，接受审计机关、财政部门和各级银行的监督，按照国家规定缴纳税金、利润和其他费用。

关于企业与主管单位的关系，主要规定有：企业必须接受企业主管单位的领导，全面完成由企业主管单位综合平衡统一下达各项计划指标。由国务院主管部门与省、自治区、直辖市双重领导的企业，应由国务院主管部门与省、自治区、直辖市协商，按照分工的主次，确定一个主要的企业主管单位。企业的长远规划、年度计划、重大技术改造计划和引进国外先进技术的计划，要报企业主管单位批准后执行。企业作出的决定，不得与企业主管单位的决定相抵触。企业主管单位负责确定企业的产品方向和生产规模。企业主管单位要统一下达各项计划指标，考核企业的各项计划指标完成情况。企业主管单位按照干部管理权限，负责对厂长、副厂长和总工程师、总会计师等厂级经济技术干部的任免、培训、考核和奖惩。

上述各项规定清楚表明：①在全面改进的计划经济体制下，前述的国有资产管理三个主要内容（即国有资产使用权、收入分配权和处置权）和四个主要特点（即政企职责不分，社会经济管理职能与国有资产管理职能不分，国有资产所有权与经营权不分，以及国有资产管理方面的条块分割）基本上没有变动。②相对计划经济时代来说，这时国有资产所有权与经营权已经有了更大程度的分离。这一点表现在企业的生产、物资选购、产品销售、价格确定、出口产品和外汇分成、专利转让、商标专用、多余固定资产处理、收入分配、招工和机构设置等方面。这种分离在一定程度上增强了国有企业活力。③伴随国有资产所有权与经营权在一定程度上的分离，源于改革实践的需要，萌发了比较明显地国有资产产权管理。其具体表现为：1979年，国家为了提高固定资产使用率，解决企业资产闲置浪费与投资不负责任的问题，对国营企业固定资产开始实行有偿调拨。1980年，国家又开始对国营工交企业征收固定资产占用费，对中外合资企业开始征收土地使用费。1982年，国家又明确指出，国营企业的全部固定资产和流动资金都是国家资产，任何人不得侵占。这些产权管理对保护国有资产起了有益的作用。但是，由于缺乏经验，对在国有资产所有权与经营权产生一定分离的情况下，需要加强国有资产管理缺乏认识，出现了国有资产管理改革滞后于国有资产改革的状态，从而诱发了相当普遍地滥发奖金的现象，侵蚀了国有资产。

（二）有计划的商品经济条件下国有资产监管的实践进程（1985~1992年）

1985~1992年，在有计划的商品经济理论指导下，国有资产管理体制改革正式起步。如前所述，有计划的商品经济具有从计划经济向社会主义市场经济过渡的特点。与此相联系，国有企业作为相对独立的商品生产者和经营者也具有从作为政府行政机关附属物向作为市场主体过渡的特点。这样，一方面，国有资产所有权与经营权有了更大程度的分离；另一方面，国有资产管理机构也适应这种分离的需要而初步建立起来。前一方面，集中表现在对国有大中型企业实行承包制，以及对小型企业实行租赁制。这两种国有资产的经营形式是有区别的。但二者相对全面改进的计划经济来说，企业的经营权都更加扩大了。而且，这种扩大得到了国家法律的确认和保证。1988年4月七届全国人大一次会议通过的《中华人民共和国全民所有制工业企业法》明确规定："企业的财产属于全民所有，国家依照所有权和经营权分离的原则授予企业经营管理权。"如果不说该法所规范的企业内部关系，仅就其规范的国家和企业的关系来说所有权与经营权分离的原则，是该法的中心内容。该法还明确规定："企业根据政府主管部门的决定，可以采取承包、租赁等经营责任制形式。"①

随着企业经营权的扩大，进一步增强了企业的活力。但基于前面提到过的原因，国有资产管理体制改革滞后于国有企业改革的现象更趋于严重，以致国有资产监管工作没有跟上。于是，国有企业工资侵蚀国有利润现象更趋于严重，国有资产流失现象泛滥。正是这种实践呼唤加强国有资产的监管，建立国有资产管理机构。

适应这一要求，1988年1月，国务院正式决定，建立国家国有资产管理局，把国有资产的产权管理职能从政府的行政管理职能和一般经济管理职能中分离出来，由该局统一归口管理。同年3月25日，七届全国人大一次会议通过的政府工作报告中又明确指出："要抓紧建立国有资产管理体制"。4月9日，人大批准了国家国有资产管理局的建立。8月31日，国家机构编制委员会审议并确定了国家国有资产管理局的"三定"方案。这是一个很重要的法规性文件，问题不仅是涉及国家国有资产管理局这个机构如何建立的问题，更重要的是，它也初步提出了构建中国新的国有资产管理体制的一些基本原则，使这项艰难的起步工作有了比较明确的方向和法制依据。根据"方案"的规定：国家国有资产管理局作为国有资产的代表者，是国务院专门管理国有资产的职能机构；而且，将按照"统一领导、分级管理"的原则（"方案"的提法是"统一政策、分级管理"，以后的文件改成了现提法），逐步建立起从中央到地方的国有资产管理体系。它的任务是，对中华人民共和国境内和境外的全部国有资产（包括固定资产、流动资产和其他国有资产）行使管理职能，重点是管理国家投入各类企业（包括中外合资、合作企业）的国有资产。为了维护全民所有制财产，保护所有者的利益，国家赋予它行使：国有

①《中国经济年鉴》（1989），第Ⅷ–15页。

资产所有者的代表权；国有资产监督管理权；国家投资和收益权；资产处置权等权力。

国家国有资产管理局主要职责是：①会同有关部门制定国有资产管理的政策、法规及规章制度并组织实施。②负责国有资产的清产核资、产权界定、进行产权登记、处理产权纠纷、建立健全国有资产管理信息系统等基础性管理工作。③会同有关部门按照分级监管的体制决定或批准企业国有资产的经营形式和国有企业的设立、合并、分立、终止、拍卖、审批产权变动和财务处理的重大问题，组织清算和监缴被撤销、解散企业的国有资产。④对国家投资的分配和国有资产重大投资项目提出意见和建议，并对投资效益进行重点跟踪监测。⑤参与研究国有企业税后利润和国家股权收益的分配方案，并监缴国有资产产权收益。⑥会同有关部门制定考核国有资产保值增值的指标体系。监督、考核和评价企业国有资产的资产负债、经营损益等财务状况。⑦会同有关部门研究制定资源性国有资产管理和行政事业单位国有资产的制度和方法，参与处理重大产权纠纷。⑧制定国有资产评估的法规和管理制度并监督、检查执行情况。

在国有资产管理局建立以后，主要进行了以下工作：①调查研究，摸清家底。各级国有资产管理机构组建后，认真贯彻了国务院《关于加强国有资产管理工作的通知》精神，对中央和地方在境内外国有资产存量、分布、管理、效益等情况进行了调查，对国有资产在承包、租赁、中外合资、股份制、集团经营、企业兼并等改革中出现的问题进行了调查。通过调查研究，摸清了家底，为有针对性地制定国有资产管理工作的方针政策打下了基础。②进行了清产核资的准备工作。1991年3月，国务院成立了清产核资领导小组。清产核资工作从1992年开始试点，清产核资的范围是全民所有制企业、事业单位、党政机关、社会团体、军队和武警，以及由其投资或举办的国内其他企事业单位。重点是清查核实各企业中的国有资产。③开展了产权变动中的国有资产评估工作。1990年底，据辽宁、上海等8省市的不完全统计，已对34.47亿元的国有资产进行了评估，评估后资产平均升值率为67.7%。④参与了清理整顿公司工作，防止在公司"撤、并、转"过程中国有资产流失。⑤清理整顿境外国有资产产权。针对许多境外国有资产长期以个人名义在当地注册带来的弊端，国有资产管理局会同财政部，对以个人名义在境外注册的企业办理了明确产权归属的法律手续。⑥参与了完善承包制的工作。据北京、山西、湖北等6个省市的统计，国有资产管理部门参与发包的企业已占承包企业总数的61%。⑦初步建立了国有资产年度报告制度。根据编报汇总结果，1991年末全国国有资产总额为26846亿元。其中，经营性国有资产为19536亿元，占72.8%；非经营性国有资产为7310亿元，占27.2%。[①] ⑧进行了国有资产管理体制改革的试点工作。

上述情况表明：国有资产管理局的建立，是中国国有资产管理体制改革正式起步的主要标志，并大大推动了国有资产产权的管理工作。

但是，正像有计划的商品经济和作为相对独立的商品生产者和经营者的企业具有过渡性的特征一样，1988年建立的国有资产管理局也是如此。其突出表现是：既建立了负责国有资产管理的机构——国有资产管理局，又仍然保留了原有的政府职能部门承担的国有资产管理职能。这就意味着前述的计划经济体制下国有资产管理的四个特征并没有根本性的转变。而这一点正是国有资产管理局不能真正发挥其应有作用的根本原因。因为在其他政府管理部门职能还没有根本转变的情况下，国有资产所有者职能的专业化，必然要受到原来的既有权力和利益格局的掣肘。除了这个根本原因以外，还有以下一些重要原因：①国有资产管理局的定位不清。国有资产管理局担负着全国各类国有资产的综合管理职能，其管辖的范围既包括了经营性的国有资产，又包括了非经营性的国有资产，而这两类国有资产的属性，管理所要实现的目标，所采取的管理手段都是不同的，将它们混在一起只能引起管理上的混乱。②国有资产管理局作为一个副部级的机构，100多人（即使加上地方机构，也不过上万人），而当时国务院授权经营国有资产的几十个单位都是部级单位，要这样一个编制机构对十几万亿的国有资产进行管理，是不现实的，也是与国有资产极其重要的地位和作用不相称的。③国有资产管理局同财政部门关系没有理顺。国有资产管理局的大部分工作人员是由财政部转来的，国有资产管理局的主要负责人由财政部副部长兼任，国有资产管理局的人员、工作、经费都受制于财政部门，形成一种大财政、小国资的局面，

---

① 彭成洪主编：《国有资产管理》，中国财政经济出版社2002年版，第58~59页。

国有资产管理局与财政部成为一种主从关系，根本不可能独立发挥作用。④有关对国有资产的管理权存在分歧。主管部门认为，行业管理部门若不能对国有资产进行有效管理，就谈不上行业管理。国有资产管理局则认为，政府各社会经济管理部门分工监管的国有资产工作，必须纳入国有资产管理的统一体系，贯彻执行统一的国有资产管理政策，服从国有资产专司机构的业务指导。⑤就实际经济运行状况来说，国有资产管理局与行业管理部门在国有资产管理中存在"边界"不清的问题。这就形成国有资产管理责权利不明确，多头管理，有人行使权利，无人承担义务。国有资产管理这种混乱局面不仅使得新成立的国有资产管理局难以发挥其作用，甚至在客观上还加剧了国有资产严重流失的局面。不仅如此，这种状况也使得政企分开不能从根本上得到实现，国有企业不能成为市场主体。因此，深化国有管理体制改革，就成为一个紧迫的任务。

（三）建立社会主义市场经济条件下国有资产监管的实践进程（1993~2003 年）

1992 年党的十四大明确了中国经济体制改革的目标是建立社会主义市场经济体制。并强调要通过理顺产权关系，实行政企分开，使企业真正成为法人实体和市场竞争主体，并承担国有资产保值增值的责任。在这个精神指导下，国有企业改革在进一步深化。在这种形势下，推进国有资产管理改革，就显得更加重要了。这突出表现为以下三点：①它是解决政企职责分开、国有资产所有权与经营权分离的一个必要的前提。政企职责分开，所有权与经营权分离，是使国有企业真正成为市场主体的前提，也是建立新的宏观调控体制的条件。而建立国有资产管理新体制又是实行政企职责分开，所有权与经营权分离的必要前提。显而易见，政府的众多经济管理部门，主要是各级主管部门，仍然像改革前那样，实际上保留着国有资产所有者代表的身份，这就很难使它们把自己的职责真正转移到主要从事宏观经济管理上来。只有建立专责化的国有资产管理部门，由它集中行使国有资产所有者的代表权，统一承担国有资产产权管理的任务，才能使这些部门真正实现职能转变，集中精力搞好宏观管理，不再直接插手企业自身的经营工作，从而实现政企职能分开。在有了专责化的国有资产管理部门以后，所有权与经营权的分离问题也就比较容易解决了。②它是国有企业真正成为市场主体的关键。要使企业成为市场主体，并实现国有资产的保值增值，除了要赋予企业独立法人地位以外，还要通过改革企业产权制度，把所有权制约引入企业，这才能使企业建立起有效的自我约束机制。而这种所有权制约只能通过改革国有资产管理体制，才能出现。③它是解决当时突出存在的国有资产状况不清、管理混乱、资产闲置浪费和被侵占流失问题的根本出路。舍此，别无他途。

依据党的十四大精神，以及中国深化改革的实际需要，对国有资产管理体制改革，党的十四届三中全会明确提出："加强企业中的国有资产管理。对国有资产实行国家统一所有、政府分级监管、企业自主经营的体制。按照政府的社会经济管理职能和国有资产所有者职能分开的原则，积极探索国有资产管理和经营的合理形式和途径。加强中央和省、自治区、直辖市两级政府专司国有资产管理的机构。有关部门对其分工监管的企业国有资产要负起监督职责。根据需要可派出监事会，对企业的国有资产保值增值实行监督。"① 党中央和国务院还提出："允许地方试点，探索建立国有资产管理的具体方式。"

依据这些精神，在改革国有资产管理体制问题上，从以下四个方面做了探索和实践。

1. 在构建国有资产的管理、监督和经营体系方面的探索和实践。

在这方面，上海和深圳等地的实践创造了好的经验。

上海的做法。上海从 1993 年 7 月起，着手对国有资产管理体制进行改革，形成了"两级管理、三个层次"的国有资产管理体制。所谓"两级管理"，即通过市对区县的综合授权，市、区县两级政府对所属企业中的国有资产行使所有者职能；所谓"三个层次"，即构造国有资产管理委员会及专司机构——国有资产管理办公室，国有资产经营公司，以及国有独资公司、控股公司和参股公司三个层次的国有资产管理和营运体系。第一层次由市政府设立市国有资产管理委员会及其办事机构——市国有资产管理办公室，实现政府的社会经济管理职能同国有资产所有者职能的分离。市国有资产管理委员会作为市国有资产所有权的总代表，依法对本市国有资产进行管理，并对其行使所有者职能，负责组建市国有资

---

① 《中共中央关于建立社会主义市场经济体制若干问题的决定》，人民出版社 1993 年版，第 9 页。

产经营机构并授权其经营国有资产。市国有资产管理办公室同时又是市政府专司国有资产管理的职能部门。第二层次组建国有资产经营机构，并以授权方式使其承担国有资产的经营职能，实现国有资产管理职能同国有资产经营职能的分离。国有资产经营机构主要有两种形式。①将企业主管局改制为国有资产控股公司，按政企分开的原则将其原有的行政职能移交给市经委等政府部门。②以优势企业为龙头组建企业集团公司。第三层次对国有企业进行公司制改造，重构产权制度，实现出资者所有权与企业法人财产权的分离。改组后的国有企业变为规范的国有独资公司，控股公司和参股公司，依法拥有法人财产权，成为具有法人地位的市场竞争主体，实行自主经营、自负盈亏。作为国有资产经营机构，国有控股公司或集团公司依据其投资份额，行使出资人职能，享有相应的资产收益权、重大决策权和选择经营者等出资者权利，同时承担相应的义务和责任。

　　上海在构造国有资产管理、经营体系的过程中，同步进行了国有资产监控体系的建设。在机构设置上：①在国有资产管理办公室下设立专职监控机构，对全市国有资产行使监控职能。②在国有资产经营机构设立监事会，监事会成员由体外监事和体内监事两部分组成，按资产运营和资产监督分工原则，体外监事由政府部门领导和有关专家组成。③资产经营机构向所投资企业外派监事会。为了加强对公司财务会计活动的管理和监督，同时还实行了向公司委派财务总监和财务会计主管的制度。

　　深圳的做法。1992年深圳市成立了国有资产管理委员会。1993年10月成立市国有资产管理办公室，承担国有资产行政管理职能。深圳也是采用"三个层次"的管理模式：第一层次是市国有资产管理委员会，其成员有市体改办、财政局、国土局等部门，由市长担任国有资产管理委员会主任。国有资产管理委员会主要职能是贯彻执行国有资产管理的法律、法规，依法监督，确定国有控股公司的领导人选。第二层次是市级国有控股公司，代表国家对授权范围内的国有资产行使资产收益、重大决策、选择管理者三项权能，是体现出资者权利的特殊企业法人和授权投资机构；履行《公司法》和其他行政法规的义务，具体从事国有产权经营，不行使行政管理职能；负责国有资产保值增值。与上海不同，深圳市按产业设置了三家国有控股公司。分别是市投资管理公司、建设投资控股公司和商贸投资控股公司。后来，深圳市政府又确定深圳机场集团等多家国有企业作为国有资产授权经营企业。第三层次是国有企业、国有控股和参股企业，它们是独立的企业法人。①

　　这些地区对建立社会主义市场经济条件下的国有资产管理、监督和经营体系进行的积极探索，尽管还有不少问题需要研究，但为构建新的国有资产管理体制提供了有益经验。把这些经验概括起来，就是建立国有资产的管理、监督和经营体系。这个体系可以包括以下三个层次：①建立国有资产管理局，承担国有资产的管理和监督职能，但不承担国有资本的经营职能。②建立承担国有资本经营职能的单位，保证国有资本的保值增值。从现有的实践看，可采取以下三种形式：组建新的国有资本经营公司，专司国有资本的营运；对有条件的大型企业或企业集团授权，使其成为国有资本的投资主体；由企业主管部门转变职能，改组为授权的国有资本投资主体。③依据现代企业制度所要求的出资者所有权与公司法人财产权分离的原则，在国有资本投资主体的下面，把原有的国有企业改造作为市场竞争主体的现代企业制度。

　　以上各点也就是中国理论界逐步提出的通过"三个层次职能分开"来建立"三个层次构成的国有资产运营"的改革思路。"三个层次职能分开"，是指政府的国有资产所有者职能与社会经济管理职能分开，政府所有者职能与产权经营职能分开，国有资产经营中出资者所有权与企业法人所有权分开；"三个层次管理与运营体系"，是指在政府两种职能分开的基础上，将政府的国有资产终级所有者职能集中统一起来，实行一元化和专业化管理，在所有者职能与产权经营职能分开的基础上，建立一个由众多专司国有资产投资经营的公司组成的中介经营体系，在企业出资者与企业法人财产权分开的基础上，建立"产权清晰、权责明确、政企分开、管理科学"的现代企业制度，使企业成为市场竞争的主体。

　　依据这些经验的总结，党的十五大又进一步明确提出："建立有效的国有资产管理监督和营运机制，保证国有资产的保值增值。"②

---

① 邵秉仁主编：《创建国有资产管理新体制》，中国财政经济出版社 2003 年版，第 51~54 页。
②《中国共产党第十五次全国代表大会文件汇编》，人民出版社 1997 年版，第 24 页。

2. 在加强国有资产监管方面的探索和实践。

在 1993 年 11 月党的十四届三中全会明确提出建立现代企业制度以后，加强对国有企业资产监督管理，就显得更为紧迫而又重要了。为此，国务院依据党的十四届三中全会精神于 1994 年发布了《国有企业财产监督管理条例》。① 该条例的颁布，为建立国有资产监督管理体系，明确政府有关部门和企业对国有资产保值增值的责任，防止国有企业资产流失提供了法律保障。有关地区、部门和企业贯彻条例工作取得了以下成效：①初步形成了国有企业财产监管制度。②强化了企业经营管理国有资产的意识，促进了企业加强资产经营管理。③从资产经营的角度客观评价经营者的经营业绩，加强了对经营者的监督。

随着改革的发展，政府对国有企业监督不力的问题暴露得很尖锐。在这种情况下，国务院于 1998 年 5 月 7 日发出《关于向国有重点大型企业派出稽查特派员方案的通知》，随即付诸实施。建立稽查特派员制度是实现政企分开的重大举措，是国家对国有企业管理方式的重大转变，也是对企业领导人员管理制度的重大改革。这个制度符合国际惯例，实际上也是 1994 年国务院颁布的《国有企业财产监督管理条例》的发展。实践表明，它对于推进国有企业改革和规范企业行为，具有重要意义。

此后，特别是 2000 年以来针对企业法人治理结构不健全，内部人控制严重情况，在加强国有企业监管方面又采取了一系列重大举措。①建立健全了国有企业监事会制度。为了进一步从体制上加强对国有企业监督，确保国有资产及其权益不受侵犯，2000 年 3 月 15 日，国务院发布了《国有企业监事会暂行条例》，决定由国务院向国有重点大型企业派出监事会，并授权各省、自治区、直辖市人民政府参照条例规定，对其下属企业派出监事会。这是对稽查特派员制度的进一步完善，目的是从制度上规范和强化国有企业监督，变外部监督为内部监督，变临时监督为日常监督。按照《国有企业监事会暂行条例》的规定，国有重点大型企业监事会由国务院派出，向国务院报告，代表国家对国有重点大型企业的国有资产保值增值状况实施监督。监事会以财务监督为核心，对企业的财务活动及企业负责人的经营管理行为进行监督，确保国有资产及其权益

① 参见《建立现代企业制度试点工作手册》，第 465~469 页。

不受侵犯。监事会与企业是监督与被监督的关系，不参与、不干预企业的经营决策和经营管理，尊重企业的经营自主权，保护企业负责人搞好企业的积极性。通过检查企业财务、经营效益、利润分配、国有资产保值增值、资产运营等情况，监事会对企业负责人的经营管理业绩进行评价，提出奖罚、任免建议。监事会每次对企业进行检查结束后，要及时作出检查报告。①同时废止了 1994 年 7 月 24 日发布的《国有企业财产监督管理条例》。②积极推进财务总监委派制和聘任制，进一步强化国有企业财务总监监督机制。为维护国有企业的所有者权益，强化对企业的财务监控，在明确企业产权关系的基础上，积极试行财务总监委派制和聘任制，国有资产授权经营公司由董事会聘任财务总监，母公司可向所属全资或控股的子公司委派或推荐财务总监。《国有企业监事会暂行条例》发布以后，为了加强对国有企业的监督管理，许多地方明确规定：财务总监以外部监事身份进入企业监事会，进一步加强企业财务监督力量。③继续推行对国有企业会计委派制试点。据调查，2000 年全国已有 20 个省、市、自治区对国有大中型工业企业进行了会计委派制试点，试点总数在618 家，被委派人员大都处在企业财会体系的关键位置；其个人利益与派驻企业脱钩。实施会计委派制有助于提高会计信息的真实性，使政府对国有企业的财务监督力度进一步加大。这些措施都会有力促进对国有企业的监管。但这方面任务仍很艰巨。

3. 建立国有资产管理机构的改革实践在曲折中发展前进。

如前所述，1988 年建立国有资产管理局具有过渡性的特点，其作用也没有得到充分的发挥。但就其实现国家的社会经济管理职能与国有资产所有权职能的分离这个改革方向来说是正确的。但到 1998 年国务院机构改革时，将独立的国有资产管理局并入财政部。这固然是出于精简庞大的政府机构的需要，但也反映了对原有的国有资产管理体制弊病及其改革方向的认识不清。就其实现国家社会经济管理职能与国有资产所有权职能合一的回归来说，是国有资产管理体制改革的一种倒退。

当然，也应该看到：在 1998 年以后，政府在构建国有资产的管理、监督和经营体系，加强国有资产监管以及切实精简政府机构和转变政府

---

① 《经济日报》2000 年 8 月 18 日第 2 版。

职能方面做了大量工作，并取得显著成效。前二点在上面也做过分析，这里再就精简机构作点说明。实际上，从1993年开始，就加大了对政府机构改革的步伐，相继撤销了纺织工业部、轻工部以及七个机械工业部。1998年又撤销了煤炭、电力、化工等九个工业部门。原工业部门的部分职能分别由国家计委、财政部、国家经贸委、劳动社会保障部、中央企业工委等部门承担。

但是，撤销独立的国家国有资产管理部门，是不符合国有资产管理体制改革方向的。问题在于：在独立的国有资产管理局撤销以后，管理国有资产由政府各个职能部门分割行使，即人事权在人事部、组织部或大企业工委，投资权在计委，国有企业的宏观调控和资产处置权在经贸委，资产收益权在财政部。有关国有资产的重大决策、选择经营者等权力，实质上仍然为各个部门所把握，国有资产管理部门或者根本不存在，或者有名无实，要实现政府双重职能的转变，在实践中由于专门的国有资产管理机构的缺失而无法操作。

这样，在改革已经取得进展的情况下又引发了一系列问题。主要是：①政府对国有资产管理又实行多头管理，管人、管事和管资产相脱节。比如，主管企业的干部考核部门不考核资产经营效益，却负责经营者的选择。国家经济综合部门监督着国有资产的运营，却不能选择经营者。这种人为的分割导致了国有资产运营效率低下等一系列问题。②国有资产无人真正负责，造成了国有企业的"内部人控制"问题，引发了国有资产流失、收入分配混乱、逃税、逃废银行债务等现象。③政府职能没有真正转变，干预企业的问题仍然存在，企业的自主经营权还没有真正落实。

造成上述问题是与撤销国有资产管理局相联系的。具体说来，有两方面：①国有企业的出资人职能由不同部门分割行使，形成"九龙治水"的局面，名义上大家都负责，实际上谁也不负责，也负不了责，形不成真正意义上的"问责"制度。②政资不分，政府部门既承担社会经济管理职能，又承担国有资产管理者职能，造成了政府以国有资产管理者的身份干预企业的正常经营活动。

还需指出，由多个政府职能部门分割行使国有资产出资人职能，而没有一个专门的国有资产管理机构，似乎与计划经济体制下的国有资产管理机构设置有些相同之处。但是，那时国家是把国有企业的管理与对国有资产的管理捆在一起进行的，没有一个专门的国有资产管理机构，其弊端表现为管理效率低下，尽管如此并没有出现管理真空和管理失控。而在1998年撤销国有资产管理局以后，一方面强调在微观上要给予国有企业自主权，要摆脱对国家投资企业的行政管理而转向产权管理；另一方面却没有统一的国有资产管理机构作为现实的产权主体。这种国有资产管理机构改革与国有企业改革的不配套，表现的就不仅仅是国有资产管理低效率，而更多地表现为内部人控制和严重的国有资产流失。在这种情况下，对国有资产管理机构的改革显得更加必要和紧迫。

正是依据上述经验的总结和改革的要求，2002年召开的党的十六大提出建立国有资产管理机关。这当然不是1988年建立国有资产管理局的简单重复，而是在新的更高层次上的再建。这一点，拟在下面结合整个国有资产管理体制基本框架的新设置一道进行分析。因为再建国有资产管理机构，是这个基本框架的主体。

4. 有效的国有资产管理体制基本框架新设置及其实施。

党的十六大明确提出：改革国有资产管理体制，是深化经济体制改革的重大任务。"在坚持国家所有的前提下，充分发挥中央和地方两个积极性。国家要制定法律法规，建立中央政府和地方政府分别代表国家履行出资人职责，享有所有者权益，权力、义务和责任相统一，管资产和管人、管事相结合的国有资产管理体制。关系国民经济命脉和国家安全的大型国有企业、基础设施和重要自然资源等，由中央政府代表履行出资人职责。其他国有资产由地方政府代表国家履行出资人职责。中央政府和省、市（地）两级地方政府设立国有资产管理机构。继续探索有效的国有资产经营体制和方式。各级政府要严格执行国有资产管理法律法规，坚持政企分开，实行所有权和经营权分离，使企业自主经营、自负盈亏，实现国有资产保值增值。"[①]

可以预期，依据和贯彻这些精神，可在国有资产管理体制上推出一系列的创新。

（1）党的十六大以前，对国有资产管理实行的是国家统一所有，分级管理，由国务院代表国家行使所有者职能。而现在要实行的是国家所有，

---

①《中国共产党第十六次全国代表大会文件汇编》，第25页。

由中央政府和地方政府分别代表国家履行出资人职责，享有所有者权益，权力、义务和责任相统一。这样做，可以充分发挥中央和地方两个积极性，有利于企业清晰产权，形成多元投资主体和规范的法人治理结构。鉴于目前的管理水平，这里所说的地方政府，看来只宜包括省、市（地）两级。

但需指出，关系国民经济命脉和国家安全的大型国有企业、基础设施和重要自然资源等，仍必须由中央政府代表国家履行出资人职责，其他国有资产由地方政府代表国家履行出资人职责。2000 年经营性国有资产总量为 68612.6 亿元，中央占 59.4%，地方占 40.6%，如果加上自然资源和无形资产，中央一级所占比例更大。其余 3 万多亿元的非经营性的国有资产中，中央一级所占的比例要低于地方一级。但也不会改变国有资产总量中，中央一级占大头的状况。①

当然，今后新投资形成的资产，则可能而且必须实行谁投资谁所有的原则，即哪一级政府投资形成的资产，就归哪一级政府所有。这样有利于调动各级政府的积极性。在一般情况下，地方投资形成的资产可以由地方所有，但在特殊情况下国家可以行使最终所有权。

（2）原来国务院作为国有资产出资人的唯一代表，由多个部门分割行使出资人职能：计委管立项，经贸委管日常运营，劳动与社会保障部门管劳动与工资，财政部管资产登记和处置，组织人事部门和大型企业工委管经营者任免等。这是管资产和管人、管事相分割的体制，易出现多个部门都是所有者的代表，对企业发号施令，而出了问题，又不负责任，这就难以对全部国有资产有效行使出资人职责。现在要实行管资产和管人、管事相结合的制度，做到权力、义务和责任相平衡。

（3）现在要建立的国有资产管理机构的监管范围会大大缩小。原来成立的国资局要监管众多的国有企业，不仅面广，而且量大。现在的国资委是在国有经济进行战略性调整的大背景下成立的，国资委所要监管的主要是国有大型企业中的国有资产。不仅如此，为了调动地方政府的积极性，实行国有资产的分级管理，即中央与地方分别代表国家行使国有企业的所有者职能，国资委负责监管中央所属企业的国有资产，地方政府的国有资产管理机构负责监管地方所属企业的国有资产。据报道，2003 年新建

---

① 《光明日报》2002 年 12 月 23 日第 1 版。

立的国资委只监管原来由中央企业工委管理的 196 家国企，其余的国企资产都将划归地方政府管理。但这 196 家企业虽然数量不多，却大都是效益很好、实力很雄厚的"优质资产"，占全部国有资产的60%左右。[①]由于监管范围的显著缩小，国资委就有能力代表国家履行出资人的角色。

（4）新建立的国有资产管理体制强调法制，要求在总结实践经验的基础上，先由国家制定法律法规，依法办事。多年来，一些地方创造的三个层次管理的经验，即地方政府成立国资委，专司国有资产的管理和保值，下设若干个投资公司对企业控股、参股，虽起了积极作用，但仍有待进一步从法律法规上加以规范。其目的不但要保证国有资产的安全，还要不断提高整个国有资产的运营效率。现在要实行的有关国有资产管理法规，就是为了实现这个目的。

（5）新建立的国有资产管理机构有可能有效的按照市场经济的要求进行运营。在上述五种因素的作用下，新建立的国资委不必建立链条很长的委托代理关系，而可以直接根据国家的授权，依据法律法规履行出资人职责，如指导国有企业的改革和重组；向所监控的企业派出监事会；通过法定程序任免企业的负责人，并考核奖惩经营者；通过统计、稽查对所管国有资产的保值增值进行监管等。

显然，实行这样一种国有资产管理体制是可以通过政资分开达到政企分开的目的，进而通过所有权与经营权的分离把国有企业改造成为自主经营、自负盈亏的市场竞争主体，实现国有资产的保值和增值。因而，可以看做是有效的国有资产管理体制基本构架的重新设置。

实行新的国有资产管理体制是一场深刻的革命，还需要做多方面艰苦的努力。特别是要着力排除由旧体制形成的习惯势力的阻力，由条块分割形成的部门利益和地区利益的阻力。为此，首先需要在总结国内外已有经验的基础上，建立和完善相关的法律法规，做到依法监管。国务院于 2003 年 6 月 5 日公布实施的《企业国有资产监督管理暂行条件》（以下简称《暂行条例》）正好适应了这一要求。

之所以要制定《暂行条例》主要是为了落实党的十六大关于国有资产管理体制改革的精神，以及为机构改革的顺利进行提供法制保障。

---

① 《经济观察报》2003 年 4 月 7 日 A4。

　　制定《暂行条例》主要把握三项原则：①按照党的十六大和十六届二中全会关于国有资产管理体制改革的精神，明确国有资产管理体制的基本框架和企业国有资产监督管理的基本制度。②依据《公司法》等有关法律、法规的规定，明确国有资产监督管理机构的出资人职责，既要保证出资人职责到位，又要切实保障企业经营自主权。③考虑到国有资产监督管理体制改革的经验还不成熟，条例是暂行的，具有原则性、起步性、过渡性的特点，对当前急需解决、看得准的问题，作了比较明确的规定；对有些需要进一步研究探索的问题，作了比较原则的规定，有些没作规定。待实施一段时间后，再总结经验，对《暂行条例》进行修改、补充和完善。

　　《暂行条例》关于企业国有资产监督管理体制主要规定有：按照党的十六大报告，《暂行条例》规定，企业国有资产属于国家所有。国务院代表国家对关系国民经济命脉和国家安全的大型国有及国有控股、国有参股企业，重要基础设施和重要自然资源等领域的国有及国有控股、国有参股企业，履行出资人职责。省、自治区、直辖市人民政府和设区的市、自治州级人民政府分别代表国家对由国务院履行出资人职责以外的国有及国有控股、国有参股企业，履行出资人职责。同时，《暂行条例》就国有资产管理机构的设立作出明确规定，国务院，省、自治区、直辖市人民政府，设区的市、自治州级人民政府，分别设立国有资产监督管理机构。国有资产监督管理机构根据授权，按照"权力、义务和责任相统一，管资产与管人、管事相结合"的原则，依法履行出资人职责，依法对企业国有资产进行监督管理。《暂行条例》还明确要求各级人民政府应当坚持政府的社会经济管理职能与国有资产出资人职能分开，坚持政企分开，实行所有权与经营权分离。国有资产监督管理机构不行使政府的社会经济管理职能，政府其他机构、部门不履行企业国有资产出资人职责。

　　《暂行条例》关于国有资产监督管理机构作为履行出资人职责的机构，对所出资企业国有资产实施监督管理的主要内容包括：①对所出资企业负责人实施管理。国有资产监督管理机构任免国有独资企业的总经理、副总经理、总会计师及其他企业负责人；任免国有独资公司的董事长、副董事长、董事，并向其提出总经理、副总经理、总会计师等的任免建议；依照公司章程，提出向国有控股的公司派出的董事、监事人选，推荐国有控股公司的董事长、副董事长和监事会主席人选，并向其提出总经理、副总经理、总会计师人选的建议。②对所出资企业重大事项实施管理。国有资产监督管理机构依照法定程序，决定所出资企业中的国有独资企业、国有独资公司的分立、合并、破产、解散、增减资本、发行公司债券等重大事项；作为出资人，决定国有股权转让；国有资产监督管理机构可以对所出资企业中具备条件的国有独资企业、国有独资公司进行国有资产授权经营。被授权的国有独资企业、国有独资公司对其全资、控股、参股企业中国家投资形成的国有资产依法进行经营、管理和监督。被授权的国有独资企业、国有独资公司应当建立和完善规范的现代企业制度，并承担企业国有资产的保值增值责任。③对企业国有资产实施管理。国有资产监督管理机构负责企业国有资产的产权界定、产权登记等基础管理工作；协调其所出资企业之间的企业国有资产产权纠纷；对所出资企业的企业国有资产收益依法履行出资人职责，对所出资企业的重大投融资规划、发展战略和规划，依照国家发展规划和产业政策履行出资人职责。为防止企业国有资产流失，要求国有资产监督管理机构建立企业国有资产产权交易的监督管理制度，加强对企业国有资产产权交易的监督管理；所出资企业中的国有独资企业、国有独资公司的重大资产处置，需由国有资产监督管理机构批准的，依照有关规定执行。

《暂行条例》规定，国有资产监督管理机构对企业国有资产采取不同的监管方式。国有资产监督管理机构依照法定程序，直接决定国有独资企业、国有独资公司的重大事项；对国有控股公司，国有资产监督管理机构依照《公司法》规定，通过派出的股东代表、董事，参加股东会、董事会，按照国有资产监督管理机构的指示发表意见，行使表决权，对企业国有资产实施监督管理。同时，为了保证国有资产监督管理机构既要履行出资人职责，又不影响企业经营自主权。《暂行条例》明确规定，所出资企业及其投资设立的企业，享有有关法律、行政法规规定的企业经营自主权。国有资产监督管理机构应当支持企业依法自主经营，除履行出资人职责以外，不得干预企业的生产经营活动。①

----

① 《经济日报》2003 年 6 月 5 日第 2 版。

论政府经济职能的历史发展及其
一般内容和理论意义 *

正确认识中国政府在转轨时期①的经济职能，对于建立社会主义市场经济体制，实现社会主义现代化建设，推进经济和社会的可持续发展，以及保障国家经济安全等方面，具有十分重要的意义。但是，任何事物，其现状都是其历史的发展，其个性均寓有其共性。政府经济职能亦是如此。因此，本文首先分析政府经济职能的历史发展及其一般内容，不仅具有理论意义，而且对于分析中国转轨时期的政府经济职能也有启示作用。

一、古代社会② 的政府经济职能

人类社会历史表明：政府的经济职能，是伴随最先相继产生的两个阶级社会（即奴隶社会和封建社会）而产生和发展的。

诚然，在这两个社会，由于社会的生产力、经济制度和文化的发展水平等方面的差异，政府经济职能是有重大区别的。但是，由于这两个社会都是阶级社会（一个是奴隶主对奴隶统治的社会，另一个是封建主对农民统治的社会），而且社会生产力都很低，使用手工工具，农业占主

* 本文主要内容载于《经济管理干部学院学报》2003 年第 2 期，全文载于《论中国经济社会的持续快速全面发展》（2001~2020），经济管理出版社 2006 年版。
① 这里所说的转轨时期，指的是从计划经济体制到社会主义市场经济体制的转变时期。
② 这里所说的古代社会，包括奴隶社会和封建社会。

要地位，因而二者的政府经济职能又有许多共同点。概括起来，并从宽泛的意义上说，①这两个社会的政府经济职能，主要有以下三个方面：

第一，作为社会上层建筑核心部分的古代社会政府必然要承担起维护各该社会的经济基础（即作为基本经济制度的生产资料的奴隶主所有制和封建主所有制）的职能。

为了维护这种基本经济制度，古代社会的政府还承担过改革作为基本经济制度的实现形式的经济体制的职能。比如，中国封建社会自始至终都实行封建土地所有制这样的基本经济制度。这种经济制度的实现形式（即经济体制）却经历了由土地的领主所有制到地主私有制的变化。中国西周时期（公元前 1066 年~公元前 771 年）就开始建立了封建的领主经济制度。这种制度的基本特征是：作为农业基本生产资料的土地归领主所有，实行井田制度，农奴对领主存在人身依附关系，封建剥削的主要形态是劳役地租。到东周时期（公元前 770 年~公元前 403 年），地主经济逐渐代替了领主经济。到战国时期（公元前 403 年~公元前 221 年），地主经济占了主要地位。地主经济的基本特征是：土地归地主所有，实行土地私有制，农民对地主的关系主要是契约关系，封建剥削的主要形态是实物地租。这种变化主要是适应了社会生产力发展的要求。但当时封建政府在这方面也起了重要作用。比如，公元前 594 年鲁国开始实行的"初税亩"的税收制度，就是以土地私有化（即土地的领主所有制向地主私有制的转变）为前提的，同时又促进土地私有化的发展。这种经济体制的变化，曾经大大促进了中国封建社会生产力的发展。中国已故著名历史学家范文澜依据对历史资料的详细分析，对这段历史作了概括。他说，"这个阶段上，束缚在宗族里的农奴得到解脱，成为广大的农民阶级。由于农民阶级的出现，生产力前所未有地提高了。以农业生产为基础，工业也跟着发展起来。"②

第二，作为全社会代表的古代社会政府还要承担人类社会发展所必须的社会公共职能。

由于物资资料的生产是人类社会生存和发展的基础，农业是古代社

---

① 这里都是从宽泛意义上讨论政府经济职能。其具体含义和原因将在本节的最后进行论述。
② 范文澜：《中国通史》第 1 册，人民出版社 1978 年版，第 274 页。

会最主要的生产部门。因此，政府的基本社会公共职能就是维护和促进农业生产的发展，这种职能的主要表现有：在中国封建社会的许多时期内，特别是在旧封建王朝覆灭、新王朝建立初期，都提出并在某种程度上实施过"抑制土地兼并"、"轻征薄赋"、"重农抑商"和"兴修水利"等项政策，还实行过多次赈济农民的措施。实行这些政策措施的目的，在于限制地主对农民土地的过多剥夺，减轻政府加给农民的过重税赋，以及遏止商人对农民的过度掠夺；兴建作为农业命脉的水利设施；维系作为农业基本生产要素的劳动力的再生产。这里所说的社会公共职能的某些方面（如修水利）就是后续社会政府提供的公共产品和服务的最初的形态。

第三，为了实现上述两项职能，古代社会的政府必须征收税收。

因为这是必要的条件。这样，古代社会的政府还承担着国民收入再分配的职能。

还有，为了实现上述两项职能，古代社会的政府还在一定范围内直接经营某些产业。在这方面最突出的例子，就是中国封建社会长期实行过的盐铁专营。当然，古代社会的国营经济并不只是限于这些方面，通常还要包括某些军事武器的生产以及供封建帝王直接享用的某些消费品的生产。[1]

上述情况表明：尽管古代社会政府的经济职能还很不发展，但在许多方面都展现出后续社会政府经济职能的雏形。因此，分析这一点，不仅是因为学术界的研究过去很少涉及甚至根本不提这一点，这方面研究领域急需开拓；而且因为它对我们研究后续社会（包括中国转轨时期）政府经济职能是有启示作用的。

二、市场经济条件下政府经济职能

(一) 市场经济发展的两个阶段

从本质上说来，市场经济是以市场作为配置社会生产资源的基本手

---

[1] 可见，如果把国有经济仅仅归结为资本主义社会和社会主义社会的事情，并不完全符合历史事实。

段或主要方式。市场经济并不是伴随人类社会的产生而产生的，而是在资本主义生产方式确立的产物。当然，在资本主义社会以前，原始社会、奴隶社会和封建社会也有生产资源配置问题。这三个社会在生产力方面存在重大差别，生产关系也有根本不同，但有某种共同点，即都是自给自足的自然经济。这样，这些社会生产资源的配置就分别按照氏族社会首领、奴隶主和封建主的意志（这些意志分别体现了各该社会主体的根本经济利益）进行的。诚然，从原始社会末期到奴隶社会和封建社会，简单商品生产也有了不同程度的发展。但这时的商品生产只是涵盖了社会生产的一小部分，在社会生产中居于主要地位的是自然经济，商品经济只是居于次要地位。显然，在上述的各个社会发展阶段，作为社会生产资源配置主要方式的市场经济是不可能形成的。在 19 世纪下半期到 19 世纪上半期，资本主义生产方式先后在英国、法国、德国和美国这些主要国家取得了统治地位，商品生产也在社会生产中占了主要地位，价值规律以及与之相联系的价格机制就成为调节社会生产的主要方式，市场经济随之形成。

从总体上说，资本主义市场经济的发展经历了两个大的历史阶段。第一阶段可以称作古典的市场经济。自由放任是这个时期市场经济的特征。第二阶段可以称作现代的市场经济。其特征是有国家干预的市场经济。大体上说来，第一阶段经历的时期是从 18 世纪下半期开始（以资本主义生产方式确立时间较早和最典型的英国的市场经济形成时间为起点）到 20 世纪 30 年代为止（以资本主义市场经济最发达的美国在 30 年代实行罗斯福新政即有国家干预或政府干预的市场经济为终点）。第二阶段是从 20 世纪 30 年代开始直到现在，这个阶段仍在向前发展。这当然是从市场经济总的发展趋势说的。它并不排斥其中的曲折变化。就第一阶段来说，比如，资本主义发展较晚的德国在 19 世纪上半期对外贸易方面就实行过保护主义的政策。在 1914~1917 年第一次世界大战期间，许多参战国还实行过战时统治经济。就第二阶段来说，比如，在 20 世纪 70 年代经济发达国家发生了经济滞胀，作为国家干预经济政策的理论基础的凯恩斯主义遭遇了严重的挑战和非难，各种与此相左的理论纷纷出台。其中，有的学派在某些年份对有的国家政策还发生了重要影响。比如，供应学派就在 20 世纪 80 年代初左右了美国里根政府的政策。但从市场经济发展的基本线索来说，上述两个阶段的划分，大体上是可以成立的。

我们在下面就依次分别考察这两个阶段的政府经济职能。

(二) 古典市场经济条件下政府经济职能

在论述这个问题之前，首先有必要澄清一个有碍我们正确认识这个问题的误区。有一种颇为流行的观点，依据亚当·斯密"看不见的手"的理论，把这个阶段的政府经济职能仅仅为政府提供某些公共产品和服务，甚至根本否定这时的政府具有经济职能。这是值得商榷的。

应该看到，在资本主义生产方式准备时期（原始资本积累时期），作为原始国家干预的重商主义对促进资本主义生产方式的确立起了重要的积极作用。但是，对像英国这类资本主义国家，在资产阶级革命和产业革命相继取得胜利以后，产业资本在政治上和经济上都变得强大起来。在这种情况下，国家对经济生活的干预不仅显得不必要，而且约束了资本主义企业的自由发展。于是，反对国家干预、主张自由放任的市场经济，就成为当时资产阶级的强烈呼声。古典经济学创始人亚当·斯密于1776 年发表的《国民财富的性质和原因的研究》（简称《国富论》），正是集中地、综合地反映了这一呼声。《国富论》从增进国民财富，实现社会资源最优配置的要求出发，首次系统提出和分析了自由放任的市场经济理论。其要义是著名的"看不见的手"理论。亚当·斯密这里说的"看不见的手"就是指的由自由竞争形成的价格机制。在他看来，依靠这种机制的作用，就可以调节社会产品的供需平衡，可以实现社会生产资源的最优配置。据此，亚当·斯密主张实行自由放任的市场经济，在国内外均实行自由贸易政策，并严厉地抨击了重商主义的国家干预政策。亚当·斯密从主张实行旨在反对重商主义国家干预政策的、自由放任的市场经济出发，把国家的任务仅仅归结为以下三项：① "保护本国社会的安全，使之不受其他独立社会的暴行与侵略"。② "保护人民不使社会中任何人受其他人的欺侮或压迫"。③ "建立并维持某些公共机关和公共工程"。① 应该肯定，以亚当·斯密理论为基础建立起来的市场经济体制在促进资本主义社会生产力发展方面起过重要的积极作用。不仅如此，即使在现代的

---

① 详见 ［英］亚当·斯密：《国民财富的性质和原因的研究》上卷，商务印书馆 1972 年版，第 303 页；下卷第 27、254、272、284 页。

市场经济条件下，亚当·斯密的市场经济理论仍有重要的作用。[①] 这是因为，现代市场经济虽然主张国家对经济生活的干预，但并没有从根本上否定市场是配置社会生产资源的主要方式。

但同时需要指出亚当·斯密观点的局限性。这里姑且不说，亚当·斯密提出的仅仅依靠"看不见的手"就可以自发地调节社会经济总量的平衡的观点是片面的，即使他把政府经济职能仅仅归结为"建立并维持某些公共机关和公共工程"，即提供某些公共产品和服务，也远不是全面的。实际情况比这一点要宽泛得多。

第一，作为上层建筑的资产阶级政府，其基本职能必然是要维护资本主义的基本经济制度——资本主义私有制。同时还要承担维护自由放任的市场经济体制的职能。

其突出表现是政府建立了一系列相关制度。这主要包括：①摆脱以等级制为特征的封建主义产权，建立自由的私人产权制度。②废除劳动者的人身依附，建立"自由的"劳动者制度。③破除由封建割据形成的市场分割，建立统一的国内市场。④破除原来对资本的重赋，建立适合资本积累要求的近代税收制度。⑤适应资本发展的要求，建立以商业信用特别是银行信用为主要内容的近代信用制度。⑥破除维护封建特权的法律制度，建立适应以平等竞争为特征的商品经济的法律制度。诚然，这些制度的形成是以资本主义生产方式的确立为基础的，而且在资产阶级政府建立以前就已经开始部分地形成，并带有某种自发性。但在资产阶级政府建立以后，这些制度得到了进一步发展和完善，其中有些制度还是新建的。这些制度正是充分发挥市场在配置社会生产资源方面的基础作用的必要条件。

第二，世界市场既是资本主义发展的前提，又是资本主义发展的结果。

这样，开拓世界市场就成为资产阶级政府的一项全新的极重要的职能。为此，政府甚至不惜采取军事手段开拓殖民地，以开辟世界市场。

第三，工业化的发展对公共设施的要求越来越广泛，越来越高。

政府在这方面承担的职能也越来越重要，越来越多。

[①] 美国当代著名经济学家斯蒂格利茨在评论这一点时指出："自从亚当·斯密以来，经济学有着很大的进展，但是，他的基本论点在过去的两个世纪中仍然具有很大的吸引力。"（《经济学》上册，中国人民大学出版社1997年版，第13页）

第四，工业化的发展与科学技术的关系越来越密切，对劳动者文化素质的要求越来越高。

因而政府在承担发展科学和教育方面的职能也日趋重要和广泛。

第五，工业化的发展，导致许多新的产业部门的产生。其中，有的部门一开始生产规模就很大，以致在当时条件下私人资本无力容纳，使得"资本主义社会的正式代表——国家不得不承担起对生产的领导。这种转化为国有财产的必然性首先表现在大规模的交通机构，即邮政、电报和铁路方面。"① 这样，掌握这些国有经济又成为资产阶级政府的一项全新的职能。诚然，如前所述，在古代社会就已经产生了国有经济。但二者在形成原因、技术基础和产业内容上都不是一个层次的。后者的产生部分地为了扩充政府财源，部分地为了减轻商业资本对农民的过度盘剥；其技术基础是手工工具；仅限于盐铁等产业。而前者的产生是适应工业化发展的要求；技术基础是机械化生产；是属于国民经济中的基础产业。

第六，为了实现上述各项职能，政府在国民收入再分配的功能也大大增长了。

这充分体现在政府财政收支的绝对量、构成及其占国民收入总量的比重等方面。

可见，在古典的市场经济条件下，尽管企业是市场主体，政府也不像现代市场经济条件下那样干预宏观经济，但仍然具有多方面的经济职能。否定这一点，是不符合历史事实的。

(三) 现代市场经济条件下政府经济职能

在现代市场经济下，资产阶级政府也继承了维护资本主义经济基础的职能，而且为了维护这个基础，它同时还具有改革经济体制的职能，把以自由放任为特征的古典市场经济推进到以国家干预为特征的现代市场经济。

问题的起因在于：按照亚当·斯密的理论，依靠"看不见的手"的作用，就可以实现经济总量平衡。但是，历史事实表明：资本主义生产过剩经济危机的根源在于：资本主义的基本矛盾（即生产社会性和生产成果的私人资本主义占有之间的矛盾）的发展，以及由此决定的一系列矛

① 《马克思恩格斯选集》第3卷，人民出版社1972年版（下同），第317页。

盾，特别是其中的资本主义生产无限扩张的趋势和劳动人民购买力需求相对狭小之间的矛盾尖锐化的结果。这样，在资本主义制度下，周期性生产过剩的经济危机就是不可避免的。实际上，从 19 世纪 20 年代起，资本主义经济大约每隔十年的时间就发生一次生产过剩危机。特别是 1929~1933 年资本主义世界发生的大危机，从根本上震撼了西方整个资本主义制度。其中，尤以资本主义最发达的美国遭受的打击最为严重。1933 年同 1929 年相比，西方各国的工业产值大约下降了 45%，比第一次世界大战前的 1913 年还低 16%，倒退到 1908~1909 年的水平。其中，美国工业产值下降了 55%，倒退到 1905~1906 年的水平；德国倒退到 1897 年的水平；法国倒退到 1911 年的水平；日本下降了 32.9%。在这期间，西方各国农产品销售收入也大幅下降。其中，美国由 119.13 亿美元下降到 51.43 亿美元，德国由 102 亿马克下降到 65 亿马克，降幅均在 50%以上。在这期间，美、英、德等国商品批发价格指数下降了 1/3 左右，法国下降了 45.1%；西方各国商品销售额大约下降了 2/3，外贸总额下降了 61.2%。在这期间，美国失业工人由 155 万人增加到 1283 万人。在危机的最严重阶段，西方各国失业人数高达 5000 万人，失业率高达 30%~50%。在这期间，工人收入下降了 43%，农民经营农业的净收入下降了 67%。[①] 这次大危机彻底宣告了古典经济学关于自由放任的市场经济可以自动协调社会产品供求平衡的理论的破产，并强烈呼唤国家干预的市场经济的政策和理论的诞生，以维系巩固和发展资本主义经济制度。

美国总统罗斯福 1933 年 3 月入主白宫后所推行的"新政"，就是有国家干预的市场经济的政策最早、最著名、最主要代表，就是把古典市场经济推向现代市场经济在实践上的开端。为了挽救面临崩溃的美国国民经济，"新政"采取的主要措施有：①为了拯救银行金融业危机，政府采取了清理银行、保障居民存款、发放巨额贷款给金融业界、实行货币贬值等办法。②为了拯救农业危机，政府运用奖励和津贴的办法，缩小耕地面积，限制农产品上市量，维持农产品价格，以缓解农业生产过剩和农民收入下降。③为了拯救工业危机，政府采取限制竞争的办法，规定

---

① 晏智球主编：《西方市场经济下的政府干预》，中国计划出版社 1997 年版（下同），第 85~87 页。马洪等主编：《市场经济 300 年》，中国发展出版社 1995 年版，第 159 页。

工业的生产规模、价格水平、销售额和雇工条件等，以缓解工业生产过剩。④为了拯救由严重的工人失业问题而引发的严重社会政治危机，政府还大力举办公共工程，以增加就业和提高居民购买力。政府还直接救济失业工人，并逐步建立了全国社会保险和公共福利制度。"新政"从1933年开始实施，延续到1938年。"新政"没有也不可能从根本上解决美国资本主义生产过剩经济危机问题，然而确实缓解了经济危机，并促进了经济复苏，稳定了资本主义制度。但"新政"更重要的意义还在于：从实践方面宣告了古典的自由放任的市场经济时代的终结，并开创了现代的有国家干预的市场经济这个新的时代。

宏观经济学创始人凯恩斯于1936年发表的《就业利息和货币通论》（简称《通论》），则综合地、集中地、系统地反映了有国家干预的市场经济诞生的强烈呼声，并从理论方面标志着古典的自由放任的市场经济的终结和现代的有国家干预的市场经济的开端，为现代市场经济奠定了理论基础。凯恩斯认为，有效需求（即有购买力的需求）是决定社会总就业量的关键因素，能否实现充分就业就决定于有效需求的大小。因此，现实生活中经常存在的有效需求不足就是引发经济危机和严重失业的原因。所以，要解决失业和危机问题，必须依靠政府对经济的干预，刺激有效需求，以实现"充分就业均衡"。主张把政府干预经济的重点放在总需求管理方面。其中心内容是：采取各种措施，增加社会（包括私人和政府）的货币总支出，扩大社会对消费资料和生产资料的需求，以消除经济危机，实现充分就业。

需要指出：凯恩斯虽然摒弃了由亚当·斯密首先创立的自由放任的市场经济，提出了有国家干预的市场经济，但并没有从根本上否定市场经济（即以市场作为配置社会生产资源的主要方式）。正如凯恩斯自己所说，古典经济学提出的"私人为追求自己利益将决定生产何物，用何种方法（即何种生产要素之配合比例）生产，如何将最后产物之价值分配于各生产要素等等，仍无可非议。"[①]

"二战"前，只有美国等少数几个国家实行过政府对经济的干预。"二战"后，西方国家在恢复了经济之后，都以凯恩斯主义作为政策指导

①凯恩斯：《就业利息和货币通论》，商务印书馆1964年版，第322页。

实行了有国家干预的市场经济。这种经济体制大大促进了战后西方国家经济的发展。

但是，由于凯恩斯主义没有也不可能解决资本主义的固有矛盾，由于长期推行凯恩斯主义负面影响的积累（比如，由于多年推行扩张性财政政策导致通货膨胀），由于 1973 年和 1979 年两次石油危机的影响，西方国家在战后经历一段时间的经济繁荣之后，于 20 世纪 70 年代中期发生了经济滞胀。

经济滞胀局面使得凯恩斯主义遇到严峻的挑战，并受到新经济自由主义学派的批评。但是，正像凯恩斯没有根本否定亚当·斯密的自由放任的市场经济一样，这些不同学派也没有完全突破凯恩斯主义的基本信条。比如，曾任尼克松政府经济顾问委员会主席摩赫伯特·斯坦就曾说过：对凯恩斯主义的批评是"凯恩斯主义范围之内的革命。"① 因此，总的说来，凯恩斯主义（包括凯恩斯主义在"二战"后的发展）仍不失当代经济发达国家进行宏观经济管理的理论基础。

"二战"后，旨在实现充分就业和经济稳定发展的凯恩斯主义在西方国家的普遍采用，是促进现代的有国家干预的市场经济形成的最基本因素。但并不是唯一因素。除此以外，以下因素也起了重要作用。①"二战"前和战后初期，社会主义国家实行计划管理和福利政策的影响。②社会民主主义的影响。这一点，在"二战"后由社会民主党执政的那些国家表现得尤为明显。③"二战"期间实行战时经济体制的影响。诚然，战时经济体制与有国家干预的市场经济是有原则区别的，而且，在战后都取消了。但这种体制也为实行有国家干预的市场经济提供了某些有利条件。这一点，在日本表现得很明显。④"二战"后，生产集中度进一步的提高，以及现代信息技术的广泛应用，也为实行有国家干预的市场经济提供了有利的客观条件。⑤"二战"后，垄断组织的进一步发展，妨碍经济效率的提高。⑥"二战"后，资本主义国家贫富差别的扩大，影响到社会的稳定。⑦"二战"后，治理环境污染问题也更为尖锐起来。⑧"二战"后，保护消费者权益问题也显得更加重要。⑨经济全球化和区域经济集团的发展，使得各国企业之间在许多情况下演变成国与国之

---

① 转引自《西方市场经济下的政府干预》，第 164 页。

间的竞争。⑩随着知识经济时代的到来，抢占高新技术制高点，往往成为增强国际竞争力和维护国家经济、政治安全的关键。上述第⑤~⑩点在客观上也迫切要求国家加强对经济的干预。

上述各项促进现代市场经济形成的因素表明：国家干预经济只是对现代市场经济条件下政府一项基本经济职能的总体概括。这个概括包含了多方面的、并不断丰富发展的、具体的经济职能。举其要者有：①主要运用经济手段和立法手段，调节经济总量的供需平衡。有些国家的政府还承担某些调整产业结构的职能。"二战"后日本政府在有些年代实行的产业政策就属此例。②提供在总量和范围某方面都大大扩展了的某些公共产品和服务。③在不同时期有伸缩性地（有时扩大，有时缩小）掌握部分国有经营。④维护市场秩序，监督市场主题行为，创造公平、公正、公开并有信誉的市场竞争环境。⑤在某种限度内，遏制垄断资本。⑥创造机会平等的条件，并通过收入再分配，在兼顾效益的条件下实现社会公平。⑦建立社会保障体系，构筑社会安全网。⑧维护消费者权益。⑨适应新技术革命的要求，大力支持高科技产业和教育的发展。⑩治理环境污染，维系生态平衡，促进可持续发展。⑪与上述职能的发展相联系，财政承担的收入再分配的职能显著增长。[①] ⑫开拓国外市场（包括产品、服务市场和要素市场），提高国际竞争力。⑬维护国家经济安全。现代市场经济条件下的政府在某种范围内和某种程度上实现了上述职能。但是，这些职能的实现，都是以市场作为配置社会生产资源的主要方式为前提的，而且主要采用经济手段和立法手段，而不是主要采取行政手段；一般并不直接干预企业的生产经营活动，企业仍然是独立的市场主体。

三、计划经济条件下政府经济职能

列宁依据马克思主义理论曾经设想：在社会主义社会阶段，"整个社会将成为一个管理处，成为一个劳动平等、报酬平等的工厂。""全体公

① 据美财政学家马斯格雷夫的分析，财政支出占国内生产总值的比重，英国从1890年的8.9%上升到1955年的36.6%，美国从1880年的7.1%上升到1962年的44.1%（斯蒂格利茨：《美国为什么干预经济》，中国物资出版社1998年版，第11~12页）。

民成了一个全民的、国家的'辛迪加'的职员和工人。"① 社会主义各国先后建立的计划经济体制，就是源于这个马克思列宁主义理论。

计划经济体制是 1917 年俄国十月社会主义革命胜利以后，首先在苏联逐步建立起来的。"二战"后，欧亚两洲建立了许多社会主义国家。于是计划经济体制在这些国家也逐步建立起来。由于社会生产力、科学文化和历史等方面的差异，各国实行计划经济体制也有某些区别。但就主要依靠行政指令计划管理经济这个根本点来说，都是相同的。这里且以新中国为例分析计划经济条件下政府经济职能。

新中国是在 1949 年 10 月建立的。但在完整意义上的计划经济体制并不是立即建成的，它经历了一个过程，直到 1956 年才建立起来。1949 年新中国成立后，人民政府没收了当时掌握国民经济命脉的官僚垄断资本，建立了在国民经济中处于主导地位的社会主义的国有经济。以此为基础建立了计划经济体制的雏形。但这时广泛存在的私人资本主义经济、个体农民和手工业经济，仍然主要是由市场价格机制调节的。到 1956 年完成了对生产资料私有制的社会主义改造，私人资本主义经济转变为社会主义国有经济，个体农民和手工业经济转变为社会主义集体经济，社会主义公有制扩及到整个国民经济范围。以此为基础，完整的计划经济体制也就在全国建立起来。

作为社会主义上层建筑的政府也具有维护社会主义公有制这一经济基础的职能，同时还具有实行、强化和改进作为当时公有制实现形式的计划经济体制的职能。

其实行计划经济体制的职能，包括众多内容。重要的有：

第一，通过制定宪法把实行计划经济确定为政府的职能。1954 年、1975 年、1978 年这三年中国全国人民代表大会通过的三个宪法，均把"决定国民经济计划"作为全国人民代表大会一项重要职权，把"推行国民经济计划"作为国务院的一项重要职权。

第二，构建各级政府承担计划经济职能的机构。其全国综合机构是计划委员会，代表政府执行计划经济的职能。

第三，构造实行计划经济的微观基础。这个基础的主要形态和典型

---

① 《列宁选集》第 4 卷，人民出版社 1972 年版，第 258 页。

形态，就是社会主义的国有企业。这里以此为例进行分析。这种国有企业具有以下特征：①在国民经济中处于主导地位。②在国民经济各个主要领域（包括工业、建筑业、交通运输业、商业和外贸以及科学和教育等）处于垄断地位。一般都是行政性的垄断，其中有些产业（如自然垄断行业）还是行政性与经济性相结合的垄断。③企业的人、财、物的所有权以及供、产、销的经营权均属于政府，企业并不是真正的企业，而是政府机关的附属物。这是就企业与政府的关系说的。就企业职工与政府的关系来说，就业由政府安排，工资由政府依据按劳分配原则确定，工伤、医疗和养老等保险由政府提供。既然企业生产经营活动以及职工就业、工资和保险均由国家行政指令安排，职工也很难说是企业的主人，宁可说是政府雇员。

第四，政府通过行政指令，确定经济发展的任务和速度，并据此把社会生产资源（包括资金、物资和劳动力等）分配到国民经济各部门和各地区。

第五，企业的计划也依据政府指令计划的指标来制定，企业的供、产、销计划也分别纳入政府有关部门的计划，成为政府部门相关计划的组成部分。这样，企业内部的资源配置也是由国家行政指令计划确定的。

第六，在计划经济条件下，无论是投资品还是消费品，也无论是公共物品还是私人物品和服务，其生产、运输和销售，不仅是由国家行政指令计划安排的，而且主要是国有企业和作为准国有企业的集体企业提供的。

第七，在计划经济条件下，承担国民收入初次分配职能的企业财务是国家财政的组成部分，而且财政又承担着国民收入再分配的职能。其再分配部分又占了国民收入相当大的部分。这样，财政就成为推行计划经济最得力的工具。

第八，在计划经济条件下，国有银行以及集体信用合作社都是从属于国家财政的，实际上是国家的会计机关，因而它又成为推行计划经济的另一个重要工具。

第九，在计划经济条件下，不断发展生产以及在此基础上不断提高人民的物质文化生活，被称为社会主义的基本经济规律。其中，发展生产是手段，提高生活是目的。在中国当时条件下，发展生产的最主要内容就是实现社会主义工业化。因此，推进工业化，并在此基础上不断提高人民生活，也是政府承担的计划经济职能的重要内容。

以上几点都是政府承担的计划经济职能。分别说来，第一、二、三点是政府为推行计划经济创造的基础和条件，第四、五、六点是政府承担的计划经济职能最核心的内容，第七、八点是政府推行计划经济的两个最重要工具，第九点是政府承担的计划经济的两项基本任务。

总起来说，在计划经济体制下，从国民经济到部门、地区到企业到个人，从投资品到消费品，从公共物品和服务到私人物品和服务，其生产、运输、流通到分配，均由国家指令计划安排的。如果仅从这方面来说，承担计划经济，就是政府经济职能的总称。

但是，政府不仅具有实行计划经济的职能，而且具有强化它的职能。其突出表现有二：①不断扩大计划经济赖以实行的微观基础，即扩大社会主义公有制在国民经济中的比重，特别是其中的国有经济的比重。②扩大指令计划在国民经济中的作用范围。这里以在国民经济中占主导地位的工业为例进行说明。按照中国党和政府领导人的原来打算，中国新民主主义革命胜利以后建立起来的新民主主义社会要实行 10 年到 20 年，但实际上只实行了三年（1949 年 10 月~1952 年）就结束了；中国从新民主主义社会到社会主义社会的过渡时期，原来计划需要用 15 年的时间，以便完成对私人资本主义的工商业以及个体农业和个体手工业的社会主义改造，但实际上只用了五年不到的时间（1953~1957 年）就完成了。这期间社会主义工业（特别是国有工业）占工业总产值的比重就由原来占小部分上升到大部分，而非国有工业则由原来占大部分下降到只占很小的比重；国家指令计划占工业总产值的比重也发生了类似的变化。以后在 1958~1960 年的"大跃进"期间和 1966~1976 年的"文化大革命"期间，又进一步提高了这两个比重（详见表 1 和表 2 中的数字）。这种情况发生的原因是多方面的。其中，主要是党和政府领导人的急于求成的"左"的思想（对 1949~1952 年和 1953~1957 年的情况而言）和"左"的路线（对 1958~1960 年和 1966~1976 年的情况而言）。但同时也是计划经济发展的内在本性的要求。因为公有制（特别是单一的国有制）是计划经济体制赖以生存和发展最适宜的土壤。

表 1　各种所有制工业在工业总产值中的比重① 　　　　　单位：%

年份	国有工业	集体工业	非公有工业
1949	27.8	0.5	71.7
1952	45.5	3.3	51.2
1957	80.1	19.0	0.9
1978	80.7	19.3	0

表 2　国家指令计划在工业总产值中所占比重② 　　　　　单位：%

年份	所占比重
1949	26.2
1952	41.5
1957	60.0
1978	70.0

当然，政府也有改进计划经济体制的职能。应该肯定，计划经济体制在新中国建立初期，起过主要的积极作用。但也越来越明显地暴露出它不适应社会生产力发展的根本缺陷，需要进行根本改革。但在当时条件下，在理论上并没有把作为基本经济制度的社会主义公有制与作为其实现形式和经济运行机制的计划经济体制区分开来，而是把它们等同起来；也没有把作为基本经济制度的资本主义所有制与作为其实现形式和经济运行机制的市场经济体制区分开来，而是把它们等同起来。由于这一点，更由于"左"的思想的影响，当时根本不可能提出把计划经济体制改革成为市场经济体制的问题，而只是在保持计划经济体制的框架内，对它的某些局部性的缺陷进行改进。主要有两方面：①针对中央集权过多，向地方政府下放某些管理权限。②针对国家管的过多，向国有企业领导人下放某些管理权限。这是在计划经济体制框架内的行政分权。这样的分权一共进行了两次：1958 年一次，1970 年一次。即使这样的行政性分权，两次都失败了。①因为它根本违反了经济体制改进工作的规律。这种改进同革命战争和政治运动是有原则区别的两回事，它不能是急风

①　资料来源：《中国统计年鉴》（有关各年）。说明：1957 年以前，非公有经济包括私营经济、公私合营经济和个体经济；在这以后，包括私营经济、个体经济、外资经济和混合制经济。
②　汪海波：《中华人民共和国工业经济史（1949.10~1998）》，山西经济出版社 1999 年版，第 27、171、728 页。

暴雨式的群众运动，而必须进行和风细雨式的细微工作。而这两次改进搞的都是短促的群众运动。②因为是缺乏成功的条件。这种改进要求有稳定的经济、政治环境。而 1958 年和 1970 年的经济、政治环境都很动荡。因而这两次改进必然造成"一放就乱"、"一乱就收"的困境。当然，即使这两次改进成功了，也只能消除计划经济体制的某些局部缺陷，而不能解决它的根本问题，仍然谈不上经济体制改革的成功。但是，仍然应该确定：政府是有改进计划经济体制的职能的。

四、政府经济职能的一般内容及其理论意义

我们分析政府经济职能的历史发展过程，是为了概括出各个历史时期政府经济职能发展的一般规律，抽象出其共同特征，阐述其一般内容，并为探讨转轨时期的政府经济职能提供可以借鉴的有益经验，特别是在方法论方面提供一些有益的启示。

依据上述的历史分析，我们可以得出以下有关政府经济职能问题的一般性结论：

第一，从古代社会到资本主义社会再到社会主义社会，政府的经济职能可以概括为三个方面：①具有维护其经济基础（即基本经济制度）的职能。②承担维护改革作为基本经济制度的实现形式或经济运行机制的经济体制的职能。③承担社会的公共职能。就经济方面说，就是促进生产以及与之相关的收入再分配职能。

第二，任何社会的政府之所以必然要承担上述三项经济职能，其主要原因有三：①社会的上层建筑必然要维护经济基础，这是普遍规律。也是基于这一点，它也必然要维护和改革不适合生产力发展和基本经济制度要求的经济体制。②作为全社会唯一代表的政府必然要承担社会公共职能。这也是一条普遍规律。就经济运行方面说，物质资料的生产是人类社会生存和发展的基础。因此，一般说来，任何社会的政府都具有维护和促进社会生产的职能。而且，在任何阶级社会，政府作为阶级统治的职能同政府需承担社会公共职能（其中包括促进社会生产的功能），并不是矛盾的，而是统一的。因为后者是前者的条件。但这并不是说，

阶级社会在任何条件下，政府对社会生产都会起促进作用。一般说来，只是在其政策适应生产力发展的时候，政府才会对社会生产起促进作用；否则，就会走向反面，对社会生产起阻碍作用。即使在社会主义制度下，也是如此。③与上述①、②两点原因相联系，政府财政必然会在不同程度上参与收入再分配。这也是一条普遍规律。

第三，任何社会的政府承担的上述三项经济职能，其产生和存在的原因，其对社会经济发展的推动作用和阻碍作用，以及作用的范围和强度，从根本上说来，都是由社会生产力的发展状况决定的。

就政府承担的第一项经济职能来说，在一定的社会生产力水平下，某种基本经济制度是适合生产力发展的。这时，这种基本经济制度以及政府维护基本经济制度的职能，都会存在下去，而且这种维护职能还会对社会生产的发展起积极的推动作用。而当社会生产力发展到一定水平，某种基本经济制度不适应社会生产力的发展要求，这时政府维护基本经济制度的职能，就会对社会生产力的发展起阻碍作用。而当这种基本经济制度与社会生产力之间的矛盾尖锐时，政府就会被革命力量推翻。这种基本经济制度随之被消灭，政府维护这种基本经济制度的职能也就消灭了。

就政府承担的第二项经济职能来说，在某种基本经济制度下，某种经济体制是适合生产力发展的，政府维护这种经济体制，也会对社会生产的发展起积极的推动作用。而当某种基本经济制度还能适应生产力的发展，但其经济体制已经不适合生产力的发展。在这种情况下，有两种可能：①政府继续维护这种体制，或做某些局部性改良。这样，随着它同生产力矛盾尖锐化，在其他各种不利条件（特别是不利的政治条件）配合下，这种体制连同基本经济制度和包括政府在内的上层建筑都会走向灭亡。②在维护基本经济制度的前提下，政府对不适合生产力发展要求的经济体制进行根本改革，以形成新的经济体制，推动生产力的发展，并巩固基本经济制度和作为上层建筑的政府。

就政府承担的第三项经济职能来说，在一般情况下，社会生产力发展水平越高，政府承担的包括经济在内的各项社会公共职能的作用范围就越大，作用强度也越高。

第四，政府承担的经济职能又不只是决定于社会生产力的发展状况，还会受到理论的、经济的和社会的等各种因素的影响，在一定意义上甚至可以说是决定性的影响。就理论方面来说，比如，亚当·斯密的理论奠定了古典的、自由放任的市场经济体制的理论基础。凯恩斯的理论奠定了现代的、有国家干预的市场经济体制的理论基础。马克思和列宁的理论奠定了计划经济体制的理论基础。邓小平的理论奠定了社会主义市场经济体制的理论基础。正是这些理论指导政府创建和改革经济体制的职能。就经济方面说，比如，到了近代和现代社会，对外经济关系显得越来越重要，于是政府就在这方面承担了经济职能。就社会方面说，比如，到了现代社会，环境保护问题变得日趋尖锐，从而政府也在这方面承担了职能。

第五，政府承担的经济职能，并不完全取决于各项外在的因素（如上述第三、四点提到的），它本身的能动性在这方面也有重要的作用。就政府承担的改革经济体制的职能来说，美国罗斯福政府在 20 世纪 30 年代推行的"新政"在实践上开创了由古典的自由放任的市场经济到现代的有国家干预的市场经济。中国政府在 20 世纪 70 年代末开始推行的经济改革，正在成功地把计划经济体制逐步改革为社会主义市场经济体制。

第六，由政府承担的经济职能受到各种因素（如上述第三、四、五点提到的）决定和影响，而这些因素都是不断变化的。因此，其各项经济职能的具体内容也会发生变化。就其推行的改革经济体制来说更是如此。比如，中国封建社会就发生了由领主土地所有制到地主土地私有制的变化。资本主义社会就发生了由古典市场经济到现代市场经济的变化。中国社会主义社会也发生了由计划经济到社会主义市场经济的变化。

第七，基于上述第六点提到的同样原因，政府承担的经济职能即使在同一的基本经济制度下也会有差别。比如，就其推行的经济体制就很明显。"二战"后，西方经济发达国家普遍推行了现代的有国家干预的市场经济。这是他们的共同点。但各国也有自己的特点。比如，美国虽然早在 20 世纪 30 年代罗斯福总统时代，政府就开始对经济实行干预，但相对其他经济发达国家来说，干预还是较少的，因而被称为竞争型市场经济模式。日本政府对经济干预较强，被称为政府主导型市场经济模式。法国在计划调控经济方面比较突出，被称为有计划的资本主义市场经济模式。联邦德国对经济干预在体现社会政策和社会公平方面比较明显，被称为社会市场经济模式。

以上各点就是各个社会的政府经济职能的共同特征，也就是政府经济职能理论的一般内容。

需要着重指出：正确把握经济职能的一般内容，具有重要的理论意义。

第一，它拓展了历史唯物主义的基本范畴和基本理论。这一点在政府承担的改革经济体制职能方面表现的尤为突出和重要。原来在历史唯物主义的范畴中，最基本的有生产力和生产关系以及经济基础和上层建筑，现在增加了一个作为基本经济制度（生产关系）表现形式或经济运行机制的经济体制。

原来在历史唯物主义理论中，最基本的有生产力和生产关系以及经济基础和上层建筑的相互作用的理论，现在增加了一个经济体制与生产力和生产关系以及经济体制与经济基础和上层建筑相互关系的理论。在这方面，经济体制的产生、发展和消失，都决定于社会生产力的发展，但又反作用于生产力，既可以成为生产力的巨大动力，又可以是生产力的桎梏。经济体制既是基本经济制度（生产关系或经济基础）的表现形式，也反作用于基本经济制度，既可以维护它，又可以导致它的灭亡。经济体制既可以受到作为上层建筑的政府的维护，也反作用政府。在适应生产力发展要求而进行改革的情况下，经济体制改革需要依靠政府来推动，反过来也巩固政府。在违反生产力的要求而不进行改革的情况下，也能导致政府的灭亡。

这里还要指出基本经济制度与经济体制的一些重要差别：①前者能够容纳社会生产力的高度比后者要高得多。②前者的延续时间比后者也要长的多。③前者的根本变革，在阶级社会里一般都要经过一个阶级推翻另一个阶级的革命；而后者的根本变革是在政府维护基本阶级制度的前提下实现自我完善。

第二，它有助于进一步具体揭示古代社会、资本主义社会和社会主义社会的发展规律。先以中国封建社会的发展而论。中国封建领主制度到封建地主阶级的转变，就可以从一个方面说明下列两种历史现象。①依据历史资料，中国领主经济产生到消灭，大约只经历了不到 600 年的时间；而地主阶级从建立到灭亡，却经历了近 2400 年的时间。后者经历的时间约为前者的 4 倍。还要看到：尽管整个说来，封建社会生产力发展的重要特征是生产技术停滞，但地主经济时代社会生产力的发展比领主时代还是快得多。所以，这个历史现象证明：地主经济能够容纳的社会生产力的高度比领主经济要高得多。②欧洲的封建庄园制度（类似中国的领主经济制度）只绵延了 1000 年，而中国的地主经济制度却延续了 3000 年。决定这个差异的，当然有多方面的因素，但地主经济比庄园经济能够容纳更高的社会生产力，是一个重要因素。应该指出：我国许多史学论著在分析中国封建社会延续时间长的原因时，几乎还未注意到这一点。因而这个问题似乎并未得到充分的说明。在这种情况下，提到这一点是特别重要的。

再以资本主义社会的发展而论。现在看来，无论是马克思，还是列宁，他们揭示的资本主义制度和帝国主义制度灭亡规律都是正确的。但他们对资本主义社会存在的时间都估计短了，对它的灭亡时间估计早了。形成这一点的原因是多方面的。从理论上说，一个重要方面就是他们没有看到（也不可能看到）现代的市场经济体制所能容纳的生产力的高度远远超过了古典的市场经济体制。从根本上说来，这主要是由于马克思和列宁所处的时代的限制。在他们所处的那个时代，不可能看到现代市场经济体制在发展社会生产力方面的巨大作用。这种解释既符合马克思主义认识论，也符合历史唯物论。1859 年马克思对他创立的历史唯物论作经典表述时明确说过："无论哪一个社会形态，在它们所能容纳的全部生产力发挥出来以前，是决不会灭亡的。"① 所以，如果因为马克思和列宁对资本主义存在时间和灭亡时间估计上有误差，就怀疑马克思列宁主义的正确性，是完全没有根据的。

最后，再以社会主义社会的发展而论。苏联在 1991 年解体，而中国在 1978 年以后经济得到了飞速的发展，社会主义制度得到了进一步巩固。形成这种反差的原因，涉及诸多方面。但苏联长期停留在计划经济体制，致使社会生产力发展很慢；而中国在 1978 年以后逐步走上了市场取向改革的道路，从而极大地推动了社会生产力的发展。从历史唯物主义的观点看，这无疑是一个根本的原因。

可见，如果脱离了政府改革经济体制在发展社会生产力方面的作用，

① 《马克思恩格斯选集》第 2 卷，第 83 页。

中国封建社会的发展，现代资本主义的发展，以及社会主义社会的曲折发展，都难以得到充分说明。

第三，有助于我们澄清学术界过去长期存在的甚至当前还存在的许多重要理论问题。比如，在论到阶级社会的政府经济职能时，片面强调它维护经济基础的功能，却忽视甚至根本否定了它承担的维护和改革经济体制的功能，以及社会公共职能。在论到资本主义社会的政府经济职能时，又依据亚当·斯密的"看不见的手"的理论，把他片面地归结为"建立和维持某些公共机关和公共工程"，而忽视了其他许多方面（这些方面我们在前面已论述过）。在论到社会主义社会政府经济职能时，又片面维护经济基础和承担社会公共职能，而否定它在改革经济体制方面的职能。

第四，为研究转轨时期的政府经济职能提供重要的方法论。①对转轨时期政府经济职能的研究，要全面看到它承担的三项职能（即维护基本经济制度、改革经济体制和承担社会公共职能），而不能只是看到其中某一项或两项职能。②对这三项职能的研究，特别是改革经济体制职能的研究，要着眼于有利于社会生产力的发展，并需依据政府面临的整个经济环境，还要注意制约政府经济职能诸多因素的特殊性及其变化。③对这些职能的研究，要着重于充分发挥政府的能动作用。①

---

① 这个问题拟另用专文进行论述。

中国转轨时期政府面临的经济 环境与政府经济职能 *

对政府经济职能的分析，必须着眼于发展社会生产力的要求，必须着眼于政府面临的经济环境。所以，本文在阐述转轨时期的经济职能的主要内容之前，先分析中国政府面临的包括社会生产力发展状况在内的经济环境。

一、中国转轨时期政府面临的经济环境

在 20 世纪 70 年代末，就政府承担经济职能来说，中国面临的经济环境主要有以下四方面。

（一）急需实现由计划经济体制到社会主义市场经济体制的转变

计划经济体制是 1949 年 10 月中华人民共和国成立以后开始建立的，到 1956 年就基本上建立起来，以后一直到 1978 年又得到了进一步强化。

计划经济的主要特点是：以单一的公有制为基础，实行高度集中的、以行政指令为主的、排斥市场机制的计划。这种行政指令计划是配置社会生产资源的主要方式。

在 20 世纪 70 年代末，中国急需由计划经济向社会主义市场经济（即社会主义条件下市场经济）的过渡，并不只是由中国改革总设计师邓小

---

* 本文写于 2003 年，原载《论中国经济社会的持续快速全面发展（2001~2020）》，经济管理出版社 2006 年版。

平个人意志决定的（尽管他在这方面起了非常重要的作用），从根本上说来，这是一个不以人们意志为转移的客观过程，是由马克思揭示的生产力决定生产关系的客观规律决定的。

诚然，计划经济在新中国成立初期曾经起过重要的积极作用。但从总体上说，它并不适应作为人类社会发展必经阶段的商品经济的要求，不适应中国社会主义初级阶段社会生产力发展的要求。只有建立社会主义市场经济，才能适应这种要求。

第一，在工业化和现代化生产条件下，企业作为社会生产的基本单位，在发展社会生产力方面起着极为重要的作用。

但在计划经济体制下，把企业供产销和人财物等方面的权力均集中在政府手中。这就从根本上抹杀了企业的独立经济利益，否定了企业的经营自主权，使得企业成为政府的附属物。不仅如此，计划经济体制既不适应利益主体多元化的要求，也不可能完全、充分、及时掌握企业经营管理所必需的信息，再加上政府（特别是部门和地区）本身利益局限性，以及政府工作人员素质和对客观事物认识过程的限制，政府就不仅不可能对企业实行有效的经营管理，而且必然发生诸多失误。所有这些都会挫伤在客观上作为自主经营、自负盈亏的市场主体的企业的主动性、积极性和创造性。还要提到：在中国社会主义初级阶段，必须贯彻物质利益原则，才能充分调动作为最重要生产力要素的劳动者的积极性。而在计划经济体制下，是不可能从根本上解决作为物质利益原则对立物的平均主义问题的。这就必然会挫伤劳动者的积极性。在科学技术正在成为和已经成为第一生产力的时代，企业的科技人员和经营管理人员发展社会生产力方面的作用大大增强。而计划经济体制在挫伤这些人员积极性方面显得尤为突出。所有这些都会降低企业的营运效益。

第二，在商品经济条件下，企业为了避免被淘汰的命运，为了实现资本的保值和增值，展开了激烈的竞争。

这种竞争是推动社会生产力发展的一个最强大的力量。而在计划经济体制下，企业既无开展竞争的冲动，也缺乏这方面的权限和空间。这样，计划经济体制不仅扼杀了企业发展生产的动力，而且扼杀了企业发展生产的压力，这就窒息了企业的活力，使得运营效益低下成为企业的通病。

第三，在商品经济条件下，发展部门之间和地区之间的经济联系，是促进各部门和各地区经济发展的重要因素。

但在计划经济体制下，中央政府的集中管理在许多方面都是通过中央行政部门和地方行政部门实现的。这就形成了条条（部门）和块块（地方）的分割状态。与此相联系，又形成了部门利益和地区利益。这种分割状态和部门、地区利益的驱动，必然在很大程度上割断了部门之间和地区之间的经济联系，阻碍了各部门、各地区的经济发展。

第四，实现国民经济的持续稳定发展，是中国提高宏观经济效益的一个极重要方面。

在计划经济体制下，中央、部门、地方和企业均有旨在实现经济高速增长的动力机制。再加上盲目推行"赶超战略"，以及片面追求"政绩"，就在这些方面形成了强烈的投资冲动。但在投资方面又缺乏有效的约束和监督机制。由此形成的投资膨胀机制，周期地导致经济总量失衡和结构失衡。而在计划经济体制下，调整这种失衡的主要手段，又是用行政指令大幅压缩投资。于是，经济的高速增长迅速转变成低速增长，甚至负增长。这样，经济增速大上大下就为经济发展的常态，从而导致宏观经济效益的低下。

第五，中国社会主义初级阶段的基本经济制度是：社会主义公有制占主体地位（其中，国家所有制占主导地位，集体所有制占重要地位）非公有制经济是重要组成部分。

按照计划经济体制的本性，要求在全社会范围内实现国有制。因此，在1958~1976年计划经济体制强化时期，不仅把残存的非公有制经济扫荡无遗，而且对集体所有制生产的主体部分也实行指令性计划，集体所有制还有一部分实现了向国有制的过渡。这样计划经济体制不仅根本否定了中国社会主义初级阶段发展在社会生产力方面还有重要作用的非公有制经济，而且在很大程度上否定了集体所有制经济的作用。由此也扼杀了各种所有制企业之间的竞争，在很大程度上使国有经济丧失了活力。这就阻碍了整个国民经济的发展。

但也不能否认，这种高度集中的计划经济体制有一个很大的优点，就是能够把社会资金、物质和技术力量集中起来，用于有关国计民生的重点项目、国民经济发展中的薄弱环节和经济落后地区，从而比较迅速地形成新的生产力，克服国民经济各个部门之间和各个地区之间的发展不平衡状态，促进国民经济的迅速发展。这一点，不仅正好适应了恢复国民经济的需要，而且正好适应了实现"一五"计划基本任务的需要。而且，在"一五"时期具体条件下，其积极作用得到了较充分的发挥，其消极作用受到了限制。这些条件主要是：①"一五"时期需要优先发展重工业和着重推行外延的扩大再生产形式。但相对于发展轻工业和进行内涵的扩大再生产形式来说，发展重工业和进行外延的扩大再生产，均需要较多的资金。这就需要把社会有限的财力集中于国家手中，用于建设有关国计民生的重点项目，以加速工业和整个国民经济的发展。高度集中的计划经济体制，正好适应了经济发展的这一客观要求，并促进了生产的发展。②"一五"时期，党和政府的宏观经济决策是正确的；党和政府的威信很高，党的作风正派，党的干部队伍比较年轻，官僚主义比较少，广大干部和群众的政治激情高涨，党的思想政治工作也很有力。这一切就使得计划经济体制的运行机制是比较灵敏的，行政管理的效率也是比较高的。这些条件使得高度集中的计划经济体制的积极作用得到了较充分的发挥。③中国生产资料私有制的社会主义改造基本上是在1956年完成的。在此之前，社会主义经济虽然已经居于领导地位，但还存在着大量的资本主义经济以及个体经济。而且，在这个期间，党和政府比较成功地通过运用价值规律，对这些私有经济实行了计划指导。所以，由这种计划经济体制产生的管理过于集中，管得过死，否定市场调节的作用等缺陷，这个期间首先在范围上受到了限制。④在这个期间，生产社会化和商品经济都还不发展；由于美国等资本主义国家对中国实行封锁禁运，对外贸易也受到了很大的限制。这些条件又使得由这种经济管理体制带来的否定国有企业的商品生产者的地位以及阻碍商品生产等消极作用，在这个期间也受到了限制。

但是，在"一五"时期以后，由于社会生产力的发展，由于上述充分发挥计划经济体制积极作用以及限制其消极作用的有利条件都发生了变化，计划经济体制的弊病越来越严重，越来越不适应社会生产力的发展。这时本应推行市场取向的经济改革（即以建立社会主义市场经济体制为目标的改革），以适应社会生产力发展的要求。但是，毛泽东"左"的思想在"大跃进"中，尤其在"文化大革命"中发展到了顶端。在经济方面，这种"左"的思想最突出的表现就是盲目追求单一的公有制（主要是国有制），彻底否定按劳分配（甚至把按劳分配说成是同资本主义差不多的东西）。这样，本来已经僵化的计划经济体制又得到了进一步强化，弊病更趋严重，以致成为社会生产力发展的严重桎梏。

所以，总的来说，计划经济体制在 1949~1952 年国民经济恢复时期和 1953~1957 年"一五"时期曾经起过重要的积极作用，大大促进了国民经济的恢复和社会主义工业化初步基础的建立。但在此后，直到 1978 年，这种体制越来越不适合社会生产力的发展。详见表 1 中 1953~1957 年和 1958~1978 年的数字。

表 1　国内生产总值总额和年平均增长率 [1]

年份	总额（亿元）	年平均增长速度（%）
1952	679.0	
1957	1068.0	
1978	3624.1	
2002	102397.9	
1953~1957		9.2
1958~1978		5.4
1979~2002		9.4

还要指出，这种计划经济体制还成为险些给整个社会主义制度带来覆灭命运"文化大革命"的制度性根源。中国政治体制中曾经存在的权力过分集中的现象，是同高度集中的计划经济体制相联系的。邓小平曾经中肯而又尖锐地指出："权力过分集中，越来越不适应社会主义事业的发展。对这个问题长期没有足够的认识，成为'文化大革命'的一个重要原因，使我们付出了沉重的代价。""如果不坚决改革现行制度中的弊病，过去出现过一些严重问题今后就有可能重新出现。"[2]

所以，无论从经济上来说，还是从政治上来说，都必须对计划经济体制进行根本改革。

1978 年底，党的十一届三中全会顺应历史潮流提出了改革开放的方针。1992 年，党的十四大又明确提出了中国经济体制改革的目标是建立

---

[1] 资料来源:《中国统计年鉴》(2002)，第 43 页。
[2]《邓小平文选》第 2 卷，第 329、333 页。

社会主义市场经济。市场取向的改革，大大促进了经济的发展，显示了强大的生命力，改革成为不可逆转的历史潮流。详见表 2 中 1958~1978年和 1979~2002 年的数字。

表 2　中国和原苏联国民收入年平均增长率　　　　　　单位：%

年份	中国	苏联
1950~1978	6.0	7.7
1979~1990	8.4	2.8

　　表 2 的数字又把中国改革前后中国国民收入年平均增长率与苏联作了比较。这些数据表明：改革前，中国国民收入年平均增长率比苏联低1.7 个百分点。这是可以理解的。虽然当时中苏两国都是实行计划经济的国家，但苏联在国民经济计划管理和贯彻按劳分配原则以及工业基础、科学技术水平和人民文化素质等方面均好于中国。在改革以后，中国国民收入年平均增长率却比苏联高出 5.6 个百分点。决定这种巨大反差的最重要因素，是这期间中国市场取向的改革取得了重大进展，显示了强大的活力；而苏联改革始终没有越出行政性分权的框框，以致经济陷于衰退的境地。诚然，1991 年苏联解体的原因是多方面的。其中，包括国外敌对势力的破坏。但决定性的原因，是僵化的计划经济体制长期没有得到根本改革，经济增速大幅下降，人民生活水平踏步不前，以致失去民心。

　　正是依据对国内外经验深刻的科学总结，邓小平生前多次尖锐指出："改革是中国发展生产力的必由之路。""不开放、不改革，没有出路，国家现代化建设没有希望。"在实际上成为他的政治遗嘱的 1992 年初重要谈话中又一次重申："不坚持社会主义，不改革开放，不发展经济，不改善人民生活，只能是死路一条。"[①] 这绝不是危言耸听，而是后人应铭刻心中的警世名言。

　　所以，在 20 世纪 70 年代末，中国实现从计划经济向社会主义市场经济的过渡，成为事关社会主义制度存亡的极其重要的紧迫问题。

　　（二）急需推进社会主义现代化建设

　　中国在 20 世纪 70 年代末之所以急需推进社会主义现代化，主要是由于：

---

　　① 《邓小平文选》第 3 卷，人民出版社 1994 年版（下同），第 136、219、370 页。

第一，这是解决中国社会主义初级阶段主要矛盾的根本手段。

1956 年，中国基本上完成了对生产资料私有制的社会主义改造，社会主义制度在全国范围内基本上建立起来。尽管这时还没有社会主义初级阶段的概念，但在事实上已经进入了这样的阶段。在这个阶段，中国国内社会的主要矛盾就发生了根本性的变化，由原来的无产阶级和资产阶级之间的矛盾，转变为人民对于经济文化迅速发展的需要同当时经济文化不能满足人民需要的状况之间的矛盾。解决这个矛盾的根本手段，就是推进社会主义现代化建设。

但是，由于 1958~1960 年"大跃进"的破坏以及 1966~1976 年"文化大革命"更为严重的破坏，大大延缓了社会主义现代化建设的进程。1958~1976 年，国内生产总值年平均增长率为 4.4%，比"一五"时期下降了 4.8 个百分点；居民消费水平年均增长率也只有 1.6%，比"一五"时期下降 2.6 个百分点。[①] 这就使得经济文化的发展不能满足人民物质文化生活的矛盾变得异常尖锐起来。因而，推进社会主义现代化建设，就成为 20 世纪 70 年代末另一个十分重要而又极为紧迫的任务。

第二，这是巩固刚刚建立起来的社会主义制度的主要物质基础。

历史经验表明：一定的生产关系是由一定的生产力决定的。这种决定有两层基本含义：①只有在生产力达到一定水平时，一种新的生产关系才有可能产生；否则就是不可能的。②在一种新的生产关系建立以后，如果它面临的社会生产力水平还达不到足以巩固新的生产关系的水平时，就必须大力发展生产力。只有使生产力水平发展到旧的生产关系不能容纳，只有新的生产关系才能容纳时，旧的生产关系的复辟就是根本不可能的，而新的生产关系才能彻底巩固起来；否则也是不可能的。封建制生产关系代替奴隶制生产关系的历史证明了这一点，资本主义生产关系代替封建主义生产关系的历史也证明了这一点。[②] 社会主义生产关系代替资本主义生产关系也一定是这样的。

这一点，在中国社会主义生产关系建立以后显得尤为突出。因为中国的社会主义生产关系是在生产力较为落后的基础上建立起来的。如前

---

① 资料来源：《中国统计年鉴》(1993) 第 218 页、(2001) 第 51 页。

② 可见，那种对生产力决定生产关系的原理只理解为前一方面，而忽视后一方面的看法，并不是全面的。

所述，在 1956 年中国社会主义制度建立以后，在长达 20 年的时间内，社会生产力并没有得到应有的发展。这样，在 20 世纪 70 年代末，发展生产力以巩固社会主义制度的任务，显得更为重要和紧迫。

第三，这是推进市场取向改革最重要的物质条件。

中国市场取向的改革，是推动社会主义现代化建设的根本动力。反过来，社会主义现代化建设又是市场取向改革顺利推进的最重要的物质条件。改革必须要付出数量大得惊人的成本。其最突出的表现就是必须逐步建立覆盖全社会的、多层次的社会保障体系。要筹集建立这个体系所需的巨额资金，最重要的就是有赖于社会主义现代化建设的发展。

第四，这是维护社会稳定最重要的经济条件。推进社会主义现代化建设，可以在提高人民生活水平，拓展就业门路，建立社会保障制度，缩小城乡之间、地区之间和行业之间的收入差别，提高社会治安综合治理能力等方面，为维护社会稳定提供最重要的经济条件。

第五，这是实现经济和社会可持续发展的关键环节。

实现经济和社会的可持续发展，需要正确处理发展与人口、资源和环境的关系。在兼顾经济、社会和环境三方面的效益的前提下，推进社会主义现代化建设，是实现可持续发展的决定性一环。这个问题留待后面做详细分析。

第六，这是提高综合国力的基础性工程。

综合国力是由经济力、科学文化力、政治力和军事力等方面的因素构成的。其中，经济力是基础性的因素。这样，推进社会主义现代化建设，也就成为提高综合国力的基础性工程。

新中国成立以来，特别是改革以来，中国综合国力有了很大的提高，但形势仍很严峻。据中国有关研究单位 1999 年发表的研究报告，在美、日、中、俄、德、法、英七国中，美国综合国力居第一；日本居第二，约为美国综合国力六成；法、英、德约为美国一半；俄为美国四成；中国居末，约为美国 1/4。这项花了 3 年时间所作的评估报告，其取值主要包括经济、军事、科教、资源四个项目。其中在经济领域，中国居第六位，分值略高于俄罗斯，不到美国的 1/3；在军事领域上，中国分值约相当于美国的 1/9，俄罗斯的 1/3，英、法的 1/2，与日本和德国接近；在科教领域，中国只有美国的 1/7，法、英、德的 1/5；在资源领域方面，俄罗斯排名第一，中国第二，美国第三；从分值来看，中国最弱于美国的是军事力量，但与其他六国相比，中国最弱的是科教水平。报告假设，美国综合国力平均增长速度为 3%，中国 7%，中国要达到美国同期的水平需 36 年，虽然今后 14 年内中美的相对差距逐年减少，但绝对差距还是逐年增加。因此，对中国短期内的综合国力评估仍不容乐观。所以，推进现代化建设，对于提高中国的综合国力，具有更为重要的意义。

第七，这是实现和平统一中国大业的极重要因素。

继香港、澳门相继回归祖国以后，和平统一台湾成为中国现阶段的一大历史任务。而中国大陆社会主义现代化建设越发展，经济实力越强，和平统一台湾的可能性越大，同时也为非和平方式统一台湾创造了物质条件。因此，推进社会主义现代化，就成为统一祖国大业的极重要因素。

第八，这是反对霸权主义、维护世界和平的一个重要条件。

很显然，作为反对霸权主义、维护世界和平的重要力量的中国，其经济实力越强就越有利。在当前，这一点尤其值得注意。应该肯定，1991 年苏联解体以后，国际形势由原来存在的美苏两个超级大国争霸的冷战局面走向世界多极化。这一点进一步使得和平与发展成为世界的主流。但同时要着重指出：在世界多极化这个主流存在的同时，还存在一股一级化的逆流，即美国顽固推行的霸权主义。① 因为只有正确地认识这股逆流，并有效地同它进行斗争，才能维护住世界和平。必须清醒看到：苏联解体并没有也不可能在世界范围内从根本上消除霸权主义的制度根源。而且，世界多极化只是一种主流发展趋势。它像任何主流一样，必然存在作为其阻滞因素的逆流，而且不排除这一逆流在某些时限内和某些问题上占上风。20 世纪 90 年代先后发生的海湾战争和科索沃战争就是一级化在军事上的突出表现。这两次战争是由多种因素引起的，而且战争的一方是以北大西洋公约军事集团面貌出现的。但在实际上，主要是由当前正在发展的并且是最强大的一级美国发动的。美国推行的霸权主义并不只是针对发展中国家，同时还针对转型国家、新兴工业化国家乃至其他的经济发达国家。

―――――――――

① 现在国内外在这方面有两种观点值得注意：一是只讲多极化，不讲一级化。这种观点从主要方说是对的，但不全面。二是把美国推行的霸权主义称做单边主义。这种观点有模糊矛盾的缺陷。当然，世界多极化在曲折中发展的观点，是完全正确的。

这种一级化主要是由于"两个不平衡"引起的。①社会主义国家的力量与资本主义国家的力量发展不平衡。一方面，1991 年苏联解体使社会主义力量遭到了前所未有的极大削弱；另一方面，资本主义力量（主要是美国）有了很大的增强。②经济发达国家内部各国力量发展不平衡。20 世纪 90 年代以来美国经济有了迅速的发展，这是一方面；另一方面，欧盟经济低增长，特别是日本在 90 年代初经济泡沫破裂以后，经济一蹶不振，长期处于低迷状态。但在商品经济条件下，不仅在市场竞争方面凭实力，在政治、军事上也是凭实力的。

值得注意的是：这两个不平衡发展还会持续一段时间。因为美国经济和科技在世界上的领先地位一时还难以转变。诚然，"9·11"恐怖袭击事件对美国是一个打击。但直接经济损失仅为 3000 亿美元。对一个拥有10 亿美元国内生产总值的富国来说，这不会影响大局。美国 2001 年三季度虽然出现了经济负增长，但 2002 年第一季度很快复苏。最近先后发生的安然公司、世通公司和施乐公司（这些公司在美国大公司中都位居前列）在财务会计上的丑闻，会对美国发生一定的负面影响。但也不会动摇它的根基。这是其一。其二，如果说，美国在 20 世纪 50 年代的朝鲜战争和 60 年代的越南战争失败以后，其霸权主义的嚣张气焰有所收敛。但20 纪 90 年代的海湾战争和科索沃战争以及 2002 年的阿富汗战争，从总体上说，它都是得手的。因而其气焰更为嚣张。其三，现在国际社会正在出现某种"绥靖主义"思潮，对美国推行的霸权主义缺乏有力的斗争。在客观上也助长了其气焰。因此，对美国推行的霸权主义，我们必须保持高度警惕，并做出相应准备，特别是要加快社会主义现代化建设；否则，就可能吃大亏。

同时也要看到：美国推行的霸权主义，不可能从根本上改变世界多极化趋势，也不可能从根本上改变世界和平与发展是世界的主流。因而，中国仍然能够争取到实现社会主义现代化建设所必须的国际和平环境。

总之，在 20 世纪 70 年代末，对中国社会生活各个方面来讲，推进社会主义现代化，都是一个极其重要的问题。

（三）急需实现经济和社会的可持续发展

国际经验表明：任何国家在工业化和现代化的长过程中，都必须正确处理经济和社会以及生产与人口、资源和环境的关系，使得它们之间形成良性的循环，以保证经济和社会的可持续发展；否则，就是不可能的。中国当前的国情是：①人口总量很大；尽管计划生育工作已经取得了巨大成就，但每年增长的人口总量仍然很大。②大多数资源人均占有量很低，处于世界后列；而且使用效率低，浪费严重。③新中国成立以来，特别是改革以来，生产建设已经取得了举世瞩目的伟大成就。但在环境破坏方面也付出了沉重的代价。1998年长江流域特大水灾，2000年北京地区的严重沙尘暴就是这方面的两个严重信号。因此，中国当前正确处理社会生产与人口、资源和环境的关系，实现经济和社会的可持续发展，显得尤为重要。

还要进一步指出：在中国现阶段，不仅解决人口和资源问题需要很长的时间，解决环境问题也是如此。这不仅是因为当前中国环境破坏已很严重，而且因为当代社会（包括资本主义社会，也包括社会主义社会）在治理环境问题上都要经历一个"污染—治理—再污染—再治理"的长期过程。中国曾经流行过一种观点认为，社会主义的中国，可以不走资本主义国家"先污染、后治理"的道路。

实际上，这种观点暗含着四个错误。

第一，把"先污染、后治理"仅仅归结为资本主义社会特有现象。

在实际上，从中国社会主义初级阶段已有的情况来看，尽管政府在治理环境上下了很大的功夫，并且取得了显著的成效，但环境污染也达到了很严重的程度。

第二，把"污染、治理"看做一次性过程。

实际上，无论在资本主义社会，或在社会主义社会，在工业化和现代化的过程中，都要经历多次"污染、治理"、"再污染、再治理"的过程。因为，在工业化和现代化过程中，不断地有新污染源出现，而对每一种污染源的认识以及它的解决办法的提出和消除污染条件的创造（如需要一定的资金和技术等），都需要经历一个过程。

第三，把"先污染、后治理"过程发生的原因，仅仅归结为一定的社会制度，这是不全面的。

实际上这个过程的发生除了一定的社会制度这个重要因素以外，还有认识过程，技术发展水平和资金供应能力等客观条件的限制。此外，政府政策选择在这方面也能发生很重大的正面影响或负面影响。比如，

1958 年开始实施的"大跃进"这种"左"的路线就曾严重破坏了中国的生态环境。

第四，再进一步具体说，即使就制度根源而言，把"先污染、后治理"过程发生的原因，仅仅归结为资本主义制度，也是片面的。

就中国社会主义初级阶段的具体情况而言，无论是国有企业和集体企业，或者是非公有制企业，都可以污染环境的制度根源。特别是在建立社会主义市场经济的过程中，由于各种特有矛盾的作用，尤其是地方保护主义在破坏环境方面的作用是很大的。农村某些集体企业和非公有制企业在满足生存需要的沉重压力下造成的环境污染也决不可低估。

以上的分析并不是否定社会主义制度在治理环境方面可以有很大的作为。实际上，社会主义制度可以凭借其本身的优越性，借鉴经济发达国家的经验，并发挥后发效应，可以在这方面发挥重大的作用。

以上的分析也不否定社会主义政府在治理环境方面具有更大的责任。实际上，"二战"后，现代的市场经济（即有国家干预的市场经济）在全世界上普遍发展，其原因是多方面的，其中的一个因素就是治理环境的需要。现在，经济发达国家在这方面发挥的作用越来越大。社会主义国家更需要这样做，而且在同等条件（包括资金和技术等）下应该做得更好。

以上的分析更不否定社会主义初级阶段各种所有制企业在治理环境方面应该承担的责任。市场经济的重要特征就是法制经济，政府固然需要依法行政，企业也要依法（包括环境保护法）经营。

以上的分析是就总体情况而言的，它并不否定许多项目在条件允许的情况下完全可以而且必须做到先治理、后投产。

但是，提出这个问题来讨论，有利于全面认识环境污染的原因，有利于认识治理环境任务的艰巨性和长期性。也正因为这样，更是急需加强环境治理，以实现经济和社会的可持续发展。

（四）急需增强国家的经济安全

在新中国建立以后，维护国家经济安全，从来就是一个重要问题。但在新中国建立之初，首要的问题是要改变原来旧中国的半殖民地半封建的地位，实现人民民主和民族独立。当然，这同时也为维护国家经济安全奠定了基础。那时对外经济联系不多，国家经济安全问题并不突出。

中国现阶段之所以急需增强国家经济安全，是由下列几种情况决定的。

第一，经济全球化已经到了前所未有的发展。

经济全球化是以工业化和知识经济化为基础的；是以国际分工不断发展为前提的；是以市场经济和科学技术的不断发展作为动力的；是以商品世界市场为起点，并向包括商品和要素（包括资本、技术和劳动力等）在内的世界市场在广度和深度上不断拓展的过程，同时，也是以商品流通国际化为起点，并向包括商品流通和商品生产、交通、通讯国际化在内的在广度上和深度上不断拓展的过程；是一个长达几百年甚至更长时间的过程。

经济全球化发展经历了下列过程：①起步阶段（18 世纪下半期至 19 世纪末）：自由竞争资本主义时代的经济全球化。②形成阶段（19 世纪末至 20 世纪五六十年代）：帝国主义时代的经济全球化。③发展阶段（20 世纪五六十年代至当前）：现代市场经济普遍发展和知识经济时代的经济全球化。

当代经济全球化发展的主要表现：①商品和服务贸易的全球化。②金融和劳动力市场的全球化。③交通、通信的全球化。④跨国公司生产经营的全球化。

第二，知识经济时代已经开始到来。

这一点，在经济发达国家已经表现得很明显。主要是：①智力劳动在生产诸要素中居于主导地位。②知识密集型产业在社会生产中占主要地位。③现代科学技术已经成为经济增长的决定因素。在 20 世纪初，科学技术对经济增长的贡献率为 20%，到中叶上升到 50%，到 80 年代又上升到 60%~80%。

第三，战后现代市场经济的发展，是席卷世界的潮流。

这种格局是：西方经济发达国家普遍推行现代市场经济是这股洪流的主体，并居主导地位。此外，这股洪流还包括以下两个重要部分：①战后许多民族独立国家的现代市场经济有了不同程度的发展。在现代市场经济推动下，有些国家（如韩国和泰国等）已发展成为新兴工业化国家，有的国家（如新加坡）甚至已经跨入准经济发达国家的行列。②20 世纪 70 年代末期以来，许多社会主义国家先后开始了从计划经济向现代市场经济的过渡。从主要方面来说，大体上可以分为两类。一类是中国，由于在改革方面坚持了正确路线，在改革和发展两方面都取得了举世瞩目的伟大成就！另一类是原苏联和东欧社会主义国家，由于改革方向和方法上的重大失误，不仅根本改变了原来社会主义制度的性质，而且使得经济长期处于衰退的境地，只是在近些年来出现了不同程度的复苏。当然，即使在这些国家，发展现代市场经济在促进生产方面的作用，也正在并日益明显地表现出来。

第四，中国在 20 世纪 70 年代末实行改革开放以来，根本改变了过去长期存在的闭关锁国状态，已经在很大的程度上融入了世界经济。

2001 年 12 月 10 日中国又正式加入了世界贸易组织，还会在越来越大的程度上融入世界经济。

在上述诸种情况下，中国经济的发展很容易受到国外经济风险和经济危机的影响。这是从一般意义上说的。从特殊意义上说，经济发达国家会利用当前还存在的有利于他们而不利于发展中国家的、不合理的国际经济旧秩序（这是从形式到内容的不平等），以及凭借他们在国际竞争中的优势（主要是发达的市场经济和领先的现代科学地位，这是一种事实上的不平等），把他们的经济风险和经济危机转嫁到包括中国在内的发展中国家，或者加剧发展中国家的经济风险和经济危机。正因为这样，增强国家经济安全也是显得异常重要起来。

二、中国转轨时期政府经济职能的主要内容

我们依据前述的政府经济职能的一般理论，并从中国政府现阶段面临的经济环境出发，对转轨时期中国政府经济职能可以做出如下概括。从总体上说来，除了维护社会主义经济基础这个基本经济职能之外，还有以下四个主要职能：①建立社会主义市场经济。②推进社会主义现代化建设。③实现经济和社会的可持续发展。④增强国家经济安全。

当前中国有的经济学教材，套用西方经济学，把中国转轨时期政府经济职能归结为实现宏观经济平衡和公平分配、解决"外部化"和提供公共品等方面。

应该肯定，这些方面确实是中国转轨时期政府的经济职能。但仅仅这样概括，又是远远不够的。这种现象忽视了中国政府在转轨时期面临

的经济环境，以及与之相联系的维护社会主义经济基础，建立社会主义市场经济体制，推进社会主义现代化建设，实现经济和社会的可持续发展，以及增强经济安全等方面的职能。当然，实现宏观经济平衡和公平分配、解决"外部化"以及提供公共品等，同上述职能也是有联系的。但它们只是上述职能中所包含的部分内容，而远不是它的全部。

还需进一步指出，仅仅用实现宏观经济平衡和公平分配、解决"外部化"以及提供公共品来概括当代经济发达国家政府职能，也是不全面的。因为这些国家的政府也有维护各自的经济基础并不断完善现代市场经济体制的职能，以及实现可持续发展和增强国家经济安全的职能。

当前亟需控制固定资产投资的过快增长 *
—— 兼论地方政府投资膨胀机制的治理

一、2006 年第一季度投资增长过快及其产生的不良社会经济后果

在科学发展观和构建社会主义和谐社会的战略思想，以及财政货币双稳健、严把土地审批和信贷投放两闸门等项政策的指导下，我国从 2003 年下半年开始发生的局部经济过热，到 2005 年趋于缓解，2006 年第一季度仍然保持了经济发展的良好态势。

但是，当前经济运行中也存在着一些不容忽视的、影响经济社会健康发展的重大问题。其中，一个突出问题就是固定资产投资增长过快。① 诚然，从 2003 年加强和改善宏观经济调控以来，全社会固定资产投资增速是趋于下降的。2003~2005 年这三年增速依次分别为 27.7%、26.8% 和 25.7%。但同时必须指出，2005 年固定资产投资的调整远远没有到位。2005 年全社会固定资产投资的增速比发生经济局部过热前的 2002 年还要高出 8.8 个百分点，比 "十五" 期间年平均增速也要高出 5.5 个百分点。在这种情况下，按照经济协调发展的要求，全社会固定资产投资的增速需要进一步下降，在实际上反而上升。2006 年第一季度全社会固定资产投资比 2005 年同期上升了 27.7%，比上年同期增速（为 22.8%）提高了

---

* 本文主要内容原载《经济学动态》2006 年第 6 期。
① 参见新华社关于 2006 年 4 月 14 日国务院常务会议的报道，载《经济日报》2006 年 4 月 15 日第 1 版。

4.9 个百分点。特别值得注意的是：在全社会固定资产投资中占了绝大部分的城镇固定资产投资（2005 年占 84.8%）大幅增长。2006 年第一季度城镇固定资产投资比 2005 年同期上升了 29.8%，比上年同期增速（为 25.3%）提高了 4.5 个百分点。

2006 年第一季度全社会固定资产投资增长过快，已经开始产生了一系列不利于经济社会健康发展的不良后果。

第一，导致经济增速过快。

多年来，投资一直是我国经济增长的主要推动力，并且是多次发生的经济过热的带头年。2006 年第一季度投资增长过快，也必然导致经济增速过快。这年第一季度国内生产总值比上年同期增长了 10.2%，比上年同期增速（为 9.9%）提高 0.3 个百分点。如果这种增速持续下去，那今年全年经济增速就要超过我国现阶段的潜在增长率（为 9.6%①），也要超过发生经济局部过热的 2003 年经济增长率（为 10%），又要发生经济的局部过热。

第二，导致最基本的经济关系失衡状况进一步加深。

1. 总需求超过总供给的状况进一步发展。经济局部过热表明总需求部分地超过了总供给，而 2003 年发生的局部经济过热，到 2005 年并未完全解除。这样，按照经济协调发展的要求，需要进一步降低经济增长率。但在实际上，2006 年第一季度主要由投资推动的经济增长不仅没有下降，反而上升了。这就意味着总需求超过总供给的状况将进一步发展。

2. 投资与消费关系原本严重失衡的状况进一步加深。2005 年，我国投资率高达 44.8%，消费率仅有 50.7%。与新中国成立后投资率最高年份和消费率最低年份 1959 年相比，2005 年投资率还要高出 2 个百分点，消费率要低 3.2 个百分点。当然，其中有众多不可比因素。但投资率过高、消费率过低则是一个不争的事实。所以，按照经济协调发展的要求，需要进一步降低投资率和提高消费率。但 2006 年第一季度也呈现出相反的情况。这年一季度社会消费零售总额比上年同期增长 12.8%，比上年同期增速（为 13.7%）下降了 0.9 个百分点，比 2006 年一季度固定资产投资

---

① 我曾经将改革后 1979~2005 年的平均经济增长率 9.4% 视为我国现阶段潜在经济增长率（详见拙文《牢牢把握战略机遇期》，《经济学动态》2005 年第 10 期第 8 页）。但依据 2004 年全国经济普查后的数据计算，1979~2004 年的平均经济增长率为 9.6%。故在此修正为 9.6%。

增速要低 14.9 个百分点。而社会消费品零售额占了全社会消费总额的大部分，2005 年占 72.7%。据此可以判断，2006 年第一季度的投资率在进一步提升，消费率在进一步下降。

3. 一些重要的产业结构的失衡状况进一步加深。多年来，我国第一、二、三产业的发展处于严重失衡状态。近几年来，在加快农业发展方面做出了很大努力，取得重大成就。但没有也不可能在短期内改变农业基础薄弱的状况。至于第三产业发展滞后则不仅没有改变，还进一步加深。2005 年，第三产业增加值占国内生产总值的比重为 40.3%，比 2004 年和 2000 年都低 0.4 个百分点。而 2006 年第一季度经济过快增长，主要是由工业构成第二产业的过快增长，至于第一、三产业的增速并不快。这年第一季度第一产业增加值增速为 4.6%，与上年同期增速持平；第二产业增速为 12.5%，比上年同期增速提高 1.6 个百分点；第三产业增速为 8.7%，比上年同期增速下降 1 个百分点。在第二产业中，规模以上的工业增加值增速为 16.7%，比上年同期增速提高了 0.5 个百分点。这样，2006 年第一季度第一产业增加值占国内生产总值的比重由上年同期的 7.7% 下降到 7.3%，第二产业由 49.4% 上升到 50%，第三产业由 42.9% 下降到 42.7%。按照工业化和现代化的一般规律，在工业化和现代化的进程中，先是第一产业比重下降，第二产业比重上升，后是第一、二产业比重下降，第三产业比重下降。而我国正处于工业化的中期阶段，并在越来越大的程度上与现代化相结合。所以，上述数据表明：农业发展滞后得到某种程度的遏制，而第三产业发展滞后状况则加深了。而这种状况又是与投资结构紧密相关的。2006 年第一季度，第一产业投资增长了 47.1%，第二产业增长了 32.7%，第三产业增长了 27.5%，比第二产业要低 5.2 个百分点。

与此同时，轻重工业之间的失衡状况又出现了反复，由发生失衡到失衡趋于缓解再到又发生失衡。在经济发生局部过热的 2003 年，轻工业增加值的增速由上年的 12.1% 上升到 14.6%，而重工业由 13.1% 上升到 18.6%；二者增速差距由 1 个百分点猛增到 4 个百分点，反映了二者关系发生了失衡。但在经济局部过热趋于缓解的 2004 年和 2005 年，轻工业增速是上升的，而重工业是下降的，二者分别为 14.7% 和 15.2%，18.2% 和 17%；二者增速差距缩小到 3.5 和 1.8 个百分点，表现了二者的失衡状态趋于缓解。而在 2006 年第一季度，轻工业增速下降到 14.7%，重工业上升到 17.6%；二者增速差距又扩大到 2.9 个百分点。当然，在我国当前工业化进入以发展重化工业为重点的阶段，重工业增速需要比轻工业快一些。但二者增速在短期内的迅速扩大，显然是二者关系又开始趋于失衡的表现。这一点也是与重工业投资增长过快相联系的。2006 年第一季度，主要由工业构成的第二产业投资比上年同期增长了 32.7%。其中，作为重工业主要组成部分的采矿业和制造业则分别增长了 43.2% 和 36.3%。显然，重工业投资的增长速度大大超过了轻工业。

第三，不利于改变我国多年存在的社会发展滞后于经济发展的状况，甚至可能加深这种失衡。

因为 2006 年第一季度投资的过快增长，主要是城镇投资的过快增长，其中主要又是工业投资的过快增长。这就不可能不从投资方面对社会事业的发展产生消极影响。

第四，不利于缓解我国当前严重存在的资源和环境压力，甚至可能加大这种压力。

既然 2006 年第一季度投资的过快增长主要是工业的过快增长。而在原来存在的粗放经济增长方式一时还难以显著改变的情况下，工业发展实际上主要还是走的高投入、高消耗、高污染、低效益的老路子。这就不可能不增加资源和环境压力。

总之，2006 年第一季度投资的过快增长，不利于科学发展观和构建社会主义和谐社会以及体现这两大战略思想的"十一五"规划纲要的全面贯彻，急需加以控制。

二、投资增长过快的条件和原因

2006 年第一季度投资增长过快，并不是偶然发生的现象，而是一系列因素共同作用的结果。

第一，我国现阶段存在巨大的投资需求。决定这一点的主要因素有：①工业化中期阶段在产业结构、技术结构和消费结构上的特点。②我国已经进入了以快速和轻波为主要特征的新经济周期。③当前我国经济增长方式的主要特点是粗放型的。④区域发展战略的全面实施。⑤社会主义新农村建设。⑥城镇化提速。⑦服务业的加快发展。⑧进一步扩大开放。①此外，当前存在有大量的开工项目，并有大量不断增加的新开工项目。这些项目的投资总额大大超过了当年的投资总额。这就形成一个倒退机制，反过来迫使投资的过快增长。2006年一季度各地新开工项目33411个（其中3月份就达21688个），投资总额达到14668亿；二者分别比上年同期增长46.7%和42%。②

第二，我国现阶段还存在巨大的资金供给。在这方面当首推居民的高储蓄。比如，2006年第一季度居民存款增加1.2万亿元，比同期非金融性公司及其他部门贷款增加额1.09万亿元还要高出0.11万亿元，比同期固定资产投资1.16万亿元也要高出0.04万亿元。

但是，如果像流行的观点那样，把资金的巨大供给仅仅归结为居民的高储蓄，那是很不全面的。在这方面还有一个极重要来源就是各种经济类型企业的高利润。其主要原因是：总起来说，各种经济类型企业使用的各种生产要素价格过低。而在资源占用和环境治理方面，企业承担的费用更低，甚至根本不承担费用。这些都会导致企业生产成本低，利润高。

就作为基本生产性要素的劳动力价格来说，在改革以前，由于长期推行高积累、低消费政策，致使劳动报酬很低。改革以来，劳动报酬有了空前未有的显著提高。但由于上述历史因素的影响，更由于劳动力市场长期存在供给远远大于需求的局面，以及这方面存在宏观调控不力，劳动力价格过低的局面并没有根本改革。1954~1978年，社会劳动生产率提高了2.17倍，而居民消费水平只提高了1.67倍，前者比后者高出0.5倍。1979~2004年，二者依次分别提高了5.91倍和5.51倍，前者比后者仍要高出0.4倍。③

还要进一步指出：当前城市职工工资低，而农民工工资更低。据粗略计算，2004年全国职工平均工资16024元，而农民工工资平均约为

---

① 详见拙文：《"十五"期间投资率和消费率的运行趋势分析》，《中国社会科学院研究生院学报》2006年第1期。

② 《光明日报》2006年5月8日第6版。

③ 资料来源：《中国统计年鉴》（有关各年），中国统计出版社。

7200元。即使按一亿农民工计算，一年就少支付农民工8824亿元。这里还没有计算农民工和城市职工在享受社会保障方面存在的巨大差别。当然，总的说来，农民工的技术水平较低，其平均工资应该比城市职工低，但不至于差这样大。之所以如此，主要是由于农村剩余劳动力过大和城乡二元体制还未根本改革所致。

就作为另一个基本生产要素的土地价格来说，主要由于现阶段土地占有和使用等环节上存在诸多弊病，土地征用主要由地方政府操作，地价远没有市场化，以致土地价格低得惊人，地方政府由此获得了巨额的收入。据国土资源部课题组估计，地方政府在农地转用增值中获得了60%以上的收益。据江苏省调查，在全省农地转用增值分配中，政府得60%~70%，农村集体经济组织得25%~30%，农民仅得5%~10%。[①]另据有的专家估计，在1987~2002年间，各级政府以低价征进高价出售的方式获得的土地差价为14204亿~30991亿元，远远超过了1952~1990年由工农业产品剪刀差流入工业部门的6990亿元。[②]其中有许多不可比因素，但巨额收入是肯定存在的。这项巨额收入中的相当大的部分经由地方政府以优惠价格招商引资以及企业的"寻租"，又落入了国内企业和外资企业。

可以毫不夸张地说，多年来，低工资（特别是农民工的低工资）和低地价，是形成企业的低成本、高利润的两个最重要因素。

以上分析是就各种经济类型的总体说的。分别说来，各类企业投资增长还有各自的特殊原因。就国有企业来说，伴随改革深化，经营机制趋于灵活，而且在市场准入和资金信贷等方面拥有优越条件，主要的垄断行业都掌握在国有企业手中。这样，国有企业就可以获得大量利润，其中相当大的部分还是垄断利润。还要提到：从1999年到现在，国有企业利润并不分红，不上缴国库。其中，仅是2005年国有及国有控股工业企业实现利润达到6447亿元，约为当年国内生产总值的3.5%，约为当年财政收入的1/5。这就为国有企业的投资增长创造了很有利的条件。私营企业在市场准入和融资等方面受到较多限制，但在"寻租"和偷漏税等方面拥有较大空间。外资企业在要素投入和税收等方面享有众多优惠条

---

①《中国经济报告》2006年4月号，第12页。

②《"十五"计划回顾与"十一五"规划展望》，中国市场出版社2006年版，第213页。

件，并通过高进（投资品高价进口）和低出（产品低价出口）的方式，获得大量利润。

正是上述诸多因素的作用，使得企业利润迅速增长。2004年，国有和规模以上的非国有工业企业利润高达11341.64亿元，比1998年增长了6.8倍。2005年，在规模以上工业企业中，国有及国有控股企业实现利润6447亿元，比上年增长17.4%；集体企业551亿元，增长了32%；股份制企业7420亿元，增长了28.7%；外商和港澳台企业3967亿元，增长了6.9%；私营企业1975亿元，增长了47.3%。[①]2006年第一季度规模以上工业企业实现利润又比上年同期增长31.3%。企业利润的高速增长正是固定资产投资高速增长的主要来源。

同时，金融的发展和对外开放的扩大，也是固定资产投资迅速增长的重要因素。2006年3月末，全部金融机构各项贷款本外币余额为21.9万亿元，比上年同期增长14%,比1978年约增21倍。2005年企业通过证券市场发行和配售股票共筹集资金1883亿元，比上年增长23.9%，比1991年增长375.6倍。2005年对外贸易顺差由1978年的-11.4亿美元增长到1019亿美元。2006年第一季度外贸顺差又达到233亿美元。2005年外商直接投资达到603亿美元,比1979~1982年的11.68亿美元增长50.6倍。2006年第一季度外商直接投资又达到142亿美元，比上年同期增长6.4%。引进外资多年居世界第二位。与外贸顺差和外商直接投资的迅速增长相联系，外汇储备也迅速增长。2006年3月末,国家外汇储达到8751亿美元，比上年末增长6.9%，比1978年增长561倍。从2月份起，国家外汇储备已由多年居世界第二位上升到第一位。[②]

可见，我国同时存在巨大的投资需求和投资供给。而且，相对投资需求来说，投资供给总是有限的，使得投资需求要经常超过投资供给，从而推动投资的过快增长。但这些仅仅是投资过快增长的条件，并不是它的原因。其原因乃是当前存在的投资膨胀机制及宏观经济调控的某种失效。

第三，当前我国转轨时期仍然存在一种特殊的投资膨胀机制。经济

---

① 《中国统计年鉴》(2005) 中国统计出版社；第494页，《人民日报》2006年3月1日第6版。

② 《中国统计年鉴》(有关各年)，中国统计出版社；《人民日报》2006年3月1日第6~7版；《经济日报》2006年4月15日第2版，4月21日第5版。

改革以前，国有经济（包括中央政府和地方政府以及国有企业）内含有投资膨胀机制。改革以来，随着政府职能的逐步转变和国有企业改革的逐步推行，在中央政府和改制已经到位的国有企业，投资膨胀机制已有很大的削弱。但由于这些改革均未到位，国有经济原来内含的投资膨胀机制并未根本消除，在地方政府方面则表现得尤为明显。这一点，已为"十五"期间的经验证明了。比如，2000~2004年，由中央管理的项目投资由6433.8亿元增长到6453.9亿元，只增长了0.3%；而由地方管理的项目投资则由26483.9亿元猛增到63618.8亿元，增长了1.4倍。[①] 诚然，后者包含了由中央政府统筹安排给地方政府的资金，还包含了非国有企业的投资。因而，它的高速增长有合理成分。即使考虑到这些，由地方政府推动的投资的增速也大大超过了中央政府的投资。这一点，还为各地制定的"十一五"规划所证明了。有关研究表明：全国31个省市自治区制定并经省市区人民代表大会通过的、又开始付诸实施的"十一五"规划具有共同点：①"一五"期间预期的国内生产总值增长率，平均起来在10%以上，比全国"十一五"规划的预期指标7.5%高出2.5个百分点以上。②许多省市区对经济增长的高预期然是以高投入为支撑的。其中，省市区"十一五"期间的固定资产投资成倍地高于"十五"时期，有的高出1.5倍，两倍甚至更多。③在产业选择上，多数省市区仍以工业（特别是重化工业）为重点。[②] 这样，就发生了奇怪的现象：按照全国"十一五"规划的要求，2006年第一季度的投资及由此带动的经济增速是过高了，但按照各省市区"十一五"规划的要求，却是完全合适的。但并不能把这种情况简单地归结为省市区负责人的责任，主要是因为在当前我国经济转轨时期地方政府仍然内含着很强的投资膨胀机制。在我国当前政企和政事等还未完全分开，以及财税、投资、就业、社会保险和干部制度等项改革还没有完全到位条件下，地方政府不仅在很大程度上还保留着原来计划经济体制留下的财务软约束；也不仅在发展经济、扩大就业、提供社会保障和发展社会事业等方面承担着重大责任，而且还直接或间接、或明或暗地、拥有或实际上拥有支配巨额生产资源（包括资金

---

① 资料来源：《中国统计摘要》（2005），中国统计出版社，第39、84、102页。
② 详见《中国经济报告》2006年4月号，第19~20页。

和土地等）的权力；① 在事实上存在着以经济增长率作为考核干部的主要指标的情况下，地方政府不仅在发展经济方面存在着强大动力，而且在它们之间存在着强大的竞争压力；在许多由国有经济控制的垄断行业产品价格和要素价格远没有市场化的条件下，客观上存在巨大的寻租空间，政府官员又面临着强烈的寻租诱惑力。以上是就地方政府一般情况而言的。而对经济欠发达的许多地方政府来说，还面临着不能及时足额发放公务员和中小学教师工资的严峻形势。正是上述财务软约束以及责任、权力、动力、压力和诱惑力共同构成了地方政府内在的投资膨胀机制。正是这种机制推动地方政府追求由高投资带动的经济高增长。在这方面，2006 年一季度也提供了数据支持。一季度中央项目投资增长 18.8%，占投资比重由上年 10.8% 下降到 9.9%，而地方项目投资增长 31.2%，所占比重由 89.2% 上升到 90.1%。②

　　这样说，并不意味着企业不存在投资膨胀机制。实际上，在那些改制还未到位的国有企业，当然在很大程度上沿袭了国有企业原有投资膨胀机制。就是那些改制已经到位的国有企业，也由于具有追求利润的冲动，又面临竞争压力，并在生产上也具有盲目性，因而仍然存在投资膨胀机制。至于那些非国有企业（包括集体企业、私人企业和外资企业），就更是这样了。

　　但在转轨时期，地方政府内含的投资膨胀机制与企业内含的投资膨胀机制，不仅在内容上是不同的，而且不是平分秋色的关系。由于地方政府在经济和政治上优势，并对企业投资具有很大的影响力，因而地方政府内含的投资膨胀机制居于主导地位，地方政府也就成为当前投资膨胀机制最重要载体。

　　可见，我国转轨时期存在的投资膨胀机制，既与计划经济时期投资膨胀机制相区别，也与资本主义条件下的投资膨胀机制相区别。在计划经济条件下，投资膨胀机制主要是由以指令计划形式体现的赶超战略和财务预算软约束形成的，在中央政府、地方政府和国有企业内含的投资膨胀机构中，中央政府内含的投资膨胀机制居于主导地位。在资本主义

---

　　① 依据国土资源部的资料，2005 年审批建设用地 34.68 万公顷。其中，国务院批准用地 14.93 万公顷，占总数的 43%；省级批准用地 19.75 万公顷，占总数的 57%（《经济日报》2006 年 4 月 29 日第 7 版）。

　　②《光明日报》2006 年 5 月 8 日第 6 版。

条件下，企业内含的投资膨胀机制主要是由追求利润和竞争压力形成的，并且几乎居于独一无二的地位。如上所述，转轨时期的投资膨胀机制主要是由居于主导地位的地方政府和各种经济类型企业内含的投资膨胀机制构成的，并由各种复杂的、相区别的原因形成的。[①]

　　第四，宏观经济调控的某种失效。应该肯定，2003 年以来，由于实行了财政、货币双稳健政策，并提高了土地在宏观调控中的战略地位，实行了最严格的土地政策，又把宏观调控与深化改革和结构调整结合起来，这年开始的经济局部过热到 2005 年趋于缓解。但 2006 年第一季度投资又增长过快，经济增速也超过了潜在增长率。仅就宏观调控来说，这是某种失控的表现。主要表现有：①稳健的货币政策在 2005 年以来的执行中显得偏宽。2003~2006 年第一季度，M2 同比增长率依次为 19.6%，14.6%，17.6%，18.8%；M1 依次为 18.7%，13.6%，11.8%，12.7%；M0 依次为 14.3%，8.7%，11.9%，10.5%。[②]上述数据表明：这期间虽然执行的都是稳健的货币政策，但是有区别的。其中，2004 年是趋紧的，而 2005 年以后是趋松的。②严格的土地政策并未得到充分有效的实行。应该看到，近两年来，在土地市场整顿方面取得了很大成果。比如，2005 年，在全国土地违法案件查处中，立案 80427 件，结案 79763 件，收回土地 6992.87 公顷，罚没款 21.76 亿元。这个数据同时表明：土地违法仍然是很严重的。贯彻最严格土地政策仍然存在很大阻力。

　　依据国土资源部执法监察局的资料，当前土地违法呈现以下特点：一是面广量大。1999~2005 年，全国共发现土地违法行为 100 多万件，涉及土地面积近 500 万亩，比 2004 年全国新增的建设用地总量（402 万亩）还要多出近 100 万亩。二是形式多样化。近期土地违法集中表现为 4 种惯用手法：①"以租代征"，规避农用地转用审批和新增建设用地有偿使用费的缴纳。②搞假招拍挂、假投资。在挂牌出让中按照事先指定的开

　　[①] 这里有必要指出曾经长期广泛流行观点的两种片面性。第一，按照这种观点，投资膨胀机制只是由于国有经济存在财务预算的软约束来形成的。实际上，在这方面，以指令计划形式出现的赶超战略，起着更重要的推动作用，并不只是由于财务预算的软约束。第二，按照这种观点，投资膨胀机制只有存在于计划经济，资本主义条件下并不存在。但在实际上，资本主义企业也存在投资膨胀机制。正是这种机制使得自由放任的古典市场经济时期频繁地发生经济危机，经济增速的波动幅度趋于增强。到了有国家调控的现代市场经济时期，尽管经济波动幅度大大下降了，但仍然发生周期波动。其主要根源仍然是企业内含的投资膨胀机制。

　　[②]《中国统计年鉴》(2005)，中国统计出版社，第 675 页；《经济日报》2006 年 4 月 15 日第 2 版。

发商，"量身定做"竞争条件，取代公开、平等竞争，有的企业以投资入股名义先控股，规避增值税、契税，再转手倒卖，不真正搞开发，专事从中渔利。③违规设开发区，"造城招商"。④一般多通过修改土地利用总体规划和采用拆分手段，化整为零批地。有的省份把土地利用总体规划修编的审批权下放给地市，使占用基本农田必须报国务院审批成了一句空话。三是"梯度西进"。随着工业项目逐步向中西部转移，较大规模的违法用地也随之转移，出现了盲目照搬曾被东部实践证明不成功做法的现象。最典型的是"以地招商"。四是地方政府主导。一些地方政府实行的低标准土地补偿和拖欠征地补偿费现象比较普遍。①

　　这种情况可以称之为我国转轨时期特有的政府调控的某种失效。诚然，即使在发达的市场经济条件下，像市场经济作用的充分发挥需要一系列条件一样，宏观经济调控作用的充分发挥也需要一系列条件。这些条件主要任务包括：作为宏观经济调控主要手段的财政、货币制度和法律制度都比较完善；作为调控微观基础的企业真正自主经营、自负盈亏，对调控反应很灵敏；作为调控中介的市场体系（包括产品和要素的市场结构体系及其价格体系）很发达，对调控的传导也很灵敏。但对这方面条件的分析，仅仅这样说还是不够的。这里需要强调，在发达的市场经济国家（无论是单一制的国家，还是联邦制的国家），宏观经济调控权都能真正比较有效地集中在中央政府手中。这是由于这些国家的中央政府和地方政府之间以及地方政府之间虽然都有某种独立的利益，但由于都是实行政企分开的，而且公共财政体制比较完善，中央政府和地方政府事权和财权的划分以及中央税、地方税和共享税的配置比较合理，旨在实现公共产品均等化原则的转移支付制度比较发展，因而中央和地方以及地方之间利益得到较好调节。这样，体现社会经济发展利益的宏观经济调控就不会因为地方利益阻碍而比较容易集中到中央政府手中，而且易于贯彻执行。在这方面，中央政府在法律上和事实上都成为唯一的宏观经济调控主体，地方政府法律上都不是这种主体。在事实上，也很少干扰这种调控。这就是经济发达国在20世纪50年代以后经济周期由强波（波峰年和波谷年的经济增速落差在10个百分点以上）走向中波（落

---

① 《经济日报》2006年4月16日第1版、4月29日第7版。

差在 10 个百分点以下），再走向轻波（落差在 5 个百分点）的一个重要原因。当然，即使在这些国家由于各种市场主体之间利益矛盾以及客观和主观的矛盾，也存在宏观经济调控失效。这也成为这些国家经济周期不能避免一个重要原因。

而当前我国经济调控某种失效则有很大不同。从中央政府到地方政府都没有完全实现政企分开，完全适合市场经济要求的企业制度、市场体系和公共财政体制还有待建立，中央政府和地方政府之间的事权和财权的划分，中央税、地方税和共享税配置，以及旨在实现公共产品均等化的转移支付制度都有待完善，因而地方政府就拥有较大的独立经济利益，中央政府和地方政府之间以及地方政府之间就有较大利益差别。这样，体现社会经济利益宏观经济调控就会受到地方利益的干扰。在这方面，中央政府虽然在法律上是唯一的宏观经济调控主体，但在事实上很难完全成为这种主体；而地方政府在法律上并不是宏观经济调控主体，但在事实上都能干扰宏观经济调控。还要提到：当前我国中央政府已经依法制定了"十一五"规划，地方政府也依法制定了各地的"十一五"规划，而且后者是在前者之先制定的，其经济增长指标又普遍高于前者。从某种意义上说，后者又在事实上为某些地方政府干扰中央宏观调控披上了一件合法外衣。这些就是 2006 年一季度宏观经济调控某种失控的根源所在。

为了从纯粹形态上考察问题，以上分析仅以作为社会生产资源配置方式的经济体制着眼的，舍弃了发达的市场经济国家和我国转轨时期在基本经济制度方面的差别。如果把这个差别引进来，那情况更为复杂，需要做专门的分析。

三、控制当前固定资产投资增长过快的思考：
重点是抑制地方政府的投资膨胀机制

总的说来，控制固定资产投资增长过快，需要针对上述促进投资增长的四方面的条件和原因，采取相应的措施。限于篇幅，这里不拟全面展开。而且，我曾就此提出过四点设想：一是提高对这个问题的严重性的认识；二是提高投资率在宏观经济调控中的战略地位；三是提高投资率预期指标的科学性；四是建立实现投资率预期指标的保证体系。①这里不再复述。本文着重就控制投资增长过快的决定因素——地方政府的投资膨胀机制做些分析。

如前所述，地方政府投资膨胀机制是由多种因素综合形成的。因此，要解决这个问题，也必须相应地采取多项措施。

第一，要进一步实现政企、政资、政事和政中（中介组织）分开，切实推进投资体制改革，以消除由财务软约束和因实际掌握大量的生产资源而带来的投资冲动。

第二，要进一步完善市场体系和推进价格改革，以消除与市场秩序混乱和价格扭曲相关的、由大量寻租活动而带来投资的盲目扩张。

第三，要进一步推进财税改革，合理划分中央政府和地方政府的事权和财权，合理配置中央税、地方税和共享税，大力实施以提供公共产品均等化为原则的财政转移支付。同时，要大力推进公共财政建设，使得政府真正承担起提供公共产品的职能。这样，就既可以有助于抑制那些收支大量盈余的富裕地方政府的投资冲动，又有利缓解那些收支巨额赤字的贫困地方政府在这方面的压力。还可设想将现行的中央、省（市区）、地区（市）、县（市）乡五级财政改成中央、省、县三级财政。应该看到：在我国基本的经济制度和政治制度下，中央政府对地方政府的控制力是很强的。同时也不能忽视，尽管中央和地方并不存在根本利益的冲突，但也确定存在局部利益的差别。因而事实上存在以这种利益差别为基础的博弈关系。而且，中央政府面对博弈的对象，是由 31 个省（区市）、333 个地区（市）、2862 个县（市）组成的地方政府。这是一个庞大群体。在这种情况下，中央政府要取得理想的博弈均衡，实现体现全国经济利益的宏观经济调控目标，是很艰难的。因此，除了推行上述各项经济改革外，改五级财政为三级财政也是一个重要方面。总的说来，这样做，有利于加强中央的集中统一领导，消除当前的某种无政府状态；有利于降低行政成本，提高行政效率。特殊地说，有利于加强中央对宏

①详见拙文：《"十五"期间投资率和消费率的运行趋势分析》，《中国社会科学院研究生院学报》2006 年第 1 期。

观经济的调控，抑制地方政府的投资冲动。

第四，切实推进包括干部培训、考核、升降和奖惩在内的干部制度改革。一般说来，干部制度改革是政治体制改革的范畴。但在我国政企还未完全分开的条件下，这项改革对我国经济的健康发展关系极大。"十五"期间，许多地方实施的以追求政绩为目标的形象工程，以经济增长率为主要指标考核干部的制度，对 2003 年发生的局部经济过热起了推波助澜的作用。近年来，经过大力宣传科学发展观，上述情况有所改变。但对这种宣传的作用不能估计过高，对其成效也不能估计过大。因为地方政府的投资膨胀机制本质上是由地方的经济、政治利益决定的。因此，解决这个问题的根本途径是经济、政治体制改革，而不是宣传工作。尽管这项工作也是十分必要和重要的。当前，值得注意：以经济增长率作为评价地方政府政绩主要指标的观点，在有的地方行政领导的电视讲话中仍不绝于耳，在有的媒体有关地方经验的报道中也屡见不鲜，在有的地方政府召开的会议中更是比比皆是。还要提到：2006 年许多地方政府都面临着换届，上述情况有可能加剧。如果真是这样，那对制止当前固定资产投资增长过快的情况，将是十分不利的。

第五，如前所述，我国当前存在的两级规划体制和先地方后中央的规划制定程序，成为促进地方投资膨胀的一个重要因素。这个问题极为复杂，需要专门研究。然而有一点可以肯定：就是各地必须依据科学发展观和构建社会主义和谐社会的战略思想以及全面体现这些思想的国家的"十一五"规划纲要，并本着实事求是的原则，在执行地方的"十一五"规划过程中不断地加以修正，在指标方面，该降低的降低，该保留的保留，该提高的提高。当然，这不是根本解决问题的办法，而是局部的改进。但这是一种可行做法，并有助于弱化地方政府的投资膨胀。在这个问题上，有一种观点需要斟酌。按照这种观点，中央政府可用立法手段取消地方政府的规划。且不说这种办法在现行的法律框架体系和地方政府规划业已制定的条件下能否行得通，即使能够行得通，如果不在经济、政治等方面着力推行改革，仍然不能从根本上解决地方政府的投资膨胀问题，甚至可能出现地方政府规划名义上取消而实际上却在进一步强化的状况。这样说，并不是否定现有的两极规划体制改革的必要，而是说要采取妥善办法处理，不能以简单的取消了之。

强调着重解决地方政府的投资膨胀机制问题，并不否定财政、货币和土地等宏观调控政策在抑制投资过快增长和实现经济持续稳定增长方面的重要性。事实上，从 20 世纪 90 年代以来，宏观调控政策在实现经济的持续稳定发展方面起过极重要的作用，在缓解 2003 年发生的经济局部过热方面也发挥了十分重要的作用。为了保持政策的稳定性和连续性，当前仍然需要实行上述各项政策。

在实施稳健的财政政策方面，在继续适当减少长期建设国债发行额和财政赤字的同时，要着重继续调整投资结构。相对城市而言，政府投资要向农村倾斜；相对经济而言，要向科教文卫等社会事业倾斜；相对一般生产而言，要向生态和环保建设倾斜；相对其他地区而言，要继续向西部倾斜。当然，同时要保证重点续建项目和适当开工建设的关系发展全局的重大项目。以上各项投资都要进一步引入竞争机制，提高投资效益。

在实施稳健的货币政策方面，总的说来，是要依据经济发展需要保持货币信贷的适度增长，并需依据深化经济改革的需要，推进利率市场化改革。鉴于 2006 年第一季度货币供应偏宽以及与之相联系的投资增长过快的情况，在实施稳健的货币政策时需要实施按照偏紧的取向进行微调。事实上，央行的从 2006 年 4 月 28 日起上调了金融机构贷款基准利率，将其中的一年期贷款利率由原来的 5.58% 提高到 5.85%。[①] 尽管这是一次微调，但由它发出的适度紧缩的信号是清晰的，对制止投资从过快增长是有益的，并有利于避免在可能发生地通货紧缩方面产生负面影响。

在土地政策方面，仍需继续实施最严格的土地政策，并需实行有保有压、区别对待的土地供应原则。应该肯定：在 2003 年发生经济的局部过热以后，提高了土地政策在宏观经济调控中的战略地位，实行了最严格的土地政策，对缓解这次局部经济过热起了特殊重要的作用。同时需要看到：这种政策虽然是依法制定和执行的，有法律手段的色彩，但就其本质属性来说是行政手段，因而在宏观调控中的作用也不能估计过高。为了进一步发挥土地在宏观调控方面的作用，最根本的需要通过经济改革的途径来实现。这个问题很复杂，需要深入研究解决。现在可以看清

① 《经济日报》2006 年 4 月 28 日第 9 版。

的有以下几点：①依法确保各类土地所有者（包括国有土地和集体所有土地等）真正到位，并保障他们在土地占用、流转和收益等方面的权益，改变当前土地所有者没有真正完全到位以及他们在各方面权益得不到有效保证的状况。②展竞争性的土地市场，改变当前政府对土地一级市场的垄断状况。③土地市场化的基础上实现土地价格的市场化，改变当前土地价格过低的状况。只有这样，才能遏制地方政府通过强制征地和垄断土地市场以获取大量收入的活动，也有利于遏制企业在这方面的大量寻租活动，从而遏制投资的过快增长。但这项改革需要经过一个较长时间。因而当前在实行最严格土地政策方面仍然不能有丝毫的放松。

强调解决地方政府的投资膨胀机制问题，并不否定解决企业投资膨胀机制问题的重要性。事实上，当前民营企业的投资就占到全社会固定资产投资的一半以上。就解决问题难易这个角度来说，后一方面问题的解决，比前一方面问题的解决要相对容易一些；而且前者在投资膨胀机制方面居于主导地位。所以，着力解决地方政府投资膨胀机制的同时，并把上述的财政、货币和土地政策也切实贯彻到对企业的调控方面，企业的投资膨胀机制问题是可以解决的。当然，也不是轻而易举的事情。

上面主要分析制止投资增速过快问题。我国当前在投资方面还有一个重要的投资结构调整问题。这个问题不是本文的讨论范围，这里不叙及。

对"宏观经济周期波动在适度高位的平滑化"一文的商榷意见*

　　读了《宏观经济周期波动在适度高位的平滑化》①一文（以下简称该文），受到有益启发。但同时必须着重指出：该文的许多观点都有值得进一步推敲之处。本文仅就其中两个相互联系的方面提出粗浅意见，以就教于该文的作者。一是该文的理论起点，这涉及马克思主义经济学关于资本主义经济危机的基本观点；二是该文的基本观点，这涉及我国宏观经济形势走势。二者均须辩明。

一

　　该文在分析理论起点时写道："马克思曾经明确指出：在商品经济中，卖与买的脱节'包括危机的可能性，但仅仅是可能性。这种可能性要发展成现实，必须有整整一系列的关系，从简单商品流通的观点来看，这种关系还根本不存在。'"该文接着说："在马克思所说'整个一系列的关系'，具有物质性和本源性的，是机器大工业的产业和发展。"该文再次强调说："马克思把'经济周期'称为'现代工业特有的生活过程。'"该文解释道："马克思分析说，所使用的固定资本的价值量和寿命，以及与此相适应的每个特殊的投资部门的产业和产业资本的寿命，会发展为

---

　　* 本文原载《中国经济问题》2006 年第 3 期。
　　① 《经济研究》2005 年第 11 期。以下所引该文，均见该刊，不一一注明。

持续多年的寿命，'可以认为，大工业中具有决定意见的部门的这个生命周期现在平均为十年。但是这里的问题不在于确定的数字。'"从这段叙述中可以清楚地看出：该文把资本主义条件下周期性经济危机的"具有物质性和本源性"的根源，都归结为"机器大工业的产生和发展"，以及与此相联系的大工业中具有决定意义的固定资本的更新。

这种归结是否符合马克思的原意呢？先看马克思自己是怎么说的。就在该文所引证的马克思所说的"必须有整整一系列的关系"的后面，马克思加了一个附注说："企图把资本主义生产当事人的关系，归结为商品流通所产生的简单关系，从而否认资本主义生产过程的矛盾。"① 显然，马克思在这里所说的"整整一系列关系"，从根本上来说，就是资本主义生产关系，以及由此产生的资本主义生产过程的矛盾。

那么，这个矛盾的内容是什么呢？按照马克思自己的说法，"总的说来，矛盾在于：资本主义生产方式包含着绝对发展生产力的趋势。"但这个趋势与"广大生产者群众的被剥夺和贫困化"相矛盾。他反复强调："一切真正的危机的最根本的原因，总不外乎群众的贫困和他们的有限的消费，资本主义生产都不顾这种情况而力图发展生产力。"他还明确指出："危机永远只是有矛盾的暂时的暴力的解决，永远只是已经破坏的平衡得到瞬间恢复的暴力的爆发。"② 这就再清楚不过地表明：在马克思看来，在资本主义经济条件下，周期性经济危机发生的根源，是植根于资本主义私有制的、旨在实现资本增值的生产无限扩大的趋势，与劳动者的有支付能力的消费需求相对狭小的矛盾。而这个矛盾在资本主义制度下是不可能得到根本解决的，因而经济危机就会周期地发生。

诚然，在资本主义条件下，大机器工业的发展，是形成和加剧上述的资本主义社会的生产和消费的矛盾的极重要的物质条件。但它并不是（也不可能是）资本主义条件下周期性经济危机的根源。

还应肯定：经济危机的周期长短同大工业中的一些有决定意义的部门固定资本更新期限是有联系的。但这只是影响周期长短的物质基础，

① 详见《马克思恩格斯全集》第 23 卷，人民出版社 1972 年版（下同），第 133 页注（73）。
②《马克思恩格斯全集》第 25 卷，第 278~279、548 页。这里还要指出：后来恩格斯将马克思在这里所说的资本主义生产过程的矛盾，进一步概括为资本主义生产方式的基本矛盾，即"社会化生产和资本主义占有之间的矛盾。"（《马克思恩格斯选集》第 3 卷，人民出版社 1972 年版，第 311 页）

也不是（也不可能是）周期性经济危机产生的根源。关于这一点，马克思自己也说得很清楚。就在该文引证的、马克思说的"但是这里的问题不在于确定的数字"的后面，马克思接着说："无论如何下面一点是很清楚的：这种由若干互相联系的周转组成的包括若干年周期（资本被它的固定组成部分束缚在这种周期之内），为周期性的危机造成了物质基础。"①

但在这里可能存在一个理论问题：在分析资本主义经济危机的周期性时，是否可以抛开资本主义生产过程中的矛盾，仅从机器大工业的固定资本更新这个视觉考察呢？在我看来，是不行的。因为资本主义生产过程的矛盾正是周期性经济危机产生的根本原因，而且其发展状况又在决定性程度上影响到周期长短以及周期中经济增速的波动幅度。所以，如果抽象了这一点，就从根本上抽象了研究对象，因而周期性经济危机以及周期长短和波动幅度都不可能从根本上得到说明。

以上各点，本来在熟悉马克思主义经济学的学人中，是很清楚的；一般也无歧义。我之所以要在这里复述一遍，完全是针对该文的上述论述，还马克思观点以本来面貌。

在这里需要指出一个值得深思的问题：马克思明白无误地把资本主义条件下周期性经济危机根源归结为"资本主义生产过程的矛盾"，而该文为什么却又明白无误地归结为"是机器大工业的产生和发展"。

二

该文提出的基本观点是："一般说来，在市场经济下，在消费结构由'吃、穿、用'向'住、行'升级，工业化和城镇化加快的时期，即工业化中期，是经济波动幅度最大的时期。""美国在 20 世纪 20 年代到 30 年代所发生的大繁荣和随后的大危机、大萧条，就是处于美国工业化中期阶段的事情。中国现在正值工业化和城镇化进程加快时期，客观上说，正是经济波动加大的时期。"这里要着重指出："这是该文对我国工业化中期经济周期波动幅度的整体判断，是一个基本观点。而且这个基本观

---

① 《马克思恩格斯全集》第 24 卷，第 207 页。

点同该文在理论起点部分把资本主义条件下经济周期的根源归结为"机器大工业的产生和发展",是一脉相承的。既然该文在理论起点部分能够这样说,那么它把工业化中期经济周期波动幅度加大的原因归结为由工业化进展而带动的产业结构的变动,也就不足为奇了。但正像该文所说的理论起点不能成立一样,该文提出的这个基本观点也不能成立。该文在这方面的根本缺陷,不仅在于完全脱离基本经济制度(是资本主义制度还是社会主义制度),而且在完全脱离经济体制(是古典的、自由放任的市场经济,还是现代的、有国家干预的市场经济)来揭示经济周期波动幅度大小的原因,而仅仅从工业化中期阶段产业结构的变化来分析这一点。这样,就必然陷入既不符合美国经济发展史实,也不符合中国经济发展史实的被动境地。在这里仅就经济体制在这方面的作用做些分析。还要说明:对美国在 20 世纪 20 年代到 30 年代是否属于工业化中期阶段的问题也存而不论。

一般说来,经济体制是社会生产资源的配置方式,因而对实现经济总量和经济结构的平衡具有决定性的作用。而历史表明:现代的市场经济(即有国家调控的市场经济),是熨平经济周期波动的决定性的力量。当然,产业结构变化对结构平衡和总量平衡也有重要作用。但并不是决定性力量。而且产业结构变动正是社会生产资源配置变化的结果,因而是由经济体制决定的。

如果不说资本主义制度和社会主义制度这样的基本经济制度的根本差别,仅就作为社会生产资源配置方式的经济体制来说,那么现代的市场经济体制在熨平经济周期波动方面的作用大体上是相同的。为了系统地说明这方面的问题,我们先来简要地考察一下资本主义条件下经济周期的历史。资本主义条件下市场经济经历了两个阶段:古典的、自由放任的市场经济和现代的、有国家干预的市场经济。与此相适应,其经济周期也已经历了各具特点的两个阶段。

在古典的市场经济时期,在 1825 年、1836 年、1847~1848 年、1857年、1866 年、1873 年、1882 年、1890 年、1990 年、1907 年、1920~1921年、1931~1933 年和 1937~1938 年都发生过经济危机。从总的趋势看经济危机是趋于加剧的。比如,在市场经济最发展的美国,其加工工业的产值在 1907~1908 年危机时下降 16.4%,在 1920~1921 年危机时下降 23%,

而在 1929~1933 年危机时下降 47.1%。

在 "二战" 以后，现代市场经济在经济发达国家得到了普遍发展。我们在下面以美国为例，考察 20 世纪 50 年代以后的经济发达国家的经济周期的发展。如果把经济周期中增速下降到 0%~1% 的年份看作是衰退阶段的低谷年，把负增长最多的年份看做是阶段危机的低谷年，那么，美国在 1950~2005 年发生的经济衰退或经济危机的情况如下：①经济增速从 1951 年的 10.2% 下降到 1954 年的 -1.3%。这是一次经济危机，波峰年和波谷年的增速落差为 11.5 个百分点。②从 1955 年的 8.8% 下降到 1958 年的 0%。这是一次衰退，其落差为 8.8 个百分点。③从 1959 年的 6.3% 下降到 1961 年的 0%。这又是一次衰退，其落差为 6.3 个百分点。④从 1962 年 7.2% 经过曲折变化下降到 1970 年的 0%。这又是一次衰退，其落差为 7.2 个百分点。⑤从 1971 年的 3% 和 1972 年的 5.8% 下降到 1975 年的 -1%。这是一次危机，其落差为 6.8 个百分点。⑥从 1976 年的 4.8% 经过曲折变化下降到 1982 年的 -3.2%。这是一次危机，其落差为 8 个百分点。⑦从 1983 年的 3.2% 和 1984 年的 6.3% 下降到 1991 年的 -1%，其落差为 7.3 个百分点。这又是一次危机。⑧从 1992 年的 2.8% 上升到 1998 年的 4.3%，再下降到 2001 年的 0.5%。这是一次衰退，其落差为 3.8 个百分点。⑨2002~2005 年经济均为正增长，依次分别为 2.2%、3.1%、4.4% 和 3.7%。[①] 但这个经济周期还没有完成。可见，在现代市场经济条件下，经济周期波动幅度大大下降了。如果可以把经济周期中的波峰年和波谷年在经济增速方面的落差超过 10 个百分点的称为强波周期，把 5~10 个百分点的称作中波周期，5 个百分点以下称作轻波周期，那么，1950 年以后美国发生的 8 次衰退和危机中，只有第 1 次可以称作强波周期，后续的 6 次为中波周期，最后 1 次为轻波周期。还要提到：1992~2005 年，美国经济已经实现了持续 14 年的正增长。

决定上述经济周期变化的根本因素，是有国家干预的、现代市场经济的形成。当然，也还有其他多种因素。举其要者有：① "二战" 以后，经济全球化获得了空前未见的大发展，各种国际经济组织（特别是关贸

---

① 资料来源：《国外经济统计资料（1949~1976）》，中国财政经济出版社；《国际统计年鉴》（1995~1998）和《中国统计年鉴》（1998~2005），中国统计出版社；《经济日报》2005 年 12 月 26 日第 7 版。2005 年为预计数字。

总协定和世界贸易组织）纷纷建立和蓬勃发展。②掌握了世界生产和贸易大部分的跨国公司的大发展，由此带来的生产集中度的提高，内部计划性的加强以及经营战略的变化。③中间阶层在社会各阶层中比重的上升。④公共财政的建立、发展及其国内生产总值中的比重增加。⑤社会福利政策的实施。⑥经济信息化的发展。⑦宏观经济学以及经济预测科学的发展和技术手段的现代化。⑧在政治民主化的条件下，选民意见（如要求低失业和低通胀，反对衰退等）和政治家偏好（如追求政绩、争取连任等）在这方面也起着越来越大的作用。以上各项因素虽然没有从根本上消除产生经济危机的资本主义制度，但却在越来越大的程度上缓解了生产和消费的矛盾以及生产上的盲目性。当然，在现代市场经济条件下，虽然在经济周期方面发生的积极变化，但只是问题的一方面。另一方面就是强化了各种经济风险。这一点特别突出表现在金融方面。

但是，随着古典市场经济向现代市场经济的过渡，作为市场经济条件下危机基本形态的相对生产过剩的经济危机是大大缓解了。

上述历史过程表明：古典的市场经济体制使得资本主义制度固有的生产和消费的矛盾以及生产盲目性大大加强，因而经济经济危机趋于加剧；而现代的市场经济体制又使得这些矛盾趋于弱化，因而经济危机也走向缓解。所以，在这方面，决定性的因素是市场经济体制的变化，而不是这个过程中多次发生的产业结构的变化。

即以该文提到的美国 1929~1933 年发生的波动幅度最大的经济危机而论，该文只字不提基本经济制度和古典市场经济体制在这方面的作用，仅仅把它归结为具有强波波动特点的房地产和汽车工业的大发展，其片面性也是显而易见的。其实，尽管房地产和汽车工业的大发展在加剧这次经济危机中起了重要作用，但从根本上来说，无论是由房地产和汽车工业的大发展带来的大繁荣，以及随后由需求制约带来的大危机，都是由基本经济制度和古典的市场经济体制决定的。声而论之，在"二战"以后，无论是在受到战争严重破坏的英法等国或者是在没有受到战争严重破坏的美国，在一个很长的时期内，房地产和汽车工业作为支柱产业都有很大发展。这样，按照该文的逻辑，包括美国在内的经济波动都要趋于加重。但在事实上，如前所述，是趋于缓解的。

该文基本观点违反资本主义经济周期发展的史实已如上述。现在进一步说明该文基本观点违反中国经济周期的史实。

按照我的划分，以经济增长波峰年为标志，新中国成立以后已经经历了八次经济周期。当前正在经历第九次经济周期。

第一周期。"一五"计划时期开始时，计划经济体制虽然没有完全建立起来，但在国民经济中已占了主导地位。而这种经济体制内含着投资膨胀的机制。同时政府以这种体制为依托，推行强速战略和非均衡战略，重点发展重工业。于是，作为经济增速第一推动力的投资急剧膨胀，因而 1953 年经济增速达到了 15.6%，成为新中国成立以后第一个经济周期的波峰年。但是，主要由投资带动的经济增速的急剧上升，必然遇到投资品以及作为基础产业的农业产品的供给的强烈制约，在客观上迫使经济增速急促下降。而且，这时政府也主动运用行政命令手段对投资进行了调整。于是，1954 年经济增速下降到 4.2%。这次周期波动幅度达到 11.4 个百分点，是一次强波周期（即波谷年对波峰年的落差超过 10 个百分点）。

第二周期。1956 年，计划经济体制的阵地得到了进一步扩大。由于毛泽东 "左" 的思想的开始发展，从 1955 年下半年起先后发动了对社会主义改造和建设速度方面的所谓 "右倾" 思想的批判。于是 1956 年经济增速又猛增到 15%，成为第二周期的波峰年。但由于周恩来和陈云等领导人的努力，1957 年及时进行了调整，使得这年增速下降到了 5.1%，才没有酿成 1958 年 "大跃进" 那样的大灾难。这次周期经济增速波动幅度达到了 9.9 个百分点，又是一个近乎强波周期。

第三周期。1958 年，我国计划经济体制得到进一步强化。特别是由于毛泽东在经济建设方面急于求成、片面追求经济增长速度的 "左" 的路线占了上风。于是，1958 年经济增长跃进到 21.3%，成为第三周期的波峰年。于是，在 1959 年上半年进行了一定程度的调整。但由于毛泽东 "左" 的阶级斗争理论的发展，1959 年夏季庐山会议后，在全国范围内掀起了批判 "右倾机会主义" 运动，把 "大跃进" 延伸到 1960 年。致使 1961 年经济负增长 27.3%。与 1958 年增速相比，落差达到 48.6 个百分点。这样，不仅成为新中国成立后第一个超强波周期（落差在 20 个百分点以上），而且第一次形成了由危机阶段（以经济负增长为标志）构成的经济周期。这是一次由经济因素和政治因素作用叠加而形成的周期。

第四周期。由于传统体制和战略的作用，1970 年经济增速又迅速上升为 19.4%，是第四个波峰年。其后，由于"文化大革命"的破坏，1976 年竟然负增长 1.6%，落差为 21 个百分点，成为第二个超强波周期和第二次经济危机。这是一次政治性的经济周期。

第五周期。也是由于传统体制和战略的作用，1978 年经济增速又上升到 17.7%，成为第五个波峰年，史称"洋跃进"。到 1981 年，经济增速下降到 5.2%，落差为 12.5 百分点，也是一次强波周期。

第六周期。由于传统体制和战略的作用，以及转轨时期的特殊矛盾（如新旧体制并存引发的问题），1984 年经济增速又上升到 15.2%，成为第六个波峰年。接着进行调整，当时国务院主要领导人曾经提出实行"软着陆"，但由于传统体制和战略的强大作用，也由于错误地估计了 1986 年的经济形势（即误认为 1986 年已经实现了"软着陆"），于是 1987 年又一次陷于经济过热。但这个周期的波峰年与波谷年的落差为 6.4 个百分点，是中国经济第一次进入中波周期（即落差为 5~10 个百分点）。

第七周期。1987 年是第 7 个波峰年，经济增速达到 11.6%。接着进行调整，由于力度过大，形成了"硬着陆"，致使 1990 年经济增速下降为 3.8%，接近衰退。这个周期的落差为 7.8 个百分点，也是中波周期。

第八周期。1992 年经济增速上升到 14.2%，是第 8 个波峰年。由于宏观调控得当，到 1997 年，增速下降到 8.8%，接近我国现阶段经济增速合理区间的上限，[①] 实现了"软着陆"。其落差为 5.4 个百分点，[②] 更是一个中波周期，并接近轻波周期。

第九周期。如果我们以作为低谷年的 1999 年（这年经济增长 7.1%）为起点考察新一轮经济周期的运行，就可以看到以下重点特点。①就周期的构成阶段看，不仅不会出现由经济因素和政治因素相结合而形成

---

① 按照现代经济学的有关理论，潜在经济增长率，是指一个国家在一定的经济发展阶段内，在既定的技术和资源条件下，在实现充分就业和不引发加速通货膨胀的情况下，可能达到的可持续的最高经济增长率。但在我国，潜在失业人口数以亿计，要实现充分就业，需要经过很长的历史时期，因而不能完全套用这个定义。但其中提到的"可能达到的、可持续的最高经济增长率"的说法，是可取的。而且可以采取简便而又较为可靠的办法，做到这一点。这就是长时间的年均增长率。我国改革开始以后的 1979~2004 年的年均增长率为 9.4%。这可以看做是潜在增长率。但它有一个合理的增长区间，其下限可以定为 7%，上限可以定为 9.5%，合理的增长区间为 7%~9.5%。

② 资料来源：《中国统计年鉴》（有关各年），中国统计出版社。

1961 年那种危机阶段（这年经济增长-27.3%），也不会出现由政治因素形成的 1976 年那样的危机阶段（这年经济增长-1.6%），而且也不会出现 1990 年那样的近乎衰退的阶段（这年经济增长 3.8%），仅仅由经济增长在合理的区间（7%~9.5%）运行的上升和下降两个阶段构成。②在经济上升阶段，不仅在上升时间上是新中国成立以后各个周期的最多年份，更是在合理增长区间上限线内运行的最多年份（年增长 8%~9.5%）。在以前 8 个周期，上升阶段的上升年份（包括波峰年份）最多为 3 年，最少为 1 年；在合理增长区间的上升年份更少，最多为 1 年，最少为 0 年。而在新一轮周期，这两个数字均为 5 年。这是到 2005 年为止的数字。但依据目前的情况看，在合理增长区间上限线内运行的年份至少还可以延续到 2010 年。③在这个周期的下降阶段，也将在经济增长合理区间下限线内运行（年增长 7%~8%）。④就经济增速波峰年份和波谷年份的波动幅度看，不仅不会是已往周期多次发生的超强波周期、强波周期，也不会是中波周期，而是首次出现的轻波周期（落差在 5 个百分点以内）。可见，新一轮经济周期的总体特点一是适度快速，①二是轻波。

　　将上述九个经济周期运行过程概括起来，可以看到两个基本特点。①新中国成立以后，我国经济周期已经实现了由强波周期到超强波周期、再到强波周期和中波周期、最后到轻波周期的转变。②与这四个阶段相对应的是：计划经济体制的建立；这种体制的进一步强化；这种体制向社会主义条件下市场经济体制逐步过渡；以及市场经济体制的初步建立和正在趋于完善。以上两点绝不是偶然的巧合，而是清楚地表明经济体制的变化是经济周期波动变化状况的决定力量。尽管产业结构变动在这方面也有重要作用，但它不仅不是决定力量，宁可说它本身的变动也是由经济体制的状况决定的。

　　就以 2003 年下半年开始发生的经济局部过热而言，以房地产和汽车为代表的产业结构升级在这方面确实起了重要推动作用。但问题的症结在于：推动房地产和汽车等产业过快发展的主要力量，正是地方政府的投资冲动和民间投资盲目性这两重因素作用的叠加。这是一方面。另一

---

　　① 即经济增速在合理增长区间内运行，而且主要在这个区间的上限线内运行。其原因详见拙文：《新一轮经济周期》，载《经济学家》2005 年第 5 期。以下只述轻波的原因。

方面，由房地产和汽车等产业的过快发展带动的经济局部过热之所以得到及时有效治理，避免了经济大起，其原因又在于作为现代市场经济重要组成部分的国家调控体系进一步完善。可见，无论是问题的发生，或是问题的治理都源于经济体制。而该文在论述这些问题时，都完全避开了这一点，其片面性是显而易见的。

需要进一步指出，该文的基本观点同该文的主题思想是有矛盾的。该文的主题思想是："未来 5~8 年，中国经济周期波动有可能出现两个新特点：一是在波动的位势上，有可能实现持续多年的适度高位运行，潜在经济增长率将在 9% 左右；二是在波动幅度上，有可能实现进一步平滑化，使经济波动保持在 8%~10% 的适度增长区间内。"但是，按照该文的基本观点，"中国现在正值工业化和城镇化进程加快时期，客观上说，正是经济波动幅度加大的时期。"如前所述，这是该文对我国当前工业化中期经济波动幅度发展趋势的整体描述，而且是客观的发展趋势。如果这个理解是正确的话，那就根本不可能出现该文所描述的波动幅度有可能实现进一步平滑化。

诚然，该文在论述其主题思想中两个新特点时写道："以上两个特点之所以说是'有可能'，一方面是因为其中包含着一定的客观因素，有着良好的发展机遇；另一方面是因为未来还存在着许多不确定性因素，还面临着许多新挑战。"乍一看来，这种论述似乎很全面，但严格推敲起来，这种平分秋色的论述，并不能真正论证这两个新特点。只有在确定第一方面是主导的决定因素，方能真正论证这两个新特点。退一步说，即使这个分析可以论证这两个新特点，那该文提出的基本观点同它的主题思想的矛盾仍然是存在的。这是其一。其二，按照该文表 1 提供的数据，新中国成立后第一周期（1953~1957 年）峰谷落差为 9.9 个百分点，第二周期（1958~1963 年）为 48.6 个百分点，第三周期（1964~1968）为 24 个百分点，第四周期（1969~1972 年）为 15.6 个百分点，第五周期（1973~1976 年）为 10.3 个百分点，第六周期（1977~1981 年）为 6.5 个百分点，第七周期（1982~1986 年）为 6.4 个百分点，第八周期（1987~1990年）为 7.8 个百分点，第九周期（1991~2001 年）为 7.1 个百分点，第十周期正在进行。该文对新中国成立后经济周期的分析同我在前面对这个问题的分析有差别，这是正常的。这里不讨论这一点。需要说明的是：

该文所做的描述，从总的趋势看，伴随中国步入工业化中期，经济周期波动幅度是下降的。大体上说这是符合该文主题思想中的第二个特点，但同该文的基本观点又是相矛盾的。其三，该文在"不断加强和改善宏观调控"部分，提出了一系列的旨在"宏观经济周期波动在适度高位的平滑化"的政策措施。必须指出：如果像该文说的"中国现在正值工业化和城镇化进程加快的时期，客观上说，正是经济波动幅度加大的时期"，那么，即使这些政策措施是完全正确的，执行也是完全到位的，最多也只能削弱经济波动的幅度，而不可能从根本上改变经济波动幅度加大的客观趋势。否则，还能"客观上说，正是波动幅度加大的时期"吗？总之，该文提出的基本观点同它的主题思想和有关分析是矛盾的，实在值得推敲。

对继续治理当前经济偏热的若干设想 *

在党的十六大以后相继提出的科学发展观和构建社会主义和谐社会两大战略思想指引下，2006 年我国经济社会发展总体上延续了良好发展态势。但当前我国经济发展中也存在着诸多不容忽视的问题。在这方面，除了经济改革、经济增长方式转变和自主创新等方面存在问题以外，经济失衡也很突出。其中，包括经济总量部分失衡，社会总需求部分地超过了总供给，形成经济偏热。从本质上说，经济冷热的根本标志，就是社会总需求小于或大于总供给；其冷热程度就是小于或大于在供给的程度。之所以说当前存在经济偏热，就是因为社会总需求只是部分地超过了总供给。当前这种偏热主要表现为经济增速偏快。在这方面值得注意的是：我国增速已经连续 4 年（2003~2006 年）增长偏快。

解决当前中国经济总量部分失衡既有紧迫性，又有可能性。这涉及众多方面。这里仅就治理当前经济偏热并防止向过热发展问题提出若干设想。

第一，当前宏观经济调控的重点似乎要放在继续治理经济偏热，并防止由偏热变成过热。其根据是：

1. 就改革前后中国经济发展的历史看，在经济周期上升阶段经常发生偏热和过热。

2. 就当前现实看，推动中国经济偏热并可能走向过热的主要因素的投资率过高，而且继续走高的压力很大。拉动经济增长的另一个重要因

* 原载《中国社会科学院要报领导参阅》2006 年 12 月 5 日。

素出口增长总是说来仍很强劲。

3. 就形成的机制和要素来说，当前由地方政府利益主导的、并由各类企业（包括公有、私有和股份制企业以及工商、金融和出口企业）利益和部门利益形成的投资膨胀机制并无多少改变。就拉动中国经济增加另一个重要因素出口说，加工贸易约占我国外贸一半的情况，一时还难以有大的改变。这是其一。其二，近年世界经济增长和贸易增长看好。据世界银行预测，2006 年全球经济增长可能达到 3.9%。这样，世界市场对我国产品的需求量仍然很大。

需要说明：强调当前要把治理经济偏热作为重点，并不是不要警惕经济发生偏冷的可能性。在这方面当前有两点值得注意：一是国内消费品和投资品的产能和产品都有过剩的情况。二是我国外贸、石油和棉花等对外依存度都很大，而这方面不确定因素又很多。此外，还要考虑，近年加强宏观调控政策效应的充分发挥，还有一段滞后时间。

第二，治理经济偏热并防止过热的重点，主要在控制投资率。控制投资率的重点有在于治理以地方政府为主导的，并由各类企业和部门的利益形成的投资膨胀机制。同时，在外贸方面，要实现重在鼓励出口创汇向鼓励转换贸易增长方式，提高外贸质量，优化进出口产品结构，缩小外贸顺差的方向转变。还要进一步降低出口退税率，并适当增强人民币汇率的变动弹性，以逐步缩小外贸顺差。

第三，要加强货币、财政和计划三大宏观调控政策的实施力度。在货币政策方面，2006 年的一个显著特点就是进一步综合运用了多种政策工具，而且使用的频率很高。仅从 2006 年 4 月到 11 月，就两次提高了利率（一次为提高贷款利率，一次为提高存贷款利率），三次提高了存款准备金率（每次提高 0.5 个百分点，由 7.5% 提高到 9%）。这对于制止经济由偏热向过热发展，保持经济平稳发展起了积极作用。但实施力度不够大，以致宽货币、宽信贷的局面没有明显改变。2006 年 8 月末，货币（M1）比上年同期增长了 15.6%，增幅比上年同期提高了 4.1 个百分点；各项贷款比上年同期增长了 16.6%。与此相联系，过高的投资率和偏高的经济增速都没有得到有效的制止。2006 年前三季度，资本形成总额比重达到 42.2%，比去年同期上升 1.1 个百分点；经济增速达到 10.7%，比去年同期上升 0.5 个百分点。当然，形成这一点的原因是多方面的。但作为这一轮经济周期上升阶段的最重要的宏观调控政策的货币政策，其实施力度不够显然是一个重要原因。在财政政策方面，近几年来，适应积极财政政策（扩张性财政政策）向稳健财政政策（中性财政政策）的转变，长期国债和国家财政赤字大幅减少。但这两方面还有压缩空间。这样做，是稳健财政政策（中型财政政策）适度向从紧方向微调的体现，正好适应了适度从紧的宏观经济政策的要求。同时要着力调整支出结构。在计划方面，加大约束性计划的推行力度。2006 年上半年，作为约束性计划指标的能耗和排污指标没有完成。这有多方面的原因，但计划执行不力，显然是一个重要原因。

第四，要加大经济、法律和行政三大手段的宏观调控的力度。总的说来，适应社会主义市场经济发展的要求，在实行这三大手段方面，要逐步实现以经济和立法手段为主、行政手段为辅的转变。但在当前，由于众多条件的限制，有些经济手段难以充分发挥作用。在这种情况下，适当重视法律和行政手段的作用是很有必要的。之所以要强调法律手段作用，首先是因为当前相当普遍地存在执法不严的情况。但更重要的原因还是当前商业行贿和政府部分官员的贪污腐败行为相当普遍而又严重。在这里，法律不仅是在一般意义上作为调控经济的手段，而且在特殊意义上作为惩治行贿和贪污、从而为贯彻宏观经济调控政策扫清道路的强有力工具。之所以强调行政手段的作用，也不只因为它是一般意义上的宏观调控的手段，而且因为当前主要由地方政府推动的投资膨胀在许多方面都是行政行为。这样，行政手段就有特殊重要的作用。当然，采用行政手段要尽可能减少其负面影响，并注意要为逐步实现居于主要地位的经济和法律手段的作用创造条件。

第五，要从资金、土地和市场准入三大源头上进一步加大宏观调控的力度。同治理 1992 年经济过热相比较，从治理 2003 年经济偏热开始，就提高了土地这一基本生产要素在调控中的战略地位，明确提出要把信贷和土地两个闸门。近年来，又进一步提出从技术、环保和安全等方面提高市场准入门槛。这些政策的提出和完善在治理 2006 年经济偏热并制止其向经济过热转变方面起了重要的积极作用，今后仍需坚持和完善，并加大实施力度。这里只是再就严把土地这一闸门的重要作用做进一步分析。在当前我国城镇化提速和建筑业作为支柱产业地位上升的条件下，土地作为基本生产要素的作用也在增强。这是其一。其二，我国土地少，相对资金的供求矛盾来说，土地更为紧缺。其三，出卖土地的收入是当前地方政府预算外收入的一项极重要来源。据报道，仅是 2004 年这一年作为地方政府小金库主要组成部分的卖地收入就达到了 6150 亿元，相当于见诸统计的地方预算外收入 4348.49 亿元的 1.43 倍。从这方面说，把住了土地闸门，就是在很大程度把住了资金闸门。还要进一步指出：在当前把住土地闸门同时又是把住国有和公有资产流失的最重要闸门。回顾改革以来的历史，有三次大的"寻租"活动以及与之相应的三次国有资产的大流失。第一次是在 1980 年代，与产品价格方面计划价与市场价并存相联系，诱发了第一次大的"寻租"活动以及由此带来的国有资产大流失。第二次是在 1990 年代，与国有小企业出卖和大中型企业的公司化改造的不规范相联系，诱发了第二次大的"寻租"活动，以及由此带来的第二次国有资产的大流失。可以毫不夸张地说，与 21 世纪初国有和集体土地出卖相联系，又一次诱发了大的"寻租"活动，以及由此带来的国有和集体资产的大流失。这里还要提到：2003 年以来，对冷热并存的不同产业和不同经济活动实施了有保有压，区别对待的政策，行之有效，还要继续实施，并加以完善。

最后，需要强调指出：解决上述失衡问题，从根本上来说，还是要在科学发展和和谐发展理念的指导下，进一步深化改革，转变经济增长方式和调整经济结构。这样，就可以把最近中央经济工作会议提出的实现国民经济又好又快发展的要求真正地逐步地落到实处。

新中国十个五年计划的回顾：成就和经验 *

在"十五"计划时期即将结束、"十一五"规划行将实施之际，回顾一下我国十个五年计划的编制和实施与经济和社会发展，总结其成就和经验以及失误和教训，具有现实意义。

按基本经济制度和经济体制的变革这个视角分期，可将新中国成立后实行的十个五年计划分为三个阶段。

一、"一五"计划（1953～1957）是从新民主主义社会向社会主义社会过渡时期实行的五年计划

新中国建立后，恢复国民经济面临着极大的困难。但由于贯彻了党的一系列路线方针和政策，仅仅用了三年时间，就恢复了遭到长期战争严重破坏的经济。与此同时，在国民经济中居于领导地位的社会主义国有经济也有了很大的发展。工农劳动群众向往社会主义的积极性空前高涨。在这种历史背景下，党中央和毛泽东改变了原来要用10年、15年甚至二三十年的时间实现新民主主义社会的设想，于1954年2年召开的党的七届四中全会上通过了毛泽东于1952年9月正式提出的党在过渡时期的总路线。同年9月，这条总路线为一届人大一次会议作为国家的总任务列入了《中华人民共和国宪法》（以下简称《宪法》）。《宪法》规定："从

---

* 原载《中国统计年鉴》（2006），中国统计出版社。

中华人民共和国成立到社会主义社会建成，这是一个过渡时期。国家在过渡时期的总任务是逐步实现国家的社会主义工业化，逐步完成对农业、手工业和资本主义工商业的社会主义改造"。① 我国发展国民经济的第一个五年计划（简称"一五"计划），就是依据党在过渡时期的总路线，即国家在过渡时期的总任务确定的。

1955年3月召开的党的全国代表会议，讨论通过"一五"计划草案，并建设由国务院提请全国人大审议批准、颁布实施。同年7月，一届人大二次会议讨论通过"一五"计划。"一五"计划的基本任务是："集中主要力量进行以苏联帮助我国设计的一百五十六个建设单位为中心的，由限额以上的六百九十四个建设单位组成的工业建设，建立我国社会主义工业化建设的初步基础；发展部分集体所有制的农业生产合作社，并发展手工业生产合作社，建立对于农业和手工业的社会主义改造的初步基础；基本上把资本主义工商业分别地纳入各种形式的国家资本主义的轨道，建立对于私营工商业的社会主义改造的基础。"②

可见，尽管"一五"计划是在提前结束新民主主义社会的情况下提出的，由于缺乏经验，它本身规定的一些指标也有过高的缺陷，但从总体上说，它却是一个完全符合法律规范的、真正意义上的国家五年计划，是建立和实行计划经济时期绝无仅有的、取得伟大成就的好计划。其主要成就是：①社会主义经济制度已经基本建立起来。1952~1957年，社会主义（或基本上是社会主义）的国营经济、合作社经济和公私合营经济占国民收入的比重由21.3%上升到97.2%，而资本主义经济和个体经济由78.7%下降到2.8%。②建立了社会主义工业化初步基础。与此相联系，中国工业化就由初期阶段开始进入中期阶段。1952~1957年，工业和农业增加值占国内生产总值的比重分别由17.6%上升到25.4%，由50.5%下降到40.3%；重工业和轻工业产值占工业总产值的比重分别由35.5%上升到55%，由64.5%下降到45%。所以，尽管1957年农业从业人员占从业人员总数的81.2%，仍然偏高，但考虑到工业化初步基础已经建立的整体情况可以认为工业化已越过了初期阶段，开始进入中期阶段。③各次产业

①《中华人民共和国宪法》，人民出版社1954年版，第5页。
②《中华人民共和国发展国民经济的第一个五年计划（1953~1957）》，人民出版社1955年版，第18页。

持续高速增长。1952~1957 年，国内生产总值由 679 亿元增长到 1068 亿元，每年平均增长 9.2%。在国内生产总值中，第一产业增加值平均每年增长 3.8%，第二产业增长 19.7%，第三产业增长 9.6%。第一产业占国内生产总值的比重由 1952 年的 50.5%下降到 40.3%，第二产业由 20.9%上升到 29.7%，第三产业由 17.6%上升到 25.4%。④经济效益提高。1953~1957 年，全社会固定资产投资效果系数是在 0.212~1.267 之间波动的；社会劳动生产率由 350.5 元/人提高到 426.2 元/人年均提高 4%。⑤物价基本稳定。1953~1957 年，居民消费价格年均提高 1.7%，处于低度的通胀。⑥失业率大幅下降，就业状况显著改善。城镇登记失业人口由 1952 年的 376.6 万人下降到 1957 年的 200.4 万人，失业率由 13.2%下降到 5.9%。⑦人民物质生活提高，民主生活和精神生活基本健康。1952~1957 年，全国居民、农村居民和城镇居民的消费水平分别由 80 元提高到 108 元，由 65 元提高到 81 元，由 154 元提高到 222 元；三者分别提高了 21.3%、16.8%、31.7%；三者年均增长分别为 3.9%、3.2%、5.7%。①

　　这期间，尽管反右派斗争给了知识界一次严重摧残，社会主义改造过急过快也给人民生活造成诸多负面影响，但民主生活和精神生活大体上还是健康的。总之，"一五"期间，社会主义改造取得决定性胜利，经济持续快速增长，就业改善，物价稳定，人民生活提高，宏观经济保持了良好的发展态势，社会事业也有很大发展。这些成就都是后续四个五年计划不能与之比拟的。

　　就"一五"计划的编制和执行的全过程来看，这些成就的取得，首先是同"一五"计划编制工作做得好相联系的。其主要表现是：①党中央为编制"一五"计划提出了具有根本指导意义的正确方针。1952 年 12月党中央在有关编制"一五"计划的指示中提出：必须以发展重工业为大规模建设的重点，但又决不能忽视轻工业、农业和地方工业以及文教事业的发展；必须充分发挥现有企业的潜力，反对保守主义；必须以科学态度从事计划工作，使计划反映客观经济法则；必须吸收群众特别是

　　① 资料来源：《伟大的十年》，人民出版社；《中国统计年鉴》（有关各年），中国统计出版社。说明：（1）本文以国内生产总值作为反映我国经济发展的最重要指标。但并不否定该指标存在的局限性。（2）新中国成立以后的前五个五年计划对外经贸关系不甚发展，故均略去了国际收支这个反映宏观经济形势的指标。（3）投资效果系数=当年新增国内生产总值/当年固定资产投资额。

先进人物参加讨论；必须首长负责，亲自动手。1953年6月党中央政治局正式提出的过渡时期总路线，更为编制"一五"计划提供了基本依据。②注重调查研究，工作扎实细致，是"一五"计划编制工作的一大特色。比如，苏联援建项目是"一五"计划的最重要内容，对这些项目部进行了认真调查（包括实地考察），并认真听取、研究和采纳了苏联的顾问和计委的意见。又如，"一五"计划从1951年开始编制到1954年基本完成，共编了五次，前三次是中财委编的，第四次是国家计委编的，第五次由以求真实务作风著称的陈云副总理主持编制的。最后由1955年召开的全国人大一届二次会议讨论通过。所以，"一五"计划编制工作完全符合法定程序。③安排指标注意遵守按比例发展的经济法则，兼顾各种经济关系；并遵守建设规模与国力相适应的原则，以及与之相联系的财政收支、银行信贷和物资供需三大平衡。④计划体制较为灵活，对公有经济实行直接计划，对非公有经济实行间接计划。⑤这期间还形成了国民经济五年计划与十五年远景计划纲要和逐年的年度计划相结合的计划体系。这样，"一五"计划虽然由于客观原因正式公布时间晚了两年，但由年度计划在很大程度上弥补了这方面的缺陷。这些就是"一五"计划编制工作中的主要经验。

这些成就的取得，还同计划执行过程中实行了一系列正确政策措施相联系的。主要是：①把基本建设放在首要地位，同时充分发挥现有企业的潜力。②不断克服急躁冒进倾向，使生产建设规模和速度与国力相适应。③在重点发展重工业的同时，注意发展轻工业和第一、三产业。④把建设重点转向内地的同时，注意发展沿海地区经济。⑤在重点建设大型企业的同时，注意发展中小型企业。⑥在重点建设重工业的同时，注意改善人民生活。⑦推行工资改革，贯彻物质利益原则，同时加强思想教育。⑧贯彻执行节约方针，在实现经济快速增长的同时，注意提高经济效益。⑨重视从苏联和东欧国家引进设备、技术、人才、资金和管理经验。⑩从经济、政治和思想方面采取了一系列措施，以巩固安定的政治局面。

这些成就的取得，从根本上说，除了采取适合中国国情的社会主义改造的步骤和形式以外，还由于充分地发挥了适合当时条件的计划经济体制的作用。历史经验表明：①这种体制有利于集中主要力量建立社会主义工业化的初步基础，有利于克服半殖民地半封建中国留下的农业、轻工业和重工业之间的比例失调状态，以及沿海和内地之间的经济发展的严重不平衡情况；有利于为生产资料私有制的社会主义改造提供良好的物质条件；有利于保证国家财政收入的增长，市场价格的稳定和人民生活的提高。当然，计划经济体制固有的弊病，在"一五"时期也已经有了暴露。这包括:这种体制不适合国营企业作为商品生产者的要求，束缚了企业的积极性；由这种体制造成的条块分割状态，割断了发展商品经济要求的部门之间和地区之间的经济联系；这种体制容易造成基本建设投资膨胀，引发国民经济比例关系的失调；这些又会导致经济效益低的后果等。束缚企业的积极性，是高度集中的计划经济体制的基本弊病；束缚地方政府的积极性，也是这种弊病的一个重要方面。高度集中的计划经济体制虽然既有积极作用，也有消极作用，但二者并不是平分秋色的关系。在"一五"时期具体条件下，其积极作用得到了较充分的发挥，是主要的方面；其消极作用受到了限制，是次要的方面。半殖民地半封建中国产业结构是畸形的，农业比重过大，工业比重过小，轻工业落后，重工业尤其薄弱。新中国成立以来，经过国民经济恢复时期的建设，这种畸形状态有了一定程度的改善，但并没有得到根本的改变。所以，"一五"年计划期间，继续优先发展重工业，是一个正确的战略决定。这个时候我国工业基础仍然是很薄弱的，外延的扩大再生产形式，即主要依靠新建企业来进行的形式占有特别重要的地位。但相对于发展轻工业和进行内涵的扩大再生产形式（即通过对原有企业的技术改造实现扩大再生产）来说，发展重工业和进行外延的扩大再生产，均需要较多的资金。这就需要把社会有限的财力集中于国家手中，用于建设有关国计民生的重点项目，以加速工业和整个国民经济的发展。高度集中的计划经济体制，正好适应了经济发展的这一客观要求，并促进了生产的发展。②以行政管理为主的计划经济体制，它的运行机制是国家各级上级机关对各级下级机关以及国家行政机关对企业的行政命令，是国家各级下级机关对各级上级机关以及企业领导人对国家行政机关的行政责任，是维护行政命令和行政责任的行政纪律，是国家各级行政干部和企业领导人的责任心，是党的思想政治工作。而在"一五"计划期间，党和政府的威信很高，党的作风正派，党的干部队伍比较年轻，官僚主义比较少，广大干部的政治激情高涨，党的思想政治工作也很有力。这一切就使得计划经济体制的运行机制是比较灵敏的，行政管理的效率也是比较高的。③"一五"计划期间党和国家的宏观经济决策是正确的。在各种经济管理体制下，党和国家的宏观经济决策都是重要的。而在高度集中的、以行政管理为主的计划经济体制下，党和国家的宏观经济决策的正确与否，其意义尤为巨大。因为只有宏观经济决策正确了，才能从根本上保证行政管理的效率；否则，就根本谈不上行政管理的效率。所以，"一五"计划期间正确的宏观经济决策，是充分发挥高度集中的计划经济体制积极作用的一个十分重要的条件。

上面分析的仅仅是问题的一个方面，即由于"一五"计划期间的各种具体条件，使得高度集中的计划经济体制的积极作用得到了较充分的发挥；另一方面，在这个期间，这种经济管理体制的消极作用却受到了很大的限制。①我国生产资料私有制的社会主义改造基本上是在1956年完成的。在此之前，社会主义国有经济虽然已经居于领导地位，但还存在着大量的资本主义经济以及个体经济。而且，在这个期间，党和政府比较成功地通过运用价值规律，对这些私有经济实行了计划指导。所以，由这种计划经济体制产生的管理过于集中，管得过死，否定市场调节的作用等缺陷，这个期间首先在范围上受到了限制。②在这期间，生产社会化和社会主义的商品经济都还不发展，由于美国等资本主义国家对我国实行封锁禁运，对外贸易也受到了很大的限制。这样，由这种经济管理体制带来的否定国营企业的商品生产者的地位以及阻碍社会主义商品生产等消极作用，这期间也暴露得不甚充分。

但也应看到：主要由于缺乏经验，"一五"计划编制和执行方面也存在不少问题。诸如，在投资总规模方面偏大，形成紧张的平衡。在投资分配方面，重工业偏多，农业和轻工业偏少；制造业偏多，煤电运等基础产业偏少；内地偏多，沿海偏少；军用偏多，民用偏少。在贯彻勤俭建国和自力更生方针方面，利用原有生产能力不够，新建和改建的企业规模偏大，标准偏高；非生产性建设和城市建设规划也存在偏多和标准偏高的问题。在计划体制方面，中央集权偏多，地方权限偏小。在生产建设方面，发生了1953年的"小冒"和1956年的"大冒"；在改造方面，1955年下半年以后，搞得过快。

二、"二五"（1958~1962）、"三五"（1966~1970）、"四五"（1971~1975）和"五五"（1976~1980）计划，是计划经济体制完全确立并进一步强化时期实行的四个五年计划

前三个五年计划的共同特点是：只有一个纲要式的文件，并没有形成完整的计划，更没有提交全国人大讨论通过。所以从完整的和法律的意义上说，三者均不能构成国家的五年计划。

但是，由周恩来主持制定的、并由党的八大讨论通过的发展国民经济的"二五"计划的建议，是一个好文件。就"二五"计划建议的内容特别是指导思想来说，是实事求是的思想路线的产物。这个决议提出："二五"计划"必须把各项计划指标放在既积极而又稳妥可靠的基础上，既要充分估计到各种有利条件，反对那种看不到各种潜在力量，低估群众社会主义积极性的右倾保守的倾向；又要充分估计到各种不利的因素和可能发生的困难，反对那种缺乏实际根据、不考虑可能条件、不注意国民经济有计划按比例发展的急躁冒进的倾向"。[1]

但十分可惜，由于毛泽东"左"的指导思想在党内占了支配地位，从 1958 年一开始就把这个好文件完全抛开，为"左"的社会主义建设总路线指导下的"二五"计划的意见所代替了。1958 年 8 月，中共中央政治局扩大会议批准的《关于第二个五年计划的意见》提出，第二个五年计划的基本目标是：完成社会主义改造，提前把我国建设成为一个具有现代工业、现代农业和现代科学文化的社会主义国家，为第三个五年计划期间经济、技术、文化的高度发展，开始向共产主义过渡创造条件。到 1962 年，全国就能建成强大的独立的工业体系，各协作区就能建成比较完整的、不同水平和各自特点的工业体系；全国在钢铁和其他若干重要产品的产量方面就能接近美国；在主要科技方面就能赶上世界先进水平。

在社会主义建设总路线和"二五"计划意见的指引下，搞了三年"大跃进"，再加上自然灾害和苏联撕毁合同的影响，使得 1961 年中国经

---

[1]《中国共产党第八次全国代表大会文件汇编》，人民出版社 1956 年版，第 181~182 页。

济陷入了深重危机。接着在实事求是的正确思想路线指引下，搞了五年的调整（1961~1965年），又恢复和发展了经济。

　　1964年5月，中共中央工作会议讨论了国家计委提出的《第三个五年计划（1966~1970年）的初步设想》。设想提出的"三五"的基本任务是：大力发展农业，基本上解决人民的吃穿用问题；适当加强国防建设，努力突破尖端技术；与支援农业和加强国防相适应，加强基础工业，使国民经济建设进一步建立在自力更生的基础上；相应地发展运输业、商业、文化教育和科研事业，使国民经济有重点、按比例地向前发展。但是后来，由于国际形势的紧张，也由于毛泽东对国际形势过于严重的估计，将"三五"计划的任务重新规定为：必须立足于战争，从准备大打、早打出发，积极备战，把国防建设放在第一位，加快三线建设，逐步改变工业布局；发展农业生产，相应地发展轻工业，逐步改善人民生活；充分发挥第一、二线的生产能力；积极地、有目标、有重点地发展新技术，努力赶上和超过世界先进技术水平。还特别强调了必须集中国家的人力、物力、财力，把与三线的国防工业相配套工业逐步建立起来，使三线成为初具规模的战略后方。

　　1970年8月、9月，党的九届二中全会审议的"四五"计划纲要（草案）提出："四五"计划的主要任务是狠抓战备，集中力量建设大三线强大的战略后方，改善布局；大力发展农业，加速农业机械化的进程；狠抓钢铁、军工、基础工业和交通运输的建设；建立经济协作区各自特点、不同水平的经济体系，做到各自为战，大力协同；大力发展新技术，赶超世界先进水平；初步建成我国独立的、比较完善的工业体系和国民经济体系，促进国民经济新飞跃。

　　可见，"三五"计划和"四五"计划虽有区别，但从他们的根本指导思想都是"左"的路线来说有共同点。主要包括：以阶级斗争为纲和社会主义建设总路线，特别是以毛泽东基于对国际严峻形势过于严重估计而提出的备战思想。这两个计划的突出特点就是强调必须立足于战争，从准备大打，早打出发，把国防建设放在第一位，加快三线建设。这些都给我国经济造成了极严重损失！

　　至于"五五"时期，由于"文化大革命"更趋严重的破坏，连个独立的纲要式五年计划都没有。只是在1975年编制了一个包括"五五"和

"六五"时期在内的 1976~1985 年发展国民经济十年规划纲要草案。这个草案直到 1978 年才提交五届人大一次会议讨论通过。这个纲要也是在"左"的社会主义建设总路线指引下制定的。按照这个纲要的规定，到 1980 年，要建成独立的比较完整的工业体系和国民经济体系；在农业方面，要基本实现农业机械化。显然，这是一个急于求成而又根本不可能实现的计划。

从"二五"时期到"五五"时期（准确地说，是从 1958 年到 1978 年，但不包括其中的经济调整时期），由于"左"的路线在党内占了支配地位，特别是由于"大跃进"和"文化大革命"的严重破坏，国民经济和社会事业都受到了极大损失，并没有得到应有发展。①经济总量没有得到的应有增长。1978 年，国内生产总值由 1957 年的 1068 亿元增长到 3624.1 亿元；1958~1978 年年均增长 5.4%。乍一看来，这个速度也不算低。但比"一五"时期下降了 3.8 个百分点，比 1979~2005 年还下降了 4.2 个百分点。还要提到：由于"大跃进"和"文化大革命"的破坏，还出现了社会主义经济史上罕见的 6 年经济负增长，即 1960 年为 -0.3%，1961 年为 -27.3%，1962 年为 -5.6%，1967 年为 -5.7%，1968 年为 -4.1%，1976 年为 -1.6%。从经济学来说，这些年份经济负增长都是经济危机年份。①②经济结构严重失衡。1957~1978 年，第一、二、三产业增加值在国内生产总值所占的比重，分别由 40.3% 下降到 28.1%，由 29.7% 上升到 48.2%（其中工业由 25.4% 上升到 44.3%，建筑业由 4.3% 下降到 3.8%），第三产业由 30.1% 下降到 23.7%。这些数字表明：工业发展过快，农业、建筑业和第三产业发展过慢。诚然，在工业化过程中，农业比重下降是合乎规律的现象。但就这段时期来说，农业比重下降又过多了。特别是农业人口比重并没有相应的下降。直到 1978 年，农村人口占全国人口的比重仍然高达 82.08%。这是不符合工业化规律的。因而这期间尽管工业有了很大的发展，但并没有越出工业化的中期阶段。在工业化过程中，作为支柱产业的建筑业比重不仅不升，反而下降，也是很不正常的。在第三产业中，作为基础产业的交通和通信业的比重，在 1957~1978 年间，由 4.6% 上升到 4.8%，仅上升了 0.2 个百分点；而商业反而由 12.5% 下降

---

① 作者依据国内外的经济资料，把经济负增长年份称做经济危机年份。

到 7.3%。这些都不符合工业化规律。在第三产业中，科学、教育、文化、卫生等社会事业的发展也是严重滞后的。其突出例子，1952~1978 年，国有企事业单位的专业技术人员由 42.5 万人增加到 43.45 万人，在长达 26 年的时间里，仅增加了 9500 人。这从一个重要侧面反映了科教事业发展的速度很慢。以上说的是第一、二、三产业之间的比例失调。在工业内部，轻重工业比例关系也陷入严重失调状态。1957~1978 年，轻重工业产值占工业总产值比重分别由 55% 下降到 43.1%，这里的问题也像农业比重下降的情况相类似，轻工业比重下降过多。由此造成的一个严重后果就是农产品和轻工产品远远不能满足市场的需求。③经济效益大幅下挫。特别是 1961 年和 1962 年，全社会固定资产投资效果系数分别为 -1.215、-0.651，1967 年和 1968 年分别为 -0.404、-0.262，1976 年为 -0.082；在这五个年份，社会劳动生产率的增长率分别为 -26.5%、-6.8%、-8.2%、-7.5%、-3.3%。④在物价方面，1957~1978 年，居民消费价格占上升了 16.7%，年均增幅 0.7%。表面看来，物价涨幅很小。但在实际上，由于农业和轻工业发展严重滞后，消费品的供给远远不能满足有效需求。比如，1960 年消费品货源仅能达到市场购买力的 87.9%，1967 年仅能达到 94.8%，1976 年仅能达到 97.2%。而在行政指令的价格体制下，物价上升被严重抑制住了。所以，这期间的有些年份，实际上发生了抑制型的通胀。⑤在就业方面，城镇登记失业人员由 1957 年的 200.4 万人增加到 530 万人，失业率由 5.9% 下降到 5.3%。但如果考虑到城市特别是农村的大量潜在失业，失业人数和失业率大大超过了这些数字。⑥人民物质文化生活没有得到应有的改善。1957~1978 年，全国居民、农村居民和城镇居民的消费水平分别由 108 元上升到 184 元，由 82 元上升到 138 元，由 222 元上升到 405 元；三者分别提高了 1.44 倍、1.35 倍、1.65 倍；三者年均增长只有 1.7%、1.4%、2.4%，比"一五"期间增幅大大下降了。其间还有五年居民消费水平是负增长的，特别是 1959~1961 年连续三年负增长。这三年分别负增长 8.3%、5.3%、6.3%。①据专家计算，由 1958 年开始的"大跃进"而造成的吃不饱，再加上过度劳动和疾病流行，非正常死亡人数达到 1700

---

① 资料来源：《中国统计年鉴》（有关各年），中国统计出版社。

万人。① 在民主生活和精神生活方面，由于 1959 年"反右倾"斗争，特别是十年"文化大革命"，这两方面生活也都受到了严重的摧残。在"文化大革命"中激烈动荡的有些年份，许多党政干部和知识分子家庭陷入人人自危的可怕境地。

但同时应该看到："二五"到"五五"期间，在党的领导下，依靠社会主义的基本经济制度和全国人民的艰苦奋斗，国民经济和社会事业也有很大发展，（如 1978 年国内生产总值比 1957 年增长 2.02 倍），有些领域还有巨大发展（如石油工业、化学工业和冶金工业的产能、产量的和技术发展），甚至飞跃发展（如核工业和航天技术的发展）。

上述"二五"至"五五"期间发生的严重问题，从直接相关的意见上说，首先是同计划编制中存在的诸多错误相联系的。主要是：①盲目推行强速战略，以致造成经济多次大起大落。②长期片面推行优先发展重工业的战略，使得经济中的基本比例关系（主要是农轻重关系以及积累和消费的关系）多年严重失衡。③长期实行粗放经济增长方式，忽视向集约型经济增长方式转变，以致科技进步和产业升级缓慢，经济效益低下。④缺乏稳定而又科学的经济地区布局战略。从"一五"前期的重点建设内地，跳到 1958 年"大跃进"中工业布局遍地开花，1964 年以后又集中力量大搞三线建设。⑤ 盲目推行自给自足的封闭战略，企业搞"大而全"和"小而全"，地区搞独立的经济体系，对外在很大程度上搞闭关锁国。⑥严重忽视科学、教育和知识分子的作用。⑦根本缺乏社会发展的观念，只是单纯的经济发展计划，致使就业、人民生活和社会保障等社会问题积累成山。⑧根本缺乏可持续发展的观念，以致人口增长失去控制，环境和生态受到严重破坏。⑨在财政方面，除了总规模过大和过多向重工业倾斜等问题以外，国防战略费和对外援助费也都超过了国力。⑩缺乏完整、稳定、科学的五年计划，加剧了发展的盲目性。⑪法制不健全。没有制定有关编制五年计划的法律，这方面没有什么约束力。这些就是这四个五年计划编制工作中的重要教训。

但从根本方面说来，上述问题的发生，还是由于计划经济体制得到了进一步的强化。如前所述，计划经济体制在"一五"时期曾经起过主

---

① 苏星：《新中国经济史》，中共中央党校出版社 1999 年版，第 490 页。

要的积极作用。这是由当时的具体条件决定的，特别是同当时生产社会化程度较低的情况相适应的。但随着各种条件的变化，特别是生产社会化的提高，计划经济体制变得越来越不适应生产力的发展，以致成为桎梏，急需进行根本性改革。在 1958 年和 1970 年只是进行了两次改进。而且改进的取向只是行政性分权。这样，不仅不能根本消除计划经济体制的弊病，而且，每次都陷入"一放就乱，一乱就收"的怪圈，结果都是强化了计划经济体制。这种被强化了的体制内含的投资膨胀机制，正是 1958 年开始的"大跃进"和 1971 年发生的"三个突破"（即全国职工人数达到 5318 万人，突破 5000 万人；工资总额达到 302 亿元，突破 300 亿元；粮食销量达到 427.5 亿公斤，突破 400 亿公斤）的体制性根源。更为严重的是，与高度集中的计划经济体制相联系的高度集权的政治体制，是滋生封建式的个人专断的制度根源。正是这一点导致了"文化大革命"。而且在一定条件下，它会使党规和国法破坏殆尽，使得包括五年计划编制和执行在内的一切经济工作都会受"左"的路线支配。在这种大形势下，即使周恩来、李富春、李先念、余秋里和谷牧等领导人先后在极困难条件下做了艰苦努力，也无济于事。这就是上述四个五年计划编制工作和实施工作以及其他一切经济工作的最基本教训。

三、"六五"（1981~1985）、"七五"（1986~1990）、"八五"（1991~1995）、"九五"（1996~2000）和"十五"（2001~2005）计划是计划经济向社会主义市场经济转变时期实行的五个五年计划

从 20 世纪 80 年代初到 21 世纪初，党和政府在党的十一届三中全会重新确立的实事求是的思想路线指导下，依据邓小平提出的实现社会主义现代化建设三步走的战略目标和改革开放的总方针，以及国内外形势的发展，先后相继制定了从"六五"至"十五"的五个五年计划，规定了这五个五年计划国民经济和社会发展的任务。分别说来。

"六五"计划的基本任务是：继续贯彻执行"调整、改革、整顿、提高"的方针，进一步解决过去遗留下来的阻碍经济发展的各种问题，取得实现财政经济状况根本好转的决定性胜利，并且为第七个五年计划期

间的国民经济和社会发展奠定更好的基础，创造更好的条件。

"七五"计划的主要任务是：进一步为经济体制改革创造良好的经济环境和社会环境，努力保持社会总需求和总供给的基本平衡，使改革更加顺利地展开，力争在 5 年或更长一些的时间内，基本上奠定有中国特色的新型社会主义经济体制的基础；保持经济的持续稳定增长，在控制固定资产投资总额的前提下大力加强重点建设、技术改造和智力开发，在物质技术和人才方面为 90 年代经济和社会的继续发展准备必要的后续能力；在发展生产和提高经济效益的基础上，继续改善城乡人民生活。

"八五"计划的基本任务是：①努力保持社会总需求与社会总供给基本平衡，在控制通货膨胀的前提下，以提高经济效益为中心，促进经济的适度增长。②突出抓好经济结构调整，使产品的品种、质量、数量同国内外市场需求的变化相适应；使农业与工业、基础工业和基础设施与加工工业比例失调的状况有所扭转；使企业组织结构不合理的现象逐步得到改善；使地区经济结构趋同化的倾向得到抑制。③立足现有基础，充分挖掘潜力，积极地、有重点地推进现有企业技术改造。要选择一批大中型骨干企业和一批重点产品，作为技术改造的主体和突破口，努力使这些企业和产品接近或达到国际先进水平。与此同时，要集中必要的财力、物力，加强重点建设，增强国民经济发展的后续力量。④在努力发展生产，全面厉行节约，大力提高经济效益的基础上，采取适当的办法和步骤，合理调整收入分配格局，增加国家财政收入特别是中央财政收入，并严格控制财政支出，减少财政补贴，逐步改善财政收支不平衡状况。同时，保持合理的信贷规模和结构，严格控制货币发行。⑤进一步推动科技、教育事业发展，并使之更好地为调整结构、提高经济素质和效益服务。⑥更有效地开展对外贸易，积极引进国外资金、技术和智力，巩固和发展对外开放的格局，把扩大对外开放同提高生产技术和经营管理水平更好地结合起来。⑦以增强国营大中型企业活力、健全企业合理的经营机制为中心，协调配套地进行计划、投资、财政、税收、金融、价格、物资、商业、外资和劳动工资等方面的体制改革，加快社会保障制度和住房制度的改革，促进社会主义有计划商品经济新体制的形成。同时，进一步完善政府行政管理体制。⑧努力加强社会主义精神文明建设，促进社会的全面发展和进步。严格控制人口增长。妥善安排劳动就业。在生产发展的基础上，使人民生活进一步得到改善。继续发展文化、卫生、体育等事业。加强环境保护工作，防止环境污染和生态环境的恶化。加强国防建设，提高防御能力。

"九五"计划的主要奋斗目标是：全面完成现代化建设的第二步战略部署，到 2000 年，人口控制在 13 亿以内，实现人均国民生产总值比 1980 年翻两番；基本消除贫困现象，人民生活达到小康水平；加快现代企业制度建设，初步建立社会主义市场经济体制。

"十五"计划的主要目标是：国民经济保持较快发展速度，经济结构战略性调整取得明显成效，经济增长质量和效益显著提高，为到 2010 年国内生产总值比 2000 年翻一番奠定坚实基础；国有企业建立现代企业制度取得重大进展，社会保障制度比较健全，完善社会主义市场经济体制迈出实质性步伐，在更大范围内和更深程度上参与国际经济合作与竞争；就业渠道拓宽，城乡居民收入持续增加，物质文化生活有较大改善，生态建设和环境保护得到加强；科技、教育加快发展，国民素质进一步提高，精神文明建设和民主法制建设取得明显进展。[①]

在党在社会主义初级阶段的基本理论、基本路线、基本纲领和基本经验以及不断趋于完善的五个五年计划的指引下，我国改革开放和社会主义现代化事业取得了世人瞩目的伟大成就！

第一，社会主义市场经济体制已经初步建立，并在趋于完善。其主要表现是：①现代的企业制度、市场体制和宏观调控体系已初步建立，并趋完善。②包括农业生产经营、流通和税费改革在内的农村经济改革，已经和正在取得决定性进展，并在全面深化。③以社会主义国有经济为主导的多种所有制共同发展的格局已经基本形成，并在进一步发展。④对外开放的总体格局已经形成，也在进一步发展。比如，1978 年，社会主义公有经济占国内生产总值的比重高达 99%，非公有经济仅占 1%，但到 2005 年，前者比重下降到 35%，后者比重上升到 65%。1978~2002 年，在社会商品零售总额中，政府行政指令定价的比重由 97% 下降到 2.9%，市场调节价的比重由 3% 上升到 95.8%；在农副产品收购总额中，二者比

---

①《中国经济年鉴》（1983、1986、1991、1996、2001）。

重分别由 92.2%下降到 2.6%，由 5.6%上升到 94.5%；在生产资料销售总额中，二者比重分别由 100%下降到 9.7%，由 0%上升到 87.3%。[①] 1978~2005 年，进出口贸易总额由 355 亿元增加到 116921.8 亿元，对外贸易依存度由 9.8%上升到 63.9%。2005 年利用外资由 1981 年 36.4 亿元增加到 3978.8 亿元；占全社会固定资产投资的比重由 3.7%上升到 4.2%。

第二，经济持续平稳快速发展。1978~2005 年，国内生产总值由 3624.1 亿元增长到 183084.8 亿元，年均增长 9.6%；在基数大大增加的情况下，仍高于"一五"时期，更高于 1958~1978 年。这是这期间经济的快速增长方面；其平稳增长突出表现，就是已经进入了以轻波周期为主要特征的新的经济周期。如果我们以经济增长率作为主要标志考察经济周期的运行，并以作为低谷年的 1999 年（这年经济增长 7.6%）为起点考察新一轮经济周期的运行，就可以看到以下重要特点。①就周期的构成阶段看，不仅不会出现由经济因素和政治因素相结合而形成 1961 年那种危机阶段（这年经济增长-27.3%），也不会出现由政治因素形成的 1976 年那样的危机阶段（这年经济增长-1.6%），而且也不会出现 1990 年那样的近乎衰退的阶段（这年经济增长 3.8%），仅仅由经济增长在合理的区间（7%~9.5%）[②] 运行的上升和下降两个阶段构成。②在经济上升阶段，不仅在上升时间上是新中国成立以后各个周期的最多年份，更是在合理增长区间上限线内运行的最多年份（年增长 8%~9.5%）。在以前 8 个周期，上升阶段的上升年份（包括波峰年份）最多为 3 年，最少为 1 年；在合理增长区间的上升年份更少，最多为 1 年，最少为 0 年。而在新一轮周期，这两个数字均为 6 年。这是到 2005 年为止的数字。但依据目前的情况看，在合理增长区间上限线内运行的年份至少还可以延续到 2010 年。③在这个周期的下降阶段，也将在经济增长合理区间下限线内运行（年增长 7%~

[①] 以上数字未包括政府指导价，故政府行政指令定价和市场调节价之和不等于 100%。

[②] 按照现代经济学的有关理论，潜在经济增长率，是指一个国家在一定的经济发展阶段内，即在既定的技术和资源条件下，在实现充分就业和不引发加速通货膨胀的情况下，可能达到的可持续的最高经济增长率。但在我国，潜在失业人口数以亿计，要实现充分就业，需要经过很长的历史时期，因而不能完全套用这个定义。但其中提到的"可能达到的、可持续的最高经济增长率"的说法，是可取的。而且可以采取简便而又较为可靠的办法，做到这一点。这就是长时间的年均增长率。我国改革开始以后的 1979~2005 年的年均增长率为 9.6%。这可以看做是潜在增长率。但它有一个合理的增长区间，其下限可以定为 7%，上限可以定为 9.5%，合理的增长区间为 7%~9.5%。

8%）。④就经济增速波峰年份和波谷年份的波动幅度看，不仅不会是已往周期多次发生的超强波周期（波幅在 20 个百分点以上）、强波周期（波幅在 10 个百分点以上），也不会是中波周期（波幅在 5~10 个百分点），而是首次出现的轻波周期（波幅在 5 个百分点以内）。

1979~2005 年，第一、二、三次产业都程度不同地获得了迅速发展。其中，第一产业增长了 2.36 倍，年均增长 4.6%；第二产业增长了 17.01 倍，年均增长 11.3%；第三产业增长了 14.4 倍，年均增长 10.2%。

第三，经济结构趋于优化。

1. 产业结构呈现优化态势，显示出工业化中期的前期阶段正在向后期阶段发展的趋势，现代化也有相当发展。①1978 年第一、二、三次产业增加值在国内生产总值中的构成为 27.9：47.9：24.2；到 2005 年这一构成提高到 12.6：47.5：39.9。尽管同已实现工业化的国家相比，在工业化进程中，我国城镇化远远落后于工业化。但上述构成的提高仍能明显反映出我国工业化已经有了很大发展。而且这种提高与 1979 年以前不同，即工业比重的提高不是以工业与第一、三产业的严重失衡为前提的，而是以前者与后者较为协调的发展为前提的。尽管当前在这方面仍未达到协调状态，但比 1979 年以前的失衡状态要好多了。②1978 年种植业和林、牧、渔业的产值在农业总产值的构成为 80：20；到 2005 年种植业产值比重下降到 49.7%，林、牧、渔业比重上升到 50.3%。③在工业内部，轻工业产值比重由 1978 年 43.1% 下降到 2005 年的 31.1%，重工业比重由 56.9% 上升到 68.9%。在轻工业内部，以农产品为原料的产值比重由 1978 年的 68.5% 下降到 2003 年的 62.7%，以非农产品为原料的产值比重由 31.5% 上升到 37.3%。在重工业内部，采掘工业产值比重由 1978 年的 12% 下降到 2002 年的 8.7%，原材料工业产值比重由 35.5% 上升到 38.5%，制造工业产值比重由 52.5% 上升到 52.8%。这期间，工业中高新技术产业比重进一步上升，在出口方面尤为如此。高新技术产品在出口中的比重由 2000 年的 14.8% 上升到 2003 年的 25%。④在第三产业内部也进一步呈现出现代服务业比重上升的趋势。比如，1990~2005 年，民用航空在旅客周转量的比重由 1.6% 上升到 11.7%；传统的电话用户仅增长了 50.2 倍，而现代的移动电话用户则增长了 21857 倍。总起说来，这期间产业结构的变化是适应工业化和现代化要求的，但也有不协调的一面，主要是农业、能源和交通运输等基础产业发展滞后。

2. 企业组织结构进一步趋于优化。1978~2002 年，工业中大型企业产值比重由 34.1%上升到 46.1%，中小型企业比重由 65.9%下降到 53.9%。这些变化也符合工业化和现代化规律要求。

3. 为了改变改革前实行的地区经济发展的均衡战略造成的低效率状态，改革以来，实行非均衡战略，在改革开放等项政策方面实行了向效率高的东部地区倾斜。这样，东部地区工业产值占工业总产值比重由1978 年的 63.32%上升到 1999 年的 70.14%，中西部地区比重由 36.68%下降到 29.86%。于是在 1999 年开始实施西部大开发战略。由于这一战略实施时间不长，还难以改变东部地区比重上升的趋势。2003 年，东部地区工业产值还上升到 73.48%，中西部地区比重下降到 26.52%。

第四，改革以来，在生产持续、高速增长的基础上，到 1997 年，初步实现了由计划经济体制形成的、长期存在的卖方市场向买方市场的过渡。

第五，在经济效益方面，与这期间经济增长率稳步高速增长的形势相适应，也是呈现出上升的态势。全社会劳动生产率由 1978 年的 771.1（元/人）提高到 2004 年的 4182.3（元/人）；提高了 4.42 倍，年均提高 6.7%，高于"一五"时期，更高于 1958~1978 年。1979~2004 年，投资效果系数是在 0.181~0.711 之间波动的，低于"一五"时期，但高于"二五"、"三五"、"四五"和"五五"时期。

第六，在物价方面，1979~2005 年，波动较大。其中，有五年发生了中度通胀（即 1980 年居民消费价格指数为 107.5，1985 为 109.3，1986 年为 106.5，1987 年为 107.3，1996 年为 108.3），还有五年发生了高度通胀（即 1988 年为 118.8，1989 年为 118，1993 年为 114.7，1994 年为124.1，1995 年为 117.1），另有三年出现了轻度通缩（即 1998 年为99.2，1999 年为 98.6，2002 年为 99.2），其余 14 年为轻度通胀（即居民消费价格指数为 100~105）。但从发展趋势看，与新一轮经济周期的轻波特征相适应，物价波幅也进入了低度通胀区间。1999~2005 年，居民消费价格涨幅年均为 1.2%。

第七，由于改革深化，结构调整及技术进步，以及每年新增大量劳动力，城镇登记失业率虽然由 1978 年的 5.3%下降到 2005 年的 4.2%，但失业人数由 530 万人增加到 839 万人。而且，还有大量潜在的失业人口。

就业形势仍很严峻，压力很大。

第八，由于经常项目和资本项目两方面的国际收支均呈现持续顺差，因而外汇储备持续大幅攀升，由 1978 年的 1.6 亿美元增长到 2005 年的 8188.7 亿美元。

第九，人民物质生活显著提高，民主生活和精神生活大为改善。1978~2005 年，全国居民消费水平由 184 元提高到 5439 元，年均提高 6.7%；农村居民家庭人均纯收入由 133.6 元提高到 3255 元，年均提高 6.3%；城镇居民家庭人均可支配收入由 343.4 元提高到 10493 元，年均提高 6.2%。[①] 2000 年就实现了小康生活目标。此后向全面小康生活目标前进。伴随政治、文化领域的改革和建设的发展，人民享有的民主权利在扩大，精神生活的质量在提高。

第十，综合国力大大增强。到 2005 年，我国经济总量已居于世界第四位；众多现代科技领域居世界前列；进出口总额，连续两年居世界第三位；引进外资和外汇储备多年分别居世界第三位和第二位。当前，我国虽然还不是世界经济强国，但已实现了由世界人口大国向世界经济大国的转变。

上述成就表明：1979 年改革以来（其中主要是"六五"至"十五"五个五年计划时期），是新中国成立后经济社会发展的最好时期。这并不是偶然发生的，而是有其必然性。

第一，依据市场取向改革的要求，以及计划编制工作经验的总结，并借鉴经济发达国家的有益经验，经过探索后初步形成了适应社会主义市场经济的五年计划编制工作体系。①在编制程序方面，首先由中共中央提出关于国民经济和社会发展的五年计划建议，再由国务院制定五年计划，最后由全国人民代表大会审议通过。在这个过程中，逐步提高了包括各类市场主体在内的社会公众的参与度。这可以看做是体现了党的领导、人民当家做主和依法治国的、适合中国国情的、卓有成效的计划编制工作程序。②在计划范围方面，根本改变了改革前单纯经济发展的计划，实行了发展和改革并举、经济和社会发展兼蓄、物质文明、精神文明和政治文明同时推进的转变。③在计划调控的对象上，逐步改变了

---

① 以上数据资料来源：《中国统计年鉴》（有关各年），中国统计出版社。

改革前宏观和微观都管的做法，主要限定在经济宏观领域。④在计划管理的性格上，由改革前的指令计划目标逐步向具有指导性的预期目标转变。⑤在计划管理手段上，逐步改变了改革前主要依靠行政手段的做法，逐步实现主要依靠经济手段和法制手段。⑥在编制计划的同时，注意建立保证计划实施的机制创新、宏观经济指标的监测预警以及各种储备基金。⑦建立和完善了五年计划与长期远景规划和年度计划之间的有机的稳定的联系。以上各点都是逐步形成的，有些方面还没有完全到位。

第二，依据实践经验的总结，先后提出并实施了对我国经济社会发展具有重要指导意义的战略体系。主要是：一切经济工作都要以提高经济效益为中心；实现以内涵为主的扩大再生产；走新型工业化道路；实施科教兴国、人才强国和可持续发展；把扩大内需作为基本立足点；实现西部大开发、振兴东北等老工业基地、促进中部崛起和鼓励东部率先现代化的区域经济的协调发展；发挥改革、发展和稳定三者之间的相互促进作用，坚持物质文明、精神文明和民主法制建设一齐抓，把依法治国与以德治国结合起来等。

第三，改革以来，主要是1993年以来，还提出和实施了较为完整的、适应经济周期运行全过程的宏观经济调控政策体系。简要概括说来，1992~1997年形成和实践了以反过热、反通胀、实现"软着陆"为特征的宏观调控政策体系。1998~1999年又形成和实践了以反过冷、反通缩、制止经济增速过度下滑为特征的宏观调控政策体系。2000~2002年继续完善和实践了以反过冷、反通缩、实现经济回暖为特征的宏观调控政策体系。2003~2005年，又形成和实践了以反局部经济过热、避免经济大起为特征的宏观调控政策体系。其主要特征是：①针对需求和供给两方面都存在既热又冷的状况（如需求方面存在部分领域的投资过热和消费需求不足，供给方面存在某些产业发展过快和农业发展过慢），依据已经大大发展的市场经济环境和业已积累的较丰富的宏观调控经验，综合运用经济、法律手段（这是主要的）和必要的行政手段，采取有紧有松、有打有压的灵活的区别对待政策。②在继续把好信贷闸门的同时，还首次提出把好土地这个闸门。③这次宏观调控还具有及时调控、力度适当以及标本兼治（即与深化经济改革、结构调整和增长方式转变紧密结合进行）等特点。正是这个因素的作用，再加上经济改革和结构调整等各项因素的综合作用，使得 2003 年下半年以来发生的经济局部过热状况开始趋缓，到 2005 年，调控已经取得明显成效，避免了经济大起。实践已经证明：上述的宏观经济调控政策体系，是实现我国经济持续、平稳、快速发展的最重要保证。

第四，从总体上和根本上说来，改革以来能够在经济和社会发展方面取得伟大成就是由于：在这期间先后提出和实施了社会主义现代化建设三步走的战略目标及改革开放的总方针，中国社会主义初级阶段的基本理论、基本路线、基本纲领和基本经验，以人为本的科学发展观，以及构建社会主义和谐社会的目标。

当然，上述的路线、方针和政策完全付诸实践要经历一个过程，而且还需要伴随实践的发展不断地加以完善。

此外，在这期间，我国经济和社会发展能够取得如此大的发展，还因为有以下一系列的有利条件。①经济全球化条件下改革开放效应。如果没有经济全球化这个条件，中国的改革开放不可能这样快，它在促进中国经济发展方面的作用也不可能这样大。②知识经济时代科技进步效应。如果不是在知识经济时代，中国科技进步不可能这样快，它在促进经济发展方面的作用也不可能这样大。③我国当前工业化中期阶段效应。这个工业化阶段为我国经济发展提供了多种重要的契机。主要包括：跨越式发展；由人均收入的提高带动消费结构从而产业结构的变化；重化工业的加速发展；工业反哺农业；城镇化提速；区域经济协调发展；社会中等收入人群比重的提高等。④大国的正面效应。我国原来作为一个发展中国家的人口大国虽然会给我国经济发展带来诸多困难，但同时在市场容量大、廉价劳动力多和储蓄总量大等方面为我国经济发展提供了众多有利条件。⑤中国赢得了一个较长时期的稳定的社会政治局面。这是中国实现经济持续快速发展的一个基本前提。⑥我国还赢得了一个相当长的国际和平环境。这无疑是中国实现经济持续快速发展所必需的国际环境。必须肯定，1991 年苏联解体以后，就由原来存在的美苏两个超级大国争霸的冷战局面走向世界多极化。这一点进一步使得和平、发展和合作成为世界的主流。同时要着重指出：在世界多极化这个主流存在的同时，还存在一股一级化的逆流，即美国顽固推行的霸权主义。因为只有正确地认识这股逆流，并有效地同它进行斗争，才能有效地维护世界和平。同时也要看到：美国推行的霸权主义，不可能从根本上改变世界多极化趋势，也不可能从根本上改变和平、发展和合作是世界的主流。因而，我国仍然能够争取到一个长时期的国际和平环境。

上述这种情况表明：中国不仅在改革以来长达 27 年时间内，而且，在 21 世纪初一个相当长的时期内，能够实现经济快速平稳持续发展。

同时需要看到：由于多种原因，"六五"至"十五"五年计划的编制和执行中也存在诸多问题。

第一，按照唯物论的认识论，对一个客观事物（特别是复杂事物）的认识，需要经过实践—认识—再实践—再认识的循环往复的过程。如对作为经济改革核心问题的计划和市场关系问题的认识就是明显的例子。"六五"计划（1981~1985 年）提出实行计划经济为主、市场调节为辅的原则。这是沿袭了 1956 年党的八大的提法。1984 年党的十二届三中全会对此有了重大发展，提出"有计划的商品经济"。1987 年党的十三大在这个问题上迈出了决定性的一步，提出新的经济运行机制，总体上来说应当是"国家调节市场，市场引导企业"的机制。这里虽然没用社会主义市场经济这个概念，但却包含了它的核心内容。但在"八五"计划中（1991~1995 年）又出现了这样的提法：初步建立适应以公有制为基础的社会主义有计划商品经济发展的、计划经济和市场经济调节相结合的经济体制和运行机制。这实际上又回到了上述的 1982 年和 1984 年的提法。直到 1992 年才将建立社会主义市场经济体制确定为经济改革的目标。

第二，1978 年底，党的十一届三中全会，纠正了此前在思想、政治和经济等方面长期存在的"左"的路线，重新确立了马克思主义在这些方面的正确路线。但像任何事物的发展一样，在这些方面也必然存在某种继承性，这些"左"的错误对实际经济工作中的影响，是不可能很快都消除的。其突出表现就是：早在"六五"计划（1981~1985 年）就针对改革前由于急于求成，盲目追求经济增速，忽视经济效益的"左"的错误，提出了一切经济活动，都要以提高经济效益为中心。但在此后 1984 年、1988 年和 1993 年还发生了三次经济过热。特别是 1993 年将"八五"计划的年经济增长率 6% 提高到 8%~9%，尽管有道理，并仍处于我们经济增长的合理区间（约为 7%~9.5%），但在 1992 年经济已经明显过热，而地方政府对计划指标层层加码还难以改变的情况下，这种做法无疑对这一轮经济过热起了火上加油的作用。当然，这三次经济过热与改革前发的多次经济过热相比较，其发生机制、严重性和后果都有重大区别。但就急于求成这点来说又有某些共同点。还要指出：不仅在经济增速和经济效益的关系上可以看到改革前"左"的错误的影子，与此相联系，在投资和消费以及农轻重的关系上也可以看到这种情况。"六五"时期以来，投资率就长期偏高，消费率长期偏低；到"十五"时期，投资率趋于巅峰，消费率跌入低谷。"七五"时期以来，农业增速偏低，工业增速偏高。1999年以来，轻工业增速偏低，重工业增速偏高。

第三，伴随改革的进展，部门和地区的局部利益得到了强化。在某些情况下，这些利益就成为阻滞改革和发展计划实施的严重力量。前者如垄断行业改革进展迟缓。这固然同垄断行业的重要性和复杂性有关，但同这些行业的局部利益的阻滞作用也有联系。后者如2003年下半年发生的经济局部过热，其最重要的原因就是追求地方局部利益的投资冲动。这些都是实现计划的严重制约因素。

第四，渐进式市场取向的经济改革，尽管其积极作用是主要的，但也有负面影响。其中的一个方面就是为贪污腐败提供了滋生土壤和发展空间，而贪污腐败无疑又是实施计划极严重的破坏力量。

第五，由于在计划科学性和保障实施机制方面存在诸多缺陷，以致许多改革计划都未能按时实现，而许多发展计划又常常被远远超过。

与上述的计划编制和实施中的各种问题相联系（还要加上其他各种相关因素的作用），当前我国在改革、发展和稳定方面还存在不少问题（其中有些问题是很严重的）。诸如：作为市场取向经济改革两个基本方面的国有经济改革（特别是其中的垄断行业和事业单位的改革）和城乡二元体制改革还处于攻坚阶段，市场交易秩序和信用关系混乱，财政风险和金融风险很大，基础产业（特别是农业）和基础设施发展滞后，产业结构调整和升级以及经济增长方式转变缓慢，科技自主创新能力在总体上不强，就业、资源、生态和环境的压力都很大，安全生产形势严峻，城乡之间、地区之间和部门之间的收入分配差别过大，财产分配向少数人集中的步伐明显加快，部分的政府官员和国有企业高层经营管理人员贪污腐败严重，在国际市场的竞争中面临着经济发达国家拥有众多高科技优势的强大压力，在国际的产业和产品的垂直分工中处于不利的低端地位等等。这些问题都不利于我国社会主义现代化事业的发展，甚至构成严重威胁。从根本上和总体上说，这些问题都是改革和发展进程中发生的问题，只能通过深化改革和加快发展来解决。而由党的十六届五中全会提出的，并由科学发展观统领的"十一五"规划的建议，以及六中全会《关于构建社会主义和谐社会若干重大问题的决定》为解决这些问题提供了两个根本保证。

试论新一轮经济周期上升阶段的运行特征 *

作者曾对新一轮经济周期的总体特征做过分析。① 这里再依据 1999~2006 年我国经济发展的实践，专门对新一轮经济周期上升阶段的运行特征做具体分析。这种分析对于认识我国经济转轨时期的运行规律，深化经济周期理论研究，以及调整完善政策，可能有益。

一、经济平稳持续高速增长，其中，2003~2006 年经济增长偏快

经济平稳增长的表现是：

第一，如果以经济增长速度最低的 1999 年作为新一轮周期起点考察其上升阶段，那么在 1999~2006 年这八年经济增速分别为 7.6%、8.4%、8.3%、9.1%、10%、10.1%、10.2% 和 10.5%（预计数）。这些数据表明：①在这八年中，下年与上年增速差距最少为 0.1 个百分点，最多也只有 0.8 个百分点。②2003~2006 年是经济增速偏快的年份，但这些年份增速比增速最低的 1999 年也只高出 2.4~2.9 个百分点；比增速正常的 2002 年只高出 0.9~1.4 个百分点；这些年份之间的增速差距也只有 0.1~0.5 个百分点。

第二，估计 2006 年是这一轮经济周期的波峰年。这样，上述数字同时表明：这一周期波谷年对波峰年经济增速落差仅为 2.9 个百分点，远在

---

* 本文主要内容原载《中国经济问题》2007 年第 2 期。
① 详见拙文：《略论新一轮经济周期的特征及其战略含意》，《光明日报》2005 年 11 月 1 日第 6 版。

5 个百分点以内，明显属于轻波周期。这同新中国成立以后多次发生的超强波周期（落差 20 个百分点以上）、强波周期（落差 10 个百分点以上）和中波周期（落差 5 个百分点以上）是有重大区别的。

第三，2003~2006 年虽然经济增速偏快，但与现阶段潜在经济增长率 9.6%[①] 相比，也只高出 0.4~0.9 个百分点，在一个百分点以内，属经济偏热，而不是过热。我国改革以来经济增长历史表明：只是在年经济增长率超过潜在增长率两个百分点以上，才是经济过热。1978 年、1984 年、1987 年和 1992 年四个波峰年的经济增长率分别为 11.7%、15.2%、11.6% 和 14.2%；分别高于潜在增长率的 2.1 个、5.6 个、2 个和 4.6 个百分点。其持续增长的表现是：2000~2006 年这个经济周期上升阶段，除了 2001 年经济增速比 2000 年下降 0.1 个百分点以外，其余各年经济增速都是持续上升的。但在新中国成立后发生的历次经济周期的上升阶段，其增速持续上升年份最少的只有两年，最多的也只有 4 年。其高速增长表现是：2000~2006 年这个上升阶段年均经济增速为 9.5%。但需指出：在 2003 年下半年经济增速越过潜在增长率以后，就加强了宏观经济调控，实行削峰，迄今已有 4 年。依据当前情况来看，要实现削峰任务，把偏高的经济增速降到潜在增长率，可能还需要一两年时间。在这以后，经济增长率稳定在潜在增长率水平也还会有几年的时间。这样，这一轮经济周期波峰阶段所经历的时间，就不是过去历次周期所经历的一年（最短）至四年（最长），而是一个要长得多的时间。这也是这一论周期上升阶段的一个重要特点。以上各点主要都是到 2006 年为止的数据。预计在正常情况下这种趋势至少可以延续到 2010 年。

概括起来，集平稳、持续和高速三者于一身的增长，是新一轮经济周期上升阶段的显著特点。这是新中国成立后历次经济周期上升阶段都没有出现过的增长形态。这个增长形态并不是偶然出现的，而是由一系列客观条件决定的。主要是：经济全球化条件下的改革开放、知识经济时代的科技进步、工业化中期阶段、经济大国、宏观经济调控以及有一

---

① 作者曾依据 1979~2004 年年均增长率 9.4%，将我国现阶段潜在增长率定为 9.4%。但 2004 年全国经济普查的数字表明：1979~2005 年年均经济增长率为 9.6%，故在此调整为 9.6%。

个长时期的稳定政治局面和国际和平环境等方面的积极效应。[①]

这个特征充分显示了我国在 21 世纪初的一个长时间内面临着以经济平稳持续高速增长为特征的重要的发展战略机遇期。这是第一方面政策含义，其二，如上所述，在这个上升阶段，前后相继各年的经济增速是有差别的，依此差别可以分为三个阶段。①2000~2001 年在作为低谷年1999 年的基础上运行，其经济增速较低，以低于潜在经济率的速度增长。②2002 年在前两年经济增长的基础上，增速提高到接近潜在增长率。③2003~2006 年在我国现阶段，特别是在作为经济增长第一推动力的投资存在巨大的需求和供给，以及投资膨胀机制和宏观调控某种失控的条件下，[②]其经济增速越过潜在增长率。但由于社会主义市场经济的初步建立（包括市场机制作为配置社会生产资源的基础作用以及政府的宏观调控），只要调控得当，这种超越的幅度又可能被限在一定幅度内，不致发生大起。这一轮经济周期上升阶段经济发展的客观进程昭示人们：在第一阶段，宏观经济政策的取向应是扩张的，第二阶段应是中性的，第三阶段应是紧缩的。这是从总的方面来说的。就每个阶段来说，也还需要依据每年甚至每季的具体经济情况，进行适度的微调。而且需要依据各个经济领域和各个部门有热有冷的特点，实行有压、有促、有保的区别对待。这是新一轮经济周期上升阶段特征蕴涵的第二方面的政策含义。需要指出：导致我国经济平稳持续高速增长的条件（已见前述），将会长期存在，并在逐步增强，还会出现新的有利条件。因而这一轮经济周期上升阶段的上述特征，大体上还会在下一轮经济周期上升阶段再次出现。因而，上述两方面的政策含义，在下一轮周期的上升阶段仍有意义。当然，需要依据依情况加以发展和完善。

二、少数年份略显通缩，多数年份低度通胀

1999~2006 年这八年居民消费价格指数依次分别为 98.6、100.4、

---

① 详见拙著：《论中国经济社会的持续快速全面发展（2001~2020）》，经济管理出版社 2006 年版，第 82~83 页。

② 详见拙文：《当前亟需控制固定资产投资的过快增长》，《经济学动态》2006 年第 6 期。

100.7、99.2、101.2、103.9、101.8、101.5（预计数）。可见，1999 年和 2002 年这两年发生了很低的通缩，其余六年均属于低度通胀。这是新中国成立后历次经济周期的上升阶段都没有发生过的现象。当然，经济改革以前，物价是受到指令计划管制的，在经济周期上升阶段会发生抑制型的通胀。改革以后，价格是逐步放开的，抑制型的通胀是逐步改变的。在这方面有不可比的因素。但在 1990 年代物价基本放开以后，也看不到上述现象。如果以作为低谷年 1990 年作为起点考察上一轮经济周期的上升阶段，那么到 1996 年为止的七年，其经济增速分别为 3.8%、9.2%、14.2%、14%、13.1%、10.9%、10%；居民消费价格指数分别为 103.1、103.4、106.4、114.7、124.1、117.1、108.3。① 可见，在这个上升阶段，伴随经济增速的变化，物价也经历了由中度通胀到高度通胀再到中度通胀的变化。

那么，如何说明 1999~2006 年这个阶段的物价变化呢？这个问题在 1999 年（这年经济增速虽比上年下降 0.2 百分点，但仍达到 7.6%，而居民消费价格指数仅为 98.6）就开始提出来了。到 2002 年（这年经济增速比上年上升 0.8 个百分点，达到 9.1%，而居民消费价格指数仅有 99）有关这个问题的议论甚嚣尘上。近几年这个问题又被提出来了。因为 2003~2006 年经济增速连续四年偏高，但不仅看不到上一轮经济周期上升阶段通胀呈逐年上升的情况，反而在 2004 年以后出现了逐年下降。这是为什么呢？按照科学含义来说，通货膨胀率与物价上涨率二者内容固然有联系，但又有区别。通胀率只是由产品（包括服务，下同）求过于供导致的物价上涨率。物价上涨率除了决定于这一点以外，还受到其他多种因素的影响。举其要者有：①由社会劳动生产率上升引起的产品价值下降，从而价格下降。②由各种生产要素（包括劳动力、土地、矿产以及生态和环境等）的成本低（甚至根本不计成本）而导致的产品价格低。③竞争的不足和过度，垄断行业改革的进展，政府对价格监管的加强，以及"入世"后以国外高生产率为基础的、大量低价产品的输入等因素，都会在不同程度上导致产品价格下降。所以，现实物价上涨率，并不是全部的通胀膨胀率，而是由上述各因素导致的物价下降率抵消以后的通胀率。因此，全部的通胀率应该等于现实物价上涨率加上由上述各因素导致的

① 《中国统计年鉴》（2006），中国统计出版社，第 59、311 页。

物价下降率。

诚然，从理论上说来，还有各种与产品求过于供无关的导致物价上升的因素（如农业因严重自然灾害导致的劳动生产率下降而引致农产品价值上升，从而价格上升）。所以，完整的通胀率公式=现实物价上涨率+由各种非求过于供因素而引致的物价下降率−由各种非求过于供因素而引致的物价上涨率。[①] 但就我国当前实际情况来看，相对说来，由各种非供过于求因素导致的物价下降是主要的，而由各种非供过于求因素而导致物价上升是次要的，甚至可以略而不计。当然，如何具体计算这种下降率和上升率，还是一个需要探讨的难题。但至少在理论分析上需要看到这一点。这样，就有助于解决人们关注的上述问题：2004~2006 年经济增长率偏高，为什么居民消费价格涨幅反而同比逐年下降。之所以提出这个问题，从理论上说，就在于只看到了现实的物价上涨率，而忽略了由各种非求过于供因素导致的物价下降率。如果看到这一点，那么真实的通货膨胀率要比现实的物价上涨率高，甚至高很多。这里还有三点需要说明：其一，上述①②③三个因素在上一轮经济周期上升阶段也是起作用的。但其作用强度远不如这一轮经济周期上升阶段的作用强度大。其二，在前一个上升阶段的 1992~1994 年经济是过热的，而在后一个上升阶段的 2003~2006 年经济是偏热的。前者在推动社会需求增长方面的作用，比后者要大得多。其三，在前一个上升阶段买方市场还没有形成，而在后一个上升阶段，买方市场已经形成，二者市场的供求状况也大相径庭。

也正因为存在上述多种情况，尽管 2006 年居民消费价格指数不高，系低度通胀，但仍需重视。这是其一。其二，就物价走势看，2006 年，无论是居民消费价格或者是生产资料价格，都是缓步趋升的，通胀压力在加大。2006 年前三季度，居民消费价格上升 1.3%。其中，七、八、九三个月分别上涨 1%、1.3%和 1.5%；原材料、燃料、动力价格上涨 6.3%。其中，第三季度上涨了 6.8%，比上半年上升 0.7 个百分点。可见，不仅居民消费价格本身存在上升趋势，而且涨幅高得多的生产资料价格也存在这种趋势，从而将从成本方面推动居民消费价格的上升。其三，就居

---

① 作者曾将学界流行的通货膨胀率=物价上涨率的公式修正为通货膨胀率=物价上涨率+由各种非需求过旺因素引起的物价上涨率（详见拙文《试析 2002 年通货紧缩的特征》，载《经济学动态》2004 年第 2 期）。这里再予以补充修正。

民消费价格上涨的构成看，2006 年前三季度居民消费价格上涨 1.3%。其中，粮食和鲜菜分别上涨 1.9% 和 12%，住房价格上涨 4.7%，前者对低收入家庭生活影响较大，后者对中低收入家庭生活影响较大。这必然会降低消费倾向。2006 年前三季度城镇居民的消费倾向为 73.6%，同比下降 1.7 个百分点；边际消费倾向为 59.1%，同比下降 10.5 个百分点。其四，2006 年居民消费价格虽然小幅上升，已是连续 4 年的小幅上升。上述四方面情况表明：并不能因为当前物价处于低度通胀区间，而在通胀问题上掉以轻心。

三、消费投资和净出口共同拉动了经济增长，其中投资长期作为经济增长第一引擎的作用进一步增强，消费作用继续下降，2004 年以来净出口的作用提升过快

从总的说来，在这个上升阶段，作为三大社会需求的消费投资净出口在不同程度上共同拉动了经济增长。1999~2005 年，消费投资和净出口依次分别由 55636.9 亿元增长到 96918.1 亿元，由 32951.5 亿元增长到 79559.8 亿元，由 2375.7 亿元增长到 10223 亿元；分别增长了 74.1%、141.4% 和 330.3%。1999 年，三者拉动经济增长依次分别为 5.8 个、4 个和 -2.2 个百分点，对经济增长贡献率分别为 76.8%、52.8% 和 -29.6%。到 2005 年，上述两组数字分别为 3.7 个、3.9 个和 2.6 个百分点，36.1%、38.1% 和 25.8%。据初步计算，2006 年前三季度，上述两组数字分别为 3.8 个、5.4 个和 1.5 个百分点，35.7%、49.5% 和 14.4%。可见，原本作为经济增长第一推动力的投资作用更趋强劲，净出口作用显著上升，消费作用大大下降。

与此相联系，在这个上升阶段，原本已经很低的消费率又进一步趋于低谷，而原本已经很高的投资率又进一步趋于巅峰，2004~2006 年，净出口率也增长过快。1999~2005 年，三者分别由 61.4% 下降到 51.9%，由 36.2% 上升到 42.6%，由 2.6% 上升到 5.4%（其中 2003~2005 年由 2.2% 上升到 5.4%）。2006 年前三季度消费率又下降到 51.1%，投资率为 42.2%，净出口率上升到 6.7%。这种消费与投资以及内需与外需的严重失衡状况

已对我国经济增长造成了消极影响，并蕴涵着巨大的经济外贸和外汇风险。如果再长期发展下去，很可能酿成严重的经济、外贸和外汇危机，从根本上威胁到我国经济的平稳持续高速增长。实际上，我国当前消费品和生产资料的产能过剩和产品供给过剩以及巨额外汇过剩三者并存的情况，已经明显地显示了这些问题的端倪。据商务部预测，2006 年下半年，在 600 种主要消费品中，供求基本平衡的商品 172 种，占 28.7%，供过于求的商品 428 种，占 71.3%；在 300 种主要生产资料中，供求平衡的占 78%，供不应求的占 9%，供过于求的占 13%。[①] 生产资料的产能和产品供给过剩，是多年投资过热的结果；而消费品的产能和产品供给过剩，则是有效需求不足的结果。总之，二者是多年投资与消费比例关系失衡的一对孪生兄弟。到 2006 年 9 月末，外汇储备迅速扩大到 9720 亿美元。其最重要的原因是 2004 年以来大量外贸顺差造成的。而这一点正是内需和外需失衡的表现。因此，着力调整消费和投资以及内需和外需的关系，是当前调整经济结构的两个基本方面。

四、第一、二、三产业共同推动了经济增长，其中第二产业（主要是工业）长期作为经济增长主要推动力更趋强劲，而第一、三产业的作用更趋弱化

1999~2005 年，第一、二、三产业的增加值依次分别增长了 27.6%、196.8%（其中工业增长了 199.9%）、193.2%。1999 年三者分别拉动了经济增长 0.4 个、4.4 个（其中工业为 4.2 个）和 2.8 个百分点，三者对经济增长的贡献率分别为 5.9%、57.8%（其中工业为 55%）和 36.3%。到 2005 年，三者分别拉动了经济增长 0.6 个、5.6 个（其中工业为 4.9 个）和 4 个百分点，三者对经济的贡献率分别为 6.3%、54.7%（其中工业为 47.9%）和 39%。据初步计算，2006 年前三季度，三者比上年同期分别增长了 4.9%、13%（其中工业为 13.2%）和 9.5%，三者分别拉动经济增长 0.6 个、6.3 个（其中工业为 5.7 个）和 3.8 个百分点，三者对经济增长贡献率

---

① 《经济日报》2006 年 8 月 8 日第 11 版。

分别为 5.3%、59.3%（其中工业为 53.3%）和 35.4%。这些数据表明：在这个上升阶段，第一、二、三产业在不同程度上共同推动了经济增长。其中，第二产业（主要是工业）继续作为第一引擎推动经济增长，第三产业居第二位，第一产业居第三位。

在这方面的结构失衡状况也颇需关注。1999~2005 年，第一、二、三产业增加值在国内生产总值中的比重分别由 16.2% 下降到 12.6%，由 45.8% 上升到 47.5%（其中工业由 40% 上升到 42%），由 38% 上升到 39.9%。据初步测算，2006 年前三季度，三者比重分别为 11%，同比下降 0.6 个百分点；49.8%，同比上升 1.2 个百分点；39.3%，同比下降 0.6 个百分点。这些数据同时也预示了 2006 年全年的发展趋势。其中第一产业比重的下降是符合工业化和现代化规律的。但这也仅仅就比重下降这一点来说的。就整个农业来说，其发展滞后还是很明显的。这一点尤为尖锐地表现在粮食综合生产能力不强，以及与之相联系的粮食供求矛盾还没有根本解决上。比如，尽管 2006 年实现了粮食连续三年增产，预计全年达 9800 亿斤，但并未达到 1996 年、1998 年和 1999 年的水平（这三年的粮食产量分别为 10090.1 亿斤、10246 亿斤和 10176.8 亿斤）。至于第三产业比重的继续下降，则进一步显示了其长期发展滞后的状况，其不符合工业化和现代化要求则是很明显的。但需说明：在这个上升阶段，1999~2002 年，第三产业增加值的比重由 38% 上升到 41.7%，这至少在某种程度上反映了工业化和现代化的要求。但在 2003~2006 年，第三产业的增加值比重又趋于下降。其中 2003 年为 41.4%，2004 年为 40.7%，2005 年为 39.9%，2006 年前三季度为 39.2%。而第三产业在这些年份的下降又是与工业（主要是重化工业）发展过快以及由此造成的工业比重迅速上升直接相联系的。在 2002~2005 年，工业增加值的比重分别为 39.4%、40.5%、40.8%、42%；2006 年前三季度为 44.4%。因此，进一步夯实农业基础（特别是增强粮食综合生产能力），适度降低工业增长速度，适度优先发展第三产业（特别是其中的生产性服务业），[①] 是当前调整产业结构最基本内容。

---

① 详见拙文：《关于建立节约社会的一点思考——产业结构调整是最大的节约》，《经济日报》2005 年 8 月 14 日第 1 版。

五、区域经济协调发展已经起步，开始成为促进经济增长的重要因素

2000 年前后，我国先后提出和实施了西部大开发、振兴东北等老工业基地、促进中部崛起和东部率先实现现代化的全方位的区域经济协调发展的方针，并开始取得了初步成就。这一点在西部和东北地区表现得比较明显。

2000 年开始实施西部大开发战略。2000~2005 年，西部地区生产总值年均增长 10.6%，高于全国年均增速（9.4%）1.2 个百分点。2006 年前三季度，中国东部、中部、西部地区工业增加值同比分别增长 20.15%、20.52%和 19.12%，西部地区增速虽略低于东部和中部地区，但与上年同期相比，东部地区增幅回落，西部地区有所提高，西部与东部地区工业生产增速差距继续缩小。西部地区经济发展的效益也不断提高。2006 年前三季度，中国东部、中部、西部地区工业企业实现利润同比分别增长 25.75%、37%和 36.83%，西部地区工业经济效益的增幅明显高于东部。[1]

2004 年开始实施振兴东北老工业基地战略。2005 年，辽、吉、黑三省地区生产总值增长速度分别为 12.3%、12%、11.6%，比 2003 年分别加快 0.8 个、1.8 个和 1.4 个百分点。2003 年、2004 年和 2005 年，东北三省地区生产总值增长速度分别为 10.8%、12.3%和 12%，比全国国内生产总值分别高 0.8 个、2.2 个和 1.8 个百分点。2006 年前三季度辽、吉、黑三省地区生产总值增长速度分别为 13%、13.7%和 11.6%，[2] 比全国国内生产总值分别高出 2.3 个、3 个和 0.9 个百分点。

当然，振兴东北老工业基地，特别是开发西部还是一个长期的艰巨的任务，还有很长的路要走。但伴随这些战略进一步实施，其在促进经济协调发展方面的作用会进一步显示出来。

---

[1] 新华网 2006 年 9 月 5 日、12 月 2 日。
[2] 新华网 2006 年 12 月 1 日。

六、粗放的经济增长方式和数量型的外贸增长方式的
转变虽有进展，但均无根本改变

在这个上升阶段，从某些方面说，原来存在的粗放经济增长向集约增长方式转变已经取得了进展，但总的说来并不显著，在某些方面甚至有所强化。只要把这期间经济总量与各生产要素的增长幅度做一对比就可以看得很清楚。与 1998 年相比，2005 年国内生产总值由 84402.3 亿元增长到 183084.8 亿元，同比增长 84.1%；全社会固定资产投资由 28406.2 亿元增长到 88773.6 亿元，同比增长了 184.1%；作为主要能源的原煤由 12.5 亿吨增长到 22.05 亿吨，作为主要材料的钢材由 10731.8 万吨增加到 37771.14 万吨，二者分别增长了 76.4% 和 251.6%；全社会就业人员由 69957 万人增长到 75825 万人，增长了 8.3%；环境污染[①] 直接经济损失由 19843.3 万元增长到 36363.7 万元，[②] 增长了 83.3%。[③] 上述数据表明：如果以国内生产总值增速为 1，那么，其与全社会固定资产投资增速的对比值为 1∶2.19；其与原煤和钢材增速的对比值分别为 1∶0.91 和 1∶2.99；其与全社会就业人员增速的对比值为 1∶0.09；其与环境污染直接经济损失增速的对比值为 1∶0.99。

可见，在这期间，如果只是就劳动力增速相对经济总量增速来看，劳动的耗费有了很大的节约，因而在这个方面由粗放经济增长方式向集约经济增长转变取得了很大进展。因为这种方式转变的本质就是劳动（包括活劳动和物化劳动）的节约。但在其他方面则无显著的变化。而且就投资和钢材的增速来说，甚至可以说粗放的经济增长方式有一定的强化。但需说明：在我国工业化中期阶段，重化工业需要有较快的增速；在 21 世纪初，随着城镇化的加速，建筑业作为支柱产业的地位显著上升。这些都会大大增加对投资和钢材的需求。即使考虑到这些因素，仍然可以说，这期间经济增长主要是依靠投入（特别是资金和能源原材料）

---

① 从经济社会的可持续发展着眼，环境也是必要的并趋于重要的生产要素。

② 为 2004 年数字。

③《中国统计年鉴》（有关各年），中国统计出版社。

的增加，经济增长方式并无显著改变。下列资料还可以进一步说明这一点。据测算，当前我国科技进步对经济增长的贡献率不足 30%，远远低于经济发达国家 60%~70%的水平。①

经济增长方式转变这种状况也反映在高技术产业比重的变化上。诚然，粗放经济增长方式和集约增长方式与传统技术产业和高技术产业不是完全对等的概念。但相对传统产业来说，高技术产业在节约劳动方面的作用要强得多。而如前所述，节约劳动是经济增长方式转变的本质。从这方面来说，高技术产业比重的上升在很大程度上可以看做是经济增长方式的变化。在 1998~2004 年，我国高技术产业增加值占国内生产总值的比重由 2.4%上升到 4%，占制造业增加值比重由 8.7%上升到 10.9%，也远低于经济发达国家的水平。2003 年，美国和日本高技术产业增加值占制造业增加值的比重已经分别达到了 18.6%和 16.8%。② 这些数据也表明：这期间我国经济增长方式由粗放型向集约型转变，只是取得了一定进展，无根本改变。

经济增长方式转变的这种状况，虽然也使数量型外贸增长方式取得了进展，但也没有得到根本转变。1998~2004 年，高技术产品出口由 203 亿美元增长到 1654 亿美元，占出口总额比重由 11%上升到 27.9%，占工业制成品的出口额的比重由 12.4%上升到 29.9%。③ 当然，当前我国数量型外贸增长方式并不完全是由经济增长方式决定的。它首先是同经济发达国家在当代推行的产业结构调整相联系的。这些国家依托其经济、科技优势，占据国际分工中产业链条的高端地位，通过制定、掌握和垄断产品的技术标准、知识产权、核心技术和国际品牌，在同中国的贸易中获取垄断利润。这是一方面。另一方面又将产业链条的低端产品大量转移到发展中国家，通过加工贸易，掌握设备原料的进口和产品外销网络，利用中国的廉价生产要素（包括劳动力和土地等），以获取高额利润。就我国来说，1998~2005 年加工贸易出口由 1044.54 亿美元增长到 4164.67 亿美元，增长了 2.99 倍，占出口总额的比重高达 54.6%~56.9%。④ 但很显

① 新华网 2006 年 12 月 8 日。
② 《中国科学技术年鉴》（有关各年），中国统计出版社。
③ 国家统计局网 2006 年 12 月 12 日。
④ 《中国统计年鉴》（2006），中国统计出版社，第 734~735 页。

然，当前占主要地位的粗放经济增长方式，确实又是数量型外贸增长方式的物质基础。

可见，根本转变经济增长方式和外贸增长方式，是实现科学发展的一项基本任务。

七、经济效益有了提高，但速度效益型的特征仍很明显

1999~2005 年这七年，国内生产总值每年增速依次分别 7.6%、8.4%、8.3%、9.1%、10%、10.1%、10.2%；社会劳动生产率每年增速分别为 5.1%、9.5%、8.8%、8.9%、11.8%、16.5%、13.6%。[①] 上述数字表明：伴随这期间我国经济的高速增长，社会劳动生产率逐年都有很大的提高，而且后者每年增速的波动幅度都是与前者相吻合的。这就清楚地表明：当前我国经济效益的变化，具有明显的计划经济体制留下的速度效益型（经济效益的提高，主要依靠经济增速的增长）的特征。

但同时需要看到：这期间我国经济效益的变化，又在越来越大的程度上带有质量效益型（由经济改革、技术进步和结构调整等因素引起的经济效益提高）的特征。比如，1998~2005 年，私营工业企业的成本费用利润率由 4.3% 上升到 5.3%；国有和国有控股工业企业的成本费用利润率由 1.9% 提高到 9.4%。[②] 很明显，前者反映了由增量改革发展而带来的经济效益的继续提高。而国有经济一向被视为低效益的经济，这期间其成本费用利润率的迅速提升，显然同国有经济改革的深化（包括国有经济的战略性调整、小型国有企业的改制和大中型国有企业的公司化改造等）相联系的，是存成量改革带来的经济效益的提高。诚然，在这期间国有经济经过战略调整后，主要集中在垄断行业和上游产业，前者实行垄断价格，后者市场需求旺。这些都会带来国有企业利润的迅速增长。就其由垄断价格带来的垄断利润来说，又是改革未到位的表现。但这并不能否定国有经济已有改革在提高国有企业经济效益方面所起的重要作用。

总之，当前我国经济效益正在经历着由速度效益型到质量效益型的

①资料来源：《中国统计年鉴》（2006），中国统计出版社，第 57、59、126 页。
②《中国统计年鉴》（2006），中国统计出版社，第 528、538 页。

转变。但要实现其根本性转变，有赖于经济改革、经济增长方式和结构调整取得决定性的进展。

八、就业和居民收入后三年比前五年都有较大改善

纵观 1999~2006 年这八年，就业和居民收入有某种类似的状况。1999~2003 年，城镇登记失业率趋于上升，居民收入增速较慢；而在 2004~2006 年，前者下降，后者较快。二者并不是偶然的巧合，也不仅是改革深化和经济发展的结果，而且同科学发展与和谐发展的理念的提出和实施直接相关。

在就业方面，1999~2003 年，城镇登记失业率由 3.1%上升到 4.3%，2004~2005 年均下降为 4.2%，[①] 2006 年 9 月底又下降为 4.1%。这就改变了多年来失业率上升的情况。这种就业情况的改善，是在每年新增劳动力和由公有企业（包括国有企业和集体企业）改革释放出的冗员的总和数以千万计的条件下取得的，是在由技术进步和结构优化等因素导致的就业弹性系数下降的情况下实现的，来之不易。

但这只是小口径统计的就业改善（只包括城镇职工的增加），并不是大口径统计的就业改善（不只包括城镇职工的增加，而且包括农民工的增加）。如果以大口径统计考察，那么这期间就业情况改善还要显著得多。诚然，当前农民工在就业、工资、社会保障和子女就学等方面与城镇职工还有很大的差别（尽管近几年有了一定程度的改进）。但是，就我国国情来看，农民工是与计划经济体制下城乡二元结构向社会主义市场经济体制下的城乡一元结构过渡相适应的、必然长期存在的、数以亿计的过渡形态。1978~2005 年城镇就业人员由 9499 万人增加到 27331 万人，增加了 17832 万人。[②] 而据国务院研究室提供的资料，在这期间农民工总数超过两亿，其中进城务工的农民工为 1.2 亿左右，其余在乡镇企业就业。[③] 但问题的本质还在于：尽管改革以来农村存在的潜在失业大军已有所减少，但目前这方面情况仍很严重。据有关学者计算，在现有的 3.53

①②《中国统计年鉴》（有关各年），中国统计出版社。
③《经济日报》2006 年 3 月 29 日第 4 版。

亿农村劳动力中,至少还有两亿人仍处于就业不足的状态。[①] 这样,由农民转变为农民工,虽然与体制相联系的身份没有根本改变,但就由原来的潜在失业到现实就业这方面来说,却发生了本质变化。所以,作者认为,应该从大口径统计来考察我国就业情况的改善。这样,才能全面反映这方面的情况。

在居民收入增加方面,1999~2006 年这八年,农村居民家庭人均纯收入每年增长 3.8%、2.1%、4.2%、4.8%、4.3%、6.8%、6.2%和 6%(预计数)。其中,前五年年均增长 3.8%,后三年年均增长 6.3%;城镇居民家庭人均可支配收入每年增长 9.3%、6.4%、8.5%、13.4%、9%、7.7%、9.6%和 11%(预计数)。其中前五年年均增长 9.3%,后三年年均增长 9.5%。[②] 这些数据表明:①在这八年中,由于投资率过高,消费率过低(已见前述),相对投资的增速来说,消费没有得到应有的提高。但由于国内生产总值增长很快,每个百分点的国内生产总值的含量也迅速增大。这样,就在投资高速增长的同时,城乡人民的收入也能以不低的速度上升。②在以人为本的科学发展理念的指导下,后三年城乡人民的收入增速都比前五年提高了。③在和谐发展的理念的指导下,后三年农村居民家庭人均纯收入的年均增长速度比前五年提高了 65.8%。但由于建设社会主义新农村起步不久,还没有有效地遏制城乡居民收入差距的扩大趋势。但随着这项建设的进展,这个趋势会逐步得到改变,城乡居民收入的差距会逐步趋于缩小。但缩小城乡居民收入的差别,还是一个长期的艰巨的任务。

九、拉长新一轮经济周期上升阶段的若干设想

前面就新一轮经济周期上升阶段运行特征的若干方面做了分析。这个分析表明:在这期间,我国经济继续巩固和推进了良好发展态势。但在经济结构调整和经济增长方式转变等这些基本方面还没有取得决定性的进展。这些问题的根本解决,有赖于切实实施科学发展与和谐发展的

---

① 《经济管理》2006 年第 19 期,第 78 页。
② 1999~2005 年数字来源:《中国统计年鉴》(2006),中国统计出版社,第 108 页。

理念，并继续坚定不移地推进市场取向改革。这里仅就拉长新一轮经济周期的上升阶段提出若干设想。

这个问题的关键是要继续治理当前经济偏热，并防止其向经济过热发展，以致大起。我国经济发展的历史已经反复证明：经济大起必然会受到需求和供给两方面的制约，从而导致经济大落。所以，如果经济过热就预示着新一轮经济周期上升阶段的结束。

为了治理当前经济偏热并防止向过热发展，以下几点似需注意。

第一，当前宏观经济调控的重点要放在继续治理经济偏热，并防止由偏热变成过热。其根据是：①就改革前后中国经济发展的历史看，在经济周期上升阶段经常发生偏热和过热。②就当前现实看，推动中国经济偏热并可能走向过热的主要因素的投资率过高，而且继续走高的压力很大。拉动经济增长的另一个重要因素出口增长总的说来仍很强劲。③就形成的机制和要素来说，当前由地方政府利益主导的，并由各类企业（包括公有、私有和股份制企业以及工商、金融和出口企业）利益和部门利益形成的投资膨胀机制①并无多少改变。就拉动中国经济增加另一个重要因素出口来说，加工贸易约占我国外贸一半的情况，一时还难以有大的改变。这是其一。其二，近年世界经济增长和贸易增长看好。据世界贸易组织预测，2006年全球经济增长可能达到3%~3.5%。贸易增长可能达到3%。国际经济组织普遍估计，美国2006年经济增长将达到3%左右。②又据美国学者罗奇计算，2005年我国40%的出口（包括通过香港的转口贸易）是输往美国的，占我国国内生产总值接近15%。③这样，世界市场（特别是美国市场）对我国产品的需求量仍然很大。需要说明：强调当前要把治理经济偏热作为重点，并不是不要警惕经济发生偏冷的可能性。在这方面当前有两点值得注意：①国内消费品和投资品的产能和产品都有过剩的情况。②我国外贸、石油和棉花等对外依存度都很大，而这方面不确定因素又很多。此外，还要考虑近年来实施的宏观调控措施还有一段时间的滞后效应。

第二，治理经济偏热并防止过热的重点，主要在控制投资率。控制

<hr />

① 详见拙文：《当前亟需控制固定资产的过快增长》，《经济学动态》2006年第6期。
②《经济日报》2006年4月13日第10版、12月18日第8版、12月19日第10版。
③ 新华网财经频道，2006年11月5日。

投资率的重点又在于治理以地方政府为主导的，并由各类企业和部门的利益形成的投资膨胀机制。还要着力推进要素价格改革，以改变当前要素价格低带来的低成本、高利润、高投资的倾向。同时，要转换贸易增长方式，提高外贸质量，优化进出口产品结构，缩小外贸顺差。为此，还要进一步降低出口退税率，并适当增强人民币汇率的变动弹性。

第三，要加强货币、财政和计划三大宏观调控政策的实施力度。在货币政策方面，2006 年的一个显著特点就是进一步综合运用了多种政策工具，而且使用的频率很高。仅从 2006 年 4 月到 11 月，就两次提高了利率（一次为提高贷款利率，一次为提高存贷款利率），三次提高了存款准备金率（每次提高 0.5 个百分点，由 7.5% 提高到 9%）。这对于制止经济由偏热向过热发展，保持经济平稳发展起了积极作用。但实施力度不够大，以致宽货币、宽信贷的局面没有明显改变。2006 年 8 月末，货币（M1）比上年同期增长了 15.6%，增幅比上年同期提高了 4.1 个百分点；各项贷款比上年同期增长了 16.6%。[①] 与此相联系，过高的投资率和偏高的经济增速都没有得到有效的制止。2006 年前三季度，资本形成总额比重达到 42.2%，比去年同期上升 1.1 个百分点；经济增速达到 10.7%，比去年同期上升 0.5 个百分点。当然，形成这一点的原因是多方面的。但作为这一轮经济周期上升阶段的最重要的宏观调控政策的货币政策，其实施力度不够显然是一个重要原因。因此，加大紧缩的货币政策的实施力度，对于治理当前经济偏热并防止向过热的发展，具有重要意义。在财政政策方面，近几年来，适应积极财政政策（扩张性财政政策）向稳健财政政策（中性财政政策）的转变，长期国债和国家财政赤字大幅减少。但国债和赤字还有压缩空间。这样做，是稳健财政政策（中型财政政策）适度向从紧方向微调的体现，正好适应了适度从紧的宏观经济政策的要求。在计划方面，加大约束性计划的推行力度。2006 年上半年，作为约束性计划指标的能耗和排污指标都没有完成。计划执行不力，显然是一个重要原因。

第四，要加大经济、法律和行政三大手段的宏观调控的力度。总的

①《中国经济景气月报》2006 年第 9 期，第 46~48 页，中国统计出版社。说明：国家统计局将流通中的现金称为 M0，将货币称为 M1，将货币和准货币称为 M2。

说来，适应社会主义市场经济发展的要求，在实行这三大手段方面，要逐步实现以经济和立法手段为主、行政手段为辅的转变。在当前，由于众多条件的限制，有些经济手段难以充分发挥作用。比如，利率是货币政策赖以调控经济的最重要杠杆。但当前利率远没有市场化，这表明其本身作用就很有限。这是其一。其二，由于地方政府和国有企业的财务软约束，以及地方政府在招商引资中给企业（包括国内外的私有企业）的诸多优惠条件，导致企业利润很高。这样，即使利率市场化了，其作用在很大程度上也被麻痹了。至于对那些数量并不很少的因商业行贿而获得暴利的企业，利率在根本上就不起作用。再如，由国际收支顺差过大而导致的央行基础货币大量发放，由此引发的宽货币，并促使高投资，更是利率作用所不能及的。在这种情况下，适当重视法律和行政手段的作用是很有必要的。之所以要强调法律手段作用，首先是因为当前相当普遍地存在执法不严的情况。但更重要的原因还是当前商业行贿和政府部分官员的贪污腐败行为相当普遍而又严重。在这里，法律不仅是在一般意义上作为调控经济的手段，而且在特殊意义上作为惩治行贿和贪污、从而为贯彻宏观经济调控政策扫清道路的强有力工具。之所以强调行政手段的作用，也不只因为它是一般意义上的宏观调控的手段，而且因为当前主要由地方政府推动的投资膨胀在许多方面都是行政行为。这样，中央政府对地方政府以及上一级地方政府对下一级地方政府采用行政手段，就有特殊重要的作用。当然，采用行政手段要尽可能减少其负面影响，并注意要为逐步实现居于主要地位的经济和法律手段的作用创造条件。

第五，要从资金、土地和市场准入三大源头上进一步加大宏观调控的力度。同治理 1992 年经济过热相比较，从治理 2003 年经济偏热开始，就提高了土地这一基本生产要素在调控中的战略地位，明确提出要把信贷和土地两个闸门。近年来，又进一步提出从技术、环保和安全等方面提高市场准入门槛。这些政策的提出和完善在治理 2006 年经济偏热并制止其向经济过热转变方面起了重要的积极作用，今后仍需坚持和完善，并加大实施力度。这里只是再就严把土地这一闸门的重要作用做进一步分析。在当前我国城镇化提速和建筑业作为支柱产业地位上升的条件下，土地作为基本生产要素的作用也在增强。这是其一。其二，我国土地少，相对资金的供求矛盾来说，土地更为紧缺。其三，出卖土地的收入是当前地方政府预算外收入的一项极重要来源。据报道，仅是 2004 年这一年作为地方政府小金库主要组成部分的卖地收入就达到了 6150 亿元，相当于见诸统计的地方预算外收入 4348.49 亿元的 1.43 倍。① 从这方面说，把住了土地闸门，就是在很大程度把住了资金闸门。还要进一步指出：在当前把住土地闸门同时又是把住国有和公有资产流失的最重要闸门。回顾改革以来的历史，有三次大的寻租活动以及与之相应的三次国有资产的大流失。第一次是在 1980 年代，与产品价格方面计划价与市场价并存相联系，诱发了第一次大的寻租活动以及由此带来的国有资产大流失。第二次是在 1990 年代，与国有小企业出卖和大中型企业的公司化改造的不规范相联系，诱发了第二次大的寻租活动，以及由此带来的第二次国有资产的大流失。可以毫不夸张地说，与 21 世纪初国有和集体土地出卖相联系，又一次诱发了大的寻租活动，以及由此带来的国有和集体资产的大流失。这里还要提到：2003 年以来，对冷热并存的不同产业和不同经济活动实施了有保有压，区别对待的政策，行之有效，还要继续实施，并加以完善。

---

① 《文摘报》2006 年 11 月 5 日；《中国统计年鉴》(2006)，中国统计出版社，第 299 页。

对中国经济持续快速平稳发展原因的再探索 *

总体来说，新中国建立以来，实现了经济的高速增长，但也多次发生了超强波周期（波谷年份与波峰年份增速落差达到 20 个百分点以上）、强波周期（落差在 10 个百分点以上）和中波周期（落差在 5 个百分点以上）。只是在以 1999 年波谷年（这年经济增长 7.6%）为起点的新一轮经济周期方进入了轻波周期（落差在 5 个百分点以内）。2000~2006 年（2006 年增长 10.7%）已经实现连续 7 年的快速平稳增长，这 7 年年均增速高达 9.6%。但作为波峰年 2006 年增速与 1999 年增速相比只是高出 2.1 个百分点，远在 5 个百分点以内。

作者曾将这种快速平稳增长的原因归结为经济全球化条件下的改革开放效应、知识经济时代的科技进步效应、中国工业化中期阶段效应、宏观调控效应、国内政治稳定效应和国际和平环境效应（详见拙著《论中国经济社会的持续快速全面发展》（2001~2020 年），经济管理出版社 2006 年版第 81~83 页）。这里再从历史和现实视角做些补充。

第一，中国作为历史上的经济大国，在当代面临着特有的巨大发展空间。为了说明这一点，需要做一点历史的和当代的国际比较。依据麦迪森教授按 1990 年国际元计算的资料，1820 年，中国、美国和日本的国内生产总值分别为 2286 亿元、126 亿元、209 亿元；占世界国内生产总值的比重分别为 32.4%、1.8%、3%；分别居世界第一位、第六位和第五位。

* 原载《经济要参》2007 年 5 月 15 日。

又据国际货币基金组织数据库的资料，2005 年，中、美、日三国的国内生产总值分别为 22350 亿美元、124875 亿美元、45713 亿美元；占世界国内生产总值的比重分别为 5%、28.1%、10.3%；分别居世界第 4 位、第 1 位、第 2 位。可见，尽管中国经济 28 年来获得了长足发展，但而后的发展空间仍然是很大的。当然，同历史的中国相比，当代中国发生了巨大变化，有众多不可比因素。但像任何事物的发展一样，中国经济的现实发展和历史也有某种联系，有某种共同点（如人口大国和优秀科学文化传统等）。这样，中国在历史上曾经做到的事情，在有各种有利条件的配合下，再经过长期艰苦努力，当代中国也是可能做到的。这就能够解释：为什么国际上许多权威机构都预测：中国在 2020 年以后，经济总量可以超过日本，2050 年以后可以超过美国。当然，即使达到了这个水平，人均国内生产总值与他们的差距还是很远的。从这方面来说，发展空间就更大了。

但需着重指出：要把这个巨大发展空间变成现实，还需要一系列的条件。这除了前面提到的有利条件，下面一点值得提及。

第二，中国转轨时期特有的激烈竞争所激发的强大经济活力。竞争是市场经济共有本质。在中国由传统计划经济向社会主义市场经济转变的时期，存在着一种特有的激烈竞争。决定这一点的主要因素有：

1. 当代经济发达国家经过一二百年至二三百年的发展，资本早已越过了原始资本积累阶段，人民生活早已解决了温饱问题，已经步入经济发达和生活富裕的阶段。这时当然还存在竞争，而且在有些领域仍很激烈。但总的说来，与资本主义初期那种资本为原始积累，人民为生存而展开的竞争要缓和得多。而中国在改革初期，非公有经济在国内生产总值中的比重还不到 1%，全国还有 2.5 亿贫困人口。这样，对非公有经济的发展来说，势必重新为积累原始资本而开展竞争；对广大贫困人口来说，势必存在为生存而开展的竞争。事实表明：这个阶段上竞争比经济发达阶段上的竞争要激烈得多。这是就竞争的发展阶段来说的。

2. 就竞争的主体来说，在经济发达国家，除了存在少量的国有企业不说以外，主要是私人企业之间的竞争。而在中国现阶段，不仅存在国有企业与集体企业之间的竞争，也不仅存在居于主导地位的公有企业与私有企业之间的竞争，还存在处于城乡二元体制下企业之间的竞争，以及拥有众多优惠条件的外资企业与中资企业之间的竞争，还存在拥有或实际上拥有大量生产资源的地方政府之间的竞争。这种数量极多的、优势劣势同在的、复杂的市场主体，使得竞争变得激烈起来。

3. 就竞争的目的看，在经济发达国家，伴随健全的市场体系、社会信用制度和法律制度的建立和完善，以及与之相联系的平等竞争的有序进行和充分展开，利润趋于平均化。当然，同时存在争取超额利润的竞争，对垄断企业来说还有争取超垄断利润的竞争。在中国现阶段，市场交易混乱，社会信用缺失，法制不健全，平等竞争并未充分展开。许多可以获得巨额利润的行业还有待发展。由于计划体制和市场经济体制的长期并存，存在巨大的寻租空间。在这些条件下，许多企业不仅不满足于获取中等水平的利润，不满足于获得超额利润和垄断利润，而是热衷于追逐水平高得多的暴利。正是这种行为，促使竞争的激烈化。也正是这种行为在较短时期内促使社会财富迅速向少数人手中集中，甚至催生了一大批暴发户。这种财富集中"示范"效应，又反过来进一步促进竞争的激烈化。

4. 从生产要素市场的情况看，中国本来劳动力就多，潜在失业（特别是农村潜在失业）数以亿计。伴随改革进展，从公有企业中还要释放出数以千万计的劳动力。伴随技术进步和产业结构优化，就业弹性系数显著下降。这一切都会激化劳动力市场上的竞争。中国土地面积也少。伴随城镇化和作为支柱产业的房地产业的发展，土地市场的供求矛盾更加尖锐起来。在资金方面尽管国有或国家控股的银行存贷差在扩大，但中小企业、农村和边远地区需要的资金又远远得不到满足，以致利率高得多的民间借贷迅速发展。所有这些都使得包括劳动力、土地和资金等要素市场上的竞争变得激烈起来。

5. 在中国计划经济体制下，地区之间重复建设和重复生产的问题就很严重。改革以来，由于全国统一的开放的市场并未真正形成，这种低水平的重复建设和重复生产甚至有所发展。也是加剧竞争的一个重要因素。

6. 总的说来，中国在国际分工中，处于产业链条的低端地位，高科技产品的比重不大，具有自主知识产权的产品也不多，出口产品也多是集中在以劳动成本低为特征的相关产品上。这种低水平的、雷同的出口产品结构也使得相关企业面临着激烈竞争。从积极的主导方面说，正是上述的由市场取向改革激发的激烈竞争，使得现阶段经济充满活力，把各种生产潜力越来越充分地发挥出来，从而在一个很长的时期内推动中国经济的快速发展。从消极方面说，这种激烈的竞争，对经济发展也有不利作用，甚至破坏作用。但这是问题的次要方面。

当前中国经济发展也面临着诸多问题，其中有些问题是很严重的。概括起来说，包括社会总需求和总供给、投资与消费、第一二三产业之间、城乡之间、区域之间、内需和外需、经济发展和社会发展以及生产和生活与资源和环境在内的经济社会各项基本关系全面地、程度不同地处于失衡状况。因此，为了实现中国经济的持续快速平稳发展，必须在科学发展观和构建社会主义和谐社会两大战略思想的指导下，着力深化改革，转变经济增长方式，推进结构调整，强化自主创新，坚持并完善各项宏观调控政策，以便从根本上解决上述问题。

就当前来说，鉴于存在经济增速偏快、投资率过高（而且进一步反弹的压力很大），通胀率不高但通胀压力加大等项经济偏热情况，宏观经济调控的重点似乎应该防止经济由偏热变成过热方面（当然，同时需要警惕通缩）；防止经济由偏热变成过热的重点在控制投资的反弹；控制投资反弹重点又在着力治理在这方面起主导作用的地方政府的投资膨胀机制。当然，同时需要继续实行财政和货币的双稳健政策。但需适时微调，微调的取向是适度从紧。还需进一步严把信贷、土地两个闸门，提高市场准入门槛。

第三产业的优先发展与改革
开放的重点推进 *

就新中国建立以来长达半个多世纪的情况来看，我国第三产业的发展，在一定程度上反映了第三产业发展的一般趋势。1952~2006 年，我国第三产业增加值占国内生产总值的比重由 28.6% 上升到了 39.5%。但须着重指出：我国第三产业的正常发展过程被严重地扭曲，以致当前第三产业发展严重滞后。2006 年我国第三产值增加值在国内生产总值的比重为 39.5%；2003 年低收入国家为 49%，下中等收入国家为 52%，上中等收入国家为 59%，高收入国家为 71%。按当年汇价计算，2006 年我国人均国内生产总值约为 1900 美元，高于低收入国家，与下中等收入国家大体相当，低于上中等收入国家，更远远低于高收入国家。但 2006 年我国第三产业比重比 2003 年低收入国家还低 9.5 个百分点，比下中等收入国家低 12.5 个百分点，比上中等收入国家低 19.5 个百分点，比高收入国家低 31.5 个百分点。在这方面居于世界后列。

为了改变这种滞后状况，就必须在今后一个长时期内实行第三产业的优先发展，使其增速超过国内生产总值增速。需要强调：这是当前有关经济发展、改革开放、政治稳定与社会和谐的一个全局性问题。这样做，有助于进一步缓解主要由工业发展过快而带来的经济局部过热，并防止向过热转变；有助于解决包括第一、二、三产业在内的产业结构失衡乃至整个经济结构的失衡；有助于从技术进步和人力资本增长等方面

---

* 本文的主要内容原载《中国财经报》2007 年 6 月 28 日。

促进经济增长方式的转变；有助于缓解物耗过大和环境污染严重这两个最大的经济发展瓶颈；有助于促进扩大就业和建立适应我国社会生产力发展水平的、覆盖全国的社会保障体系；有助于从加快发展科教文卫事业方面缓解经济发展和社会发展的失衡；有助于从提高服务业的比重方面提高对外开放的质量；有助于从发展服务业、优化其结构以及提高其技术水平等方面，加快社会主义现代化建设，以实现由经济大国到经济强国的转变。同时需要指出：对发展第三产业来说，当前正面临着一个良好的机遇。其根据主要有三：

第一，当前第三产业发展严重滞后。这种滞后同时意味着第三产业发展潜力很大。

第二，就当前的国内外环境来看，加快发展第三产业有着更多更好的有利条件，有可能把这种潜力比较充分地发挥出来。

第三，由第三产业发展滞后引发和激发的各种经济社会矛盾，给加快发展第三产业带来了更强的动力和压力。因此，我国今后发展经济的一个很重要的战略任务，就是要积极推进第三产业的优先发展。

我国第三产业发展严重滞后的原因涉及众多方面。诸如我国是一个发展中的人口大国；新中国成立后长期推行强速战略，盲目追求经济的高增长；经济结构失衡（包括投资与消费之间、城乡之间、地区之间以及内需与外需之间的失衡）；经济增长方式转变缓慢；城镇化率低；第三产业要素投入不足和劳动生产率低；以及与发展第三产业发展相左的观念等。但根本原因还是第三产业改革开放滞后。诚然，1978 年以来，作为经济发展根本动力的改革，也促进了第三产业的迅速发展。由此推动了第三产业比重的迅速恢复，并上升到了新中国成立以来从未达到的高水平。但同时需要看到：无论是存量改革还是增量改革，工业都是领先的，第三产业都是滞后的。据有的学者计算，到 2006 年，全国约有 80%的国有中小企业已经完成了改制，由原来的国有企业改为股份制企业和民营企业等。在国有大企业中，目前国资委管理的约有 160 家，各、省、市自治区大约平均各有 30 家。其中，相当大部分已经完成了股权多元化和公司治理结构的改造。当然，国有企业改革任务还很重，要真正完成国有企业改革的任务，大约还需要十年的时间。但相对说来，国有第三产业的改革则还要滞后得多。这一点当前突出表现在垄断行业、文化和社会保障事业的改革方面。这是就存量改革来说的。在增量改革方面，就民营经济的开放来说，工业比第三产业要早得多，快得多。这当然是从总体上说的。在第三产业的某些方面（如商业）对民营经济的开放并不晚。但在一些具有决定意义的领域（如垄断行业和文化事业方面）则要晚得多。直到目前为止，这些领域对民营经济的开放仍然严重滞后，某些方面的开放程度甚至还不及对外资企业。当然，在第三产业的某些领域（如涉及国家安全和关键经济领域）是需要国有资本控股经营甚至独资经营的。即使考虑到这些因素，仍然可以说，第三产业对民营经济的开放还是滞后的。当前这方面仍然存在很大的开放空间。在对外开放方面也存在某种类似的状况。无论是在外贸方面，或是吸引外资方面，也都是首先集中在工业方面。在对外贸易方面，1980~2005 年，工业制成品的出口由 90.05 亿美元增长到 7129.16 亿美元，增长了 78.2 倍，占货物出口的比重由 49.7%上升到 93.6%；工业制成品进口由 130.58 亿美元增长到 5122.39 亿美元，增长了 38.2 倍，占进口货物的比重由 65.2%上升到 77.6%。而在这期间服务业的进出口则不多。据报道，1982~2005 年，我国对外服务贸易由 43.4 亿美元增长到 1582 亿美元，增长了 35 倍，增速也很高。但占外贸的比重很低，2005 年服务贸易仅为外贸总额的 11.1%。在吸引外资方面，以 2005 年为例。这年外商直接投资实际使用金额已经达到 6032469 万美元，其中第一、二、三产业分别为 71826 万美元，4469243 万美元（其中工业为 4420223 万元）和 1491400 万美元，分别占总额的 1.2%、74.1%（其中工业为 73.3%）和 24.7%。这些数字表明：改革以来，通过发展对经贸关系，从货物出口需求与投资品和资金的供给等方面大大促进了工业的增长。而对第三产业的发展来说，这方面作用则不大。当然，决定这一点的并不只是由于对外开放不平衡性，还同体现国际资本利益的产业转移的特点相联系的。国际资本为了获得超额利润和垄断利润，利用我国廉价的生产要素（包括劳动力和土地等），只是把那些附加价值小、利润低的制造业的加工环节转移到我国，至于那些附加价值大、利润高的高端产业（其中包括第三产业）以及制造业中的研发和流通环节（即生产性服务业），仍然掌握在他们自己手中。这一点，在加工贸易占我国外贸中的比重明显地反映出来。1981 年，加工贸易的出口和进口分别为 11.31 亿美元和 15.04 亿美元；二者占出口总额和

进口总额比重分别为 5.1% 和 6.8%。到 2005 年，上述两组数字分别为
4164.67 亿美元和 2740.12 亿美元；54.3% 和 41.5%。[①] 就社会体制的改革来
说，第三产业也是滞后的。这突出表现在城乡二元体制、文化体制和社
会保障体制的改革滞后上。比如，在 20 世纪末，我国已经初步建成了社
会主义市场经济体制的基本框架，作为城乡二元体制最基本组成部分户
籍制度（城乡就业、工资和社会保障制度等都是附着在户籍制度上）当
前还只是在某些省市破题。显然，经济体制和社会体制改革进展这种不
平衡状况，必然导致工业和第三产业的不平衡发展，工业发展过快，第
三产业发展滞后。因此，要优化发展第三产业，改变这种滞后局面，从
根本上来说，就是要把加快改革开放的重点推进到第三产业方面来。

　　但这样说不只是为了改变第三产业发展的滞后状况，而是整个社会
生产力发展的要求。因为包括第一、二、三产业结构失衡在内的经济结
构失衡是阻碍我国平稳持续快速发展的一个深层次矛盾。解决这个矛盾，
显然会促进整个社会生产力的发展。这样说，也不是说可以忽视第一、
二产业的改革，而是要同时巩固和加快发展第一、二产业的改革。这不
仅是社会生产力发展的要求，而且是加快第三产业改革的重要条件。这
样说，也绝不意味着改变第三产业发展滞后状态，只要依靠加快改革开
放步伐。同时还需要在诸如增加对第三产业的要素投入和提高劳动生产
率，优化第三产业内部结构和地区布局，提高城镇化率，以及加强政府
宏观调控、政策支持和优化服务业发展环境等方面采取相应的措施。

　　为了加快第三产业的改革开放，以下三点值得着重注意：

　　第一，要从思想上清醒认识到：当前我国改革开放已经进入了以加
快第三产业步伐为重要特征的新阶段。就国有经济的改革来说，国有中
小企业改制已基本实现；在大型企业中也有相当一部分实行了股份制的
改造；现在剩下来较多的是垄断行业，其中很大的一部分是属于第三产
业。就国有企业和国有事业的改革来说，后者要滞后得多，迫切需要加
快改革步伐。而这些事业单位一般都属于第三产业。当然为了发展现代
农业和推进社会主义新农村建设，全面推进农村综合改革也很重要。这
方面的改革，相当大的部分也属于第三产业改革的范畴。就开放来说，

---

① 资料来源：《中国统计年鉴》（有关各年），中国统计出版社；《经济日报》2007 年 1 月 29 日第 6 版。

第三产业开放是明显滞后的。到 2006 年 12 月，我国"入世"过渡期已经结束，面临着扩大开放服务业的形势。而且在 20 世纪 90 年代中期以来，在服务业方面的跨国投资，大约占到全世界跨国投资总量的 60%，并正在全球渴求投资机遇。这样，扩大服务业开放必将成为新一轮扩大开放的重点。

第二，第三产业改革的重要特点是：它更多地涉及到国家经济安全和国民经济命脉，以及基本的经济、政治和意识形态的制度。因此，对待这些方面的改革，必须采取十分慎重的态度，必须坚持维护国家的经济安全以及基本的经济、政治和意识形态制度。当然，又必须是积极的态度。

第三，相对工业来说，第三产业包括的行业极为复杂，情况各异。因此，在这个领域扩大改革开放，必须特别要注意各行业的特点。比如，对垄断行业的改革来说，要区分是行政垄断、经济垄断和自然垄断。一般说来，对行政垄断要坚决破除，对经济垄断也要制止。对自然垄断则需注意：

1. 随着科技进步，有些原来属于自然垄断的行业，也可以引入或部分引入市场竞争机制。

2. 在多数自然垄断行业中，既有自然垄断业务，也存在非垄断业务。对后者也可以引入市场竞争机制。

3. 对我国当前名为自然垄断实为行政垄断的行业，也需坚决破除，引入市场竞争。再如，对科教文卫等事业的改革，则需区分是提供公共产品、准公共产品或半公共产品，还是非公共产品（私人产品）。对提供公共产品的事业单位，是可以由公共财政负担的，同时需要加强监管；对提供非公共产品的，则完全可以市场化；对提供准公共产品或半公共产品的，则可以在不同程度上引入市场竞争机制。

试析新一轮经济周期波峰年份物价运行的特征及其走势 *

探讨新一轮经济周期波峰年份物价[1]运行特征及其发展趋势，对于正确实施宏观经济调控，促进经济发展、生活改善、政治稳定和社会和谐具有重要现实意义。

一、新一轮经济周期波峰年份物价运行的特征及其成因

为了分析这个问题，先对这个问题涉及的两个前提做些说明：

第一，经济冷热的概念和衡量经济冷热的总体指标。经济冷热是一个经济全局概念，而不是经济局部概念。因为经济冷热是指的社会总需求小于或大于社会总供给；其冷热程度就是前者小于或大于后者的程度。因此，从总体上反映经济冷热的指标，必须是反映经济全局的指标，而不能是反映经济局部的指标。

从比较完整、准确的意义上说，这方面唯一的总体指标，就是现实经济增长率与潜在经济增长率的差距。按照科学发展的理念，并从我国具体情况出发，潜在经济增长率可以定义为在不引发通胀、促进就业、

---

* 本文主要内容载《国家行政学院学报》2008 年第 1 期。

[1] 从比较完整的意义上说，价格（含产品和服务价格）指数包括国内生产总值矫正指数、生产价格指数和消费价格指数。但为简略计，本文不拟涉及前两种价格指数，只涉及后一种价格指数。

节约资源和保护环境的条件下①各种生产潜力得到充分发挥可能达到的生产率。这样，在社会总需求小于社会总供给的条件下，社会的生产潜力就没有得到充分的发挥，这表明现实经济增长率低于潜在经济增长率。反之，在社会总需求大于社会总供给的条件下，就表明现实经济增长率高于潜在经济增长率。从上述相互联系的意义上，也可以说经济冷热就是现实经济增长率小于或大于潜在经济增长率，经济冷热的程度就是现实经济增长率小于或大于潜在经济增长率的程度。正是这一点，使得经济增长率成为从总体上衡量经济冷热的唯一的、无可替代的反映经济全局的指标。

但是，潜在生产增长率的精确估算是很复杂的。然而也有一个简便而又较为可靠的方法。这就是按一个较长时期（包括几个经济周期甚至一个经济周期）年均经济增长率计算。但潜在经济增长率的高低主要决定于社会生产力发展的程度。因而它是动态的概念，而不是静态的概念。我国 1953~1978 年社会劳动生产率年均提高 3.2%，1979~1999 年年均提高 6.6%，2000~2006 年年均提高 8.2%。②据此分析，可以将新中国成立后各个时期年均经济增长率大致估算为潜在经济增长率。具体说来，1953~1978 年为 6.2%，1979~1999 年为 9.7%。以 1999 年低谷为起点的新一轮经济周期还没完，不便算出其潜在经济增长率。但依据上述的这期间社会劳动生产率的提高情况来看，可以将这个经济周期潜在经济增长率大致估算为 10%。

我国改革以来经济增长历史表明：年均经济增长率超过潜在经济增长率约两个百分点，就会造成经济过热。1978 年、1984 年、1987 年和 1992 年四年的经济增长率分别为 11.7%、15.2%、11.6%和 14.2%；分别高于潜在增长率的 2.0 个、5.5 个、1.9 个和 4.5 个百分点。经济增长率超过潜在增长率一个百分点左右，就形成经济偏热。2003~2006 年经济增长率分别为 10%、10.1%、10.4%和 11.1%（详见附表 1）。

---

① 把环境保护纳入潜在经济增长率的研究，涉及许多复杂的因素，而且缺乏这方面的数据，故在下面的分析将此舍象了。如果纳入环境保护这个因素，那么，本文估算的潜在经济增长率的数字需做一定的调整。

② 资料来源：《中国统计年鉴》（有关各年），中国统计出版社。

附表 1 中国国内生产总值增长速度和价格指数
(上年 = 100)

年份	国内生产总值		国内生产总值矫正指数	居民消费价格指数	原料、燃料、动力购进价格指数
	名义增速	实际增速			
1953	121.4	115.6	105.0	105.1	
1954	104.3	104.2	100.1	101.4	
1955	106.0	106.8	99.3	100.3	
1956	113.0	115.0	98.3	99.9	
1957	103.9	105.1	98.9	102.6	
1958	122.3	121.3	100.8	98.9	
1959	110.1	108.8	101.2	100.3	
1960	101.2	99.7	101.5	102.5	
1961	83.8	72.7	115.3	116.1	
1962	94.3	94.4	99.9	103.8	
1963	107.4	110.2	97.5	94.1	
1964	117.7	118.3	99.5	96.3	
1965	118.0	117.0	100.9	98.8	
1966	109.1	110.7	98.6	98.8	
1967	95.0	94.3	100.7	99.4	
1968	97.2	95.9	101.4	100.1	
1969	112.5	116.9	96.2	101.0	
1970	116.2	119.4	97.3	100.0	
1971	107.7	107.0	100.7	99.9	
1972	103.9	103.8	100.1	100.2	
1973	108.0	107.9	100.1	100.1	
1974	102.6	102.3	100.3	100.7	
1975	107.5	108.7	98.9	100.4	
1976	98.3	98.4	99.9	102.3	
1977	108.8	107.6	101.1	102.7	
1978	113.2	111.7	101.3	100.7	
1979	111.5	107.6	103.6	101.9	
1980	111.9	107.8	103.8	107.5	
1981	107.6	105.2	102.3	102.5	
1982	108.8	109.1	99.7	102.0	
1983	112.0	110.9	101.0	102.0	
1984	120.9	115.2	104.9	102.7	
1985	125.1	113.5	110.2	109.3	118.0
1986	114.0	108.8	104.8	106.5	109.5
1987	117.4	111.6	105.2	107.3	111.0

续表

年份	国内生产总值		国内生产总值矫正指数	居民消费价格指数	原料、燃料、动力购进价格指数
	名义增速	实际增速			
1988	124.7	111.3	112.0	118.8	120.2
1989	113.0	104.1	108.5	118.0	126.4
1990	109.9	103.8	105.9	103.1	105.6
1991	116.7	109.2	106.9	103.4	109.1
1992	123.6	114.2	108.2	106.4	111.0
1993	131.2	114.0	115.1	114.7	135.1
1994	136.4	113.1	120.6	124.1	118.2
1995	126.1	110.9	113.7	117.1	115.3
1996	117.1	110.0	106.5	108.3	103.9
1997	111.0	109.3	101.6	102.8	101.3
1998	106.9	107.8	99.2	99.2	95.8
1999	106.2	107.6	98.7	98.6	96.7
2000	110.6	108.9	101.6	100.4	105.1
2001	110.5	108.3	102.0	104.7	99.8
2002	109.7	109.1	100.5	99.2	97.7
2003	112.9	110.0	102.6	101.2	104.8
2004	117.7	110.1	106.9	103.9	111.4
2005	115.0	110.4	104.2	101.8	108.3
2006	114.7	111.1	103.2	101.0	106.0

资料来源:《中国国内生产总值核算历史资料（1952~2004)》,《中国统计年鉴》(2007),中国统计出版社;《中国物价年鉴》(有关各年),中国物价出版社。

上述情况表明:现实经济增长率与潜在经济增长率的差距可以比较准确地从整体上衡量经济的冷热。

第二,就新中国成立后的历史经验和现状来看,可以设想按经济增速和消费价格指数的升降幅度,分别设立四个相对应的档次。经济增速方面的四个档次是:①经济过热:经济增速超过潜在经济增长率约两个百分点。②经济高位增长:经济增速在潜在经济增长率的上限区间运行。为了简化问题,并便于和消费价格指数有关档次相对应,大体上可以将经济偏热(即经济增速超过潜在经济增长率一个百分点左右)归入这个档次。③经济中位增长:经济增速在潜在经济增长率中位区间运行。④经济低位增长:经济增长在潜在经济增长率低位区间乃至更低的速度运行。与上述四个档次相对应,消费价格指数四个档次是:①高度通胀:消费价格指数上升幅度 10 个百分点以上。②中度通胀：消费价格指数上升幅度 10 个百分点以内。③低度通胀：消费价格指数上升幅度在 5 个百分点以内。④通货紧缩：消费价格指数为负数。

在对这些前提做了说明以后，再依据新中国成立后经济发展的实际来说明新一轮经济周期波峰年份物价运行的特征。为此，需要将新中国成立后历次经济周期波峰年份的物价运行状况做一简要比较。新中国成立以后，波峰年份共有 8 次，其经济增速以及与之相对应的物价价格指数如下：1956 年二者分别为 115.0 和 99.9；1958 年为 121.3 和 98.9，1970 年为 119.4 和 100.0；1978 年为 111.7 和 100.7；1984 年和 1985 年这两年分别为 115.2 和 102.7，113.5 和 109.3；1987 年和 1988 年这两年分别为 111.6 和 107.3，111.3 和 118.8；1992 年、1993 年和 1994 年这三年分别为 114.2 和 106.4，114.0 和 114.7，113.1 和 124.1；2003~2006 年这 4 年分别为 110.0 和 101.2，110.1 和 103.9，110.4 和 101.8，111.1 和 101.0（详见附表 1）。这些数据表明：①前四次波峰年份物价指数运行的特点是：经济过热条件下的通缩（1956 年和 1958 年）或临近通缩（1970 年和 1978 年）。显然，这主要是适应赶超战略和优先发展重工业战略要求的政府行政指令计划价格体制形成的抑制型通胀。诚然，1978 年我国经济体制改革已经开始。但物价主要由政府行政指令决定到主要由市场调节的转变，还是经历了一个很长的过程。仅就产品价格体制改革来说，在社会消费品零售总额、农副产品收购总额和生产资料销售总额中，政府指令定价占的比重 1978 年分别为 97.0%、92.2% 和 100%（余下的为政府指导价和市场调节价，下同），1985 年分别为 47.0%、37% 和 60%，1992 年分别为 5.9%、12.5% 和 18.7%，2004 年分别为 3%、1% 和 8.9%。[①]至于服务价格的改革，总体上说来，还要滞后一些。可见，即使在 1978 年以后，政府指令定价仍在不同程度上抑制了物价的上升。②第 5、6、7 这三次波峰年份物价运行的特点是：经济过热条件下低度通胀（1984 年）、中度通胀（1985 年、1987 年和 1992 年）或高度通胀（1988 年、1993 年和 1994 年）。这主要是同物价逐步调整和放开（这是经济改革的重要进展）、经济逐年过热以及通胀预期积累和攀升相联系的。③第 8 次波峰年份物价运

---

① 资料来源：《中国物价年鉴》（有关各年），中国物价出版社。

行的特点是：经济偏热条件下的低通胀（2003~2006 年）。

形成经济偏热条件下的低通胀的原因，包括两方面：一方面是经济偏热。其主要原因是：①20 世纪末，我国已经初步建立了社会主义市场经济体制的基本框架，并正在进一步完善。2001 年我国已经"入世"，到2006 年"入世"过渡期已经结束。这两点是我国改革开放进入新阶段的两个最基本标志。这意味着 1978 年以来原本作为我国经济发展根本动力的改革开放，继续并在某些重要方面以更大强度推动我国经济的发展。②当前我国工业化正处于中后期阶段。一般说来，这个阶段存在多种加速经济发展的因素。在当前国内和国际的有利条件下，这些因素在促进经济发展方面的作用被进一步强化了。③到 21 世纪初，中国在实现人口大国到经济大国转变的基础上，进一步提升了经济大国的地位。这种经济大国地位的提升，意味着中国拥有更有利条件来加速经济的发展。④我国已经积累了适应转轨时期市场经济要求的、全过程的、多方面的、系统的宏观调控经验。⑤世界经济持续以比较高的速度增长。2003~2006年，世界经济增长率依次分别为 2.6%、4.0%、3.3% 和 3.9%，2007 年上半年达到 5% 以上。[①] ⑥国内继续巩固安定团结的政治局面，国际继续了相对稳定的和平环境。需着重说明的是：以上各点只是为这一轮新的经济周期上升阶段波峰年份在潜在经济增长率顶峰运行，并在一定限度内越过这个顶峰提供了可能性。其所以必然会越过顶峰，形成经济偏热甚至过热，主要是由于经济、政治体制改革还未到位，特别是由于存在以地方政府为主导的并与企业盲目性相结合的投资膨胀体制，各生产要素价格改革远未到位和民主监督机制不健全。以上各点，我在有关论文[②]之中已经做过详细分析，这里不拟展开。

这里需要着重分析的是问题的另一方面：低通胀的原因。主要是：

第一，与 1978 年、1984 年、1987 年和 1992 年这些波峰年份发生的经济过热不同，这一轮经济周期波峰年份只是发生了经济偏热（数据已见前述）。这表明作为决定物价根本因素的社会总需求超过社会总供给的程度后者比前者小得多。其表现：后者的国内生产总值的矫正指数比前

①《中国统计年鉴》(2007)，中国统计出版社，第 1021 页。
②详见拙文：《试论 2003 年以来宏观经济调控的基本经验》，载《经济学动态》2007 年第 10 期。

者要小得多。诚然，1978 年这项指数也只有 1.3%。但这主要是由指令计划价格体制造成的抑制型通胀造成的。1984 年这项指数也只有 4.9%，主要也是同价格没有完全放开相联系的。这两年与本轮经济周期波峰年份具有显著的不可比因素，且不说它。1987 年这项指数虽是 5.2%，但接着的 1988 年和 1989 年分别高达 12.0% 和 8.5%。1992 年这项指数高达 8.2%，接着的 1993~1995 年分别上升到 15.1%、20.6% 和 13.7%。而 2003~2006 年这项指数分别只有 2.6%、6.9%、4.2% 和 3.2%（详见附表 1）。

第二，前一点是从经济增速的差异方面分析了社会总需求超过社会总供给较小的原因。但增速方面的计算，舍弃了对外贸易的因素。如果把这个纳入考察的视线内，那么我们可以清楚地看到：总需求结构的变化，对于形成低通胀的格局也起了重要的作用。为了排除价格体制等因素的影响，以便有更大的可比性，我们在下面仅将 1993~1995 年与 2003~2006 年的有关情况做一比较。前三年的国内生产总值矫正指数分别为 15.1%、20.6% 和 13.6%；净进口率为 1.9%，净出口率为 1.3% 和 1.6%。后四年国内生产总值矫正指数分别为 2.6%、6.9%、4.2% 和 2.5%；净出口分别为 2.2%、2.5%、5.5% 和 7.6%（详见附表 1）。上述两组数据清楚表明：作为总需求组成部分的净出口增长是形成 2003~2006 年低通胀的一个重要因素。但在这里需要说明两点：一是这期间净出口率的大幅急剧上升虽有某种必然性，但从主要方面来说是国内经济严重失衡在对外经济关系方面的反映。二是这种上升虽然在形成低通胀方面起了重要作用（这是主要方面），但由它导致的外贸顺差和国际收支顺差的大幅急剧上升，又形成了一种倒逼机制，迫使央行大量发放基础货币。尽管央行多年来采取多种对冲手段，但也只是在一定期限内缓和了这种发放，并没有从根本上改变这种局面。因而，净出口率的大幅急剧上升，也只是在一定限度内促进了国内低通胀局面的形成。它同时又有加剧通胀的负面作用。而且随着外贸顺差的扩大，以致成为央行增发基础货币的主要动因，这方面的负作用还会进一步增长，很值得重视。

以上两点都是着重从需求侧面来分析低通胀的形成原因。以下四点（第三至第六）将从供给侧来进一步分析出其原因。

第三，在 20 世纪末，我国已经实现了由新中国成立后长期存在的卖方市场向买方市场的过渡，初步形成了买方市场。其后又有进一步的发展。当然，买方市场并不必然形成产品供给过剩。但相对短缺经济条件下的卖方市场来说，它很容易形成产品供给的过剩。这是其一。其二，当前我国许多消费品和投资品也确实都存在供大于求的情况。据调查，当前我国商品市场 70% 以上的工业品和 80% 以上消费品都是供过于求的，没有供不应求的商品。① 另据统计，当前在 600 种消费品中，只有 5 种食品供应偏紧，其余都是供求平衡和供过于求的。② 而且，依据当前的情况来看，这种供过于求的情况还会进一步发展。其三，当前我国工业（特别是其中的制造业）的产能过剩情况也比较严重。当前许多制造业设备利用率是很低的。其低的程度甚至超过了有的当代经济发达国家某些经济衰退时期。显然，这种产品供给状况会严重抑制物价的上扬。

　　第四，由于各种历史和现实因素的作用，劳动力价格低（其中尤以占到城市新增劳动力很大比重的农民工工资低为甚），资金价格低（当前是负利率），自然资源价格低（包括零价格），环境补偿价格低（包括更多零价格）和人民币价格低（汇率低）是当前我国经济发展的一大特色。这个特色对我国以往经济发展起过重要的积极作用（这是主要方面），但同时也有负面影响，而且这种影响越来越大。就我们这里讨论的问题来说，由这种低价格引致的低成本，显然又是低通胀得以实现的一个重要因素。

　　第五，社会生产率的迅速提高，是产品价值得以较快降低的一个极重要基础。这又是对冲价格上升的重要因素，从而成为低通胀得以实现的另一个重要因素。

　　第六，与中国转轨时期颇有特色的国内外环境相联系，这个时期存在一种特有的激烈竞争。③ 这种竞争不仅极大地激发了中国经济发展的活力，而且成为低通胀格局得以形成的一个重要动力。这里有必要提出一种相关的观点进行商榷。前几年，处于上游的生产价格指数高，处于下游的消费指数低。我国学界相当流行的一种观点，把这种情况发生的原因归结为价格传导机制不灵。这种说法有一定的道理，但并不全面。实际上，在 20 世纪末，我国已经初步建立了社会主义市场机制。其后，又

---

① 新华网 2007 年 8 月 21 日。

② 新华网 2007 年 9 月 28 日。

③ 详见拙文：《对中国经济持续快速平稳发展原因的再探讨》，载《经济要参》2007 年 5 月 15 日。

有进一步发展和完善。在这种情况下，尽管还存在经济垄断、自然垄断和行政垄断，但在产品价格竞争方面还是相当充分的。甚至国内市场和出口的某些方面还存在过度竞争。那么，为什么前几年存在上游产品价格指数高、下游产品价格指数低的情况呢？这除了价格传导机制和时滞等方面的因素以外，主要是由于要素价格低（从而成本低）和社会生产率提高快（从而价值下降快），下游企业消化上游企业价格上升的空间较大；而上述的特有的激烈竞争又以强大的压力迫使下游比较充分地去挤占这个空间。这才是前几年上游产品价格指数高、下游产品价格低得以发生和存在的主要原因。

第七，这几年宏观经济调控政策在实现低通胀方面也起了重要的作用。这些政策主要包括：①基于经济趋于偏热的情况，将原来实行的积极的（扩张性的）财政政策和稳健的（中性的）货币政策逐步调整为财政和货币双稳健的政策，稳健的货币政策在执行中按照适度从紧的取向进行了调整。②依据与城镇化加速相联的、作为十分紧缺的基本资源之一的土地重要性，提高了土地在这次宏观调控中的战略地位，2004年明确提出严把土地审批和信贷投放两个闸门。后来还考虑到保护环境、节约资源、技术进步和安全生产等方面的要求，又提出提高并严格执行建设项目用地、环保、节能、技术、安全等主要市场准入标准。③适应社会主义市场经济体制已经初步建立并趋于完善，以及已经"入世"的状况，在这次调控中更多地采用了经济手段和法律手段，也采用了必要的行政手段。④鉴于不同经济领域和部门存在有热、有冷的情况，实行了有压有保的区别对待政策。⑤考虑到经济只是偏热的情况，并尽可能发挥调控的积极作用，减少和避免其负面影响，采取了多次微调的方式。⑥鉴于不同年份存在不同的突出问题，实行了重点调控。比如，2003年以后，煤电油运供应紧张，成为经济增长的突出瓶颈，着力加强了对这些行业增长的支持力度。2005年以来，房地产投资快速增长成为整个固定资产投资膨胀的一个突出因素，着力加强了对这方面投资的调控。上述政策的实施，已经取得了显著的成效。主要是：2003年以来，我国经济发展正处于新一轮经济周期上升阶段的波峰年份，极易发生经济过热。但由于实施了上述政策，硬是将经济增长限制在经济偏热的范围内，从需求侧控制了社会总需求与社会总供给的失衡，为实现低通胀提供了一个基本保证。当然，上述成就的取得，并不只是调控经济总量方面政策的成功，同结构调整、经济增长方式转变和改革进展，也是直接相关的。

第八，通胀起点低以及与之相联系的通胀心理预期比较平稳，也是低通胀得以实现的一个重要条件。下列数据可以说明这一点。1998年和1999年，我国经济处于通缩状态。无论是国内生产总值矫正指数、居民消费价格指数和原料、燃料、动力购进价格指数均为负增长。在2000~2006年，国内生产总值矫正指数除了2004年达到中位通胀和2005年达到低位通胀的上限以外，其余各年均处于低位通胀的下限；居民消费价格指数2001年和2004年达到了低位通胀的上限，2000年、2003年、2005年和2006年均处于低通胀的下限，2002年还出现了负增长（详见附表1）。

上面对高增长条件下低通胀的表现和原因的分析，说明了这一点确实是新一轮经济周期物价运行波峰年份的特点。但并不意味着这是我国转轨时期的特有现象。从一定意义上说，在一定时限内经济高速增长与低通胀并存，是20世纪50年代以来经济发达国家相当普遍存在的一种趋势。现以经济最发达的美国为例说明如下。1951~2006年，美国国内生产总值年平均增长3.2%。据此可以设想，将经济增长3.2%以下（包括负增长）称为低增长，3.2%~4.2%称为中增长，4.2%以上称为高增长。还可以设想，将美国居民消费价格指数增长3%以下（包括负增长）为低通胀，将3%~5%称为中通胀，5%以上为高通胀。如果这个设想是可以的，那么在1951~2006年期间，共有19个高增长年。其中，经济高增长条件下的低通胀为8年（即1953年、1955年、1959年、1962年、1964年、1966年、1998年和2004年），经济高增长条件下的中通胀为6年（即1968年、1972年、1984年、1985年、1987年和1988年），经济高增长条件下的高通胀为5年（即1951年、1973年、1976年、1977年和1978年）。还要说明：在这5年中，有4年的高增长（1973年、1976年、1977年和1978年）是由1970年代石油危机导致的成本大幅上升推动的。如果扣除这4年，那么在这19年中经济高增长条件下低通胀，约可占到一半以上（详见附表2）。

附表2 美国国内生产总值和消费价格的增长率

（比上年增长）   单位：%

年份	国内生产总值增长率	消费价格的增长率
1950	—	—
1951	10.8	8.2
1952	1.9	3
1953	5.5	1.5
1954	−1.3	0
1955	8.8	0
1956	0	1.4
1957	1.6	2.9
1958	0	1.8
1959	6.3	1.4
1960	2.9	1.3
1961	0	1.3
1962	7.2	1.3
1963	4.1	1.3
1964	5.2	1.3
1965	3.7	1.3
1966	7.1	2.5
1967	2.2	3.6
1968	6.5	4.7
1969	2	4.4
1970	0	6.4
1971	3	4
1972	5.8	3.8
1973	5.1	5.5
1974	−0.7	11.4
1975	−1	9.4
1976	4.8	5.8
1977	4.5	6.1
1978	4.8	7.7
1979	2.5	11.3
1980	−0.4	13.4
1981	3.7	10.4
1982	−3.2	6
1983	3.2	3.2
1984	6.3	4.3
1985	4.8	3.5

续表

年份	国内生产总值增长率	消费价格的增长率
1986	3.3	1.8
1987	4.3	3.7
1988	4.9	4.1
1989	2.4	4.8
1990	−0.2	5.4
1991	−1	4.2
1992	2.8	3
1993	2.5	3
1994	3.7	2.6
1995	2.4	2.8
1996	3.6	2.9
1997	4.2	2.3
1998	4.3	1.6
1999	4.1	−1.8
2000	3.7	7.5
2001	0.5	3
2002	2.2	1.6
2003	3.1	2.1
2004	4.4	2.7
2005	3.2	3.4
2006	3.3	3.3

资料来源：《国际经济和社会统计资料（1950~1982)》，中国财经出版社；《中国统计年鉴》（有关各年），中国统计出版社。

就我们这里讨论的问题来说，美国与我国无疑存在重大的差别（如美国由高工资形成的高成本）和根本性差别（如美国的基本经济制度）。但在下述两个关键点上又在不同程度上存在着相似之处。一是由国家调控的现代市场经济体制；二是由社会劳动生产率的迅速提高引起产品价值的下降。而且，在这两个关键点上，美国具有比我国更有利的条件。就前一点来说，美国具有发达的、包括产品和要素在内的市场体系和价格机制，其货币政策对宏观经济的调节作用是很强的。就后一点来说，美国依托其先进的科学技术和强大的人力资本优势，社会劳动生产率的增速也是很快的。美国经验进一步证明：在具备上述有关的条件下，实现经济高增长条件下的低通胀是完全可能的。

二、2007 年物价运行的新态势及其治理

我们在前面的分析，从总体上说来，对 2007 年的物价运行态势基本上也是适用的。同时也要看到，2007 年以来物价运行又出现了一些新的特征。分析这个特征，并采取相应的对策，具有重要的实践意义。

这个特征就是：作为最重要的价格指数——居民消费价格指数将由 2003~2006 年在低通胀下限区间（2002 年、2005 年和 2006 年）和中位区间（2003 年）运行向上限区间运行转变。2007 年 1~10 月居民消费价格指数分别同比增长 2.2%、2.7%、3.3%、3.0%、3.4%、4.4%、5.6%、6.5%、6.2%、6.5% 和 6.9%。1~10 月累计同比上升 4.4%。① 预计全年同比增长 4.5%。这就达到了低通胀的上限区间，与此同时，生产价格指数和国内生产总值矫正指数也有一定程度的上升。前者从 2006 年的 1.6% 上升到 2007 年上半年的 3.2%，后者从 3.2% 上升到 4.1%。②

推动价格指数上升的因素，主要是：①社会总需求超过总供给的因素的积累和上升。如前所述，2003~2006 年经济连续四年都是偏热的，现实经济增长率都是超过潜在经济增长率的。诚然，这些社会总需求大于社会总供给的差额，在连续四年价格指数的上升中已经消除了一部分。但仅就这四年居民消费价格指数增幅小于国内生产总值矫正指数的情况来看（详见附表 1），这个差额并未完全消化。这表明：社会总需求大于社会总供给的差额已有四年的积累。问题还在于：2007 年经济偏热的情况还在进一步发展，这年经济增长率会超过去年，预计可以达到 11.5%。这又表明：社会总需求大于社会总供给的状况还在发展。②2007 年消费、投资和净出口的三大需求的增长情况可以进一步证明第一点的分析。2007 年 1~10 月，社会消费品零售总额达到 72090 亿元，同比上升 16.1%；城镇固定资产投资达到 88953 亿元，同比上升 26.9%；外贸顺差 2123.6 亿美元，增长 59%。③③货币投放偏多和信贷增长偏快拉大了社会

① 新华网 2007 年 11 月 15 日；国家统计局网 2007 年 12 月 11 日。
② 新华网 2007 年 9 月 28 日。
③ 国家统计局网 2007 年 11 月 14 日；《经济日报》2007 年 11 月 14 日第 5 版、11 月 17 日第 5 版。

总需求的较快增长。2007 年 10 月末，广义货币供应量（M2）余额为 39.42 万亿元，同比增长 18.7%；狭义货币供应量（M1）余额为 14 万亿元，同比增长 22.21%；市场货币流通量（M0）余额为 2.83 万亿元，同比增长 13.43%；金融机构人民币各项贷款余额为 39.06 万亿元，同比增长 14.17%。① ④成本上升的推动，也是价格上升的一个重要因素。这有两方面的原因。一是国内工资、地价和环境费用的增长。二是国际市场上的原油、有色金属、粮食和海运价格的上升。⑤伴随四年多的价格上升和成本上升压力的加大，由劳动生产率提高带来的利润空间被逐渐压缩，企业对价格上升的消化能力在降低。因而上下游行业之间的价格传导明显增强。据调查，2007 年第三季度上下游行业间原材料扩散指数分别高达 40.8% 和 36.9%，比二季度分别提高 5.9 个和 6.3 个百分点，创下 2006 年以来的新高。⑥伴随物价上升，原来存在的通胀预期比较平稳的状态在迅速上升。据央行 2007 年 8 月中下旬对城镇居民的调查，有 61.8% 的人预期四季度物价会上升，其比二季度提高 11.1 个百分点。② 可见，2007 年以来物价趋于上升，不是短期的、偶然的因素作用的结果，而是长达四五年时间多种因素造成的。

　　在这方面，有两种观点值得提出商榷。一种观点认为，2007 年以来物价上涨主要是由猪肉等农副产品价格上升这样一些局部的、短期的因素引起的。诚然，如果把问题的分析范围仅仅局限在居民消费价格指数构成因素方面，这种说法是有道理的。但问题在于：①这次物价上升是上述的由需求和供给、国内和国际等多种因素作用的结果。所以，这种说法似有以偏概全之嫌。这是其一。②按照这种说法，在猪肉涨价等短期的因素消失以后，物价就会出现明显回落，看来未必。在猪肉涨价等短期因素消失以后，物价可能出现一定程度的回落。但在上述导致物价上升各种因素消失以前，在短期内要使物价回到低通胀的下限区间，就很困难。③在分析物价问题时，仅仅局限在消费价格指数（尽管这是国际上使用最广泛的价格指数），而忽略生产价格指数和国内生产总值矫正指数的上升，看来也欠妥。④这种观点可能会把对物价监管的注意力引

---

① 《经济日报》2007 年 11 月 14 日第 5 版。
② 新华网 2007 年 9 月 28 日。

导到对短期因素的治理，而忽视上述的有关物价上升的各种问题的解决。

还有一种观点认为，现阶段推动物价上涨的主导因素是成本提高。应该肯定，成本上升确是导致当前物价上升的重要因素。①由于我国各项要素价格改革刚刚起步，远没有达到成为物价上升主导因素的地步。这是其一。②在我国现阶段，社会劳动生产率的提高是很快的。由此导致产品价值的下降，会成为成本上升的一种对冲力量。③我国原来由于各项生产要素价格都低，企业利润率较高，由成本上升而带来的利润压缩还有空间。据对经济发展程度不同的甘肃、山西、黑龙江、重庆、山东和广东6个省市的各行业平均利润率的测算，工业为5%~13%，交通运输业为9%~14%，批发商业为4%~7%，零售商业为4%~9%，建筑业为6%~15%，服务业为9%~15%，娱乐业为15%~25%。①④当前我国产品销售无论在国内市场或者在国际市场上都存在激烈的竞争。这种竞争会成为由成本增加导致的价格上升的一种很强的制约力量。⑤这种观点也可能会把对物价监管的注意力引导到成本上升的治理上，而忽视对需求等方面问题的解决。

当前我国宏观经济形势总体很好，并会继续向好的方面发展。但也存在诸多棘手的重大难题。诸如要控制经济增速由偏热转向过热，控制失业率的反弹，控制国际收支顺差的扩大等。但控制物价上涨也是事关我国经济发展和社会稳定的一个极重要问题。因为：

第一，价格机制是市场机制的核心。物价上涨就会使价格信号失真。这就从一个根本方面限制了作为当前经济发展根本动力的市场经济体制在优化资源配置中的作用。

第二，物价是收入再分配的强有力工具。价格上涨必然改变收入在企业和居民、政府和居民以及低收入阶层和高收入阶层之间的分配，由此会进一步加剧我国已经存在的经济失衡和扩大居民收入的差别。其主要表现是：①物价上涨很容易形成并且事实上已经造成负利率。这就意味着一方面会提高企业（包括金融企业和工商企业）利润，另一方面就会降低居民（特别是中低收入阶层）收入。而利润正是企业投资的源泉，收入是居民消费的源泉。所以，物价上升必然会进一步加剧我国长期以

---

① 《经济日报》2007年9月23日第1版。

来存在的积累和消费比例关系（这是国民经济中最基本的比例关系之一）严重失衡状况。1982~2006 年，我国投资率由 31.9%上升到 2006 年 42.5%；消费率由 66.5%下降到 49.9%。②货币是国家金融机构发行的。所以，物价上升意味着政府对居民实行加税。这又会进一步加剧我国多年以来存在的政府消费支出与居民消费支出的比例失衡的状况。1988~2006 年，在最终消费支出中，政府消费支出占的比重由 20%上升到 27.4%，居民消费支出的比例由 80%下降到 72.6%。①需要说明：在这期间，政府消费支出（就政府必须提供的公共产品和服务而言）的适当提高是有必要的，问题是提得过高。但更大的问题还在于：政府行政费用的比重提得过高了。③如前所述，物价上涨有利于企业利润的增长。在这些企业中居于最重要地位的是国有垄断企业，民营企业占的比重也很大。一般说来，这些企业人员的收入水平都是很高的。这样，物价上涨必然进一步拉大我国居民收入已经很大的差别。1978 年我国基层系数为 0.317，2006 年上升到 0.496。②因此，必须十分注意控制物价的上涨，把物价水平控制在低通胀的上限区间以内（居民消费价格指数上升幅度控制在 5%以内），防止其转变为中位通胀（5%以上），并力争逐步把它降到低通胀的中位区间（3%左右）。简言之，就是要防止物价由增长偏快转变为增长过快。

为此需要采取一系列的措施。依据上述的 2007 年以来物价上升原因的分析，降低物价重点还是适度控制社会总需求的偏快增长，以缩小现实经济增长率与潜在经济增长率的差距。为此，主要是控制投资需求和净出口需求的过快增长，因为 2003 年以来社会总需求的偏快增长，主要是由投资和净出口的需求拉动的。与 2002 年相比，2006 年投资率由 37.9%上升到 42.5%，净出口由 2.5%上升到 7.6%，消费率由 59.6%下降到 49.9%。2007 年前三个季度，全社会固定资产投资同比增长 25.7%，贸易顺差增长 68.9%，社会消费品零售总额同比增长 15.9%。③据此可以大致判断，2007 年仍然会延续过去四年投资率和净出口双双上升、消费率下降的格局。这五年真可谓投资和出口的主导型的经济增长。

---

① 《中国统计年鉴》（2007），中国统计出版社，第 72~73 页。
② 《经济日报》2007 年 10 月 4 日第 2 版。
③ 《中国统计年鉴》（2007），中国统计出版社，第 72 页；国家统计局网 2007 年 10 月 25 日。

为了控制投资和出口需求的过快增长，①需要把稳中从紧的货币政策调整为以单位货币政策。应该看到，2007年以来，各项货币政策（包括提高存款准备金率、提高利率和公开市场操作三个主要方面）的运用，其频率之高，幅度之大，配合之紧密，三者综合力度之大，达到了前所少有的程度。这对于遏止通胀由偏快增长向过快增长的转变，显然起了重要的作用。如果仅仅就这三方面而言，而不看货币流通量和银行贷款金的迅速增长，简直可以说是紧缩的货币政策，而不是稳健的货币政策。但问题在于：当前通胀偏快增长的态势并得到显著遏制。因此，还必须实现从紧的货币政策的力度。②在财政政策方面，要实现由1998年实行的积极（扩张）财政政策到稳健（中性）财政政策的彻底转变。2007年计划安排的财政赤字和长期建设国债分别仍有2450亿元和500亿元。这比过去几年虽有大幅下降，但在2006年财政收入高达38760.2亿元，比1998年增长28884.3亿元的情况下，财政不打赤字和取消长期建设国债是完全可能的。而在经济增速偏热、通胀偏高的情况下，也有必要这样做。更重要的，尽管2007年计划安排的财政赤字和长期建设国债的规模都不大，但二者毕竟是带有扩张性的宏观经济政策信号。当然同时也应看到，2007年发行了2000亿美元的特别国债作为中国投资有限责任公司的资本金，已经发出了适度从紧的信号，起了积极作用。财经政策还必须更紧密地配合从紧的货币政策的实施。③在我国工业化和城镇化加速的形势下，作为最紧缺的资源的土地在发展经济中的作用显著上升。而作为当前投资膨胀机制主导因素的地方政府，不仅依托土地获取巨额的收入，而且以此作为信贷的担保招商引资，成为经济偏热、通胀偏高的一个最重要因素。当然，同时也有中外工商企业依托低地价形成的高利润的投资冲劲，以及金融企业依托高利差形成的贷款冲动。从这些方面来说，在继续严把资金关的同时，严把土地关，不仅卡住了土地源头，而且在很大程度上也卡住了资金源头。当然，还要依据环境保护、节约资源、技术进步和安全生产等方面的要求，在这四个方面提高市场准入标准，以遏制投资的过快增长。④要加大产业政策执行的力度。经济偏热和通胀偏高的发展，还反映了经济结构调整政策的执行力度不够。其主要表现是：2003年以来，原本已经滞后的第三产业，其增加值在国内生产总值中的比重不升反降；重工业增速又大大超过轻工业；许多行业的产能过剩和产品过剩，以及低水平的重复建设都有进一步增长。这种执行力度不够的情况，不仅没有显著改变经济结构失衡的状况，而且成为促进经济偏热和通胀偏高的一个重要因素。⑤当前，从某种共同意义上说，我国无论在对外贸易方面，或在引进外资方面，都面临着由数量扩张型到质量提高型的转变。但2003年以来，在这些方面并无显著改变。1998年以后制定的旨在鼓励出口的出口退税政策，也未得到及时、有效的转变。这些就成为流动性过剩急剧增长的一个重要的因素，也突出反映了对外经贸政策执行中的问题。当然，上述各种问题不只是政策执行本身的问题，它是由多种原因造成的。比如，就当前外贸顺差继续扩大来说，就不只是外贸和引进外资政策执行中的问题，也不只是由于国内经济失衡和有关部门、出口企业的利益驱动，同体现美国利益的美元世界储备货币地位及其对外经济政策也是直接相联系的。据此，美国可以把许多低端的产业和生产环节转移到我国，并通过发行美元大量购买我国的产品。

要降低投资率和净出口率，就需提高消费率。投资率偏高是国内经济失衡的主要表现，净出口率过高是经济内外关系失衡的主要表现。这些失衡归根结底都是同消费率过低相联系的。从这方面来说，提高消费率是当前解决国内经济失衡和经济内外失衡的关键。当前提高消费率，最重要的是提高劳动报酬标准，以提高收入水平；要大力发展社会保障、医疗保险、义务教育和住房保障（包括廉租房建设和经济适用房建设），以提高即期消费和消费预期；要缩小收入水平的差别，以提高消费倾向。

要降低投资率和净出口率并提高消费率，最重要、最根本的是要大力推进各项生产要素价格的改革。总体上说来，在20世纪90年代初，我国产品价格已经基本放开。当时以为价格改革已经基本完成。从理论上说，这只是价格改革的第一步，还必须有第二步，就是各项生产要素的改革。这是价格更重要也更艰难的一步。因为只有完成了这项改革，才能从根本上改变计划经济体制下长期形成的价格扭曲的状况，也才能从根本上发挥市场机制在优化生产资源配置中的作用。如果只是进行了产品价格改革，而没进行要素价格的改革，那不仅没有全面地完成价格改革，就是产品价格的扭曲状况，也难以从根本上得到比较彻底的改变。就实践上说，积极推行这项改革，是当前防止经济增长由偏热转向过热、通胀由偏高转向过高的迫切需要。为此：

第一，进一步推进汇率改革。诚然，从 2005 年汇改以来，到 2007 年 11 月，人民币对美元大约升值了 9%。但这没有从根本上改变人民币对美元汇率的偏低状况。其原因有二：一是如果按购买力平价计算，原来就存在人民币低估状况。二是在国内市场上美元供给大大超过需求。于是，人民币汇率偏低更加凸显，人民币升值压力加大。正是由于人民币对美元的汇率偏低，升值预期上升，再加上其他多种因素的作用，使得 2003 年以来，经常项目和资本项目双顺差大幅扩大，导致我国外汇储备急剧增长。2003~2006 年，我国外汇储备分别依次为 4032.51 亿美元，6099.32 亿美元，8188.72 亿美元，10663.40 亿美元，2007 年 9 月末达到 14336 亿美元。由此形成了倒逼机制，迫使央行大量发放基础货币。在上述五个时限内，央行发放的基础货币分别依次为 5.3 万亿元，5.9 亿万元，6.4 亿万元，7.8 亿万元，8.8 亿万元。这样，2003 年央行发行的基础货币约为当年末流通中的现金余额的 2.69 倍。在这样一个很高的基础上，到 2007 年 9 月末，又上升到约 3.71 倍。而且，货币乘数已达到 5 倍左右。[①]可见，当前流通性过剩的最重要原因，就是外汇储备的大幅急剧增长。而这一点，又正是近年来促使物价上升的最重要因素。因此，为了遏制物价上升，必须从源头上解决问题，必须进一步推行汇率改革。这已经成为当前无法回避的客观趋势。当然，在汇改方面，必须运用和发展中国整个经济改革的渐进式的成功经验，必须充分考虑并创造条件防患各种可能发生的风险，切实做到步伐既积极又稳妥。当前首先要在 2005 年确定的汇率机制的框架内，[②]加大汇率的弹性，以降低人民币的升值预期。然后还要根据条件逐步推进汇率改革，在一个较长时间内实现由供求关系调节汇率。当然，任何时候都要加强和完善政府对汇率的调控。同时还要在其他方面推进外汇管理体制的改革，进一步推行存汇和用汇主体的多元化，以及用汇渠道的多元化（包括国内和对外两方面）。同时，为了减少从源头上减少外汇的流入，还要在外贸和外资两方面进一步作出重大的政策调整。总的政策取向似乎应该是：从共同意义上说，就是要

[①] 资料来源：《中国统计年鉴》（有关各年）；《中国人民银行货币政策执行报告》（有关各年）；《经济日报》2007 年 10 月 13 日；新华网 2007 年 11 月 25 日。

[②] 我国于 1994 年建立了有管理浮动，并在事实上盯住美元的汇率制度。2005 年又建立了以市场供求为基础的、一揽子货币的浮动汇率制度。

实现由数量扩张型到质量提高型的转变。分别说来，外贸要实现由过去多年实行的奖出限进转变为少奖出少限进，同时要实现增长方式的转变；外资要从过去多年实行的奖进限出转变为少奖进少限出，同时要从主要是单一的引进来，向引进来的同时实现加快走出去的转变。

　　第二，进一步推进利率改革。多年来，我国这方面改革已取得重要进展，但远没有到位。这突出表现在当前我国经济生活中存在的一个反差上。一方面，企业利润多年大幅上升。据统计，1999~2006 年，我国工业企业累计实现利润总额为 71773 亿元，年均增长 38.7%。2007 年前三季度，占工业企业利润的 40% 以上的国有和国有控股企业实现利润同比又增长了 32.1%。[①] 另一方面，2007 年以来，作为金融机构贷款来源的存款却处于负利率的状态。形成这种反差的一个最重要原因就是利率市场化改革的进展不力。就我们讨论的问题来说，需要强调：前一方面的状况，正是当前投资膨胀最重要的经济根源。因为企业的高利润不仅为企业投资提供了强烈冲动，而且为此提供了巨额的资金来源。这能就从一个方面说明，2007 年央行虽然采取多项紧缩措施，但却显得乏力的一个重要原因。所以，如果说推进汇率改革，是解决当前流动性过剩问题的一个关键，那么推进利率改革，就是解决当前投资膨胀问题的一个关键。当前在这方面有一种观点值得提出商榷。这种观点认为，当前提高利率会加剧人民币升值压力，推动更多热钱的流入，加剧流动性过剩，促进物价上升。因而主张央行从主要运用利率政策工具转而主要运用汇率政策工具。这里不拟全面评论这种观点。但需指出一点：如果这种观点仅仅局限在是否加剧流动性过剩而言，无疑是有道理的。但是，如果就经济全局而言，利率作为最重要生产要素的资金价格，它在优化全社会生产资源配置中的作用，无论从当前或从长期来看，都是其他价格信号的作用所不及的。因而这种观点有以偏赅全之嫌。

　　第三，建立和健全加速提高作为劳动力价格的劳动报酬水平的机制。改革以来，劳动报酬水平有了空前未有的大提高。但是，并没有得到应有的提高。据有的学者计算，劳动报酬占国内生产总值比重的下降与消

---

① 《经济日报》2007 年 11 月 3 日第 5 版、11 月 14 日第 5 版。

费率的下降是高度吻合的，其相关系数高达 0.854。[①] 所以，改革以来消费率的下降大体上可以看做是劳动报酬比重的下降。消费率由 1978 年的 62.1%下降到 2002 年的 59.6%，再下降到 2006 年的 49.9%。[②] 这是劳动报酬水平没有得到提高的主要表现。

　　需要着重指出：由劳动力价格低（再加上其他生产要素价格低）形成的低成本，正是高投资和高出口的极重要条件。高投资和高出口必然促进物价的上升。所以，即使只就抑制物价上涨来说，也必须建立和健全加速提高劳动报酬水平的机制。更何况与劳动报酬水平低相联系的投资和消费比例关系失衡是国内经济失衡和内外经济失衡的最重要原因。

　　那么，是什么原因造成改革以来劳动报酬水平没有得到应有的提高呢？如果仅仅就市场经济本身来说，决定劳动力价格的因素主要有两个。一个是劳动力价值。它是由劳动者的生存、发展和享受的需要以及延续劳动力再生产的需要决定。伴随社会经济的发展，这种需要是上升的。在社会主义国家，尤其是这样。当然，随着社会劳动生产率的提高，包括与劳动力价值相关的产品价值是会降低的。但总的说来，劳动力价值是上升的。这个一般规律在当代经济发达国家已经充分表现出来。随着资本主义经济的发展，剩余价值率的变化，经历了三个阶段：在主要依靠手工劳动的简单协作和工场手工业时代，主要依靠提高绝对剩余价值率；在机器大工业时代，主要依靠提高相对剩余价值率；在工业化完成以后的现代化时代，出现了这两种剩余价值率双双下降的时代。当然，只要存在资本主义经济制度，剩余价值率总会存在的。[③] 诚然，在社会主义国家，从主导方面来说，反映资本剥削的经济范畴——剩余价值率已经不存在了。但作为市场经济一般范畴的剩余产品价值率还是存在的。当前我国正处于工业化中后期阶段，又在一定程度上实现了同现代化相结合，更重要的我国是社会主义国家，在正常情况下也可能和必须进入绝对和相对剩余产品价值率双双下降的阶段。相对剩余价值率的下降，不仅意味着劳动力价值绝对量的上升，而且意味着它的相对量的上升。

---

　　① 中国人民大学书报资料中心：《国民经济管理》2007 年第 9 期，第 101 页。
　　②《中国统计年鉴》（2007），中国统计出版社，第 72 页。
　　③ 详见拙著：《论中国经济社会的持续快速全面发展（2001~2020）》，经济管理出版社 2006 年版，第 104~105 页。

所以，我国劳动力价格没有得到应有的提高，不仅不是劳动力价值规律作用的结果，而宁可说是在很大程度上违反了这个规律的要求。

劳动力价格没有应有的提高，是同与此有关的另一个因素即劳动力供求关系这个因素有关的。因为尽管从长期发展趋势看，劳动力价格是由劳动力价值决定的，但在一定时期内会受到劳动力供求关系的影响，甚至决定性的因素。但人们在谈到这一点时，往往只提到我国当前劳动力供给大大超过了劳动力需求。而忽视了其中的一个特点，就是作为剩余劳动力主体的农民与城市居民的收入差别是很大的。正是这种大量的、又是收入水平很低的剩余劳动力，严重地制约了劳动力价格的应有提高。

上述情况表明：单靠市场机制的自发作用，是不能解决劳动力价格应有提高的问题；即使能解决也要经过一个很长的时期。其实，这一点正是市场经济的局限性在我国特殊的突出表现。但人们谈到市场经济的局限性时又往往忽略了这一点。

在政府调控的现代市场经济条件下，市场的局限性正是政府调控经济的职能所在。但人们在谈到政府职能时，又往往忽视了它在我国现阶段在这方面的极重要的作用。实际上政府在这方面是大有可为的。这种大有可为并不是要回到计划经济体制下由政府给企业下达提高工资的指令，而是适应社会主义市场经济的要求，依法采取多种有效手段。依据我国多年来的经验，以下办法是有效的。①千方百计地扩大就业，从缓解劳动力供求关系方面促进劳动力价格的提高。为此，要进一步大力发展民营企业、小型企业和微型企业、劳动密集型产业、第三产业和小城镇。还要在户籍、税收、奖金和住房等方面为城乡劳动者通过创业实现就业创造条件。目前，仅私营企业和个体工商户就解决了1.1亿人就业，吸纳就业人口总数占全国城镇就业总数的70%和新增就业总数的90%以上。2007年预计乡镇企业就业人数也将达到1.5亿人。目前小城镇已为58%的农村劳动力在本镇城范围内实现了由农业向非农产业的转移。①②要从我国现阶段社会生产力发展水平的实际情况出发，兼顾企业的承受能力和劳动者的生活需要，依法确定最低工资标准，并定期调整。这是带有社会保障性的措施，是社会主义市场条件下政府提供公共服务的一个

---

① 《中华工商时报》2007年8月8日；《人民政协报》2007年11月19日；《经济日报》2007年11月26日。

重要方面。这项措施的作用又不限于保障劳动者的最低生活，而且可以通过确定起点和定期调高起点以促进整个劳动报酬水平的提高。③要切实普及九年制的义务教育，在有条件的地区还可以率先实行十二年制义务教育，要大力发展职业教育，积极发展高等教育，并加强在职培训，以提高劳动者的文化技术素质，从提高劳动力价值方面推动劳动力价格的上升。④要在中外企业普遍建立和健全工会组织，并发挥我国工会维护职工权益优良传统，增加劳方在同资方博弈中的力量。⑤要在中外企业中普遍建立由资方、劳方和工会组成的工资协商机制，为劳方在确定工资方面争取话语权。⑥要加快公共财政建设的步伐，按照政府提供基本公共服务均等化的原则，在农村进一步加快义务教育、基本医疗、社会保障以及生产和生活方面的基础设施建设，以便从缩小城乡生活水平差别方面减轻农民工流入城市的压力，并促进劳动力价格的提高。⑦要通过加快社会主义新农村建设，在提高农业劳动生产率的基础上大幅提高农民收入的水平。这就可以形成一种倒逼机制，迫使资方提高农民工的工资；否则，他们就不能及时招聘到需要的劳动力。这一点近年来在沿海的一些地区已经开始显出了端倪。多年来，在这些地区劳动的农民工工资得不到提高。但近几年来，随着各项惠农政策的实施，农民收入有了显著提高。于是部分地发生了农民工的倒流，在这些地区出现了民工荒，迫使资方不得不提高农民工工资。这个经验启示人们：这种倒逼机制是一种经济力量，在促使劳动力价格提高方面的作用，是不容忽视的。而且完全可以预期，随着社会主义新农村建设的发展，这种"水涨船高"的效应，还会进一步发挥出来。⑧在维护劳动者工资权益方面进一步加强执法力度，并加强这方面舆论监督作用，使已有的维护劳动者工资的法规能够真正落到实处。从目前情况来看，这一点比进一步完善有关法规也许更重要。

　　第四，要逐步地但要大幅度地提高资源价格和环境补偿费用。如前所述，这是当前形成低成本的一个重要的因素，从而也是形成高投资和高出口的一个因素。因此，为了控制社会总需求的过快增长，就必须进行这方面的价格改革。这个问题很复杂，需要专文进行分析，这里不拟展开。

　　在结束本文时，需做三点说明：①作者在前面着重分析了进一步推进价格改革在抑制社会总需求，从而在防止通胀由偏快转向过快中的作用。但并不否定其他方面的改革以及调整经济结构和转变经济发展方式在这方面的重要作用。比如，进一步深化国有企业改革，完善治理结构，推进垄断行业改革，就会进一步强化价格机制作用的微观基础，又是促进价格下降的一个重要因素。②作者在前面着重分析了通过价格改革以抑制社会总需求的过快增长，从而防止通胀由偏快转向过快，也并不否定改善供给在这方面也有一定的作用。但如果像有的观点那样，认为制止当前通胀的根本办法，"在于增加有效供给"。①这就值得商榷。当前我国确实存在部分的有效供给不足，从而引发物价上涨。如前所述，物价上升的主要原因并不在于这一点，而是社会总需求超过了社会总供给。③作者在前面着重分析了当前存在由社会总需求增长过快导致物价上升由偏快转向过快的态势。但并不否定同时也确实存在许多行业的产能过剩和产品过剩，因而存在潜在的通缩风险。如果像有的观点那样，认为当前"对宏观调控来说，应当准备应付的也不是过热，而是过剩"。②这就值得商榷了。显然，经济由偏热向过热转变以及物价由偏快向过快转变，是现实的主要危险，而过剩和通缩只是潜在的风险，二者是不能混淆的。③

---

① 见《解决问题的根本在于增加有效供给》，新华网 2007 年 11 月 26 日。
② 见《决定宏观调控思维与方式转变的三个因素》，《学习时报》2007 年 11 月 5 日。
③ 详见拙文：《试论 2003 年以来宏观经济调控的基本经验》，《经济学动态》2007 年第 10 期。